순교자 공경 톺아보기

순교자 공경 톺아보기

초판 1쇄 발행 | 2023년 12월 15일
초판 2쇄 발행 | 2025년 02월 07일

지은이 | 권영파
기　획 | 해미국제성지 신앙문화연구원
발행인 | 한명수
편집자 | 이향란 이현아
발행처 | 흐름출판사
디자인 | 이선정
주　소 | 전북 전주시 덕진구 정언신로 59
전　화 | 063-287-1231
전　송 | 063-287-1232
홈페이지 | www.heureum.com
이 메 일 | hr7179@hanmail.net

ISBN 979-11-5522-370-3 94230
ISBN 979-11-5522-349-9 (세트)

값 25,000원

출판 승인: 천주교 대전교구 No.2024-3

해미국제성지
신앙문화연구원 연구총서
02

하느님과의 만남 안에
존재와 신앙의 의미를
새롭게 길어 올리는 과정

순교자 공경 톺아보기

권영파

흐름

추천의 글

순교자나 성인에 대한 공경, 그리고 교회에서 거룩한 장소로 특별히 지정한 곳을 찾아가는 순례는 비교적 활발히 연구되는 주제였다. 이러한 연구 경향은 우리나라 학계에 영향을 미쳤다. 그 결과 최근 역사학계와 종교학계에서 이 주제를 집중적으로 연구한 박사학위 논문들이 나왔다. 그런데 순례와 순교자 공경은 신학 특히 가톨릭 신학과 직결되는 주제임에도 한국 가톨릭 신학계에서는 이에 대한 심도 깊은 연구서가 나오지 않았다.

한편, 순교자 공경과 순교자 관련 성지순례는 학술적 연구뿐만 아니라 실천적 신앙생활에 있어서도 중요한 신심 행위의 하나가 되었다. 그리고 현재에 이르러 우리나라 가톨릭 성지는 가톨릭만의 자산이 아니라 이미 만인에게 개방된 공공의 장소이며 역사적 유산이 되었다. 그러기에 성지를 찾는 사람은 천주교 신자뿐만 아니라 다른 종교 신자들과 일반인도 증가하고 있다.

이러한 학계의 문제 제기와 교계의 상황 전개에 대응하여 한국 가톨릭 신학계는 적절한 대응책을 제시해 주어야 한다. 동시에 교회는 성지를 찾는 사람들에게 순교성지에 대한 순례의 의미를 제대로 제시해주어야 했다. 교회는 일반인들에게도 그들의 영성을 풍부히 해주며 순교에 대한 이해를 높여줄 수 있는 방안을 마련해야 한다.

이를 위해 한국 교회는 교회의 역사와 신학적 이론을 검토하여 이 문제점의 제기를 해소할 수 있도록 체계적이고 치밀하게 준비하는 과정을 요구받고 있다. 순례와 유해 공경, 성화 및 성상 공경이 종교개혁 당시 주요한 논쟁 사안이었음을 반영할 때 그 연구의 필요성이 너욱 크게 다가온다. 지난날의 역사 과정에서 무엇이 왜 문제가 되었으며, 교회는 어떻게 대처했는지를 정확히 이해할 때, 한국교회도 자신에게 제기된 문제에 대해서도 효율적이고 무난한 대책을 정립할 수 있기 때문이다.

『순교자 공경 톺아보기』는 이러한 현시대의 요구에 부응하기 위해 노력한 자취를 드러내고 있다. 크게 보면 박해와 순교의 역사 및 순교에 대한 교부들의 가르침을 정리한 1부와, 다양한 순교자 공경의 양상이 전개된 역사를 정리한 2부, 그리고 성지와 순례에 대한 교회의 가르침을 정리한 3부로 구성되어 있다. 여기에 덧붙여진 부록 글들은 성지가 어떤 곳이어야 하는지를 명확히 보여준다.

이 책은 역사학계와 종교학회가 한국 교회에 던진 문제에 대한 대답이 됨과 동시에, 한국 교회의 성지순례가 지향해나가야 할 바람직한 방향을 제시하고 있다.

여기 수록된 글들은 해미국제성지 부설 신앙문화연구원에 몸담으며 목격한 많은 문제를 고민하며 접근한 저자 권영파 박사의 조심스러운 노력의 결정이다. 가톨릭 신학의 입장에서 성지순례와 순교 등의 의미를 밝히기 위해 노력한 저자에게 특별한 감사와 격려를 보낸다.

2023년 12월

고려대 한국사학과 명예교수 조 광

차례

서문

10년간 신학을 공부하고 10년간 신앙과 신학을 떠났다가 다시 교회로 돌아온 지 몇 달 안 되던 시기의 어느 날, 전원을 꺼두었던 핸드폰을 열어보니 문자가 와 있었다. 바워삭G. W. Bowersock의 책을 번역해달라는 부탁의 문자였다. 불과 1~2분의 대화를 나눈 신부님으로부터 문자를 받고 상당히 혼란스러웠다. 책 제목만 주어진 상황에서 '번역자를 잘못 고르셨다'는 문자를 드리기 위해 인터넷에서 책의 본문을 구해 대충 훑어보았다.

『순교와 로마*Martyrdom and Rome*』라는 책은 여러 면에서 충격을 안겨주었다. 역사신학 전공자들이 다루는 질문이 내겐 낯설고 신선했다. 수많은 질문을 피부으며 책을 읽고 번역을 마쳐 전해드렸지만, 질문과 충격의 여운까지 전하지는 못했다. 순교라는 주제를, 그것도 '로마 시대의 순교가 어떤 양상으로 전개되었는가'라는 질문을, 도대체 왜 다루는 걸까? 이 질문을 품고 읽었던 책을 덮으며, 이내 같은 주제를 다

G, W. Bowersock | *Martyrdom and Rome*

룬 책들을 읽는 나를 보았다.

가끔 혼잣말처럼 '나는 호기심 때문에 망한다'고 중얼거린다. 로마의 순교는 자살이라는 바워삭의 주장부터, 초기 교회의 박해와 순교는 많은 경우 날조되었다는 식의 주장을 펴는 학자들을 만나면서 내 안에 질문이 쏟아졌다. 정말 박해가 없었을까? 순교를 했던 상황과 순교자의 신앙생활은 어떠했을까? 순교자를 공경하는 많은 갈래는 복을 구하는 인간의 마음이 투사된 결과물에 지나지 않을까?

이 책에서 다룬 주제들은 이 질문을 좇으며 주섬주섬 챙긴 답들이다. 역사학을 전공하지 않았기에 역사학의 방법론이나 기본 용어를 모르면서 질문을 파고든 것은 무식의 소치인 듯하다. 누군가는 역사학 전공자가 아닌 사람은 이런 주제를 다루면 안 된다고 판정할 것이다. 그 판정에 토를 달 생각은 없다.

질문에 대한 답을 연구자들의 연구물에서 하나씩 찾아가면서, 비로소 신학의 자리와 과제, 의미 등을 발견했기에 그저 감사한 마음이 가득하다. 나와 같은 질문을 가진 누군가가 이 내용을 통해 자료를 찾는 시간을 아낄 수 있다면, 비난받을 용기를 애써 주워 담으며 이 책을 출판한 내 자신을 미워하지 않으리라 다짐한다.

단행본이라 부르기에는 부족한 내용들을 서둘러 엮었다. 대부분 부산교회사연구소가 발행하는 『부산교회사보』에 실었던 글이며, 해미성지에서 주관한 제1회 학술심포지엄에서 발표한 내용도 함께 묶었다. 발표할 자리를 내어주신 부산교회사연구소에게 깊은 곳에서 우러나오는 감사의 인사를 올린다.

이 글들을 단행본의 구성에 따라 내용의 배치를 일부 변경하여 하나의 주제로 묶었다. 좀 더 충분한 시간을 갖고 이음새를 부드럽게 만들고 새로 쓴다는 마음으로 대대적인 작업을 했어야 했는데 그러지 못했다. 글이 어딘가 툭툭 끊어지고 부드럽지 못하게 된 상태로 책을 내게 되어 한없이 죄송한 마음 가득하다. 독자에게 감히 용서를 청할 엄두도 나지 않는다.

이 책의 제1장은 박해의 전개 과정과 순교신학의 흐름을 정리하여 2023년에 발표한 글이다. 제2장은 2021년에 연재했던 순교자 공경의 다양한 갈래를 묶었다. 순례와 유해 공경, 전례를 통한 공경과 수도원 운동 그리고 성화상 공경으로 나누어 장을 구성했다. 이 역시 『부산교회사보』에 실렸던 글과 구성에서 조금 변경하여 제1장과 흐름을 맞추려 했다. 제3장은 순례와 순례지, 순례 사목, 순교, 순교자 공경 등 교회 문헌을 정리했다. 성지의 난개발과 순례에 대한 다양한 의견이 홍수처럼 쏟아지는 시대에 한마디 말을 보태기보다 건설적인 담론을 전개하기 위한 자료를 정리한다는 마음으로 임했던 작업의 열매이다.

모든 면에서 아주 많이 부족함을 알면서도 책을 출판하는 데는 해미성지를 담당하시는 한광석 마리요셉 신부님과 해미신앙문화연구원의 서종태 스테파노 원장님의 압박(?)이 작용했다. 주제를 정하고 글을 쓴 동력은 나의 호기심이었기에 출판하는 단계는 영원히 피하고 싶었지만, 해미신앙문화연구원 부원장으로서의 책임으로 받아들이고 출판하게 되었다.

연구의 기회를 주신 신부님과 늘 부족한 저의 빈자리를 묵묵히 메워주시고 채워주신 원장님에게 이 자리를 빌려 감사의 인사를 드린다. 대부분의 사람들이 불가능하다고 말하는 시간 내에 출판을 부탁드린 절박한 나의 상황을 형제적 사랑의 손을 펴서 책을 내주신 흐름출판사 한명수 사장님과 출판사 가족분에게 죄송함과 감사함을 표한다. 그리고 이 책이 드러내는 모든 결함은 온전히 전적으로 나의 불성실함과 능력 부족에 기인함을 분명하게 밝히는 바이다.

돌아온 탕자를 따뜻하게 받아주신 심상태 몬시뇰 님, 순교자 공경의 참 모범을 살아내신 김진소 신부님, 다시 신학의 길에 돌아오기까지 손을 붙잡아주신 조광 교수님과 노길명 교수님께 형언할 수 없는 존경과 감사의 마음을 전한다. 구도자로서 학문을 갈고닦으며 하느님만을 바라보는 가운데 자신을 바쳐 어두운 세상을 밝힌 삶의 발자취를 머리와 마음에 깊이 새기면서 넘어지더라도 그 뒤를 따르겠다는 다짐을 해본다.

그 누구보다 해미성지를 후원해주시는 후원 회원님들께 고개 숙여 감사의 인사를 드린다. 여러분의 기도와 후원이 없다면 해미신앙문화연구원의 존재와 활동이 불가능했기에, 또한 이 책의 출판이 불가능했기에 가장 깊은 감사의 마음을 전한다. 꾸준히 연구하고 정진하여 그 응원과 기도에 부응하는 결실로 해미에서 순교하신 분들의 믿음살이를 비추려 노력하겠다는 약속을 드린다.

끝없는 호기심을 좇으며 그 길에서 나를 이끄시는 하느님을 만났다고 조심스럽게 고백한다. 교의신학 전공자로서 왜 이 주제를 파고드는지를 물으며, 파고들었던 시간에서 서로 다른 신학의 영역이 연결되는 통로를 만났다. 또한 단순한 분석이 재미없어서 몸을 비틀어가며 간신히 부여잡은 교회 문헌과의 만남에서 교회의 가르침에 담긴 깊은 의미가 내 존재 안에 스며들었음을 발견했다. 바워삭과의 만남뿐 아니라 이 모든 사태를 허락해주신 하느님께 감사와 찬미의 기도를 바친다.

도입

도입

잔혹한 박해와 성스러운 순교의 기억은 한국 천주교인의 신앙 중심부에 놓인다. 신앙의 자유가 보장된 한국 사회 현실을 반영할 때 낯설고 의아한 장면으로 보일 수도 있다. 최초의 순교자로 꼽을 수 있는 윤지충과 권상연의 유해가 최근에서야 발견될 만큼 짧은 한국 교회사가 이 간극을 메워준다. 한국 교회에게 박해와 순교는 아직까지 생생한 기억이며 우리가 매일매일 즈려밟는 신앙의 역사를 구성하기 때문이다.

순교와 순례는 깊은 관계를 지닌다. 순례길에서 우리는 순교자의 숨결과 삶의 체취를 맡는다. 교우촌을 횃불처럼 비춘 그리스도의 삶과 가르침이 울려 퍼지는 소리, 신앙 안에서 이뤄냈던 꿈이 실현되는 장면, 형장까지의 발걸음 소리, 죽어가며 전해준 신앙의 목소리를 듣는다. 이러한 우리네 순례는 순교의 발자취를 따르는 공경을 나타낸다. 한국 교회의 역사는 순교와 순례 사이의 생생하고 긴밀한 연결을 간직하며, 다른 나라의 순례와 다른 특성을 보여준다.

이에 비해, 산티아고 순례나 로마의 성 베드로 성당 순례는 머나먼 역사의 희미한 기억을 안고 걷는다. 시간의 간극은 순례자의 삶에서 길어 올린 갈구로 메워지고, 그리스도라는 보편적 중심이 다양한 순례자를 한 지점으로 수렴시킨다. 구체적인 역사적 자료와 근거가 부족해도 신앙에서 우러나오는 상상력이 같은 길을 걸었던 사람들과 우리를 이으며 원사건原事件으로 접근하는 길을 열어주는 듯하다. 희미하지만 누군가로부터 들었던 박해와 순교 이야기가 성지순례를 이끌어준다.

그런데 그리스도교 역사의 출발점인 박해를 두고 학자들의 뜨거운 논쟁이 벌어진다. 어떤 사람은 가혹한 박해가 실제로 일어났는가를 물으며, 주입되고 조작된 순교 기억이 초기 교회의 성장에서 어떻게 활용되었는지를 살펴본다. 다양한 의견이 표출되지만, 대체로 대대적이고 잔인하며 전 로마에서 오랜 기간 동안 박해가 진행되었다는 주장에 손을 들어주는 이는 많지 않다. 박해는 매우 다양한 이유와 방식, 범위를 보이며 전개되었다고 보기 때문이다.

교회사에서 박해가 전개되는 과정을 살펴보는 작업은 단지 역사적 사실을 확인하는 데서 그 의미가 멈추지 않는다. 박해의 전개 과정 안에서 신앙인들이 박해를 견디어내던 모습과 순교자의 자세 그리고 순교자를 기억하는 교회의 모습 등이 오늘 우리의 순교자 현양과 순례 영성에 깊은 공명을 일으키기 때문이다. 더욱이 순교자를 공경하는 다양한 방식과 이를 둘러싼 대중신심이 종교개혁 당시 가톨릭교회 비판의 표적이 되었다는 점은 우리에게 많은 것을 시사한다. 이러한 성찰은 순례자 공경이 신앙의 정석定石과 동떨어져 있고 극복되어야 하는 지점인지를 비추는 거울이 될 수 있다.

그런데 박해와 순교가 갖는 이러한 중요성에도 불구하고 아직까지 초기 교회의 박해 과정을 정리하거나, 순교자 공경의 다양한 양상의 역사적 전개 과정을 정리한 단행본이 출판되지 않았다. 이는 개별적인 사건에 집중하는 역사학자들의 연구 특성을 보여주는 대목이기도 하다. 그러나 박해가 어떻게 전개되었고, 그 박해가 각 지역 교회 공동체에게 어떠한 영향을 미쳤으며, 순교에 관한 교부들의 발언이 어떤 맥락에서 어떤 의미로 발해졌는지를 이해하는 작업은 역사학자의 손에서 답이 나오기를 기대할 수 없다. 교리 발전의 역사적 흐름 안에서 이해될 때, 그 의미를 온전히 이해할 수 있기 때문이다.

역사신학이라는 거창한 이름을 붙이지 않아도, 이 작업은 시작부터 양쪽의 비판을 등지고 가는 고행길임이 감지된다. 역사학자는 웬 신학이냐고 묻고, 신학자는 웬 역사냐고 물으리라 예상할 수 있다. 그럼에도 불구하고, 이 길을 감행하려 한다. 이 책이 추구하는 바는 단순하다. 순교의 역사를 머리에 품고, 발로 순례길을 걸으며, 마음으로 순교자의 호흡과 맥박을 느끼며, 오늘 이 자리에서 그리스도인의 길을 걸어가려는 그 어느 누구에게 이 책이 길벗이 되기를 바란다.

이 책에서 발견되는 역사의 편린들이 순교 영성과 순례 영성 등을 모색하는 여정에 다음과 같은 질문을 제기하며 새로운 도전장을 내밀 수도 있다. 순교성월에 기억하는 순교에서 우리가 간과하는 점은 없을까? 한국의 성지 개발은 어느 지점을 바라보며 나아가야 하는가? 우리의 순례에서 순교자를 통해 하느님께 다가가는 길이 보다 생생하게 드러나기 위해 무엇을 돌아보아야 할까?

사막 종교의 순교 이해

현대사회에서 '순교'는 뜨거운 감자이다. 순교를 쉽게 입에 담기 어려운 가장 큰 이유는 세계의 수많은 테러가 '순교'와 연결되어 자행되는 데서 찾을 수 있다. 수년 전 튀르키에의 에르도안Recep Tayyip Erdoğan(1954~) 대통령이 6세에 불과한 소녀에게 "전쟁터에서 순교하면 예우를 받는다"고 말한 사례에서도 그 분위기를 엿볼 수 있다.

순교가 20세기의 화두로 부상한 계기는 미국에서 발생한 911사건이라고 말할 수 있다. 그러나 일본의 가미카제나 불교의 소신공양燒身供養(틱꽝득, 釋廣德, Thích Quảng Đức, 1897~1963)의 분신 등과 같이 정치와 결합된 자발적 희생은 인류 역사에서 오래된 기억을 갖는다. 그럼에도 불구하고 순교가 경계해야 할 위험한 개념으로 인식되는 곳에 순교가 테러와 밀접하게 연결된 이슬람이 자리 잡고 있다.

한편, 그리스도교의 순교 이해는 인간이 되신 하느님, 그리스도의 죽음에서 정점에 달한다. 이 정점은 순교 이해에 있어서, 희생당한 구원자가 순교자와 연결되는 고리를 제공한다. 이런 점에서 예수를 최후의, 최종적이며 유일한 구원자로 받아들이지 않는 유대교[01]와 이슬람교[02]의 순교 이해와 그 출발점이 다르다고 말할 수 있다.

유대교의 전통에서 따름이나 증거의 의미를 갖는 순교 이해를 뚜렷하게 발견하기는 쉽지 않다. 유대교에서 그리스도교의 순교 개념에 가까운 단어, 곧 하느님을 위해 생명을 포기하는 선택과 가까운 단어는 키두쉬 하솀kiddush hashem(קידוש השם)이다. 이 단어의 의미는 '하느님의 이름을 신성하게 하다'이다. 그런데 성경에는 특히 토라Torah에는 이 단어가 나타나지 않는다. 하드리아누스Hadrianus 박해 동안의 순교가 바블리 베라콧Bavli Berachot 20a과 시편 미드라쉬Midrash Tehilim에서 '이름의 성화'를 의미하는 '키두쉬 하셈'으로 나타나고 있다.

키두쉬 하셈의 의미는 그 대척점에 있는 '칠룰 하셈Chillul hashem חילול השם' 에 비추어 이해할 수 있다. 칠룰 하셈은 하느님의 이름과 그의 토라를 불명예스럽게 하거나 해를 입히거나 부끄럽게 하는 행동이나 행위를 나타낸다.[03] 유대교 전통에서 순교, 곧 하느님의 이름을 거룩하게 하기 위해 생명을 바치는 선택은 하느님의 이름을 불명예스럽게 하는 세 가지 상황-우상숭배 금지Avodah Zarah עבודה זרה, 특정 성행위(예: 근친상간 또는 간음) 금지, 살인 금지-을 지키기 위한 선택에 한해 허용된다. 다시 말해 유대인의 순교는 목숨을 잃는 한에 있어도 하느님의 이름을 더럽히지 않겠다는 의지를 보여준다.[04]

그런데 이스라엘의 역사에서 순교는 유대인이라는 이유로 당해야 하는 죽음의 의미를 설명하는 데 주력한다는 점을 감지할 수 있다.[05] 이는 구약의 많은 부분이 이스라엘이 당하는 고통을 하느님과의 관계 안에서 설명하려는 노력과도 연결된다. 유대교가 간직하는 순교록은 개종을 거부해서 죽은 유대인들의 이야기가 불에 던져진 시신이 타지 않았다는 기적과 함께 기술된다.[06] 그렇지만 그리스도교의 순교자 공경과 달리 이들 순교자에게 전구轉求 기도를 바치거나 그 유해遺骸를 귀하고 특별하게 간직하는 전통은 발달하지 않았다. 또한 이슬람교에 비해, 죽은 영혼이 하느님으로부터 어떠한 보상을 받는지에 대한 자세한 서술도 없다. 또한 유대인들이 그리스도인들과 이슬람교들의 손에 죽어간 기억은 그 당시 혹은 가까운 후대에 거창하고 장엄하게 공동체를 통해 보존되거나 기념되지도 않았다.[07] 이는 이들이 전 세계에 흩어져 게토Ghetto에서 살아가던 상황과 맞물려 있다.

유대교의 순교 이해가 갖는 특징은 홀로코스트Holocaust에 대해 순교를 적용하는 데서 보다 분명히 확인할 수 있다. 홀로코스트는 이전의 상황과 달리, 개종 등을 통해 목숨을 구할 선택지조차 없는 상황에서, 종교적인 이유가 아닌 생물학적 규정만으로 엄청난 살인을 당하는 상황을 말해준다. 이러한 상황을 순교로 해석하는 과정에서, 유대교 신학자들은 구약의 입장을 반복하듯, 하느님의 분노와 관계 갱신을 위한 과정으로 홀로코스트를 설명했다. 마짜Maza는 홀로코스트를 600만 명의 유대인을 희생시키고라도 남은 유대인들을 다시 하느님에게로 돌려놓기 위한 사건으로 설명했다.[08] 브렌젤Stephanie Brenzel에 따르면, 이는 게토로부터 해방된 유대인이 종교적 흔적을 버리고 그 당시의 사회 흐름을 따르려 했던 상황에 대한 랍비Rabbi들의 대처였다.[09]

유대교의 순교 이해가 우리에게 보여주는 것은 순교 담론의 구조이다. 순교라는 죽음 사건과 그에 대한 사회의 기억, 그리고 그 해석이 어우러져 과거의 순교가 기억하는 사람들의 현재에 자리 잡는다. 이런 점에서 "순교는 어떤 경우에도 과거에 머물러 있는 사건이 아니라 현재에서 부여된 의미가 덧입혀진 해석의 산물"[10]이라는 카스텔리Castelli의 주장에 동의할 수 있다. 그러나 이와 같이 순교 이야기를 사건에 대한 의도적 해석으로 간주할 때, 죽음이 집단 이익을 위한 수단으로 전락하지 않았는가라는 반박을 피하기 어렵다.

이슬람교의 순교 이해[11]는 유대교나 그리스도교에 비해 순교에 대한 해석이 덧입혀지거나 종교 지도자들에 의해 주어진 상황을 보다 유심히 살펴보아야 한다. 이는 순교에 대한 해석이 당면한 상황을 타개하려는 과정에서 주어지고, 이에 따라 순교가 발생하는 상황도 포함하는 이슬람교의 역사적 특성 때문이다.

테러를 순교와 연결시키는 점에서 많은 사람들은 이러한 가르침이 이슬람교에서 중요한 비중을 차지한다고 본다. 여기에 명예살인에 관한 기사가 나오면서 이슬람교의 본질이 전쟁과 무자비한 정복에 있다고 보는 시각도 점차 확산된다.[12] 그러나 이슬람의 경전인 코란Koran에 사랑과 무차별적인 살인 금지가 강조되고 있다는 사실은 큰 주목을 받지 못하는 실정이다. 이슬람교의 입교는 대단히 간단하다. 신앙고백을 통해 입교한다. 그런데 이슬람교가 종교임과 동시에 삶의 방식인 한에서 무슬림이 된 사람은 무슬림 사회의 구성원으로서 보호를 받는 동시에 의무를 다하는 구조가 전개된다. 수입의 일정 부분을 헌납하여 공동체 내의 어려운 이를 돕는 데 참여해야 하며, 금지된 음식을 공공연히 섭취하는 것도 금지된다. 다시 말해, 이슬람교는 신과 인간의 관계를 규정하는 데서 그치지 않고, 공동체 내의 개인 관계, 개인과 공동체, 개인과 국가의 관계를 규정하는 규범으로 작동한다.[13]

이슬람교에서 순교에 상응하는 단어는 '샤히드Shaheed شهيد'이다. '샤히드'라는 단어는 '보다', '증인하다', '증거하다', '모델과 패러다임이 되다'를 의미하는 아랍어 어근 '샤하다shahada'에서 파생되었다. 따라서 '샤하다'는 문자 그대로 '본다', '증인하다', '모델이 되다'를 의미한다. 학자들은 이슬람교의 이러한 순교 이해가 그리스도교의 순교 이해를 반영하는 예로 보기도 한다.[14]

기록에 따르면 이슬람교의 첫 순교자는 숨마야Sumayyah Bint Khayyat سُمَيَّة أبِنْت خَبَّاط(550~615)이다. 이 순교자는 다신교 사회에서 유일신 신앙인 이슬람교로 개종했다는 이유로 살해되었다. 그러나 그녀의 죽음을 서술하는 기록에는 '샤히드'가 나타나지 않는다.[15]

학자들의 연구에 따르면, '성스러운 전쟁(지하드 جها)'과 연결되는 이슬람교적인 순교 개념의 토대는 예언자 무함마드 시대에 형성되었다.

메디나Medina의 새로운 무슬림 공동체가 점점 더 전투에 참여하게 되었을 때 우후드Uhud 전투(625)에서 무슬림이 패배한 이후에 처음 등장했다고 알려진다. 이때 희생당한 사람은 무함마드의 삼촌인 함자 حمزة بن عبد المطلب이지만 전쟁 중에 전사한 것은 아니었다. 함자는 전쟁 중에 그가 죽인 사람의 가족에게 살해당했다. 이 죽음을 슬퍼하며 무함마드는 전쟁 중에 죽은 이에게 '샤히드'를 연결시킨다. 그 내용은 다음과 같다.

> 알라의 길에서 살해된 자는 결코 죽은 자라고 생각해선 안 된다. 그들은 주 곁에서 부조扶助를 받고 살고 있다. 그들은 자기들이 알라께서 받은 은혜에 감격하고 아직 그들을 따라오지는 않았지만, 뒤를 따르는 자들을 위해서도 감격하고 있다. 그들은 두려움도 없고 슬픔도 없으니까.(코란 3: 169~170)[16]

그런데 이 지점에서 우리의 관심을 끄는 대목은, 순교가 전쟁 중의 사망과 연결되어 있다는 점과 순교에 대한 보상이 분명하게 제시된다는 점이다.

우선 순교가 전쟁과 연결되는 데서 외부의 폭력에 의해 죽음을 맞이하는 유대교나 그리스도교의 순교 이해와 분명한 차이점이 드러난다. 이슬람의 순교는 도발한 전쟁에서 죽는 경우를 설명하기 때문이다. 그러나 이슬람교 순교가 여기에서 그치는 것은 아니다. 먼저, 전쟁에서 죽는 점에 있어서 수니파와 시아파의 상황이 다르다. 오랜 역사 동안 소수에 머물렀던 시아파에게서 순교는 당하는 죽음이었다. 그러나 이러한 죽음은 비굴하거나 나약한 죽음으로 해석되지 않고, 순교당한 이가 자신을 압제하는 자보다 영적으로, 도덕적으로 우월함을 보여주는 죽음으로 해석되었다.[17] 이처럼 순교가 전쟁과 연결되는 이슬람교의 이러한 특징은 이슬람교의 역사가 외부 또는 내부 간의 전쟁을 끊임없이 겪으며 전개되는 데서 연유될 수 있다.

그렇지만 이슬람교의 순교 이해가 언제나 전쟁으로 인한 죽음과 연결되었다고 말할 수 없다. 이슬람 신비주의를 대표하는 수피들 중 신비 체험을 했거나, 수니파에 의해 희생된 경우, 또는 그 죽음이 신비한 기적을 가져왔다고 알려진 경우 이들은 '샤히드'로 분류되었다.[18] 또한 시아파에서는 일생 동안 시아파 신앙에 대한 헌신을 전장戰場에서의 지하드Jihad와 동등하게 제시했다. 지하드를 이런 의미로 이해하는 것은 수피파와 시아파라는 집단적 성격에 따른 특성과 더불어, 10세기경에 무슬림 사회가 경험한 평화로운 시기를 반영한다고 볼 수 있다.[19] 이 밖에도 전염병으로 죽어간 사람들도 초기 이슬람교 역사에서는 '샤히드'로 분류되었다.[20] 이러한 기록들은 이슬람교에게 '샤히드'가 하느님을 보여준 사건과 연결되는 대목을 보여줄 뿐 아니라, 신앙인의 무력한 죽음에 대한 해석이 '샤히드'와 결합되는 지점을 보여준다.

한편, 수니파와 시아파의 전통이 시대 상황 및 갈등 양상에 의해 다른 색깔의 '샤히드'로 표현되었다고 말할 수 있다. 예를 들어, 초기 시아파 담론은 순교의 전형으로서 예언자의 가족에 초점을 맞추었고 신앙을 유지하는 모든 시아파에게 '샤히드'의 지위를 부여했다. 이 시기에 시아파로서 '샤히드'의 지위를 얻기 위해서는 엄청난 인내와 희생이 요구되었다. 그 희생과 인내는 시아파가 수니파의 불공정한 지배를 견디고, 그들이 벌이는 전쟁에 참여하는 것으로 이어졌다.[21]

이에 비해 수니파는 전투에서 군대나 더 큰 집단의 일원으로 활동하면서 초기 '샤히드'의 상당 부분을 차지했다. 이들이 이란-이라크 전쟁 이후에 시아파에게 정권을 뺏기면서 수니파의 '샤히드'와 '지하드'는 이전보다 훨씬 공격적일 뿐 아니라 그 대상이 무슬림(군대만이 아니라 민간인도)으로 확대되는 양상을 띠게 되었다. 또한 그 활동에 있어서도 집단의 일원으로 일방적인 지시에 따르기보다, 인터넷 등의 매체를 통해 영감을 받은 개인들에 의해 자행되는 테러가 점차 증가했다.[22]

무슬림 사회에서 성전聖戰 참여를 통한 '샤히드'가 급속히 확산된 원천에 서방 국가의 내정간섭과 전쟁 유발, 특정 종파에 대한 편파적 지원 등이 있지만 그 외에도 이슬람교에서 제시한 순교자에 대한 보상의 내용이 자리 잡고 있다. 예를 들어, 수니파 하마스, 시리아 무슬림 형제단, 레바논의 쉬이 히즈발라Hizbullah حزب الله와 같은 다양한 이슬람 운동이 낙원에서 순교자들을 기다리는 육체적 쾌락을 강조했고, 무자히드mujahid مجاهد와 순교자가 하늘에서 받는 보상이 성직자가 받는 보상보다 크다고 가르쳤다.[23]

이슬람교에 나타나는 이러한 '보상' 강조는 유대교나 그리스도교와 다른 점이다. 유대교에서도 순교자들이 천상에서 천사들처럼 높은 자리를 차지한다고 말했지만, 그 구체적인 내용이 상술되거나 뚜렷한 신심으로 나타나지는 않았다. 그리스도교의 경우 죽음 이후의 보상이 육체와 연결되어 설명되는 경우는 적다. 이는 죽음 이후 영혼이 누리는 영광과 평화에 몸이 차지하는 자리가 없기 때문이다. 이러한 내용에 비출 때 같은 뿌리에서 나온 이슬람교가 구체적인 육체적 보상을 강조하는 것은 자원자를 충분히 확보하려는 전략으로 보는 견해도 있다. 하티나Hatina에 따르면, 대체로 나이가 어리고, 학력과 경제적 수준이 낮은 이들을 끌어들이기 위해서 천국의 영적 존재에 대한 추상적 은유보다 낙원에 대한 구체적인 시각적 묘사가 더 큰 효과를 냈기 때문이다.[24]

이상에서 살펴본 바와 같이, 수니파와 시아파 모두에서 성전과 순교는 특정 지리적 환경을 반영하는 가운데 국가 차원에서 전개되었다. 여기에 더해진 알 카이다의 등장은 이를 변화시켰고 국지적 적을 세계적 적으로 대체하는 초국가적 성격을 도입했으며, 무슬림에 대한 공격을 합법화하는 등 순교에 대한 인식을 더욱 급진화시켰다고 정리할 수 있다. 이러한 과정에서 집단이 순교자의 사후 지위를 기억하고 그가 받을 '보상'을 강조하면서 순교는 사회적 기능을 수행했다고 말할 수 있다. 다시 말해, 사회는 신자들이 순교를 지향하는 분위기를 만들어 혁명적 목표를 서서히 실현하고, 순교자를 공동체의 공식적인 기억에 올려놓으면서 자기 집단의 지위를 강화하고 외부의 적을 향한 적대감과 전투 의지를 상승시키는 기전機轉이 작용함을 확인할 수 있다.

순교와 박해 역사에 관한 연구의 흐름

모든 연구가 그러하듯 순교에 대한 연구도 오늘에 발을 딛고 내일을 바라보며 과거를 돌아보는 연구를 진행한다. 이런 시각으로 볼 때 이슬람교의 순교 연구가 가장 큰 관심을 불러온다. 이는 현대의 많은 테러가 이슬람교와 연결되기 때문이다.

이러한 분위기를 반영하듯 최근에 발표된 이슬람교의 순교에 대한 연구는 현대 이슬람의 지하드에 대한 인식이나 신학 및 정치적 문제에 대한 급진파와 경쟁자들 사이의 논쟁에 집중되는 양상을 보인다.[25] 이들 연구에서 순교와 순교자들은 불과 수십 년 전에 등장하여 대중과 연구자들의 상상력을 자극한 '자살 폭탄테러범'의 이미지를 그려낸다. 이외에도 사회과학자나 심리학자 또는 테러 분야의 전문가들이 이 '자살' 폭탄테러범의 개인적 동기, 집단 영향력, 의사결정 과정을 분석하는 연구도 발견할 수 있다.[26] 또한 직접적으로 자살테러를 불의와 폭정에 맞서 싸우는 면에서 해석하고 설명하거나,[27] 정신건강에 문제가 있는 사람의 선택으로 자살테러를 설명하려는 시도도 볼 수 있다.[28]

이처럼 테러를 중심축으로 연구되는 이슬람교의 순교 연구에 비해, 유대교의 순교 연구는 특정한 사건을 중심으로 이루어지는 특징을 보여준다. 이는 유대인들이 예루살렘에서 쫓겨난 후 전 세계에 흩어져 살면서 특정 지역에서 경험한 박해와 순교들이 조각처럼 모여졌기 때문이다. 이러한 기억에는 랍비 하나냐Hananiah חֲנַנְיָה ben Teradion의 죽음과 그들이 그리스도인과 이슬람교도들로부터 받은 박해, 홀로코스트의 경험 등이 있다.[29]

이에 비해 그리스도교의 순교 연구에서는 여러 갈래의 흐름을 볼 수 있다. 그 하나는 박해와 폭정이 실제로 있었는가를 둘러싼 연구이다. 또 다른 하나는 순교를 역사·사회·정치·국제 관계 등의 관점에서 그 발생과 전개 및 이해의 발전 과정을 연구하는 흐름이다. 이들과 달리 순교가 한 종교의 정체성 형성과 조직 강화 그리고 위기관리에서 어떻게 사용되고 강조되었는지를 밝히려는 연구도 있다.

이와 같은 순교 접근 이외에도 순교의 원인을 연구하는 흐름도 있다. 우선 순교의 원인을 박해와 폭정으로 보는 시각이 있다. 이때의 순교는 통치자 또는 억압자의 요구에 순교 발생의 우선권이 놓인다. 이와 달리, 명예 이론theory of honor으로 접근하는 시각도 있다. 이에 따

에밀 뒤르켐

르면, 사회가 타락할 때 존엄성과 자존감을 회복하고 국면을 전환하기 위해 순교가 감행된다.

한편, 순교의 원인을 문화적 전통이나 시대의 흐름에서 찾는 학자도 있다. 이외에도 한 사회 혹은 조직이 구성원의 충성도를 유지하고, 집단적인 규범에 대한 충성을 유지하는 방편으로 순교를 권유하거나 강조한다는 설명도 있다.[30]

순교를 이타적인 자살로 보는 견해는 에밀 뒤르켐David Émile Durkheim(1858~1917)의 연구 『자살론*Le Suicide*』(1897)에서 확인할 수 있다. 집단 과정과 행동 결정에 미치는 문화의 힘을 강조한 뒤르켐은 자기 희생으로써 집단의 연대를 표현하는 메커니즘에 주목하고 이를 순교 이해에 적용시켰다. 그 결과 그는 순교를 이타적 자살로 규정한다. 여기서 그가 말하는 이타적 자살은 사회집단을 구성하는 유기적 일부인 한 개인이 집단을 위해 자신의 개인적 니즈needs와 자기 자신을 희생하는 것을 의미한다.

뒤르켐에 따르면, 이러한 선택은 자기 정체성을 집단적인 가치와 동일시하는 데서 일어난다. 순교는 이데올로기를 육체적 생존보다 우선시함으로써 개인보다 가치의 우월성을 인정하게 하고, 삶의 진정한 본질로 인식되는 진리와 자신을 궁극적으로 동화했다는 것을 상징하게 된다. 뒤르켐이 이를 이타적 자살로 규정하는 데는, 나르시스트narcissist적 동경이나 삶의 이유를 찾지 못하고 낙담하는 데에서 비롯되는 이기적 자살이나 경제적 위기, 가족, 사회로부터의 외로움과 소외로 인한 아노미anomie적 자살과 순교는 다르다는 분명한 주장이 담겨 있다.[31]

이러한 그의 시각에 묻어 있는 진화론적 사고는 현대의 많은 연구자들에게서 감지된다. 예를 들어, 모스Candida Moss[32]나 스타크Rodney William Stark(1934~2022)의 주장[33]에서 순교는 조직의 생존율을 높이기 위한 조작 또는 장치로 설명되는데, 그 이론의 골자에서 사회진화론이나 진화심리학의 그림자를 볼 수 있다.

한편, 유대교의 순교를 그리스도교의 순교와 관련시켜 연구하는 경우가 있다.[34] 이들의 연구에서는 순교적인 죽음 이해의 기원과 상호 영향에 관한 연구에 집중된다. 가장 대표적인 예로, 순교 역사 연구의 대가로 알려진 프렌드W. H. C. Frend와 헨텐Jan Willem van Henten이 있다. 전자는 주로 유대교의 전통에 확고한 기반을 두고 순교의 기원을 유대 민족의 고난의 역사에서 찾은 반면,[35] 후자는 마카베오 순교 연구를 중심으로 유대교 전통 안에 존재하던 민족 구원을 위한 죽음 이해가 순교 개념으로 발전되었다고 보는 점에서 대비될 수 있다.[36] 이에 비해, 바워삭은 2~3세기 로마의 상황에서 순교의 기원을 모색하고,[37] 보야린Daniel Boyarin은 유대교와 그리스도교가 서로의 순교 개념 정착 과정에 상호 영향을 미쳤다고 본다.[38]

이와 달리, 순교의 기원을 그리스·로마의 전통에서 찾는 에이글러Ulrich Eigler와 예수운동에서 그 기원을 찾는 실리David Seeley[39] 드로게

Droge의 연구[40]도 초기 그리스도교 순교사 연구의 새로운 지평을 연 연구로 평가된다. 이들 모두는 순교의 기원을 단일한 근원에서 찾는다는 점에서 공통점을 가진다. 이러한 단일기원설 주창자들과는 달리, 틸리Tilley[41]와 이스트만Eastman[42] 그리고 모스[43] 등은 다양한 문화, 전승 등 '서로 다른 기원의 복수설heterogenous and diverse multiple origin'을 주장한다.

이외에도, 순교 개념이 초기 그리스도 교회 공동체에 어떤 기능을 했는지를 연구하는 학자들이 있다. 주디스 리우Judith Lieu[44]와 다니엘 보야린Daniel Boyarin,[45] 카스텔리Castelli,[46] 리만Leemans[47] 등은 순교 개념이 그리스도교 공동체로 하여금 유대인이나 이교인들과 자신을 구분하는 수사학적이고 이념적인 근거를 제시하였다고 보았다. 이들과 달리 영지주의나 몬타니즘, 신예언자운동 등이 순교 개념의 발전 과정에 미친 영향을 연구하는 학자로 스테 크로익스Ste Croix,[48] 윌리엄 태버니William Tabbernee,[49] 폴 미들턴Paul Middleton[50]도 있다.

이처럼, 전통적인 순교 연구가 박해와 연관되어 진행되었다면 깁본Gibbon의 연구 이후 그리스도교인들을 향한 로마제국의 박해 사실이 의문에 부쳐지면서 순교 연구는 새로운 사태를 맞이하게 되었다. 이와 함께 성경에 나타난 순교 서술에 대한 문제는 몸젠Mommsen이 제기했다.[51] 또한 초기 그리스도교 교회를 향한 박해가 없었거나 미미한 정도에 그쳤다고 주장하는 모스나 바워삭에 비해, 박해의 역사적 사실성을 주장하는 학자들도 있다. 라이브스Rives[52]는 그리스도교인들이 데키우스Decius 치하에서 박해를 받았다고 주장하며, 앨런 브렌트Allen Brent,[53] 엘리자베스 디팔마 디제저Elizabeth DePalma Digeser[54] 등은 개별적이며 국지적인 박해들이 진행되었다고 주장한다.

순교 이해를 둘러싼 논쟁 중 관심을 기울여야 할 또 하나의 주제는 구약성경에 나타난 순교 이야기의 해석과 편집 시기이다. 학자들은 폴리카르푸스Polycarpus의 이야기가 편집된 시기를 그리스도교에서 순교가 활발하게 논의되던 시기로 본다. 그 내용을 볼 때에도 그리스도교의 순교 이해와 일치하지 않는다고 본다. 이러한 입장에 서는 학자들은 순교에 대한 그리스도교의 영향이 이 이야기의 편집에 영향을 주었고, 그 원原사료가 그리스도교적 의미의 순교를 담지 않았다고 본다.[55]

한편, 초기 교회 박해를 둘러싸고 다양한 목소리가 들린다.[56] 이 논쟁은 오랜 기간 동안 지속되었고, 이미 많은 근거 자료를 확보했다고 말할 수 있다. 학자마다 다른 주장을 펴지만, 대체적인 합의는 '박해가 로마제국 영역 전체에 걸쳐 오랜 기간 동안 지속적으로 강한 강도로 지속되었던 것은 아니다'라는 지점에서 이루어진다. 이는 대다수의 학자들이 박해가 일어난 사실을 전적으로 부정하거나, 순교에 관한 기록이 모두 날조되었다고 주장하지는 않음을 의미한다.

초기 교회 박해와 순교를 둘러싼 이 논쟁의 주장은 학자들만의 기싸움으로 치부할 수 없다. 이들의 논의가 오늘 우리가 순교를 어떻게 바라보아야 하는가에 영향을 주기 때문이다. 또한 박해를 받으며 순교했던 이들의 자세와 동기, 배경 등은 단순한 역사적 서술에 그치지 않고, 신학과 인간의 본질을 이해하는 데 중요한 자료를 제시한다. 이 때문에 신앙생활 영위에 방해를 받지 않는 상황에서도 여전히 박해와 순교는 관심을 기울여야 하는 주제로 우뚝 서 있다.

국내의 연구[57]와 국내에서 발표된 연구물[58]에서도 초기 교회의 박해와 순교라는 주제가 다루어졌다. 이 중, 한국순교복자성직수도회가 주최한 제1회 국제순교심포지엄에 실린 연구 논문들은 구약과 신약에 나타난 순교 개념과 신학적 의미를 밝혀주는 좋은 연구 내용을 담고 있다.[59] 그렇지만 이 심포지엄의 발표문 안에는 박해의 역사적 사실성을 정리하거나, 순교에 관한 교부들의 관점이 어떠한 배경에서 작성되었는지는 말해주지 않는다. 이에 비해, 박해라는 역사적 사실에 대한 역사적 접근과 순교에 관한 당대의 이해는 조남진과 이광진 그리고 매우 대략적으로나마 지성용의 글에 담겨 있다. 그러나 교부들이 서로 다른 상황에서 순교를 어떻게 바라보았는지를 정리한 내용이 나타나지는 않는다.

종교적 실천으로서의 순례

모든 종교에서 순교자는 특별한 의미로 기억된다. '순교자'라는 이름을 '붙이는' 데서 감지되듯 순교자를 기억함은 그 죽음을 해석하고 의미를 부여하는 과정을 포함한다. 이 때문에 특정 종교 안에서 이뤄지는 순교자 공경은 당대의 죽음 이해 위에 더해진 삶과 죽음에 대한 종교적 의미를 드러낸다고 말할 수 있다. 또한 '더해지는' 작업에는 더하는 사람의 의도된 목적뿐 아니라 그 행위를 실행하는 다수가 포함된다.

순교자를 공경하는 양상에는 죽음을 대하는 각 종교의 관점이 담겨 있다. 그러나 죽음이 특정한 사건과 장소 및 주검과 연결되는 한에서 순교자 공경은 특정한 장소에서 죽음을 기리는 행위를 동반한다. 성지순례와 유해 공경을 그 예로 꼽을 수 있다. 이와 더불어 순교사를 가리키는 성화聖畵나 종교의식을 통해 순교자를 기리는 행위

등이 순교자를 공경하는 방식으로 제시될 수 있다. 이처럼 다수에 의해 실천되는 순교자 공경에서 다수를 움직이는 순교자의 죽음이 미치는 힘을 느낄 수 있다.

이름 붙여진 이와 이름 붙이는 이, 그 이름을 따르는 이들이 보여주는 관계는 순례나 유해 공경의 양상에 대한 연구가 종교학이나 역사학 또는 사회학의 관심을 끄는 이유를 짐작케 해준다.[60] 가톨릭 신학이나 관련 역사학에서 이 주제를 본격적으로 다루지 않는데는 종교개혁 시기의 논쟁이 작용하는 듯 보인다. 국내의 연구도 종교학이나 서양사 분야의 연구가 주류를 이룬다.[61] 이는 대부분의 종교에서 나타나는 성지순례가 특정 종교 안에서도 지역과 문화, 역사 및 사회 상황에 따라 구별되는 특징을 보여준다는 점을 반영한다.

일반적으로 '순례'는 성지나 거룩한 장소를 찾아 떠나는 여행을 말한다. 그러나 각 종교에서 순례의 어원에 담긴 의미는 오랜 전통만큼이나 다름을 품고 있다.

불교 국가인 태국의 언어에서 순례를 나타내는 두 가지 단어가 있다. 그 하나는 '존경의 마음으로 머리를 숙이고 앞으로 나아가기kān-painnamatsakān'이며 다른 하나는 '공덕을 찾아 앞으로 나아가기kānpai-sawaengbun'이다.[62] 이를 통해서도 불교에서 성지순례가 갖는 의미를 엿볼 수 있다.

수행자 자신이 열반에 자력으로 도달하기를 요청하는 불교에서도 붓다의 생애 중 주요한 사건이 일어난 네 곳을 가리키는 4대(또는 8대) 성지[63]를 순례하는 신앙운동이 있다. 이러한 불교 성지순례의 기원은 붓다 생전 시기에 비구들이 우안거雨安居 이후 그 수행 결과를 고하고 지도를 받는 데서 찾을 수 있다. 이 전통이 붓다 사후에 그를 추념하며 중요한 지점을 순례하는 전통으로 발전하였다. 이러한 불교의 성지순례에는 공덕을 쌓는다는 의미도 있지만 붓다를 추모하며 자신의 신심을 새롭게 하는 데 그 목적이 있다.[64] 4대 성지를 방문하고, 붓다의 인격과 가르침을 회상함으로써 수행에 전진하고, 종국에는 수행의 완성을 도모할 수 있다는 의미가 순례에 담겨 있다.[65]

그런데 붓다 사후 붓다를 대신하는 역할을 맡은 4대 성지를 신자 모두가 순례하는 것은 현실적으로 불가능했다. 이에 불교에서는 네 가지 주요 사건을 회상함으로써 얻는 공덕이 성지 방문의 공덕과 똑같다는 가르침 아래 지리적 순례가 회상回想순례로 대치된다.[66] 그 예로, 불탑을 모신 절을 순례하는 여정은 거리가 먼 인도 성지를 방문하기 어려운 신자들의 순례지로 발달되었다고 볼 수 있다.[67]

한편, 불교는 크게 대승불교와 소승불교로 나뉘지만, 그 안에서 수많은 분파가 나타나고 각각 고유한 영성과 체계를 지닌다. 이에 따라 성지순례도 다양한 특징을 지닌다. 난행고행難行苦行을 통한 깨달음을 중시하는 소승불교에 비해 대승경전에 나타나는 보살신앙이 동아시아 불교의 성지순례와 연결된다. 불교에서는 대승경전에 나타나는 미륵彌勒, 보현普賢, 문수文殊, 관음觀音 등의 보살은 수행을 완성하고 중생을 교화한다고 믿는다. 붓다 사후 붓다가 초인화超人化되어 표상되었듯이 이 보살들 역시 초인화되어 구제력이 강조되었다. 이에 따라 이 보살들의 상주처常住處를 가까운 현실 세계에 구하려는 경향이 불교의 성지 발달에 영향을 주었다고 말할 수 있다. 불교 성지는 이처럼 붓다buddha의 삶의 관계에 대한 이야기 지평이 확장되고 여기에 전파 지역의 기존 민간신앙과 성스러운 장소가 융합되며 발전하였다.[68]

우리나라에서 종교적 순례는 의상과 원효의 관음 순례를 볼 때 삼국시대까지 기슬러 올라간다고 말할 수 있다. 이러한 순례 전통은 고려시대 회정의 순례에 이어 조선시대 태조 이성계의 명산名山 기도 순례 등에서 확인된다. 이에 비해 1970년대 이후 한국 불교에 나타난 순례는 정기적인 순례 형식을 띤다는 점에서 이전과 대별된다.[69] 한편 이효원의 연구에 따르면, 현대 한국의 불교 성지는 한 가지 특정 주제를 가지고 묶여 있는 경우가 많다. 각각의 사찰은 그 사찰에서 내세우는 특별한 신앙 형태가 있으며, 그 신앙이 신도들이나 승려에게 영험한 힘을 일으키고 나면 그때부터 그곳은 성지가 되곤 했다. 주제로 구분할 때 한국 불교 성지는 붓다의 사리가 봉안된 적멸보궁寂滅寶宮[70]과 불법승佛法僧 삼보三寶에 대한 믿음과 경배에 관련된 성지[71]와 관음, 지장, 약사, 문수, 나한羅漢 등을 숭배하며 기도드리는 성지로 정리될 수 있다. 이와 더불어 최근 조계종 측에서 순례 코스로 지정한 33곳의 관음사찰[72] 순례는 일본에서도 진행되는 프로그램을 도입하여 순례와 교류를 접목한 방식을 보여준다.[73]

불교에 비해 힌두교인들의 경우 성스러운 여울로의 여행이라는 뜻을 가진 티트라-야트라Tirtha-yatra तीथर्-यातरा가 성지순례를 의미한다.[74] 갠지스 강가의 바라나시Varanasi, बनारस Benares 순례를 들 수 있지만[75] 인도 전체가 성지를 중심으로 이루어진 거대한 조직으로 볼 수 있을 정도로 많은 성지를 갖는다. 힌두교 순례는 구원적인 공간과 연결된다. 강이나 호수 등에 몸을 넣어 구원과 용서를 얻는 구조가 힌두교 순례의 구조로 볼 수 있다. 이처럼 힌두교에서는 특정한 몇 장소에 신성神聖이 연결되는 특징이 나타나지 않는다. 힌두교 신앙에 따르면, 순례를 함으로써 신앙인 자신과 그 삶이 새로워진다.[76]

이러한 동양 종교의 순례에 비해 그리스도교에서 순례로 번역되는 단어의 어원은 라틴어 'peregrinatio'[77]이다. 라틴어에서 이 단어는 특별한 의미의 종교적 여행을 의미하기도 하지만, 여행자 또는 외국인을 지칭할 때 사용되었다. 또한, 순례 이야기를 담은 고대 문헌은 순례를 'peregrinatio'와 'iter'로 나타내고 있다. 이 모두는 고대에 여행을 의미했지만 종교적 여정을 담기도 했다.[78] 오늘날에도 순례가 여행과 연결되는 것처럼, 고대부터 성지순례는 자신이 거주하는 공간을 벗어나는 여행의 의미를 강하게 지니고 있었다. 이러한 순례가 종교적 목적의 여행이라는 의미에 대응한 시점은 십자군전쟁 시기로 보인다.[79]

한편, 'peregrinnus'(per; -을 통하여, ager: 지방, 땅, 영역)는 '사막의 은수자'를 지칭할 때에도 사용되었다.[80] 이처럼 순례가 수도생활과 연결되는 고리는 순교자에 대한 고대 교회의 공경이 사막의 은수수도원운동과 이들을 찾아나서는 여행으로 이어지는 점에서도 찾을 수 있다. 그 단초는 수도자의 이상을 지칭하며 라틴어 'peregrinatio'로 번역되는 '크세니테이아ξενιτεία'에서 찾아볼 수 있다. 이 단어는 신앙의 선조인 아브라함의 모습처럼 하느님의 뜻을 따라 자신의 기존 삶의 터전을 버리고 신을 향해 나아가는 순례를 의미했다.[81]

이와 같이 수도 성인들이 물리적 순례와 '크세니테이아'를 연결하여 이해한 점이 우리에게 던져주는 의미는 자못 크다. 성지순례와 수도원운동은 신앙인 자신이 이 세상의 이방인임을 받아들이고 본향인 하느님 나라를 향하는 종말론적 여행의 의미를 지닌다는 점에서 공통점을 갖기 때문이다.

이상의 내용에는 한국 교회에서 일반적으로 이해되는 성지순례와 일치하지 않는 지점이 발견된다. 우선 불교나 힌두교의 성지순례가 특정한 인물과 연결되기보다 종교적 가르침과 더 긴밀하게 연결된다는 점이 감지된다. 한 걸음 더 나아가 어원과 발전 과정을 살펴볼 때 그리스도교의 순례가 보여주는 하느님 나라를 향하는 종말론적 여행이라는 의미가 우리 순례 현실에서는 매우 약하게 강조됨을 알 수 있다.

이러한 차이와 관련하여 한 가지 짚어둘 내용은 '성지'의 정의이다. 다른 종교뿐 아니라 서양의 성지와 비교할 때에도 한국 가톨릭교회의 성지는 순교자와 깊이 연결된다는 특징을 보인다. 그렇지만 한국어로 성지로 표현되는 내용 안에는 전통적인 의미의 성스러운 땅으로서의 성지와 순례지가 모두 포함된다. 엄밀하게 구분한다면, 성인과 관련된 장소는 순례지에 포함된다.

교회의 전통은 '성지terra sancta, Holy Land'와 '순례지sanctuarium, shrine'를 구분한다. 여기서 성지는 '하느님의 아드님께서 동정 마리아에게서 육신을 취하시어 사람으로 태어나신 곳'을 지칭한다.[82] 한국 교회의 번역에서 교회 문헌의 원어 'terra sancta'는 '성지'로 번역된다. 이에 비해, 우리나라에서 성지를 표현할 때 사용하는 shrine은 한국 교회 문헌에서 대부분[83] '순례지'로 번역된다. 이러한 번역어 구분은 'sanctuarium'이란 단어의 번역어로는 'terra sancta'에 대응하는 '성지'보다는 '순례지'라는 단어가 더욱 정확하기 때문이었다고 생각된다. 교회법CIC, Codex Iuris Canonici은 순례지sanctuarium를 신자들이 교구 직권자의 승인 아래 특별한 신심 때문에 빈번히 순례하는 성당이나 그 밖의 거룩한 장소(1230항)로 정의한다. 여기서 알 수 있듯이, 성스러운 땅과 거룩한 장소는 교회 문헌 해석에서는 성지와 순례지로 구분되지만, 일반 용례에서는 이러한 구분 없이 성지로 번역되어 사용된다.

한편, 한국 교회에서는 1950년대부터 자신의 교회사와 관련이 깊은 지역에 대한 관심을 갖기 시작했다. 이러한 현상은 해방 직후 조선순교복자현양회가 구성되었던 1946년을 기점으로 삼을 수 있다.[84] 이 단체의 모금을 통해 서울 용산구 이촌동에 있는 새남터 성지가 확보될 수 있었다. 이 단체는 1956년 이곳에 임시 기념탑을 세웠다. 이때 그 탑신에는 '殉教 聖址'라고 기록되어 있었다.[85] 당시 그 단체의 책임자였던 윤형중 신부를 비롯한 교회의 지도자들이 성지聖址라는 단어를 선택했던 데에는 'sanctuarium'이란 단어를 의식하여 단어를 택한 결과였다고 생각된다.[86]

그러나 성지聖地와 구별되는 'sanctuarium'의 번역어로 성지聖址라는 단어는 점차 사용되지 않게 되었고, 한국 교회의 순교자들의 사적과 관련되는 지역을 일반적으로 성지라 부르게 되었다. 이러한 현상에 대한 반성으로 의미의 혼동을 초래하는 성지라는 단어 대신에 성스러운 유적, 성적聖蹟이라는 단어로 대체하자는 의견이 제시된 바가 있었다.[87] 반면 이러한 구분 없이 모두 성지聖地로 부르자는 의견도 있었다.[88]

그렇지만 오늘날의 상황은 그 원래의 의미와는 달리 '성지'라는 용어가 교회 안팎에서 일종의 관행으로 사용되고 있다. 천주교용어위원회에서도 "'성지terra sancta'는 본래 예수님과 관련된 이스라엘 땅을 말하지만, 성모님이나 성인 또는 순교자 관련 사적지나 순례지sanctuaria를 일반적으로 '성지'라고 하는 것에 대하여는 문제 삼지 않는다"는 입장을 밝힌 바 있다. 성지聖地와 성지聖址의 구분을 감안할 때 한글은 성지로 표기하지만, 한문에서 차이를 두는 방안도 재고해볼 수 있다.

사막 종교의 순례와 예루살렘

그리스도교와 함께 사막 종교로 분류되는 유대교와 이슬람교는 하나의 뿌리에서 나온 종교다. 이 때문에 예루살렘이라는 장소가 지니는 의미와 순례에서 공통점이 많이 나타난다. 그러나 예루살렘이 어느 종교 혹은 민족의 손에 장악되었는지에 따라 접근성이 변했고, 그에 따라 성지순례의 양상과 의미도 변화되었다.

예루살렘이 사막 종교 각각에서 갖는 비중은 주요한 경전에서 예루살렘과 시온이 나타나는 빈도에서도 확인할 수 있다. 유대교에서 압도적으로 큰 빈도가 확인된다.[89] 이러한 연장선에서 비록 현대 유대교에서 성지순례의 외적인 중요성이 약화되었다 하더라도 유대교에게 예루살렘은 여전히 중요한 의미를 지닌다고 말할 수 있다. 예루살렘은 오랜 역사를 지나는 동안 변함없이 이스라엘의 수도로 인식되었다. 예루살렘 성전 파괴는 유대인들의 삶에서 기억되며, 유대인들이 이를 위해 기도하고 꿈꾸며, 울고 죽는 영원한 이스라엘의 심장으로 간주된다.[90]

그리스도교나 유대교에 비해 이슬람교에서는 종교의 시원始原이 예루살렘과 직접적으로 연결되지 않는다. 그러나 예루살렘을 아담과 연결시키는 점에서, 예루살렘을 신앙과 연결시키는 연결선은 이슬람교에서 가장 길다.[91] 이러한 이슬람교에서 예루살렘이 부각되었던 시점은 예루살렘이라는 장소가 정치적인 중요성을 갖는 시점과 견주어 이해될 수도 있다. 7세기 후반의 예루살렘 점령과 12세기 십자군전쟁, 13세기 십자군전쟁, 이스라엘이 이 지역을 차지한 1967년 등이 그 변곡점이다. 이 변곡점은 사막 종교 모두에 있어서 성지순례지로서의 예루살렘이 가지는 의미와 비중에 변화를 가져왔다.

이슬람의 경우 성지순례는 신앙인이 일생에 한 번은 지켜야 할 의무로 규정[92]된다. 그러나 이슬람에게 성지순례는 순교자의 삶이나 죽음을 기리거나 순교자들에게 전구를 구하는 그리스도교의 성지순례와 차이점을 갖는다. 이슬람의 경우, 유대교와 그리스도교와는 달리 순례의 중심에 희생을 놓으며, 이를 통해 개인의 정체성과 전체로서의 무슬림 공동체 구성에 초점을 둔다.[93]

이슬람의 성지순례는 이슬람의 예언자 무함마드가 죽기 전에 행한 순례를 뒤따라 그들이 인류 최초의 유일신 성전으로 간주하는 카으바Ka'bah[94]가 있는 메카Mecca를 향한다. 이슬람의 성지순례는 정해진 일자에 정해진 순서에 따라 진행된다.[95] 이 순례는 역사적 장소에서 역사적 사건을 회상하는 내용이 정해진 행동을 통해 표현되는 양상을 갖는다. 이때 전 세계 각지에서 모여든 남성 무슬림은 같은 옷(이흐람Ihram)을 입음으로써 평등한 인간관을 드러낸다. 이러한 이슬람교에서 성지순례는 개별적인 영혼 정화나 영적 감화의 의미 외에도 신앙 집회와 인종, 신분 등을 넘는 보편성, 평등사상 등을 실현하는 장으로서의 의미를 갖는다.[96] 신자들이 살아가는 개별적인 지역과 문화의 경계를 뛰어넘는 초국가적, 초문화적인 결집이 순례를 통해 이루어지며 정치적인 의미를 갖는 장면을 그 역사 발전 과정에서 볼 수 있다.[97] 이슬람교에 있어서 중세의 순례는 종교적 행위였을 뿐 아니라 이슬람의 통일성을 유지하는 방편이었다. 순례지는 무슬림 지역들 간의 경제적이고 문화적인 접촉을 보장하는 기능을 담당했으며, 순례지마다 열리는 시장에서 물품의 교역과 거래가 이루어졌다.

이슬람교에게 예루살렘은 메카와 메디나Medina[98]를 잇는 성지순례 장소이다.[99] 예루살렘은 무함마드가 메카로부터 예루살렘까지 신비한 방식으로 날아와서 알라신에게 바치는 기도를 주도하고 알라신을 접한 장소이자, 무함마드가 승천한 곳으로 받아들여진다.[100]

그런데 이슬람의 성지순례는 성스러운 장소인 메카를 향하는 성지순례 이외에도 이차적인 순례로도 간주되는 순례지를 향하는 성지순례가 있다.[101] 이슬람어 'زيارة'로 표기되는 '지야라Ziyarat'는 무함마드와 그 가족 및 후손 그리고 예언자나 학자 등과 관련된 장소를 방문하는 순례를 의미한다. 이 장소에는 무덤이나 전투지, 모스크, 산 등이 포함된다. 이 단어의 어원은 '방문하다'라는 의미를 지닌다.

현대 유대교에서 성지순례는 의무로 규정되지 않는다.[102] 유대교의 순례가 이슬람교나 그리스도교와 비교하여 가지는 특징은 '의례'를 중시한다는 점이다.[103] 의례를 중심으로 전개되는 유대교의 순례는 유대인들이 성스러움을 찾는 여정과 유대교 공동체를 유지하는 데 있어서 중요한 역할을 담당한다. 이러한 유대교의 성지순례 양상은 이스라엘 민족과 예루살렘의 운명과 나란하게 발전된 역사[104]를 살펴볼 때 이해될 수 있다.

역사적으로 볼 때, 유대교에서도 성지순례는 중요한 신심 행위이자 의무로 규정되었다. 단Dan דן과 시켐Shechem שכם, 실로Shiloh שילה, 베델Bethel בית אל 등은 중요한 순례지이자 국가의 회합 장소였다.[105] 그러나 유일신론이 형성된 이후 성전이 파괴될 때까지 예루살렘 성지순례만이 유일한 합법적이며 의무적인 순례로 인정되었다. 신명기[106]에 따라 모든 이스라엘 남성들은 예물을 들고 일 년에 세 번 예루살렘을 순례하는 의무를 지고 있었다.[107]

이스라엘 역사에서 예루살렘 성지순례의 큰 위기와 변화는 성전 파괴 사건이 일어난 기원후 70년에 일어났다. 이미 예수 사후, 유대교의 성지가 그리스도교의 중요한 사건이 일어난 장소와 중첩된 상태에서 발생한 이 사건은 성지순례 지도에 변화를 가져왔다. 성지와 순례에 대한 다양한 논의가 전개되었고, 로마시대까지도 파괴된 성전의 서쪽 벽을 향한 순례는 계속 진행되었다.[108]

그러나 4~6세기를 거치면서 성지순례에 가해진 제한은 유대교 안에서 의례를 통한 회상의 면모를 강조하게 되었다. 그렇지만 예루살렘이 아닌 갈릴레아는 다윗의 무덤이나 베틀레헴에 있는 레이첼의 무덤과 더불어 순례 여행지에 포함되었다.[109] 이후 9세기에 이르면 유대교와 아랍 공동체의 갈등이 심화되었다. 이때 작성된 성지 지도가 이후 이스라엘이 성경에 나타난 지역으로 옮겨갈 때 청사진이 되었다.[110]

이후 무슬림의 예루살렘 지배가 장기화되고 십자군전쟁이 오랫동안 진행되면서 예루살렘 성지순례는 현실적으로 어려운 상황을 맞이했다. 이때 거룩한 장소와 성전이 연결되었던 성지순례는 연중 공동체가 함께 모여 갖는 의례로 계승되었다. 순례를 통해 하느님과 이스라엘 민족의 약속 그리고 민족 정체성을 확인하던 작업은 이제 회상의 기억을 담는 의례를 통해 실현되었다. 그러나 대중은 공식적인 성지 이외의 여러 곳을 찾아 복을 빌며 순례를 진행한다.

이상에서 살펴본 바와 같이, 그리스도교 밖의 성지순례에서 대중신심과 역사 맥락이 긴밀하게 연결된 점을 분명하게 볼 수 있다. 순례는 궁극적인 존재나 힘에 다가서려는 인간, 그의 도움을 받고, 그와의 관계 안에서 자신을 이해하려는 인간의 마음을 담는다. 이러한 인간의 마음이 일정한 양상을 드러내며 발전할 때 사회정치적 상황이 함께 맞물렸다. 이 과정에서 성지순례는 공동체의 정체성 강화를 포함하여 다양한 목적을 실현하는 데 이용되었고, 종교의 발전에 기여했다.

순교자 공경의 발자취를 따라가며

순교 담론과 순교자 공경을 둘러싼 논쟁은 여전히 뜨겁게 전개된다. 특히 순교는 테러와 연결되어 짐짓 불편한 소리를 들려주기도 한다. 그 연결고리에 '박해가 실제로 있었는가'라는 질문과 생명을 지키려는 본능을 가진 인간이 순교를 선택하는 이유에 대한 논의가 자리 잡는다. 순교자 공경 역시 마찰음을 들려준다. 순례는 관광과 연결되는 지점에서 불편한 소리가 들리고, 유해 공경이나 성화상 공경은 우상숭배와 연결되는 고리에서 마찰음이 발생한다.

박해가 실제로 어떤 양상으로 일어났으며, 박해와 관련하여 순교에 관한 교부의 발언을 어떻게 이해해야 하는가를 살펴볼 필요가 대두된다. 이와 더불어 많은 논란을 불러온 순교자 공경의 방식, 곧 순례와 유해 공경, 성화상 공경 등의 순교자 공경 방식을 살펴볼 필요가 있다. 단지 박해가 있었다는 주장을 펴기 위해서 이 내용이 필요한 것은 아니다. 또는 교부들의 순교 권고를 문자 그대로 받아들이기 위해 되돌아보는 것도 아니다. 개신교 측의 비난에 대응하기 위한 대척점을 마련하기 위해서 순교자 공경을 되돌아보는 것도 아니다.

박해와 순교의 생생한 기록을 가진 한국 교회에게 이 모든 질문은 과거에 관한 회상이나 안락의자에 걸터앉아 나누는 담소거리가 될 수 없다. 하느님의 역사 내 현존과 구원이라는 렌즈로 역사적 사건을 어떻게 해석하여야 하는지, 순례지는 어떻게 가꾸고 순례지를 찾아오는 이들을 어떻게 맞이해야 하는지, 순례자의 발과 눈과 마음은 최종적으로 어디를 지향해야 하는지에 대한 답이 이러한 역사 자료에 담겨 있기 때문이다.

이 책이 기여할 수 있는 부분은 매우 미미하고 소박하다. 궁극적 관심은 다르다 하더라도 그 지점에 이르기 위해 내딛는 디딤돌로서의 질문이 같은 사람들과의 나눔을 꿈꾼다. 최소한 같은 질문을 가진 누군가가 답을 구하는 시간을 아낄 수 있다면, 이 돌을 딛고 보다 힘차게 자신의 길을 걸어갈 수 있다면 이 책의 목적은 실현된 셈이다. 이 책은 박해와 순교의 전개 과정에 이어 순교자를 기억하는 교회의 노력을 살피고, 이어서 교회 문헌이 가르치는 순례와 순례지, 순례 사목 등을 담음으로써 그 목적을 실현하려 한다.

이 탐구는 1차 사료를 직접 찾거나 모든 자료와 주제를 다루지는 않았다. 즉, 이 책은 포괄적인 범위에 목표를 두지 않았다. 많은 질문에 대한 답을 구하며 전개하는 모든 내용은, 오늘의 한국 교회가 고민하는 문제를 풀어가는 실마리를 제공하려는 의지를 담고 있다. 여기서는 박해 발생 시기와 원인, 규모와 대상, 정도와 지속 시기 등을 살피면서 공동체가 박해를 어떻게 견디며 복음을 증거했는지를 보고자 한다. 또한 특정한 교회 상황에서 발해진 교부들의 순교 권면勸勉이나 자제 권면이 최대한 굴곡을 배제한 상태에서 들릴 수 있는 장치를 마련하려 한다. 이어지는 순례, 유해 공경, 성화상 공경의 역사는 교회 역사에서 무엇이 왜 문제가 되었으며, 교회는 이를 바로잡기 위해 어떠한 노력을 기울였는지, 그 흔적이 오늘을 살아가는 우리의 신앙에 어떤 의미를 전해주는지를 살피고자 한다.

대부분 가톨릭교회를 중심으로 설명되지만, 이 책에서는 다른 종교의 순례나 순교 이해도 정리해서 포함시켰다. 또한 공경과 흠숭과 같은 용어를 설명하고, 성화상 공경을 둘러싼 논쟁을 동방교회부터 개신교에 이르기까지 정리하여 담아두었다. 이와 더불어, 순교자 공경의 어집합이라 할 수 있는 배교자의 재입교를 둘러싼 논쟁도 정리했다.

마지막 장은 교회 문헌에 나타나는 순례와 순례지, 순교자 공경, 순례 사목 등을 정리했다. 원래 두 개의 논문으로 작성해서 발표한 내용을 다시 풀고 재정리하여 이 책에 담았다. 처음에는 두 개의 논문과 함께 순교자 공경과 관련한 주요한 5개의 문헌의 전문을 첨부하거나 또는 주제별로 해당 구절을 나열하여 순례지에서 활동하시는 분들에게 도움을 드리려는 꿈을 꾸었다. 그러나 교황청의 모든 문헌에 관한 저작권이 한국천주교주교회의에 귀속되어 있는 상황에서 문헌의 일부 내용을 직접 번역하여 포함시키거나, 번역된 내용의 일부를 포함시키는 데에 절차와 비용 문제가 발생하는 현실을 받아들여 논문을 헤쳐 모으는 방식으로 아쉬움을 달랬다. 가톨릭교회의 가르침에 실린 번역문을 인터넷을 통해 접할 수 있기에 관심 있는 분들은 직접 보시기를 권해드린다.

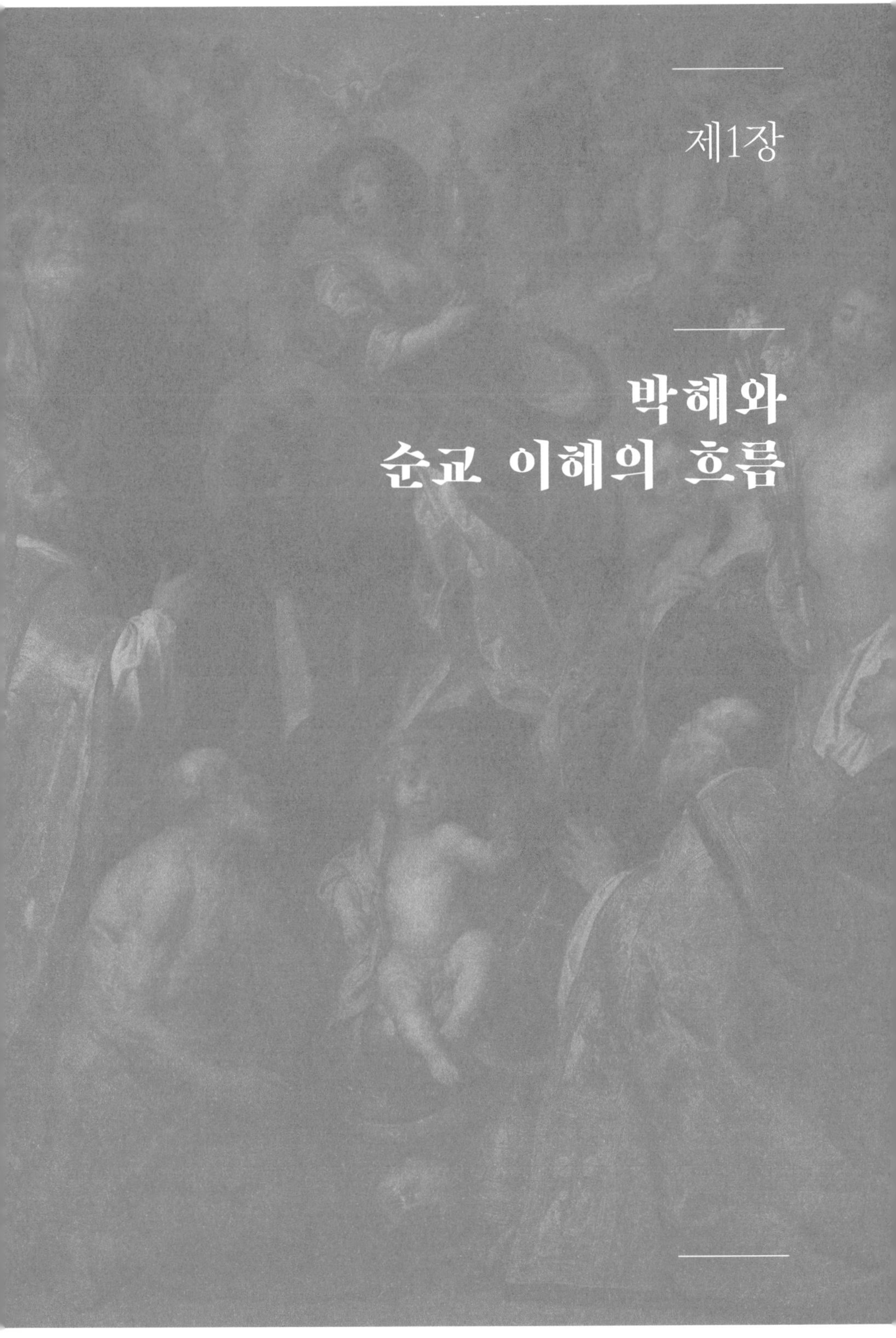

제1장

박해와 순교 이해의 흐름

박해와
순교 이해의 흐름

박해로 희생된 순교는 자살일까?

1982년 10월 10일, 성 베드로 광장에서 막시밀리안 콜베M. Kolbe 신부의 시성식이 거행되었다. 이 자리에서 요한 바오로 2세 교황은 '사랑의 순교'를 언급하며 그리스도의 사랑을 증거한 콜베를 순교자로 인정했다. 콜베 신부의 시성에 대해 많은 신학자들이 이의를 제기했다는 사실은 여전히 전통적인 순교의 의미가 크게 영향을 미침을 시사한다.

전통적인 의미의 순교는 신앙에 대한 박해자의 증오, 희생자의 신앙 증언, 폭력에 의한 죽음, 하느님에 대한 사랑과 믿음의 증언이라는 네 가지 요소를 충족할 때 인정된다. 이렇게 정의된 순교에서 용기라는 덕과 사랑으로부터 명령된 인내 등이 강조된다. 또한 생명을 위협하는 박해가 없는 순교는 성립하지 않는다. 이 기준에 비추어볼 때,

형제를 위한 순교에서 그리스도의 사랑을 증거한 콜베 신부의 죽음이 순교로 인정된 순간은 순교신학의 전환점으로 부를 수 있다.

한편, 에밀 뒤르켐은 『자살론』에서 자살을 사회적 현상으로 규정하는 가운데 이기적 자살과 이타적 자살, 아노미적 자살 및 숙명론적 자살로 구분한다. 흥미로운 점은 이기적 자살과 이타적 자살이 사회 통합과 개인의 자아 사이의 균형을 중시하는 데서 발견된다. 뒤르켐이 말하는 이기적인 자살은 사회적인 통합으로부터 벗어난 개인에 주목한다. 반면, 이타적 자살은 사회 통합이 강한 나머지 자아가 온전히 자신의 것이 아닌 상태에서 발생한다. 개인이 속한 사회가 자살 압박을 가하거나 명예와 관련한 어떤 문제가 일어나거나, 또는 적어도 불쾌한 사건 때문에 삶의 가치가 상실되거나, 그저 단순하고 순수한 마음으로 희생이라는 가치에 기쁨과 성취를 느끼는 경우를 들어 이타적 자살을 설명한다.

이 규정에 비추어볼 때 역사적으로 기억되는 숭고한 죽음은 모두 자살로 구분된다. 콜베 신부는 사랑이라는 가치를 존중한 나머지 자신의 생명을 희생하는 데서 가치를 발견했다고 설명할 수 있을 것이다. 폭탄을 몸에 묶는 테러리스트나 사랑하는 사람을 지키기 위해 수류탄을 온몸으로 덮은 청년의 죽음도 모두 이타적 자살 규정을 충족한다. 순교가 자살로 규정되는 것은 놀랍지 않다. 배교하면 생명을 건질 수 있는 상황에서 신앙을 고수하여 죽음을 맞이하는 선택을 자살로 규정하는 데는 논리적 문제가 없다.

그런데 모든 박해가 배교라는 탈출구를 열어두고 전개되었다고 말할 수는 없다. 전통적인 순교 규정을 충족하는 죽음, 곧 피할 수 없는 폭력이 많은 경우 박해에서 전제되었기 때문이다. 이러한 박해 앞에서 마지못해 죽임당했다면 교회는 순교로 인정하지 않는다. 이 때문에 또다시 죽음을 받아들였다는 점에서 '순교는 자살'이라는 틀에서 벗어나지 못한다. 이 지점에서 알 수 있듯이, 순교를 자살로 규정하는 것은 신앙인에게서 순교가 갖는 가치를 훼손하지 않는다. 일련의 논리체계 안에서 자살을 규정했다는 점 이외에 다른 의미를 전해주지 않기 때문이다.

이번 장에서는 박해의 전개 과정과 순교에 대한 교부의 가르침을 살펴본다. 역사적인 전개 과정을 되밟으며 박해가 일어난 시간과 장소, 주도한 황제, 박해를 야기한 원인, 박해의 지역적 범위, 박해의 대상, 박해의 정도 등을 물으며 정리할 것이다. 그러나 이러한 질문과 그 답을 정리하는 이면에는 이들의 죽음이 사회적 압력이었는지, 희생에 가치를 부여한 선택이었는지, 폭력에 대한 저항이었는지, 공동체의 압박이나 사회적 분위기가 가하는 압박이 순교로 이끌었는지 등을 묻는 마음이 놓여 있다. 여기서는 예수의 죽음과 부활, 승천 이후 유대교를 거슬러 새롭고 기쁜 소식을 전하다가 산화한 이들과 다양한 양상으로 전개된 박해에서 희생된 순교자들의 죽음을 정리하려 한다.

1_ 성경을 통해 보는 초기 교회의 순교

교회의 역사에서 박해의 실재에 대해 의문을 제기하는 목소리도 존재한다. 이에 대해 그리스도인이라면, 성경을 통해 박해와 순교의 증거를 주장하게 된다. 한 가지 예로, 성경은 스테파노의 순교를 분명히 기록하고 있으며, 이를 성경 신학자들도 대체로 받아들인다. 그렇지만 섬세하게 들여다보면, 스테파노가 유대인의 손에 의해 죽임을 당한 사실은, 흔히 알려진 로마에 의한 박해와는 다른 양상을 보인다.

성경에 기록된 사건들은 역사적 사실을 그대로 보존한 것이 아니라, 연출된 장면처럼 다양한 편집과 정본 확정 과정을 거쳐 완성된 결과물이다. 이런 과정에서 작성자와 편집자, 그리고 최종 확정자들의 신학적 입장이 반영된 것을 부인할 수 없다. 이런 맥락에서 성경의 박해와 순교 기록을 어떻게 이해할 것인가는 깊이 있는 질문을 필요로 한다.

또한, 성경이 기록의 형태로 남겨진 것은 예수의 임박한 종말이 오지 않을 것이라는, 그리고 그의 제자들과 초기 신자들의 불안감 때문이라 할 수 있다. 시간이 흐르면서 예수를 직접 경험한 세대가 사라지고 예루살렘 제2성전이 무너지면서, 그들의 신학적 이해는 구원과 종말에 대한 관념과 더불어 순교에 대한 시각에도 변화를 일으켰다. 이 변화는 성경 내의 다른 부분과 책에 따라 다양한 음색으로 드러나며, 그 의미는 성경을 작성하고 편집한 커뮤니티의 상황과 그들의 시각에서 해석될 수 있다.

본 절에서는 성경이 작성된 배경, 집필자의 신학, 커뮤니티의 특성, 그리고 이후 편집 과정에서의 첨삭 등을 상세히 다루지는 않을 것이다. 대신, 신약성경의 다양한 권에서 박해와 순교에 대한 서로 다른 시각들을 살펴보며, '박해가 정말로 있었는가?', '그 박해는 누가, 누구를, 왜 대상으로 했는가?'라는 질문에 초점을 둘 것이다.

예루살렘 교회를 향한 박해

스테파노는 일반적으로 첫 순교자로 꼽히는 인물이다. 그러나 바워삭의 지적처럼 스테파노가 과연 첫 순교자인지를 역사적으로 규명할 수는 없다. 스테파노를 '모든 증인 중의 첫째'라는 의미의 '프로토마르투스πρωτομάρτυς'로 표현한 최초의 사례는 4세기에 나타난다.[111] 그러나 이 시기에 다른 이들도 최초 순교자라는 칭호를 갖추기 시작했다. 그 예로 전설적인 인물 테클라Thecla를 꼽을 수 있다.[112] 예수님도 5세기의 지적에서 '프로토마르투스'로 기술된다.[113]

여기서 주목할 점은, 일반적인 의미의 교회 순교자는 예수 그리스도를 따르기 위해, 교회를 위해 죽었던 데 비해, 예수는 곧 오는 하느님 나라를 선포하다가 죽음을 맞았다는 점이다. 그리스도교 밖에서 볼 때, 예수가 스스로 상속자라고 생각했던 유대교가 하느님을 공경하는 종교라면, 그리스도교는 인간을 위해 죽음을 불사不辭하는 종교인 셈이다. 이러한 차이가 불러오는 갈등은 '예수 그리스도는 하느님이자 인간'이라고 설파하는 노력으로 쉽게 해소되지 않았다. 곤잘레스H. Gonzales의 지적처럼, 하느님이자 인간이라는 교리는 마치 '뜨거운 아이스크림'과 같이 이성과 언어로 설명해낼 수 있는 대상이 아니기 때문이다.

수많은 박해와 순교가 일어난 현장에 이 논쟁이 있었다. 특히 교리가 확립되며 이단을 처형하는 장면에, 다시 말해 그리스도인이라고 자처하는 사람들 간의 갈등에도, 이 논쟁이 종종 발견된다. 이에 비해 2세기까지의 시간 동안 일어난 박해의 모든 장면에서 이러한 신학적 논쟁이 개입된 것은 아니다.

4세기 중후반까지 일어난 박해는 유대인과 그리스도인 간의 갈등이나 그리스도인의 생활양식에 대한 로마의 불편함으로 인해 일어났다. 물론 그 기저基底에 예수의 삶과 가르침에 대한 이해가 자리 잡고 있었다. 그러나 이 시기의 박해에서는 신학적인 주제나 명시적으로 종교적인 안건이 아닌 기타 요인이 박해를 불러온 경우도 있다. 무엇보다 교회의 박해를 대표하는 로마시대 박해는 오랜 기간 동안 심각한 수준으로 전 로마제국이나 넓은 지역에 걸쳐 실행된 박해라고 단정할 수 없다. 스테파노를 죽음으로 몰고 간 박해도 그렇다.

스테파노의 죽음과 교회의 확산

스테파노는 하느님이 예루살렘 성전에 계시지 않으며, 유대인들이 하느님이 주신 진정한 율법을 지키지 않았다는 견해를 가졌다. 유대인의 종교생활에서 성전聖殿과 토라가 정체성 형성에서 갖는 중요성을 고려할 때, 이 발언이 큰 문제를 불러일으켰다고 짐작할 수 있다. 유대 율법 위반으로 기소된 스테파노는 성벽 밖에서 돌로 쳐서 처형당했다.[114] 이 사건은 대략 35년경에 일어났다고 추정된다. 나중에 바오로가 된 사울은 스테파노의 죽음을 목격하고 있었다.

예수를 따르는 공동체를 향한 박해에 대하여 성경이 증언하는 바는 사도행전을 비롯한 여러 곳에서 발견할 수 있다. 물론, 사도행전의 시기(아마도 90~100년)와 그 내용의 역사성·신뢰성에 문제가 없는 것은 아니다. 여기에 담긴 유대인에 대한 비판적 시각은 최소한 관련 사건이 일어날 당시의 상황을 그대로 반영한다고 말할 수는 없다. 그러나 예수 사후부터 부활에 대한 신앙과 성전이 신앙에서 차지하는 역할을 둘러싸고 유대인과 유대인 내에서 출발한 그리스도교 공동체 간의 갈등이 있었다는 점은 분명하다.

스테파노의 죽음은 유대인과 유대인을 대상으로 선교활동을 펼치는 그리스도교 공동체 사이에 놓인 갈등을 보여준다. 예수의 죽음과 부활, 성령 강림을 경험할 때까지도 예수의 제자들은 곧 오실 하느님 나라를 기다리며 유대인들을 회개의 자리로 부르고 있었다. 교회가 생성된 후 오랜 기간 동안 신생 교회의 선교 대상은 유대인이었다. 다만 유대인 안에서도 두 부류가 있었을 뿐이다. 그 두 부류는 예루살렘에 미물며 히브리어를 모국어로 사용하는 유대인과 여러 곳에 흩어져 살면서 주로 헬라어와 헬라 문화에 익숙한 유대인 부류였다. 이 두 부류를 향한 선교는 사도들에 따라 다르게 전개되었다.

히브리계 유대인을 향한 선교활동은 베드로와 요한의 활동에서 감지할 수 있다. 사도행전에 따르면, 베드로와 제배데오의 아들 요한은 예수가 죽은 자 가운데서 부활했다고 가르친 혐의로 두 차례에 걸쳐 체포되어 유대인 고등법원(산헤드린)에 끌려갔다. 그들은 무엇보다도 죽은 자의 부활을 부인하는 세력이자 영향력 있는 집단인 사두가이파 사람들에게 불쾌감을 준 것이 분명했다. 그러나 이 법원은 이들을 죽이거나 태형을 가하는 형벌을 집행하지는 않았다. 이는 아마도 사도들이 당시 누렸던 대중적 인기가 컸음을 방증한다고 말할 수 있다.

한편, 스테파노의 죽음을 계기로 표면으로 부상한 유대교와의 갈등은 그리스도 공동체가 예루살렘을 떠나도록 만들었다. 그러나 이들의 선교는 여전히 유대인을 향해 전개되고 있었다. 다만, 예루살렘에 살며 히브리어를 사용하는 공동체가 아니라 헬라어를 사용하고 로마 문화에 적응하며 살아가는 유대인을 향한 선교가 이전보다 활발하게 전개되었다.

이 시기에 아직 예루살렘에 남아 있던 그리스도교 공동체를 향한 박해가 지속되었고, 나중에 바오로가 된 사울도 이 박해에 가담했다. 그러나 바오로가 어떠한 자격으로 박해에 가담했는지 분명하지는 않다. 최소한 그가 행정부의 고위공직에 있었거나 산헤드린Sanhedrin의 구성원은 아니었다고 말할 수 있다. 이런 점에서 사울의 박해가 예루살렘 공동체의 존재를 위협하는 정도로 진행되지 않았음을 짐작할 수 있다.[115]

예루살렘 공동체를 향한 박해는 간간이 지속되었다. 44년 헤롯 아그립바 1세Herod Agrippa I가 사망하기 전에도 박해가 일어났고, 이때 요한의 형제인 야고보는 참수를 당하고, 베드로는 처형되기 전에 탈출에 성공했다.[116] 예루살렘 공동체는 요한의 형제 야고보가 희생된 후, 45년경 예수의 형제인 야고보가 지도하는 체제로 바뀌었다.

이 시기에 주목할 점은 클라우디우스Claudius 황제가 51년경 로마에서 유대인을 축출한 사건이다. 이는 그리스도인들과 유대인들 사이의 갈등이 유대교 간의 폭동 양상을 보이는 데 따른 결정이었다(로마 역사가 수에토니우스Suetonius의 기록). 분명한 것은 유대인과 로마의 박해가 예루살렘 공동체를 완전히 파괴하지 않았다는 점이다.

바오로를 향한 유대인의 공격은 예루살렘에서 일어났다. 그를 둘러싼 소요에 로마 군인이 개입하여 그를 군중으로부터 구해냈고, 바오로는 로마 시민권자임을 들어 체벌을 면해달라는 청을 올린다. 이후 바오로는 지방 수도로 보내졌다가 로마로 이송되어 이곳에서 머물며 선교를 지속했다고 알려진다.[117] 이러한 상황에서 감지되듯, 1세기에 유대교와 그리스도교 모두가 소수의 교파였고, 후자를 향한 전자의 박해가 전국적이거나 지속적으로 매우 강한 강도로 일어났다고 보기는 어렵다. 그럼에도 불구하고, 그리스도인과 유대인들의 갈등이 있었다는 점을 부정하기는 어렵다. 무엇보다 성경 이외의 자료들에서 유대인들이 로마제국의 무력을 끌어들이기도 했다는 정황을 발견할 수 있다.[118]

한편, 63년경 예루살렘을 이끌던 예수의 형제 야고보가 사두가이파 대제사장 아나누스Ananus에 의해 유대 율법을 어긴 죄목에 따라 처형되었다.[119] 이 시기에 그리스도인을 향한 박해가 왜 일어났는지, 박해의 정도가 얼마나 광범위한지, 얼마나 심하게 진행되었는지에 대해서는 확실한 근거를 찾기 어렵다. 그리고 60년대 초 예루살렘 그리스도교 공동체의 세력이 약화된 근본적인 원인이 유대인의 박해에 있다고 단정할 수도 없다. 이 공동체가 급속히 소실된 데에 대한 보다 정합적整合的인 이유는 로마와 유대인의 전쟁을 앞두고 그리스도교에 속한 유대인이 예루살렘을 빠져나갔기 때문이라고 설명할 수 있다.

디아스포라 공동체를 향한 박해

유대인들은 당대의 주요한 대도시에서 이민자로서 가난한 삶을 살아가며 공동체를 꾸리고 살아갔다. 이들은 유대 문화에 기대어 전파된 그리스도교를 빠르게 받아들였다. 로마제국에서 그리스도교가 급속히 확산한 요인으로 여러 가지를 꼽을 수 있다. 그중 하나는 잘 갖추어진 도로와 도시 체계이고, 또 하나는 종교적인 불안감과 사회문제이다. 이 중 종교적 불안감은 각종 토속신을 섬기는 전통 종교와 황제 숭배로 구성된 당시의 종교적 상황이다. 이러한 상황에서 그리스도교는 제2종교로 불렸던 철학에 준하는 세계관을 갖추고 황제 숭배를 거부하는 입장을 견지했다. 이러한 그리스도교의 입지가 박해를 불러오기는 했지만, 로마 시민들에게 지속적이며 큰 관심을 받은 것은 분명하다.

그리스도교의 확산은 당시 로마 사회가 드러낸 사치와 향락, 여성의 낮은 지위, 심각한 빈부 차이와 신분 간 차별로 설명될 수 있다. 그리스도교의 가르침이 당시 일반 대중이 겪고 있던 결핍을 채워줄 수 있었기에 그들은 빠르게 신앙을 받아들였다. 이는 그리스도교 공동체가 사회적인 혁명을 기도하지 않으면서도 모든 사람을 평등하게 대하고, 모든 이를 구원하기 위해 돌아가신 예수 그리스도를 섬기며 그가 선포한 하느님 나라를 기대하는 종말론을 제시한 데서 그 원천을 찾을 수 있다. 그들은 특수 계층을 위한 종교가 되기를 거부하고, 율법에 종속되지 않으면서도 도덕적인 삶과 경건함을 강조했으며, 타지에서의 외로움과 설움을 치유할 만큼 친밀한 공동체를 꾸려갔다. 이러한 요소로 인해 헬라 문화를 기반으로 살아가는 유대계 그리스도교 공동체가 예루살렘 내에 있는 유대계 그리스도교의 규모에 비해 더 크게 성장하게 되었다.

이즈음 바오로는 선교 지역에서 큰 인기를 얻고 활발하게 선교를 펼치고 있었다. 바오로는 많은 박해를 받았지만, 모든 박해가 종교적인 이유로 유대교인들로부터 받은 박해였다고 볼 수는 없다. 빌립보Philippi에서 바오로와 그의 동료 실라는 이교도들이 점술에 능하다는 노예 소녀를 개종시켰다는 이유로 이교도들 앞에서 기소되어 채찍질을 당하고 투옥되었다.[120] 에페소에서 바오로가 이룩한 선교의 성공은 아르테미스 숭배자들로부터 높은 수익을 얻던 삼신상 사업을 망칠 위협으로 간주되었고, 그 결과 은세공인들 사이에서 폭동이 일어났다.[121] 따라서 이 시기 바오로의 수난은 종교적인 이유로 일어난 박해라고 말하기 어렵다.

한편, 비교적 이른 시기에 저술된 마르코복음서와 마태복음서도 박해를 언급한다. 우선, 마르코복음에서 우리는 그리스도를 따름과 고통을 견디는 일이 연결되는 것을 볼 수 있다.[122] 이에 따르면 고통은 예수의 제자가 되고, 교회 구성원의 정체성을 결정하는 조건이 된다.[123] 대체로 히브리계 유대인들을 향한 선교를 펼쳤던 베드로에게서 강조되는 점은 의義를 위한 실천이다. 이는 무조건적인 율법 준수를 강조했던 바리사이파와의 거리를 보여준다.

이 연장선에서 베드로 1서는 의로움 때문에 고난을 겪는 것은 행복하며, 그리스도를 주님으로 모시는 일에 대해 누군가 물어볼 때는 대비하라는 조언을 준다. 또한 베드로는 그리스도인으로서 고난을 겪으면 부끄러워하지 말고 하느님을 찬양하라고 말한다. 그러나 베드로는 이러한 고난이 구원을 위한 조건이라거나, 제자가 되는 길이라는 언급을 하지 않는다. 베드로는 그리스도인들의 신앙을 알아보지 못하고 박해하는 자들은 그 벌을 받을 것이라는 말로 박해와 순교에 관한 선을 긋는다.

그렇다면, 제2성전 파괴를 경험하고 임박한 종말론의 지평을 확장했던 루카와 바오로는 순교와 박해를 어떻게 기술했을까? 물론, 바오로의 여러 편지 역시 바오로 이외의 저자가 썼거나 최종 편집 과정에서 일부 내용이 변경되었을 가능성이 크다. 그럼에도 불구하고 바오로의 편지나 바오로 계열의 성경에서 순교와 박해를 바라보는 시각은 요한 계열의 그것과 다르리라 짐작할 수 있다.[124]

사도행전에 나타나는 여러 기술에서 그 실마리를 찾는다면, 박해가 하느님의 뜻을 거스르는 일이라는 루카의 목소리를 바리사이를 통해 들을 수 있다.[125] 또한 박해를 불러온 그들의 설교가 하느님께서 그들에게 원하시는 과업이라는 목소리도 들린다.[126] 이와 더불어 루카는 스테파노의 죽음을 예수의 죽음과 연결시킴으로써 순교의 의미를 설명한다. 이에 따르면 스테파노의 죽음은 반대자들에 의해 이루어졌다는점, 유대인들에 의해 행해졌다는 점뿐 아니라 성령으로 가득 찬 상태에서 죽음의 한가운데서도 하느님을 향한 시선을 유지했다는 점에서 예수의 죽음과 비견比肩된다. 커닝햄Scott Cunningham

에 따르면, 루카는 이러한 대비를 통해 예수를 죽인 유대인들이 예수의 부활과 죽음을 전파하는 그리스도인을 죽인다는 점을 강조하고 있다.[127]

미들턴Paul Middleton은 이러한 루카와 바오로의 입장에서 순교가 보다 많은 박해를 불러일으키는 촉매제로 그려지는 점에 주목한다. 이에 따르면 루카는 박해를 통해 교회가 널리 확산되는 계기를 제공한다는 점을 강조했을 뿐 아니라, 바오로의 회심 장면을 통해 교회를 향한 박해가 그리스도를 향한 박해임을 명시하고 있다.[128]

이러한 루카의 신학에서 박해와 순교는 예수의 열정으로 연결되며, 당대의 성경 독자와 박해를 마주하는 교인들로 하여금, 그들이 진정한 하느님의 백성임을 받아들이게 한다. 시기적으로 볼 때 그 시기가 이미 예루살렘의 교회 공동체와 유대교가 절대 소수가 되고 헬라계 그리스도교 공동체가 주류를 구성하는 시기였음을 주목할 수 있다.[129]

이에 비해 바오로의 편지에서 강조되는 점은 이방인의 박해와 순교의 의미이다. 바오로는 코린토 2서를 통해 그가 받는 고통이 그리스도를 전하는 과정에서 교회를 위해 걸어나아가는 길이라고 설명한다.[130] 바오로에 따르면 고통이 반드시 부정적인 경험은 아니다. 코린토 2서의 1장은 교회 공동체가 박해를 견디고 이겨낸 경험을 서술한다. 그러나 아직까지 그 경험을 그리스도의 부활이나 영원한 생명으로 연결시키지는 않는다. 그리스도인이 겪는 환난은 위로와 구원을 받게 하려는 것이며, 고난을 견디면서 힘을 드러낸다고 말한다. 이후 바오로는 그리스도를 닮아가는 자신을 고통받는 과정과 연결한다.[131] 특히 필리피서 2장에서 바오로는 하느님의 모습을 지녔지만 십자가 죽음의 고통을 받아들인 예수를 제시한다. 이러한 설명은 그리스도인들이 예수를 따라 박해라는 고통을 받아들이고 순교를 준비하게 하는 틀을 제공한다. 많은 교부들의 순교 서술이 바오로의 순교신학을 따름에서 이를 확인할 수 있다.

이 지점에서 우리의 주의를 끄는 내용은 성경이 기술하는 사도들의 순교 이해이다. 이 내용은 이브-마리 블랑사르Yves-Marie Blanchard가 발표한 논문, '신약성경에 나타난 순교'에 잘 정리되어 있다.

블랑사르의 논문에서도 확인되는 바와 같이, 순교와 관련한 신약성경의 난어들은 요한 계열 성경에서 뚜렷한 특징을 보여준다. 이는 제2성전이 파괴되고, 그리스도인을 향해 가해진 분명하고 거대한 박해를 경험하면서 순교에 대한 교회의 이해가 변화되었음을 말해준다.

블랑사르의 연구에 따르면, 순교라는 용어를 통해 증거와 처참한 죽음을 연결시킨 최초의 신약서는 요한 묵시록이다.[132] 이 성경이 도미니티우스Dominitius 황제의 박해를 겪은 이후에 작성되었다는 점을 감안할 때, 이 시기 교회가 박해와 순교를 예수의 죽음과 연결시키는 고리를 주목할 필요가 있다. 엄청난 박해를 겪으며 복음을 증거하기 위해 순교할 운명을 지닌 신앙인을 상정하고 예수가 이들을 나의 충실한 증인으로 부르는 데서 그 고리가 드러난다.[133]

이와 같이 성경에 나타나는 박해와 순교는 각 지역공동체가 직면한 상황과 위기를 감안하여 이해할 수 있다. 특히 예루살렘 공동체의 활력이 감소하고, 로마가 통치하는 다양한 지역에서 공동체가 성장하면서 로마 문화와 교회의 갈등으로 좁혀진다는 점을 주목할 필요가 있다.

로마 정부의 종교정책과 전반적인 분위기

로마 정부의 교회 박해를 둘러싸고 많은 이견이 있다. 혹자는 그리스도교의 규모가 작아서 로마 정부의 관심을 끌 만한 존재감을 보여주지 못했다고 지적하며, 교회사가들이 로마 정부의 박해를 과장하고 순교를 미화시켰다고 말한다. 이를 통해 교회는 순교 정신을 강조하는 가운데 교회를 향한 신자들의 충성을 유도했다고 보는 셈이다.

다음 절부터 살펴보는 로마의 그리스도인 박해는 이러한 주장이 전적으로 옳지는 않음을 말해준다. 일반적으로 박해를 대표하는 로마 대화재로 인한 박해는 교회와 역사가들의 이견이 분명히 나타나지만, 실제로 그리스도인을 특정하여 전 통치 영역에 걸쳐 잔인하게 이뤄진 박해도 분명히 있기 때문이다. 물론 박해의 원인이 전적으로 종교적인 이유로, 즉 그리스도교 교회를 종교적인 관점에서 말살하려는 의도로 단정할 수는 없다.

이러한 로마 정부의 그리스도교 박해는 상당히 오랜 기간 동안 다양한 양상을 보이며 전개되었다. 그러나 그 변화의 기저에는 일면 일관성을 가진 로마 정부의 종교정책이 놓여 있다. 이에, 로마 정부의 박해를 본격적으로 살펴보기에 앞서, 로마 정부의 입장과 분위기를 살펴보기로 하겠다.

로마제국의 영역이 확장되면서 수많은 문화 전통이 로마의 영토 안으로 들어왔다. 이러한 상황에서 당시 로마 사회는 신의 섭리가 제국의 번영과 주민 개개인의 복지를 모두 책임진다고 믿었다. 로마 정부는 제국이나 개별 도시를 보호하고, 전쟁의 승리나 행운을 약속하고 풍년을 신사하는 여러 신을 섬겼고, 황제는 종교 행사를 주관하는 대제사장의 자리를 겸했다. 이처럼 종교를 포용하고 관대하게 대하는 로마의 정책에서 예외적 사례는 특정 종교가 공공질서를 교란하거나 공공복지를 위협하는 경우를 의미했다. 이러한 판단 기준은 유대인과 그리스도인을 향한 박해를 만들어갔다.

로마인이 보기에 소수인 유대인은 특정한 신을 섬기는 무리였다. 유대인이 정치적으로 저항하지 않는 한, 로마인들은 유대인의 유일신 경배가 로마제국의 안녕에 위해를 준다고 보지 않았다. 이러한 인식과 정책을 뒤바꾼 계기는 로마제국을 향한 유대인의 전쟁이었다. 이에 비해, 과거에 유대인과 같은 무리에 속했던 그리스도인은 신을 섬기지 않는다고 로마인들에게 비추어졌다. 특정한 신이 아니라 인간을 섬기고, 더구나 정치적인 이유로 십자가형에 처해진 이를 믿는다는 것은 그들이 보기에 무신론자이며, 사회 반란을 꿈꾸는 무리라는 것을 의미했다.

더구나 그리스도교는 그 규모가 급속히 성장하여 지중해 지역 등에서는 제법 큰 무리로 부상했다. 더 나아가 그리스도교 공동체에서는 노예를 포함한 전 사회계층이 신분 구분 없이 어울린다는 점이 경계의 눈빛을 불러일으켰다. 무엇보다 직접적인 문제는 그들이 도시 무역과 산업에 큰 영향을 미치는 제의祭儀 관습이나 이와 연관된 각종 사회 행사에 참여하지 않는다는 데서 일어났다. 로마인들이 보기에 우상숭배와 관련된 당대의 운동경기에 참여하거나 고전문학을 즐기지 않고 군대에 참여하지 않으며, 극장 관람 등을 거부하고 불참하는 그리스도인들은 인류를 증오하는 무리였다.

로마제국 치하에서 그리스도인들은 다신교적인 제의 행사와 국가 행사에 참여해야 하는 압박을 받았다. 이를 거부할 경우 많은 공격을 받았지만 특히 나라가 어려움에 처했을 때는 심한 공격을 받았다.

테르툴리아누스Quintus Septimius Florens Tertullianus가 언급했듯이, 기근이나 전염병이 발생하거나 전쟁에서 패배했을 때, 흉작이나 지진이 닥쳤을 때 "그리스도인을 사자에게 던져 주어라!"[134]라는 로마인들의 목소리가 높아졌다. 이에 더하여 그리스도인들이 아이를 잡아먹는다는 소문(이는 고아를 데려다 키우는 그리스도인들의 삶에서 비롯된 소문이었다)이나 집단 난교를 하고 식인食人 의례를 행한다는 소문이 로마시대에 그리스도인을 향한 박해 분위기를 조장했다.

그리스도인들이 로마의 박해에 조직적이고 무력적으로 저항했다는 기록이 충분할 만큼 남아 있지는 않다. 이는 그리스도교가 로마의 국교가 되면서 지워진 역사의 단면일 수도 있다. 그러나 무엇보다 그리스도교의 가르침이 박해와 탄압에 저항하지 않는 태도를 양성했다고 볼 수 있다. 순교는 그 양상을 가장 잘 보여주는 단면이다.

그렇지만 그리스도인들이 단순히 순교를 열망하거나, 또는 박해를 줄이기 위해 최소한의 노력조차 행하지 않았다고 말할 수는 없다. 테르툴리아누스의 저서에 나타난 기도문이나 티모테오 전서(2장 1~4절)에서 발견되는 기도는 그리스도인들이 로마 정부와의 불필요한 마찰을 줄이기 위해 노력한 흔적을 분명하게 보여준다. "우리들은 통치하는 모든 이들을 위해 그들이 장수할 수 있도록, 보증된 권세를 유지하도록, 그들 가정의 안녕을 위해, 용감한 군대를 위해, 신뢰할 수 있는 원로원을 위해, 유능한 백성이 되도록, 온 세상에 평화가 임하도록, 사람들과 황제가 희망하는 것을 이루도록 항상 기도한다."[135]

소결

성경은 사도들 중심으로 모인 초기 교회가 성령 강림 이후에야 비로소 선교 사명을 인식했다고 말해준다. 그리고 그 선교의 대상이 이스라엘 민족을 넘어서는 데까지 적지 않은 시간이 흘렀음을 보여준다. 이 시기 동안 예수가 선포한 종말론은 임박한 종말론으로부터 조금씩 변해갔고, 구원론과 더불어 유대교와의 갈등을 심화시켰다. 유대인들이 초기 교회를 향해 가했던 박해는 이러한 맥락에서 일어났다.

유대교와 그리스도인의 거리는 로마를 향한 이스라엘 민족의 항쟁을 거치며 되돌아올 수 없는 강을 건넜다. 제2성전이 파괴된 이후에도 계속되었던 이 항쟁에 이스라엘 민족이 모든 것을 걸었다는 점은 마사다Masada 전투의 종점이 충분히 설명해준다. 천혜의 요새를 공격하기 위해 로마 정부가 같은 높이의 벽을 쌓아 올리는 것을 목격한 마사다 요새 내의 이스라엘인들은 자살을 택했다. 이들은 식량이 없어 맞이한 죽음이 아니라는 것을 보여주려는 듯 식량 창고는 그대로 남겨둔 채 극소수의 인원만 남겨두고 모두 죽은 상태로 발견되었다. 역사가들은 아마도 남성들이 여성과 아이들을 죽인 후, 제비를 뽑아 서로 상대방을 죽이고 최종적으로 자살했을 것으로 추측한다.

이처럼 모든 것을 건 대對로마 항전에 동참하지 않은 이스라엘 동포를, 더구나 새로운 신앙을 따라 불참을 선택하고 한발 물러선 동포를 쉽게 용서하기 어려웠다고 이해할 수 있다. 오늘날에도 이스라엘 민족은 마사다 전투를 기념하는데, 이 기념을 통해 유대계 그리스도인들과 유대인 간의 갈등이 순교라는 개념 아래 기억된다. 로마의 박해를 겪거나 피하면서 사막 종교로서 같은 뿌리를 갖는 이 두 종교가 서로 다른 순교신학을 발전시킨 결과는 이런 뿌리에서 이해될 수 있다.

그리스도교는 로마의 국교로서 세상을 지배하는 통치 이념이 되었다. 공동체의 생활 방식뿐 아니라 입교 절차 및 미사의 규모와 분위기가 모두 변화를 맞았다. 순교의 가능성을 받아들이고 3년간 전 존재를 걸고 식별하며 마침내 그리스도인이 되어 공동체 안에서 하느님의 현존을 느꼈던 공동체도 이 변화를 쉽게 받아들이지 못했다. 그에 따라 순교자를 공경하는 또 다른 양식으로 사막의 수도원운동이 나타났고, 다양한 방식으로 절제와 금욕, 나눔과 사랑을 실천하는 초기 교회의 이상이 실현되어갔다.

그리스도가 심어준 이상은 바로 이러한 삶의 실천이며, 이 삶을 실천하는 과정에서 마주하는 장애물은 그리스도의 힘으로 견디어낼 수 있다는 점이 순교자가 보여준 증거의 내용이다. 로마의 박해가 다양한 원인과 규모 및 양상으로 전개되었지만, 이 박해를 대하는 그리스도인과 순교로 드러난 그리스도인의 자세는 하나였다. 죽음을 받아들이기까지 그를 사로잡았던 예수의 손을 잡고 인간의 포악한 지배가 아닌 하느님의 통치가 이뤄지는 삶을 보여주는 자세였다. 순교자의 의연한 죽음은 삶의 종점이다. 그렇기에 죽음이라는 종점에 이르기까지 그들이 살아냈던 믿음, 그 믿음을 공유했던 공동체의 심장 소리와 흥겨운 찬송가를 듣는 일이 그리스도교 교회의 순교 역사로 다가서는 길목이라고 말할 수 있다. 그리스도교를 향한 박해와 순교는 교회가 날조한 그 무엇이 아니라 오늘 우리 삶에서도 그 원천을 생생하게 경험할 수 있는 그리스도인의 운명이다. 인간존엄성을 위협하는 모든 세력이 박해자이며, 이에 맞서 사랑으로 존엄성을 수호하는 모든 활동이 순교라는 프란치스 교황의 목소리에 귀를 기울인다.

2_ 로마 통치 시대의 국지적 박해

그리스도교 교회를 향한 박해로 10대 박해를 꼽는다. 일부 학자들은 이처럼 10개의 박해로 정리하는 것을 두고 모세의 10계명을 본뜬 나열로 본다. 이러한 지적은 로마의 박해가 10개로 한정되거나 이 10개의 박해가 다른 박해와 구별점을 뚜렷이 나타내지 않음을 시사한다. 아래의 내용에서 살펴보는 바와 같이, 교회를 향한 로마의 박해는 원인이나 규모, 범위 등에서 서로 다른 이야기가 전개된다. 이는 박해와 맞물려 있는 순교에 관한 교부들의 언급도 일직선 위에 나열할 수 없음을 시사한다.

박해의 규모로 볼 때, 로마제국 전역에서 박해가 전개된 때는 249년경으로 꼽을 수 있다. 데키우스 황제 때 일어난 이 박해와 더불어 전국 규모의 박해는 발레리아누스Valerianus 황제 시기의 박해(257~258년)와 디오클레티아누스Diocletianus 황제 시기의 박해(303~312년)를 들 수 있다. 그러나 나열한 이 박해들이 모두 동일한 목적으로 시작되었다고 볼 수 없다. 또한 나열한 이 박해를 제외한 나머지 박해가 역사적인 가치가 없을 만큼 작은 규모로 일어났다고 말할 수는 없다.

박해의 원인과 규모에 주목해야 하는 이유는 순교에 관한 교부들의 언급이 어떤 맥락에서 나타났는지를 보기 위해서이다. 교부에 따라 순교를 권장하거나 격려하는 이도 있고, 순교를 피하라고 권하는 교부들이 있다. 이러한 차이를 단지 교부들의 성격이나 교회 공동체의 특성에 따른 결과로 볼 수는 없다. 특정 교부에 있어서도 어떤 상황에서 말한 내용인지를 파악할 때만이 순교에 관한 그의 언급이 왜 그리고 무엇을 말하려 했는지를 이해할 수 있다.

한편, 로마제국에서 그리스도인을 향한 박해는 313년 밀라노 관용령 반포와 더불어 종료되었다고 말할 수 없다. 그리스도교 신앙의 자유가 주어졌다고 알려진 이후에도 박해는 일부 지역에서 진행되었기 때문이다. 이를 반영할 때 교회를 향한 로마 정부의 박해가 종료된 시점은 콘스탄티누스Constantinus 황제의 단독 정치가 시작된 시기로 볼 수 있다.

그럼에도 불구하고 논란의 여지는 있다. 그리스도교가 로마의 국교가 된 이후 역사적 전개에서 정통 교회가 된 분파가 당대에 이단으로 판정된 이들이나 소수 분파를 향해 가했던 탄압은 넓게 볼 때 교회가 경험한 박해로 분류할 수 있기 때문이다. 그 연장선에서 성화상 공경을 둘러싸고 로마 교회가 동방교회를 향해 가했던 탄압이나 종교개혁 시기에 개신교 교회에 가했던 탄압뿐 아니라 개신교 교회로부터 로마 교회가 당한 탄압도 넓은 의미에서 교회가 경험한 박해로 이해할 수 있다. 이때마다 박해받은 교회 진영 내부에서 순교 신학이 발해지면서 영성에 영향을 미쳤다. 이는 교회 역사에서 박해와 순교를 이해하기 위한 연구의 범위를 어디까지 설정해야 하는가를 묻게 한다.

네로 황제 시기의 박해

영화로 다뤄지면서 그리스도교를 향한 박해의 대명사가 된 네로Nero 시대의 박해가 있다. 박해의 원인이 무엇인지, 로마 시내의 화재와 어떤 연관이 있는지, 이 박해로 희생된 사람의 수와 박해 지역의 규모 등을 둘러싸고 학자들 간의 논쟁이 끊이지 않는다.[136] 이러한 네로 황제 지배 기간에 대해 우리가 관심을 갖는 첫째 사안은 제2성전 파괴와 관련한 사태의 전개이다. 즉 로마와 유대 민족 간의 두 번에 걸친 전쟁이 그리스도교와 유대교 간의 관계와 그리스도교 신학 및 그리스도교인을 향한 로마와 유대인의 박해 양상에 미친 영향이 우리의 관심을 불러일으킨다.

네로의 박해와 맞물려 언급되는 로마의 대화재는 64년 7월에 발생했다고 전해진다. 네로 황제가 이 화재를 그리스도교인들에게 뒤집어 씌웠다는 내용을 두고 학자들의 의견이 분분하다. 심지어 케레스체스Keresztes는 대박해 자체가 일어나지 않았다고 주장한다.[137] 학자들의 연구를 반영할 때, 로마의 화재와 네로의 박해는 연관되지 않는다고 정리할 수 있다. 여기서 주목할 점은 네로의 박해에서 그리스도교인들이 언도받은 죄명이 '인류 혐오죄'였다는 점이다. 정기문의 연구에 따르면, 이는 로마가 힘든 시기에 그리스도인들이 곧 종말이 다가온다고 외치는 데서 언도된 죄명이다.[138]

네로가 독극물을 시도하다 | Jean-Baptiste Cariven

네로의 박해가 로마제국 전역으로 펼쳐지거나, 오래 지속되거나, 그리스도교 교회 자체를 없애기 위한 종교적 박해였다고 볼 증거는 없다. 우리가 여기서 짚을 수 있는 대목은 그리스도인을 향한 네로의 박해가 비교적 짧은 기간 동안 로마에 있던 그리스도인을 향해 매우 잔인한 방식으로 이루어졌다는 점이다. 이 박해는 네로가 자살한 이후 중지되었다.

교회 역사로 보면, 이 박해 기간에 바오로와 베드로의 순교[139]가 일어난 것으로 보는 한에서 큰 손실을 맞았다고 볼 수 있다.[140] 그러나 박해는 로마인들로 하여금, 광기 어린 황제의 손에 그리스도인이라는 이유만으로 희생당하는 사람들을 인지하고 그들을 향한 연민을 갖는 계기도 만들어주었다.

제2성전 붕괴와 유대-그리스도인의 갈등

네로 치하에서 일어난 로마와 유대의 전쟁은 그리스도교와 유대교에 큰 영향을 미쳤다. 우선, 이 전쟁은 독립국가를 이루며 조상들의 율법을 지키고 하느님을 숭배했던 예루살렘의 유대인들이 서기 66년 거대한 반란을 일으키면서 발발했다. 그러나 로마를 향한 유대인의 저항은 이미 오래전부터 준비되었던 일이었다. 이 반란의 계기는 로마 총독이 체납된 속주세屬州稅를 받기 위해 성전에 침입하여 금화를 몰수한 데 있었다. 폭동이 거세게 일어나며 전쟁이 일어났다. 처음에 로마 병사가 패배하고 유대인들은 갈릴리 지역을 손에 넣었다.

그러나 예루살렘에 있던 유대계 그리스도인들은 유대인들이 오래 준비했던 이 전쟁에 참여하지 않고 예루살렘을 떠났다. 이처럼 그리스도인들이 로마를 향한 유대인의 항전에 참여하지 않은 것은 유대인들과 다른 메시아 사상에 근거했다. 유대인들은 로마를 향한 항전에 야훼가 개입하고 곧 메시아를 보낼 것이라는 믿음으로 항전에 임했다. 이러한 믿음은 예수를 이미 오신 메시아로 고백하는 그리스도인들의 동참을 불러내지 못했다. 이에 따라 유대계 그리스도인들이 로마와의 항전을 앞두고, 로마 군대를 피해 펠라Pella로 이주하면서 두 집단 간의 갈등이 심화되었다.

유대인들이 갈릴리 지역을 차지하는 시간은 길게 허락되지 않았다. 네로는 명장 베스파시아누스Vespasianus 장군 지휘 아래 4개 군단을 파견하였고 이들은 67년 예루살렘을 공격하여 대승을 거두었다. 네로가 자살한 후 로마는 네로를 자살로 몰았던 갈바Galba에 이어 오토Otho, 비텔리우스Vitellius 등이 짧은 시기만 통치하는 가운데 혼란에 빠졌다. 이러한 상황에서 예루살렘을 중심으로 유대인들의 거대한 항전이 일어났고, 로마는 평민 출신의 베스파시아누스를 황제로 앉히며 평정을 모색한다. 황제 베스파시아누스는 자신의 아들 티투스Titus를 예루살렘으로 보내 70년 예루살렘 제2성전을 파괴하고 도시를 모두 불태웠다.

이 전쟁이 유대교에 미친 영향은 지대하다. 대략 인구의 절반이 희생되고 살아갈 도시도 없어지고, 예루살렘 성전조차 사라진 유대인들은 또다시 전 세계로 흩어져 살게 되었다. 제2성전이 붕괴된 이후의 항전(132~135년 바르 코크바 반란)에서 패배한 유대교는 더더욱 힘을 잃고 로마제국 치하에서 조심스럽게 율법을 지키며 살아가는 데 집중하게 되었다. 이 과정에서 성전에 크게 의존하던 사두가이파는 사제의 희생과 성전 붕괴로 힘을 완전히 잃고 사라졌다. 이러한 상황에서 유대인을 이끈 것은 율법을 중시하던 바리사이파의 평신도 지도자들이었다. 이들의 눈에 율법을 지키지 않는 헬라계 유대인이 곱게 보일 리 없었다.

그뿐만 아니라 로마가 유대인의 정치적인 움직임에 예민한 상태에서, 유대계 그리스도인들이 유대인의 왕으로 죽은 예수를 신으로 섬기는 상황은 자칫 유대교에게 큰 불똥이 튀는 사태를 불러올 수 있었다. 이에 유대교는 그리스도교와 분명한 선을 긋고, 다름을 강조하는 노선을 택하게 되었다. 또한 예루살렘에서 축출되면서 이전처럼 그리스도인의 박해를 위해 로마 행정부의 도움을 받지 못하게 된 유대인들이 그리스도인을 향해 조직적이며 큰 규모의 박해를 벌이는 빈도는 줄어들었다. 그러나 작은 규모로, 그리고 잦은 빈도로 그리스도인을 로마 정부에 고발하는 데 유대인들이 참여했다는 것을 역사적 기록에서 찾을 수 있다.

한편, 유대와 로마의 전쟁 과정과 그 결과는 그리스도교의 입장에서도 큰 변화를 가져왔다. 우선 신학적으로 제2성전의 파괴는 임박한 종말론의 입지를 좁혔고, 개개인의 영혼을 성전으로 간주하는 신학의 대전환으로 이어졌다. 또한 유대인을 향한 비난과 비판이 신학적인 양상을 띠며 성경에도 반영되었다. 무엇보다 유대-로마 전쟁에 그리스도인이 참여하지 않은 것은 로마 정부로 하여금 유대교와 그리스도교를 분리하여 인식하는 계기를 열어주었다.

그러나 이러한 분리가 그리스도교의 박해에 반드시 유리한 상황을 가져온 것은 아니었다. 이러한 분리에서 로마인에게 유대인은 분명한 신을 섬기며 살아가는 종교로 확인되었다. 이에 반해, 로마인에게 그리스도교는 특정한 신을 섬기지 않는 무신론자로 낙인 찍히는 흐름이 나타났고 박해로 이어졌다. 앞서 언급한 바와 같이, 그리스도교인들은 로마 정부의 주도로 개최되는 각종 신을 향한 행사와 3세기 이후부터 본격적으로 등장한 황제 숭배를 거부했다. 더구나 그리스도교 교회가 로마 대중의 관심을 모으며 새로운 생활양식을 실천하고 급속하게 성장하는 과정은 로마 정부의 긴장감을 고조시켰다. 이에 그리스도인을 향한 로마의 박해는 오랜 기간 동안 간헐적으로 지속되었다.

도미티아누스 황제 시기의 박해

네로 황제의 죽음 이후 교회는 한동안 평화시기를 맞이했지만 그 평

도미티아누스 황제 조상 | Alfonso Lombardi 조각

화는 그리 오래가지 않았다. 도미티아누스Titus Flavius Domitianus(51~96) 황제가 박해를 재개했기 때문이다.

이 박해는 종교적이면서도 동시에 정치적인 성격을 보여준다. 이 박해의 실마리는 예루살렘에 바치는 유대인들의 헌금fiscus Iudaicus을 황제에게 바치라는 로마 정부의 요구를 유대인이 거부하는 데서 출발했다(96년). 이런 점에서 이 박해의 주요한 표적은 유대인으로 볼 수 있다. 그러나 그리스도인들도 유대인의 관습에 빠졌다는 죄명으로 박해를 받았다.

이 박해로 교회에 많은 순교자가 나타났다. 가장 유명한 순교자는 로마교구에서 활동하던 클레멘스Clemens이다. 사료에 따르면 그는 이교도에서 개종한 그리스도인으로서, 로마의 집정관 티투스 플라비우스 클레멘스Titus Flavius Clemens의 노예였다가 해방된 자유인이었다. 클레멘스는 로마 공동체의 첫째 주교로서 케로손으로 추방되고 물에 빠뜨려 죽는 형을 받아 순교했다. 이 시기의 박해로 요한계시록의 저자인 요한은 파트모스Patmos 섬으로 유배를 가는 처벌을 받았다. 그

외에도 로마의 집정관이었던 플라비우스 클레멘스와 그의 아내 플라비아 도미틸라Flavia Domitilla가 처형되었는데 이들에 대해서는 유대교, 동방정교회, 가톨릭교회 모두 자신들의 종교 희생자로 기록한다. 이 가족의 순교는 기록상으로 로마 박해로 희생된 첫 로마인이라는 점에 의미가 있다.[141]

이들 희생자 중 플라비아 도미틸라(집정관 티투스 플라비우스 클레멘스의 부인 또는 조카로 알려져 있다)는 이 박해에서 우리의 관심을 끄는 요소를 지닌다. 당시 원로원 의원 계급에 진출했던 도미틸라는 그리스도를 증거했다는 이유로 박해를 받아 나폴리 서쪽의 폰티아Pontia 섬으로 추방당했다. 이는 당대의 그리스도교가 사회 상류층에서도 확산되었다는 점과 이 박해가 로마 귀족 중 특정 구성원에 대한 정치적 박해라는 점을 시사한다.[142]

트라야누스 시기의 박해

그리스도인을 향한 박해는 계속 진행되었다. 그러나 간간이 그리고 국지적으로 전개되었다. 특히 2세기 초에는 트라야누스Trajanus(98~117 재위) 황제 재위 중 비티니아Bithynia 총독으로 활동했던 플리니우스Gaius Plinius Caecilius Secundus의 경우를 여기서 짚고 넘어가야 한다. 플리니우스는 법률가로서 이른 나이에 총독으로 지명되었다. 임명된 이후 그는 관할 지역에 수많은 그리스도인이 있었지만 그들이 신전에 제물을 바치지 않고, 많은 신전들이 유기된 상황을 파악했다. 이에 그는 그리스도인들의 불법적인 부분을 밝혀내려 노력했지만 그가 찾은 것은 함께 모여 윤리적인 삶을 다짐한다는 것뿐이었다. 그리스도인을 어떻게 처벌해야 할지 난감했던 플리니우스는 당대 최고의 황제로 꼽히고, 로마 역사상 최대 영토를 확보했던 트라야누스 황제에게 편지를 보내어 의견을 구한다.[143]

황제의 답은 그리스도인들이 국가가 공을 들여 처벌할 만큼 위험한 사람들이 아니라는 내용을 담았다. 황제의 이러한 입장과 의견은 3세기까지 로마제국 전역에서 그리스도인을 대하는 원칙처럼 작용했다. 특별히 색출하거나 소탕하지는 않지만 범법한 예로써 당국에 소환되었을 때는 처벌한다는 원칙에 따라 그리스도인은 심한 박해를 피할 수 있었다.

플리니우스와 황제가 주고받은 편지는 당대 그리스도인에 대한 로마의 태도와 인식을 보여주는 중요한 자료이다. 이에 따르면, 로마와 그리스도인 간의 크고 지속된 충돌이 없었고, 따라서 크고 전국적인 심한 박해는 이 시기에 이뤄지지 않았다고 말할 수 있다. 다만, 이 시기에 사적 결사結社를 금하는 법적 제재가 있었다는 점, 그리고 많은 재판의 목적은 그리스도교 신앙을 포기하도록 만드는 데 있었을 뿐 그들을 죽이거나 그리스도교 공동체를 파괴하는 데 있지 않았다는 점을 주목할 만하다.

플리니우스와 트라야누스 황제의 편지

Epistle X. XCVI

플리니우스(61~113)는 법률가이자 작가이며 로마 지배령의 통치자였다. 이 편지는 그가 흑해 남부 해안에 경계를 두는 비디니아, 폰투스 속주에서 총독으로 재임한 동안 작성한 편지를 묶은 *Epistolae*에 포함된 내용이다. 트라야누스 황제Imperator Caesar Nerva Traianus Augustus(53~117)와 112년에 주고받은 이 편지는 당대 그리스도교 교회의 교세와 이들에 대한 로마의 인식 및 태도를 볼 수 있는 귀중한 자료로 꼽힌다.

서기 112년경 플리니우스가 트라야누스에게 보낸 편지

폐하, 의심스러운 문제를 해결하기 위해 제가 할 수 있는 것은 폐하에게 제 자신을 적용하는 방법밖에 없습니다. 폐하 이외의 그 어떤 이가 폐하보다 더 훌륭하게 저의 우매한 방식을 지도해주거나 저의 무지를 가르칠 수 있겠습니까? 저는 [다른 사람들이 실행한] 그리스도인 심문에 참석한 적이 없습니다. 그 때문에 이 경우에 저는 무엇을 조사해야 하는지, 또한 그들에게 어떠한 처벌을 어느 정도 내려야 할지 모릅니다. 또한 저는 어떤 나이를 기준으로 정하여 심문해야 하는지, 연약한 청소년도 건장한 남성과 같이 처벌해야 하는지 모르겠습니다. 그리고 그들이 회개하면 용서받을 여지가 있을까, 아니면 한 번 그리스도인이 된 사람은 그가 그리스도교를 버린다 하더라도 이익을 주면 안 되는 걸까? 그가 그 밖의 어떤 죄를 짓지 않았어도 단지 그리스도인이라는 이름만으로 처벌될 수 있는지 또는 그 이름에 붙여진 죄로 처벌되어야 하는지도 모르겠습니다.

그동안 저는 그리스도인으로서 제 앞에 세워진 사람들에게 다음과 같은 절차를 진행했습니다. 저는 우선 그들이 그리스도인인지를 심문했습니다. 제 질문을 받고 그들이 스스로 그리스도인이라고 고백하면 저는 그들에게 다시 물었습니다. 세 번째로 물을 때에는 질문할 때 처벌된다는 위협을 가하면서 물었습니다. 만약 신앙고백을 고수하면 저는 그들을 처형하라는 명령을 내렸습니다. 그들의 신앙고백이 어떠한 것이었든 간에 그들이 보여준 적극성과 완고한 고집은 벌을 받아야 마땅하다는 데에 대해 저는 의심의 여지가 없었습니다. 또한 같은 잘못을 저지르는 죄를 범했지만 그가 로마인인 경우에는 로마인이라는 이유로 저는 그를 로마로 되돌려보내라는 명령에 서명했습니다.

이로부터 얼마 지난 후에 언제나 그러하듯, 절차가 진행됨에 따라 고소가 확산되었고 많은 사건들이 일어났습니다. 익명으로 작성된 문헌이 많은 사람의 이름을 담고 있었습니다. 자신이 그리스도인이었거나 한때 그리스도인이었던 사람들은 제가 신들의 이름을 부르며 그들을 자극했을 때 유향과 포도주를 가지고 당신의 형상을 향해 기도를 올렸습니다. 저는 그들에게 신들의 형상을 가져와서 그 앞에 기도하라고 명령했고 심지어 그리스도를 저주하라는 명령도 내렸습니다. 이러한 일은 그리스도인에게는 금지된 일이라고 알려져 있습니다. 다른 정보 제공자에 의해 거명된 사람들은 이를 부정하며 예전에는 그리스도인이었지만 이후에 그만두었다고 진술했습니다. 어떤 사람들은 3년 전에, 또 다른 사람들은 수년 전에, 심지어 20년 전에 그리스도인이었다고 말하는 사람들이 있었습니다. 그들 모두는 신상들과 당신의 초상화를 경배하며 그리스도를 저주했습니다.

그러나 그들은 자신들의 잘못이나 실수의 요점에 대해 다음과 같이 주장했습니다. 자신들은 날이 밝기 전에 정해진 날에 만나서 신으로 받아들인 그리스도에 대한 찬가를 노래하는 것에 익숙해졌고, 어떤 범죄에 대해서가 아니라, 성사(또는 서약)에 의무를 다했다고 주장했습니다. 또한 그들은 자신들이 사기, 절도, 간통 등을 저지르지 않고, 그들의 약속을 파기하지 않았으며, 그렇게 하도록 요구받았을 때에도 그 어떤 대가를 위해 신뢰를 저버리는 일을 하지 않았다고 주장했습니다. 그들의 관습에 따르면, 이후에 그들은 평범하지만 단순한 식사에서 다시 만납니다. 그러나 저는 폐하의 명령에 따라 정치적 결사를 금지하는 칙령을 반포했고, 그들은 이 칙령 반포 이후에 더 이상 이런 모임을 하지 않았다고 진술했습니다. 저는 이러한 그들의 진술이 의심스러웠기에 여성 부제deaconesses라고 불리는 두 여성 노예를 고문해서라도 진실이 무엇이었는지를 알아내려 했습니다. 그러나 제가 알아낸 것은 오직 타락하고 지나친 미신뿐이었습니다.

그러므로 저는 더 이상의 조사를 미루고 폐하에게 호소합니다. 왜냐하면 제가 보기에 이 일은 많은 사람이 관여되어 있기에 폐하에게 문의할 충분한 가치가 있기 때문입니다. 모든 연령, 모든 계급, 남녀 모두가 위험에 처하게 될 수 있습니다. 이는 이러한 미신이 도시들뿐 아니라 시골의 마을과 농장에도 확산되어 이들을 오염시켰기 때문입니다. 그러나 아직까지는 이러한 상황을 점검하고 치유할 가능성이 있다고 보입니다. 확실히, 거의 버려졌던 사원들에 사람들이 이미 자주 방문하기 시작했습니다. 그리고 오랫동안 중단되었던 기존의 종교적인 의례들이 다시 거행되고 있고, 최근에는 구매자가 거의 나타나지 않았던 희생 제물이 도처에서 바쳐지고 있습니다. 이에 따라 얼마나 다양한 계층의 사람들이 그들이 회개할 기회를 부여받았을 때 교정될 수 있는지 상상하는 일은 매우 쉽습니다.

트라야누스가 플리니우스에게 보낸 편지

나의 플리니우스에게

당신은 그리스도인으로 고발된 사람들의 원인을 조사할 때 마땅히 해야 할 방법을 택했습니다. 왜냐하면 이 경우에 어떤 일반적인 규칙을 고정된 기준처럼 확립할 수 없기 때문입니다. 이 사람들을 찾아내야 하는 것은 아닙니다. 그러나 그들이 기소되어 유죄판결을 받으면 처벌을 받아야 합니다. 그러나 이러한 점을 감안하는 가운데 자신이 그리스도인임을 부인하고 우리 신들에게 간구함으로써 그리스도인이 아님을 분명히 입증하는 사람은 이전에 그렇게 되었음에도 불구하고 회개하면 용서받을 수 있습니다. 익명으로 작성된 명예훼손은 어떤 비난에도 설 자리가 없어야 합니다. 왜냐하면 그것은 매우 나쁜 본보기가 될 것이고 우리 시대의 정신에 맞지 않기 때문입니다.[144]

이냐시오의 문헌에 나타나는 순교

순교에 관한 증언으로 유명한 이냐시오 Ἰγνάτιος Ἀντιοχείας의 순교는 트라야누스 황제 시기에 일어났다고 알려졌다. 그러나 안티오키아의 주교였던 이냐시오의 출생에 대해서는 알려진 바가 없다. 그가 에보디우스Evodius(?~69년경)의 뒤를 이어 안티오키아 교구의 주교가 되었다는 기록은 에우세비우스Eusebius의 기록에서 확인된다. 그가 순교한 시기에 관해서는 논란의 여지가 있지만, 108년 또는 107년에 순교했다고 전해진다.

이냐시오에 대한 박해는 누군가가 그리스도교를 전파한다는 명목을 들어 그를 법정에 소환해서 이루어졌다. 다시 말해, 이냐시오는 대대적인 박해에서 순교한 여러 사람 중의 하나가 아니라, 그를 지목한 누군가에 의해, 그리고 당대의 로마 규율에 의해 소환되었기 때문에 처벌되었다. 이냐시오 사건은 당대 학문의 중심지로서, 헬라계 교회가 급속히 성장하던 안티오키아 지역에서 당시에 전개되었던 학자들 간, 종교 간 갈등의 단면을 보여준다.

이냐시오가 안티오키아에서 잡힌 후 로마로 이송되는 과정에서 작성한 일곱 개의 편지는 탁월한 존경을 받고 있던 이냐시오가 순교를 예수 그리스도의 고난을 본받는 길로 이해했음을 보여준다.[145] 이냐시오의 편지는 가현설이 급속히 확산되던 시대에 바오로 신학에 기반하여 순교의 의미를 설파한다. 그는 순교를 전례의 의미로 설명한다. '제단이 준비되는 동안 하느님께 제물로 부어지는 것 외에는 아무것도 내게 허락하지 마십시오.' 이러한 이해는 로마서와 필리피서에서도 발견할 수 있다. "그러므로 형제 여러분, 내가 하느님의 자비에 힘입어 여러분에게 권고합니다. 여러분의 몸을 하느님 마음에 드는 거룩한 산 제물로 바치십시오. 이것이 바로 여러분이 드려야 하는 합당한 예배입니다."(로마 12,1) "내가 설령 하느님께 올리는 포도주가 되어 여러분이 봉헌하는 믿음의 제물 위에 부어진다 하여도, 나는 기뻐할 것입니다. 여러분 모두와 함께 기뻐할 것입니다."(필리피서 2,17)

한편, 우리에게 잘 알려진 이냐시오의 구문은 다음과 같다.

> 나는 모든 교회에 편지를 써서 당신들이 나를 방해하지 않는 한 나는 하느님을 위해 기꺼이 죽을 것임을 모든 교회에 각인시키고자 합니다. 당신들이 나에게 때 아닌 선의를 보이지 말 것을 간청합니다. 나를 야수들의 먹이가 되게 하시고, 그로 말미암아 내가 하느님께로 나아갈 수 있도록 허락해주십시오. 나는 하느님의 밀이며 들짐승의 이빨에 갈려서 하느님의 순수한 빵으로 발견될 수 있습니다. 오히려 들짐승을 유혹하여 내 무덤이 되고 내 몸을 아무것도 남기지 않도록 하여 내가 [죽음으로] 잠들었을 때 누구에게도 귀찮은 일이 되지 않도록 하십시오.[146] 그러면 세상이 내 몸만큼 보지 못할 때 나는 예수 그리스도의 참된 제자가 될 것입니다. 나를 위해 주님께 간구하오니, 이 도구

로 내가 하느님께 제물로 드려질 수 있게 하소서. 나는 베드로와 바오로처럼 여러분에게 계명을 내리지 않습니다. 그들은 예수 그리스도의 사도들이었으나 나는 [믿는 자 가운데] 지극히 작은 자이니, 그들은 하느님의 종으로서 자유를 얻었으나 나는 지금까지도 종으로 있습니다. 그러나 내가 고난을 받으면 예수 그리스도의 자유인이 되어 그분 안에서 해방되어 다시 일어날 것입니다. 그리고 이제 나는 그분을 위해 종살이하면서 세상적이거나 헛된 것을 바라지 않는 법을 배웁니다(편지 2장).

인용한 위의 구절에서 이냐시오의 죽음이 분명한 자신의 의지로 선택한 길임이 드러난다. 이는 죽음을 피할 수 있는 상황에서 그가 자신을 고발한 사람들과 그리스도교를 공격하는 이들을 향해 그리스도교 신앙을 선언하고 있음을 보여준다.

이냐시오의 편지는 육체적 죽음이 예수 그리스도를 따르는 길임을 또한 분명히 밝히고 있다. "세상의 모든 쾌락과 이 땅의 모든 왕국도(4) 내게 아무 유익이 되지 못합니다. 예수 그리스도를 위하여(5) 죽는 것이 땅끝까지 다스리는 것보다 낫습니다. … 내가 찾는 이는 우리를 위해 죽으신 분이시니, 내가 찾는 이는 우리를 위하여 다시 살아나신 분이십니다."(편지 4장)

이냐시오의 편지에서 우리가 주목할 점은 성체성사신학을 보여주는 대목이다. "내 사랑은 십자가에 못 박혔고, 내 안에는 아무것도 사랑하는 불이 없지만, 내 안에는 생수가 솟아나서 내 안에서 아버지께로 오라고 말합니다. 나는 썩어질 음식이나 이생의 쾌락을 기뻐하지 않습니다. 나는 하느님의 빵, 곧 하늘의 빵, 생명의 빵, 곧 다윗과 아브라함의 후손이 되신 하느님의 아들 예수 그리스도의 살을 원하고, 음료, 곧 썩지 않는 사랑과 영원한 생명인 그분의 피를 원합니

다."(편지 7장)

이냐시오의 여러 편지와 함께 위에서 인용한 로마 교회를 향한 편지가 후대에 편집되었는지 여부를 확인할 방법은 없다.[147] 어떤 사람은 삼위일체론과 성사론을 순교와 연결시켜 설명하는 점에서 그의 편지가 후대에 편집되었다고 주장하기도 한다. 무엇보다 중요한 의구심은 그의 편지 안에 2세기 초의 중요한 20년에 대한 언급이 없다는 점이다.[148] 그리고 이 편지가 단일 주교를 강조하는 점에서 로마 교회와 아시아 교회 사이의 갈등이 나타났던 시기에 편집 또는 작성되었다는 의견도 강하다.

그런데 이러한 의심은 이냐시오의 편지가 초기 교회에서 매우 큰 관심을 받고 많이 읽혔음을 시사하는 대목이기도 하다. 편집 여부와 관계없이 이냐시오의 편지에 나타나는 순교관은 그리스도와 함께하려는 그리스도인의 열망과 교회를 위해 자신을 기꺼이 희생하려는 열망을 나타낸다는 점에서 순교 이해에 시사하는 바가 크다. 이냐시오의 순교관에서 육체적 고통과 실제적 죽음이 강조되고, 이것이 그리스도의 죽음과 연결되는 점은 그리스도의 죽음이 영과 육의 합일체로서의 죽음이었음을 강조하려는 의도를 비춰준다. 이런 의미에서 그의 순교관에서 더욱 큰 의미를 갖는 것은 욕망으로 인한 속박을 벗어나 신앙과 사랑으로 다시 태어나고 진정한 자유를 얻는 그리스도와의 연대라고 말할 수 있다.

폴리카르푸스의 순교와 순교신학

트라야누스 황제 재위 기간 이후에 그리스도인을 향한 박해는, 트라야누스 황제의 원칙을 따르며 진행되는 한에서 전국적인 규모로 심하게 일어나지는 않았다. 여기에 더하여, 하드리아누스Hadrianus(117~138 재위) 황제가 그리스도인을 기소하는 절차를 공식화하여, 단순히 그리스도인이라는 혐의만으로는 처형될 수 없는 방안을 마련함으로써 박해는 현저히 줄어들었다.[149] 그러나 그리스도인을 향한 박해가 사라진 것은 아니었다. 마르쿠스 아우렐리우스Marcus Aurelius 이전까지 박해는 지방 집정관 주도 아래 간간이 일어났다. 순교록을 대표하는 인물 중 한 명인 폴리카르푸스Polycarpus의 순교(대략 155년)도 이 시기에 발생했다.

이냐시오를 따르던 폴리카르푸스의 순교는 이냐시오보다 자세히 알려져 있다. 폴리카르푸스는 이냐시오에 비해 약 40세가 어렸고, 약 80대의 나이에 순교했으며, 이레네우스Irenæus를 선발하여 후계자로 육성했다고 알려진다. 몇 개의 자료는 폴리카르푸스가 사도 요한의 제자로서 요한에 의해 스미르나Smyrna의 주교로 임명되었다고 말해준다.

폴리카르푸스는 안토니누스 피우스Antoninus Pius(138~161 재위) 황제 시기에 이냐시오의 뒤를 따라 순교의 길을 걸었다. 처음부터 흔들림이 없었던 것은 아니다. 그는 처음에는 스미르나 근처 지역에 도망쳐 숨었다가 다시 마음을 고쳐먹고 피신하기를 거부하며 거처에서 체포를 기다렸다.

폴리카르푸스 역시 이냐시오처럼 고발로 소환되었고 처벌받았다.

이때 폴리카르푸스에게 적용된 죄명은 로마 신들에 대한 경배 거부였다. 집정관은 폴리카르푸스에게 그리스도교를 포기할 것을 거듭 촉구했지만, 그는 단호하게 거부했다. 집정관은 처음에는 야생동물의 먹이로 주겠다고 협박했고, 그다음에는 불로 처형하겠다는 더 끔찍한 처형 수단으로 협박했다. 이 역시도 소용이 없자, 판사는 경기장 중앙에서 유죄판결을 선포했다. 그러자 열광한 군중은 늙은 주교를 사자에게 던져달라고 요구했다. 그러나 이 요청은 경기 시간이 끝났다는 이유로 거부당했다. 이에 따라 폴리카르푸스는 산 채로 불태워지기 위해 경기장의 말뚝에 묶여 있었지만 성공하지 못한 채 심각한 부상을 입었다. 그는 경기 도중 부상당한 사람을 사살하는 이의 칼에 찔려 죽었고, 그의 시신은 불태워졌다. 로마인들의 눈에 폴리카르푸스는 무신론자였다. 이 내용은 관심을 기울여야 할 부분인데, 이는 로마인들이 보기에 보이는 신을 믿지 않는 이들이 무신론자로 규정되었음을 보여주기 때문이다.

한편, 폴리카르푸스의 순교에 관한 기록은 이 시기에 고문과 처형의 성격이 달라졌음을 보여준다.[150] 그의 순교 장면은 이 시기의 그리스도교인 처형이 대중의 구경거리가 되었음을 보여준다. 이러한 변화는 반그리스도교적인 절차가 이전보다 잔인해졌다는 점을 나타내는데, 아마도 검투장에서 진행되는 동물 추격전을 담당할 검투사가 부족하게 된 상황에서 시민의 오락물을 그리스도인으로 대체하는 과정에서 이런 일이 일어났다고 보인다.[151]

이런 내용을 담아 전해진 폴리카르푸스의 죽음은 신자들에게 깊은 인상을 주었다. 특히 도망갔다가 의연히 죽음을 맞이한 그의 죽음 묘사는 당대의 신자들로 하여금, 순교의 용기가 하느님으로부터 온다는 인식을 갖게 만들었다. 폴리카르푸스의 죽음 이후에 신자들은 그의 묘지에 모여 순교자를 공경하고 자신들의 순교를 다짐했다고 에우세비우스는 전한다. 여기에 이방 종교의 관습이 합해져 순교자를 공경하는 양상이 유해 공경과 기적 기대 등과 얽혀지기 시작했다. 또한 교회 안에서는 순교를 자원하는 사례들도 나타났다.[152]

이와 더불어 주의를 기울여야 하는 대목은 안티오키아의 이냐시오와 스미르나의 폴리카르푸스에서 공통적으로 나타나는 사도 전승에 관한 강조이다. 사도 전승을 강조하는 내용은 이 두 교부의 순교록이 최종 편집된 시기와 편집 혹은 저작자의 문제뿐 아니라 그 내용의 의도를 여러 각도에서 생각해보는 계기를 마련해주기 때문이다.

마르쿠스 아우렐리우스 황제 시기의 박해

2세기 중반까지 그리스도인을 향한 큰 박해가 없는 평화로운 시간이 흘렀다. 이 평화는 로마에 닥친 환난과 충실한 스토아학파 추종자였던 마르쿠스 아우렐리우스Marcus Aurelius Antoninus(161~180 재위) 황제가 벌인 박해가 맞물리며 깨졌다. 뛰어난 철학자이자 현인이었던 그가 왜 그리고 얼마나 심각한 수준으로 그리스도인을 박해했는지를 이해하기 위해서 그의 재위 기간에 대한 이해가 필요하다.

마르쿠스 아우렐리우스 이전까지의 로마는 안정을 누렸다. 이는 트라야누스 황제가 확보한 영역을 이어받은 그의 양자養子, 하드리아누스 황제가 선임의 팽창주의보다 제국의 안정화에 집중한 결실이었다. 하드리아누스는 군대를 개혁했을 뿐 아니라 통치기구를 정비하여 평화를 다졌다. 이 과정에서 예루살렘에 자신의 씨족 이름을 딴 아엘리아 카피토리나Aelia Capitolina라는 이름을 붙이고, 로마풍의 도시를 건설하면서 유대인들의 할례를 금하는 명령을 내렸다(132년).

이에 유대인들의 저항이 일어났고, 하드리아누스는 반란을 철저히 진압하며 유대인들을 예루살렘으로부터 축출하면서 야훼 숭배도 금지했다. 이때 황제는 유대인들에게 토라(모세5경) 사용과 할례, 안식일의 예배 등을 금지하고, 어기는 경우 사형에 처하는 법을 반포하였다. 그뿐만 아니라 황제는 바빌론 귀환 후 유대로 불리던 땅을 유대인들의 역사적인 적이었던 블레셋Philistine의 이름에서 따온 팔레스타인으로 개명한다.

유대인들을 향한 로마의 이러한 대응과 입법은 그리스도인들에게도 영향을 미쳤다. 이는 그리스도인들이 토라를 사용하고 황제 숭배를 거부하는 데서 비롯되었다. 로마 지역에 사는 그리스도인들은 뿔뿔이 흩어진 유대인들을 대신하여 그리스도인에게 박해가 집중될 것을 염려하여, 다양한 생존 방안을 마련한다. 이 노력 안에 이교도와의 동질화를 위해 안식일을 포기하고 태양신의 예배일인 일요일을 도입하는 정책과 안식일과 할례를 정죄定罪하는 정책 등이 출현했다.

그런데 로마와의 갈등을 완화하려는 그리스도인들의 노력은 유대교와의 갈등을 심화시켰다. 더구나 그리스도인들은 성전 파괴나 유대인들의 축출이 예수를 죽인 데에 대한 하느님의 징벌이라고 주장하며 긴장을 높여갔다. 이에 대한 유대인들의 반감은 아우렐리우스 황제 시기의 박해에 영향을 미쳤다.

아우렐리우스 황제는 하드리아누스와 그를 계승한 안토니누스 황제가 다져놓은 로마의 평화시기에 황제가 되었다. 그러나 그가 등극한 이후 로마는 농방의 파르티아Parthia 제국의 침략뿐 아니라 테베레

Tevere 강의 범람과 기근 등의 내우외환이 그치지 않았다. 아우렐리우스는 오랜 노력으로 파르티아 제국을 공격하고 개선식을 화려하게 진행했지만 곧이어 페스트가 로마 군단을 덮쳐 또다시 군사력이 약화되는 위기에 처했다.

이에 황제는 거국적인 차원에서 신들에게 정성스러운 제의를 바치도록 했는데, 그리스도인만이 이를 거부하며 참석하지 않았다. 황제는 로마에 닥친 악재가 그리스도인들의 행위에 대한 신들의 분노로 일어났다는 대중의 말을 업고 그리스도교 신자들을 학살했다.

마르쿠스 아우렐리우스가 통치하는 로마제국 곳곳에서는 그리스도인을 향한 박해가 일어났다.[153] 그러나 이 박해 역시 로마 정부가 넓은 영역에서 지속적으로 실행한 박해가 아니었고, 지역에서 그리스도인과 현지 주민 간의 갈등 양상으로 인한 박해로 나타났다. 이러한 상황은 그리스도교가 점차 확산되며 기존의 문화와 빚는 갈등을 보여줄 뿐 아니라 신학이 토착화되는 과정을 나타낸다고 말할 수 있다.

그리스도인을 향한 지역민의 갈등으로 꼽을 수 있는 대표적인 박해는 177년 리옹과 비엔나 지방에서 일어난 박해이다. 그 첫 사건은 현재의 리옹 지방에서 일어났는데, 이때의 학살은 로마 군대에 의해서 자행된 것이 아니라 일반 시민들이 그리스도인을 때리고 죽이고 그 시신을 내다 버리는 방식으로 이루어졌다.[154] 이 시기 리옹의 그리스도인은 그리스어를 구사하는 아시아 이민자였고,[155] 몬타누스주의 Montanism에 물들어 있었다고 보인다.[156]

리옹에서 일어난 박해에 관해서 에우세비우스는 박해의 선동자로 도시 주민들을 눈에 띄게 지목한다. 이 그룹은 스미르나에서 처형을 조장하기도 했다. 비엔나와 리옹에서는 대규모 반그리스도교 폭동이 일어났고, 이로 인해 그리스도교인들은 더 이상 거리에서 자신을 드러내지 않고 공공장소를 피했다. 결국 알려지지 않은 수의 그리스도교인들이 당국에 고발당했다.[157] 갈리아 지방 이외에도 스미르나에서도 167년 박해가 일어났다. 이러한 분란과 박해는 그리스도교를 거부하는 당대의 정서를 보여준다.[158] 잠정적으로 말해서, 이러한 박해가 마르쿠스 아우렐리우스 황제의 지시나 참여를 통해서 일어났다고 볼 수는 없다. 스토아학파의 특징과 아우렐리우스의 정치철학을 반영할 때, 황제가 일으킨 전국적인 그리스도인 박해가 있었다는 결론을 내리기 어렵다.[159]

유스티누스의 순교

순교자 유스티누스Justinus Martyr의 죽음은 대략 165년에, 마르쿠스 아우렐리우스 황제 시기에 일어났다고 추정된다.[160] 이러한 추정은 에우세비우스가 『연대기』에서 언급한 안토니누스 피우스(138~161 재위)와 차이를 보여주지만, 『순교자 문서』를 참조할 때 마르쿠스 아우렐리우스 황제 치하에서 순교했다고 추정하는 편이 설득력을 갖는다.[161]

여러 자료를 종합해볼 때, 유스티누스의 죽음은 로마 정부의 계획적인 대규모 박해로 인해 발생하지 않았다고 보인다. 이는 그의 순교에서 로마 황제가 그리스도교 교회를 향해 실행한 박해를 감지할 수 없기 때문이다.[162] 분명히 교회 역사 자료에서 유스티누스가 어떤 죄명으로 잡혔는지는 알려지지 않았다.[163] 그러나 그의 죽음이 그가 활동하던 로마에서 스토아철학을 설파하던 학자들과의 갈등과 연결되어 있다고 추정할 수는 있다.

로마에서 활동하던 그는 초기 교회의 그리스도론을 정립하는 데 크게 기여한 인물이다. 유스티누스는 그리스철학의 핵심인 로고스를 이용하여 그리스도의 가르침이 지니는 의미를 설명하였다.[164] 이 작업에서 그는 유대교와 그리스도교의 관계를 연속성과 단절성으로 설명하고, 신앙인의 내적 삶과 신앙의 실천을 강조했다. 더 나아가 그는 예수님의 십자가 죽음의 영향에 대해 논의함으로써 인간과 구속의 과정을 연결시켜 설명했고, 십자가의 신비에 참여하는 형이상학적이고 성사적인 방식을 풀어냈다.[165]

유스티누스와 스토아철학자 사이에 일어난 논쟁 혹은 갈등은 자유의지와 자유로운 의사 선택에 있었다. 유스티누스는 로고스라는 원리에 따라 움직이는 세계에서 인간의 자유의지가 들어설 여지가 없는 결정론적인 스토아철학의 문제점을 간파하고 이를 받아들이지 않았다. 이런 갈등 분위기 가운데 아마도 유스티누스의 명망에 경계심을 느꼈던 스토아철학계에서 그를 로마 정부에 밀고했다고 보인다.

이에, 로마 정부는 유스티누스를 포함한 7명의 신자Chariton, Charito, Evelpostos, Péon, Hierax, Liberianos들을 소환하여 그리스도인인지를 묻고 배교를 종용하는 훈계를 했지만, 이들은 끝내 순교를 선택하고 참수되는 죽음을 맞이했다.

유스티누스와 그의 동료들이 맞이한 마지막 장면은 다음과 같이 전해진다.

– 총독(루스티쿠스): 신에게 다가가 희생 제물을 바쳐라.

– 유스티누스: 제정신을 가진 사람이라면 그 어느 누구도 경건하지 않은 바

를 위해 자신의 경건함을 포기하지 않는다.

– **총독**: 내 말에 순종하지 않는다면 너희 모두는 무자비한 고문을 받게 될 것이다.

– **유스티누스**: 우리 주 예수 그리스도를 위하여 고문을 받아서 구원을 받는 것이 우리의 소망이다. 이 선택이 주님이시며 구세주이신 그분 앞에서 받게 될 심판에서, 너희의 고문보다 더 끔찍한 우주적 심판에서 우리에게 확고한 신념과 구원을 주기 때문이다.

– **7인의 순교자**: 우리는 그리스도인이며, 우상에게 희생 제물을 바치지 않을 것이니 이제 너희가 원하는 대로 해라.

– **총독의 판결문 낭독**: 신들에게 희생 제물을 바치려 하지 않고, 황제에게 순종하기를 원하지 않는 자들에게 법에 따라 채찍질을 하고 참수를 명한다.[166]

여기서 확인할 수 있듯이 유스티누스의 죽음은 당대에 유행했던 스토아풍의 자발적 죽음과 거리를 둔다. 유스티누스는 로마의 지배를 거슬러 로마 시민이 아닌 천국 시민이 되는 것을 강조했고, 스토아철학에 정통했던 마르쿠스 아우렐리우스에게 도전장을 내밀었다. 이러한 유스티누스의 순교는 그리스도교가 그리스철학에 바탕을 둔 비유대 문화에 정착하면서 교리를 형성해가는 과정을 보여준다. 이 때문에 유스티누스가 자신의 의지적 선택과 자유의지로 순교를 택하는 행위 자체가 운명적인 결정론을 강조했던 스토아철학에 대비하여 그리스도교 신앙의 정수를 설파한 순간이라고 말할 수 있다. 이런 점에서 우리는 순교자 유스티누스보다 신학자 유스티누스에게 보다 큰 관심을 기울일 필요가 있다.

콤모두스 황제 시기의 그리스도인 박해

마르쿠스 아우렐리우스의 뒤를 이어 그의 아들 콤모두스Marcus Aurelius Commodus Antoninus(180~192 재위)가 황제의 자리에 올랐다. 콤모두스는 그리스도교인들에 대한 아버지의 엄격한 정책을 고수하지 않았다. 이로 인해 교회 상황이 크게 개선된 것으로 보인다. 이 무렵에는 황실을 비롯한 사회의 거의 모든 계층에 그리스도인이 확산되었다고 짐작할 수 있는 자료들이 있다. 이처럼 그리스도인 인구가 급증한 상황에서 박해와 순교가 발생하기 어려웠다. 콤모두스 황제 시기에 작성된 박해 보고 자료는 박해와 순교자 수가 매우 적음을 보여준다.

그런데 이 지점에서 확인해야 할 사안은 바워삭이 언급한 장면, 곧 아시아 집정관이 "정말 기어이 죽고 싶으면 절벽과 밧줄을 이용해서 죽어라" 하고 외치는 장면이 이 시기를 특정하고 있다는 점이다. 이는 두 가지로 해석할 수 있다. 첫째는 로마 정부는 박해를 시행하지 않음에도 불구하고 신자들이 순교를 열광적으로 희망한다는 설명이다. 그러나 다른 각도에서 보자면, 이 장면은 여러 이유로 고발당한 그리스도인의 수가 급증했지만 이들을 모두 처형하기에는 사회적 압력이 컸음을 시사하는 것으로 이해할 수도 있다. 그리스도인 처형이 공공연한 오락이 되지도 못했고, 이전 원칙대로 처리하는 것조차 부담스러운 상황을 짐작할 수 있기 때문이다.

분명한 점은 콤모두스 황제 시기에 박해가 이전에 비해 현격히 감소했다는 점이다. 그러나 박해가 완전히 사라진 것은 아니었다. 콤모두스 황제 시기에 일어난 북아프리카 최초의 순교는 180년 7월 17일에 발생했다. 당시에는 잘 알려지지 않았던 북아프리카의 실리 또는

콤모두스 황제의 죽음 | Fernand Pelez

실리움이라는 마을에서 6명(또는 12명)의 그리스도교인들이 아프리카 집정관인 카르타고의 집정관 푸블리우스 비겔리우스 사투르니누스 Publius Vigellius Saturninus 앞에 끌려가서 처형되었다고 알려져 있다.

이 사건의 재판은 총독 관저의 법정에서 열렸고, 배교의 권유를 거부한 그들은 로마 시민인지의 여부와 무관하게 모두 참수되었다. 이러한 심판과 처형 과정이 앞선 황제 치하의 갈리아 박해와 다른 점은 고문이 없고 경기장에서의 처형이 없다는 것이다. 이는 이전에 플리니우스의 사례를 따라 그리스도인 재판과 처형이 진행되었음을 시사한다.

기록에 남아 있는 또 다른 재판은 평화 위반 혐의로 처리한 후 그리스도인을 석방한 예[167]와 두 다리를 부러뜨리는 형을 받았던 철학자 아폴로니우스Apollonius,[168] 그리고 은행 고객의 자금을 횡령한 혐의로 기소되었지만 스스로 그리스도인으로 처벌받음으로써 채무를 벗어나려 했던 칼릭스투스Calixtus[169]의 예를 들 수 있다. 이 모든 예는 이 시기 박해가 거의 없었다는 판단을 내릴 수 있는 근거를 보여준다.

소결

지금까지 살펴본 로마의 그리스도인 박해는 하나의 종교가 여타 종교 내지 특정 종교를 말살시키기 위해 행해진 박해가 아니다. 이 시기까지의 박해는 로마의 단합을 저해한다는 점에 입각하여 이뤄지거나 정치적인 목적으로 이뤄진 박해의 양상을 보여준다. 또한 오랜 기간 동안 로마 지배 영역 전반에 걸쳐 잔인하게 일어난 박해도 아니었다. 특히 교부들의 죽음은 당대 철학 학파 사이의 갈등으로 빚어진 희생의 성격을 보여준다. 이런 점에서 박해를 받으며 그리스도교 신학이 성장했다고 말할 수도 있다.

이 시기까지 교리가 확고하게 정리되지 않았다는 점을 반영하면, 교부들의 순교와 순교에 대한 언급이 이후 교회 신앙인에게 순교를 바라보는 시각을 형성했다고 볼 수 있다. 그러나 예루살렘처럼 유대교의 영향을 받은 신학적 언급이라기보다 스콜라철학을 받아들이면서도 그와 구분된 특성을 견지했던 교회의 노력이 순교신학에도 분명히 나타남을 확인하게 된다. 순교는 운명적인 결과가 아니라 그리스도를 따르는 의지적 선택이라는 점이 여기서 강하게 부각된다. 또한 이들 교부들이 로마 지배 아래 살아가면서도 로마의 탄압에 저항하려 했던 모습을 견지했다는 점도 이들의 순교 이해에 반영할 수 있다.

이번 장에서 언급한 교부들의 순교록이나 저술의 저작 시기, 저자 또는 편집자의 문제가 학자들의 논쟁 사안에 포함되어 있다. 또한 일부 학자들은 앞서 언급한 박해 중 상당 부분에 대해 역사적인 사실성을 의심하기도 한다. 그러나 이 모든 질의와 논쟁이 바오로를 포함한 사도들과 교부들이 교회를 성장시키기 위해 노력했던 과정의 의미를 무화無化시킬 수는 없다. 또한 박해가 일어난 배경을 통해 살펴본 순교신학의 의미가 이 논쟁을 통해 무의미한 자료로 전락하는 것도 아니다. 우리가 이 지점에서 확인할 수 있는 점은 어떠한 압력에도 굴하지 않고 그리스도인으로서 소신과 실천을 고수했던 그들이 있었기에 교회가 성장할 수 있었다는 사실이다. 이런 관점에서 처형장으로 끌려가면서 또는 사형선고를 언도받는 순간에 그들이 보여주었던 용기가, 그리스도인이 무엇을 믿으며 무엇에 저항하는지를 증거하고 있는지를 주의 깊게 바라보게 된다.

3_ 로마 전역으로 확장되는 박해

세베루스 왕조(193~235) 시기의 박해

데키우스 황제 통치 이전, 즉 로마제국이 그리스도인에 대한 국가적 박해를 시작하기 전에 일어난 박해는 대개 국지적으로 군중들의 자의적인 소요의 결과로서 일어나거나, 군중의 요구나 비난에 응하는 지방 총독의 결정에 따라 이루어졌다. 이러한 상황에서는 군중이 그리스도인을 어떻게 보는지가 매우 중요한 인자로 자리 잡고 있었다. 그리스도인이 좋은 인상을 심어주고 있을 때, 환란이나 사회적 동요가 없을 때 박해가 일어나기 어려웠다고 이해할 수 있다.

이처럼 비교적 평화로웠던 분위기가 그리스도교 박해 역사의 한 장을 장식하는 셉티미우스 세베루스Lucius Septimius Severus(145~211)[170] 황제 시기의 박해로 돌변한다. 이후 황제 지위를 이어받은 가문 사람들이 짧은 재위 기간을 거치며 단명하는 가운데 박해의 양상도 변해갔다.

세베루스 왕조 시기의 박해, 특히 셉티미우스 세베루스의 박해는 그리스도교 역사에서 매우 중요한 지점에 놓인다. 순교의 대명사로 꼽을 수 있는 페르페투아Perpetua와 펠리키타스Felicitas의 순교와 '순교자들의 피는 교회의 씨앗'이라는 테르툴리아누스 교부의 명문이 이 박해와 연결되어 있다.

그럼에도 불구하고 셉티미우스 세베루스 황제 시기의 박해에 관해 학자들은 순교 자료의 역사적 진위성에 진지한 의구심을 던진다.[171] 또한 학자들은 이 박해에서 오리게네스Origenes가 살아남았다는 점도 지적한다. 이러한 학자들의 지적을 염두에 두고, 이번 절에서는 가장 잔인한 박해 중 하나로 꼽히는 세베루스 황제 가문의 박해를 배경과 규모, 지역 및 양상을 중심으로 살펴보려 한다.

아프리카 출신으로서 로마 황제의 자리에 오른 셉티미우스 세베루스 황제는 칙령(202)을 통해 그리스도교의 선교활동과 새로운 개종을 금지시켰다.[172] 유대인의 선교활동도 금지했다는 기록[173]도 있지만 이는 신빙성이 적다고 보인다.[174] 새로운 종교를 따르는 혐의를 받은 시민들은 그리스도를 저주하거나 로마 신에게 제물을 바치는 방식으로 로마 황제에 대한 충성을 증명해야 했다. 그렇지 않으면 즉시 잔인하게 처형당했다.

박해는 매우 엄격하고 가혹했으며, 제국의 여러 지역으로 퍼져나갔다. 그러나 박해의 양상과 정도는 지역에 따라 큰 편차를 나타냈다. 이는 박해가 황제 주도 아래 제국 전체 영역에서 이루어지기보다 지역 총독의 관할 아래 상황에 대응하는 양상으로 이루어졌음을 보여준다.

무엇보다 황제 자신이 그리스도교에 대해 극단적인 거부감을 보였다고 보기 어려운 정황이 여러 곳에서 감지된다. 셉티미우스 세베루스의 아들 카라칼라Caracala는 그리스도교인 수간호사가 키웠고 프로쿨루스 토르바키온Proculus Torpacion이라는 그리스도교인 의사가 궁전의 주치의로 활동했으며, 황제 자신이 원로원 의원들의 근거 없는 비난으로부터 그리스도교인들을 공개적으로 보호했다는 자료도 있다.[175] 이를 반영할 때, 황제의 칙령은 사회 불안과 화합을 저해하는 무리들을 향해 발해졌다고 이해할 수 있다.

이와 관련하여 주목할 점은 박해가 지역에 따라, 총독에 따라 다른 양상으로 전개되었다는 점이다. 그 한 예로, 202년부터 212년까지 카파도키아의 총독이었던 클라우디우스 루키우스 히에로니미아누스Claudius Lucius Hieronymianus의 박해를 들 수 있다. 총독은 그리스도교인들을 가혹하게 단속했는데, 아마도 그의 아내가 그리스도교로 개종했다는 개인적인 이유가 작용했다고 학자들은 보고 있다. 총독의 박해에는 카파도키아Cappadocia 카에사랴(오늘날 터키 카이세리)의 알렉산더 주교도 표적이 되었지만 그는 살아남았다. 이후 히에로니미아누스 자신도 그리스도교로 개종한 것으로 보인다.[176]

셉티미우스 세베루스 황제 시기의 박해는 특히 그리스도교가 급속히 성장하고 있던 지역과 세베리우스의 고향이자 충성심과 애국심이 강할 것으로 예상되는 아프리카 대륙의 여러 지역에서 더 심했다. 일례로, 202/203년 이집트에서는 총독 퀸투스 마에키우스 라에투스Quintus Maecius Laetus의 통치 때에 박해가 발생했다.[177] 투옥된 그리스도교인들은 아프리카의 중심지인 알렉산드리아로 이송되어 단죄를 받았다. 그중에는 교부 오리게네스의 아버지인 레오니데스Leonides도 있었다. 무엇보다 알렉산드리아 교회는 이러한 반反그리스도교 조치로 인해 크게 약화되었다.

이후, 라에투스Laetus의 후계자 클라우디우스 율리아누스Claudius Julianus 통치 때에 알렉산드리아의 교회 상황은 평온을 유지했다. 그러나 206년 수바티아누스 아퀼라Subatianus Aquila 총독 때에 보복이 재개되었다. 오리게네스는 이 과정에서 박해의 표적이 되었다. 알렉산드리아에서 신학교의 지도자가 된 오리게네스가 누렸던 명성과 존경뿐 아니라 투옥된 그리스도교인들을 지원한 그의 활동이 문제의 발단이었다고 보인다.

아퀼라는 오리게네스를 죽이지는 못했다. 이는 오리게네스가 순교보다는 교회에 남아 일을 계속하기를 선택했기 때문만이 아니라, 당대 오리게네스에 대한 세상의 존경이 그를 죽이기에는 큰 부담을 주었기 때문이라고 설명할 수 있다.[178] 이에, 아퀼라 총독은 오리게네스의 제자들을 참수하거나 화형에 처함으로써 그리스도교 신앙의 불을 끄려 했다.[179]

한편, 아프리카와 시리아 등지에서 일어난 박해는 다양한 양상으로 전개되었다. 그리스도교인이라는 이유로 받는 형벌은 매우 다양했으나 항상 사형을 수반하는 것은 아니었다. 대신 여성은 매춘 업소에 배정되기도 했다.[180] 그리스도교인들은 채석장과 광산에서 일하는 벌을 받기도 했다. 또한 지역 상황에 따라 그리스도교 회중會衆이 사형수를 돕는 데 상당한 재량권을 허용했다는 기록도 나타난다. 208/209년 무렵 북아프리카에서는 비그리스도교인들이 법정에 끌려가는 것을 피하게 해준다거나 군사적 보호를 해준다는 명목으로 그리스도교인들로부터 돈을 갈취했다는 자료도 있다. 실제로 교회 전체가 이러한 목적으로 헌금을 낸 것으로 보인다.[181]

아프리카에서 일어난 심각한 박해는 이 지역에서 급속히 확산된 몬타누스파의 영향으로 보인다.[182] 레보카투스Revocatus와 펠리키타스

Felicitas, 사투누르니누스Saturninus와 세쿤둘루스Secundulus, 페르페투아 Perpetua 등은 이 시기의 박해로 희생된 순교자들이다. 처형 장면이 상술된 기록의 역사적 사실성을 떠나, 이들의 순교가 당대에 많은 이들의 관심을 받았다는 점은 분명하다. 테르툴리아누스의 순교신학은 그 연장선에서 이해될 수 있다.

테르툴리아누스의 순교 이해

테르툴리아누스(약 155~240)는 아프리카 출신의 법률가였다고 추정된다. 그의 아버지는 로마 총독 관저의 백부장이었으며, 그가 그리스도교로 개종한 것은 로마를 방문한 40세 무렵이었다고 알려졌다. 기록에 따르면, 테르툴리아누스는 로마에서 박해로 그리스도인들이 순교하는 장면을 보면서 회심한 것으로 알려진다.

그가 활동했던 카르타고(그리스어, 칼케돈)는 초기 교회 시대의 중요한 무역 허브였고, 146년의 3차 포에니전쟁을 통해 로마로 편입된 후 아프리카 지역에서 로마 정권의 주요한 도시이자 아프리카 교회의 핵심 지역으로 부상했다. 그러나 교회는 셉티미우스 세베루스 황제 시기의 박해를 경험하며 위기를 맞이했고, 테르툴리아누스는 법률가로서 이에 대처하며 교회를 정비했다. 법률가였던 그의 저술은 이단과 철학에 대한 단호한 자세를 드러낸다.

테르툴리아누스의 신학은 법이 중요한 테마로 등장한다. 이는 이레네우스가 역사를 강조하고 오리게네스나 알렉산드리아의 클레멘스가 로고스를 강조한 점과 대비를 이룬다. 테르툴리아누스에게 이단은 그리스도교와 논쟁할 자격조차 없는 존재로 간주되었고, 성경을 언급할 자격이 없다고 규정했다. 이를 위해 그는 성경이 교회 사도들에게 속했음을 그 계보를 통해 입증했다. 또한 테르툴리아누스는 신앙을 설명하거나 진리를 탐구하려는 노력이 불필요하다는 입장을 견지했다.

한편, 테르툴리아누스는 그 자신이 비판했던 몬타누스파로 들어갔다. 그 계기를 알 수 없지만, 순교를 '교회의 씨앗'으로 규정한 발언은 그의 경험과 상황에 비추어 이해될 수 있다. 이 구문은 순교를 바라보는 당시의 이방인들의 시선이 그리스도교에 호의적이었음을 시사한다. 테르툴리아누스 자신도 순교하는 그리스도인을 보며 교회로 돌아왔기에, 비교적 초기에 그가 발언한 이 유명한 구절은 그의 몬타누스파로의 개종을 감안한다 하더라도, 그 의미가 희석되지는 않는다. 아프리카 교회를 향한 박해를 지켜보며 교회의 운명이 순교와 함께 사라지지 않으리라는 점을 강조하며, 신자들을 독려했던 그의 열정이 이 발언에 담겨 있기 때문이다.

세베루스 왕조가 그리스도인을 대하는 자세는 셉티미우스 세베루스의 두 아들 중 하나인 카라칼라(211~217) 시기에 큰 변화가 없었다.[183] 그리스도교인들은 황제 통치 시기에 계속해서 고위공직에 오를 수 있었다. 이에 비해 각 지역에서는 상황에 따른 박해와 순교가 지속되고 있었지만, 이집트와 아라비아 지역에서는 오리게네스를 초청하여 강연회를 열 만큼 그리스도교에 대한 적대감이 높지 않았다.[184]

이처럼 세베루스 왕조의 통치 기간 동안 황실이 그리스도교를 향해 분명한 적대감을 드러냈다고 말할 수는 없다. 오히려, 왕조 초기에 일어난 심한 박해가 몬타누스파로 인해 야기되었고, 여기에 알렉산드리아 지역에서 그리스도인이 학문적인 명성과 존경을 받으며 박해가 일어났다고 정리할 수 있다. 또한 아프리카 지역에서도 몬타누스파들을 상대하며 황제의 집권을 강화하기 위해 몬타누스파와 유대인들을 향한 박해가 일어났다고 말할 수 있다.

막시미누스 트락스 황제 시기의 박해와 오리게네스의 순교

세베루스 왕조의 마지막 황제였던 알렉산더 세베루스가 암살당한 후, 사병 출신으로 황제에 오른 막시미누스 트락스Gaius Iulius Verus Maximinus Thrax(173~238)는 자신의 권력을 안정시키는 방편으로 그리스도인들을 박해했다고 보인다. 그가 박해의 표적을 삼았던 대상은 황실과의 관계를 유지했던 황실 내 교회 지도자들이었다. 황제의 즉위 직후 폰티아누스 주교Pontianus(230~235)와 히폴리투스 주교Hippolytus가 사르데냐Sardegna로 유배되어 그곳에서 죽었다.[185]

이와는 조금 다른 맥락에서 일어난 박해도 있다. 소아시아의 카파도키아Cappadocia와 폰투스Pontus는 235년 심한 지진으로 땅이 흔들려 주민들이 그리스도교인들을 공격하는 상황이 발생했다.[186] 이로 인해 오랜 기간 평화를 유지하던 총독 리키니우스Licinius 세레니아누스 황제Serenianus 시기에 박해가 시작되었고, 교회 건물도 파괴되었다. 많은 사람들이 박해가 없는 지방으로 피신했다. 오리게네스의 『순교 권면勸勉』(235)은 이러한 상황에서 작성되었다.[187]

오리게네스는 신앙인의 가정에서 태어나 셉디미우스 세베루스의

성 히폴리투스의 순교 | Hans Canon

박해에서 아버지의 순교를 목격했던 인물이다. 그는 가족 때문에 순교를 피하려 하지 말라는 내용의 편지를 아버지에게 쓸 만큼 순교를 두려워하지 않았다. 그가 아버지와 함께 순교하지 않은 것은 너무 어린 나이를 감안하여 그의 어머니가 그를 방에 가두어 순교를 모면하게 했기 때문이다.

순교를 열망했던 오리게네스는 알렉산드리아의 신학원에서 교리교사로 이른 나이부터 활동을 시작했다. 오리게네스는 곧이어 예비신자 교육을 벗어나 신학원의 고전 철학 교육을 맡았고, 그가 가르치는 대상은 이교도에까지 확장되어 오리게네스의 명성이 널리 알려졌다. 이 때문에 교회 안의 시기를 받은 결과, 그는 카에사리아Caersaria에 정착하여 데키우스 박해를 받고 그 여파로 순교할 때까지 집필과 강의에 종사했다. 순교에 관한 그의 입장과 순교신학은 그의 경험과 신학의 연상선에서 이해되어야 한다.

알렉산드리아 학파의 전통에 충실했던 오리게네스의 신학은 그리스철학과의 대화에 적극적인 자세를 보여주었다. 그는 영지주의를 경계하며 창조와 육화, 구원을 설명하는 데 주력했다. 그러나 그의 신학은 근본적으로 그리스철학의 색채를 강하게 풍기면서 역사와 물질세계를 죄의 결과로 해석하는 지점에 도달했다. 이러한 오리게네스의 신학은 조명을 받아 영적 세계로 들어갈 수 있는 인간의 능력을 상정하고 이를 구원과 연결시키는 점에서 알렉산드리아 학파의 특징을 여실히 드러낸다.

오리게네스가 저술한 『순교 권면』은 박해를 받던 카에사리아의 교회 지도자에게 보낸 편지에 담겨 있다.[188] 이 편지에 나타난 순교의 의미는 그의 신학을 온전히 반영하여 이해해야 한다. 이에 따르면, 순교를 통해 인간은 더 이상 육체에 속한 자녀가 아닌 하느님의 자녀가 된다.[189] 이를 가능하게 하는 것은 하느님을 영으로 사랑할 수 있도록 이끌어주는 예수님의 기도이다. 오리게네스에게 순교는 고난보다는 시험 또는 징벌로 이해된다. '그러기에 우리는 현재의 시험을 하느님을 향한 사랑에 대한 하느님의 시험과 시련으로 이해해야 합니다'[190]라는 구절에서 이를 확인할 수 있다.

오리게네스의 『순교 권면』에 나타나는 순교는 수동적인 고난이 아니다. 순교는 능동적이고 기쁘게 참여하는 고난으로서, 하느님의 증인이자 친구가 됨으로써 육신을 죽이려는 자들의 권세에 맞서 인간의 연약함을 극복하는 그리스도인의 증거를 의미한다.[191] 또한 순교는 오리게네스에 따르면 하느님과 일치하며 구원을 향하는 첩경이기도 하다. 순교는 영원한 것에 참여함으로써 진정한 진리 추구의 완성에 다다르는 길이기도 하다.

이처럼 오리게네스의 『순교 권면』은 그가 박해 기간에 살아남아 여러 곳을 떠돌며 지극한 기도생활과 신학 작업을 진행했다는 사실을 바탕으로 이해되어야 한다. 오리게네스의 순교신학은 관상觀想과 실천을 종합하려는 그의 신학의 연장선상에 놓여 있는 동시에 순교는 이를 완성하는 정점의 자리를 차지한다.

필리푸스 아라부스 황제 시기의 박해

에우세비우스에 따르면 아랍인으로서 로마 황제에 오른 필리푸스 아라부스Philipus Arabus; Marcus Iulius Philippus Augustus(204~249)는 그리스도교 신자였고,[192] 그의 치세 중에 박해가 중지되었다. 그러나 필리푸스 아라부스 시기에도 박해는 국지적으로 일어났다.[193] 특히 248/249년 겨울, 알렉산드리아에서 대학살이 일어나고 있었다. 그러나 그 양상은 지방 총독이나 황제가 주도하는 학살이 아니라 폭동 상황에서 일어난 학살로 볼 수 있다. 종교적 혐오가 소요를 일으켰는지, 아니면 최근에 학자들이 가정하는 바와 같이, 필리쿠스의 세금 개혁이 이에 저항하는 폭동으로 표출되었는지는 확실하지 않다. 어쨌든 상황은 완전히 통제 불능 상태가 되어 이교도 폭도들이 그리스도교인 가정을 대규모로 약탈하는 사건이 발생했다. 성전의 참배를 거부하거나 성전에서 제사 지내기를 거부한 그리스도교인들은 고문과 살해를 당했고, 돌에 맞아 죽거나 심한 고문 이후 창밖으로 내던져지는 일들이 일어났다.[194]

최초의 제국 전체 박해: 데키우스 황제의 박해

그리스도인을 향한 박해는 거의 2세기 반에 걸쳐 국지적이며 반복적으로 일어났다. 이러한 박해는 대도시를 중심으로 특정 지역에만 영향을 미쳤고, 그 지역에서도 항상 비교적 평온한 시기가 되면 중단되는 양상을 나타내곤 했다. 이에 비해, 데키우스Gaius Messius Quintus Trajanus Decius(201~251, 249~251 재위) 황제 재위 중에 일어난 박해는 로마제국 영토 전체에 걸쳐 그리스도교인들에게 영향을 미치는 전면적인 박해라는 점에서 새로운 차원으로 접어들었다.[195]

황제는 249년 12월에 반포한 칙령을 통해 제국의 모든 주민에게 공개적으로 신에게 숭배를 바치도록 강요했다. 이 과정을 감시하고 기록하기 위해 위원회가 설립되었다. 특히 음식과 음료 제물을 가져오고 희생 고기를 섭취해야 했다. 그런 다음 특별한 증명서(리벨리)로 이를 확인했다. 특정 날짜까지 자발적으로 희생 제물을 바치지 않으면 당국은 희생 제물을 바치도록 강요했다. 바치지 못한 경우 그들은 투옥되고 채찍질, 구타, 말 모양의 선반, 철제 발톱, 뜨거운 다리미 등 다양한 수단으로 고문을 당할 수 있었다. 많은 자료를 통해 확인할 수 있는 바와 같이 이 법을 지키지 않은 이들의 재산이 몰수당하고 지역에서 추방당했다.

이 법안이 그리스도인들을 박해 대상으로 특정했다고 보기는 어렵다. 당대의 여러 환란과 불안정한 사회 분위기를 수습하기 위해 전통적인 로마의 신들로 숭배 대상을 일원화시키려는 노력으로 보는 것이 타당할 수 있다.[196] 이러한 취지의 법안은 유대교와 그리스도인들의 반발을 불러왔고, 그 행동은 로마 시민으로서의 충성을 거부한 것으로 해석되면서 박해가 가중되었다.

그런데 이 시기에 그리스도인들이 박해를 대하는 자세를 주목할 필요가 있다. 알렉산드리아의 많은 그리스도인들은 박해를 받고 순교하기보다, 신앙을 철회하거나 법안을 준수하거나 또는 뇌물을 주어 확인서를 발부받음으로써 박해를 피해 갔다. 이러한 양상은 그리스도인을 향한 이방인들의 적대감이 상당히 강했기에, 참여하지 않은 사람에 대한 사회적 낙인과 보복이 상당했던 점을 감안하여 이해할 수 있다. 그러나 소수의 그리스도인들은 순교를 택했으며, 화형되거나 칼에 찔려 죽거나 총독 앞에서 채찍질을 받고 화형에 처해지기도 했다.

알렉산드리아를 포함한 이집트 교회에서 박해를 피해 도망친 사람들 중에는 굶주림, 갈증, 저체온증, 질병 등으로 죽거나 강도나 야생동물의 먹이가 되거나 노예로 전락한 희생자도 상당수 있었던 것으로 밝혀졌다. 이러한 상황에서 알렉산드리아의 주교는 자녀들과 탈출에 성공했지만 도중에 체포되어 추방당했다가 리비아사막에서 숨어 지냈다고 전해진다.

이러한 이집트 교회 상황에 비할 때 카르타고에서는 수많은 순교자들이 나왔다. 카르타고 교회의 주교를 비롯하여 수많은 사람들이 다양한 박해를 받았다. 처벌의 수위는 재산 압수부터 유배, 구금, 징역, 광산 노역, 고문과 처형에 이르기까지 다양했다. 이러한 양상은 로마 교회와 예루살렘 교회, 소아시아 교회에서도 유사하게 나타났다. 파비아누스Pavianus 주교를 포함하여 로마 교회의 사제가 희생되었고, 팔레스타인에서는 예루살렘 교회의 알렉산데르Alexander 주교가 투옥되어 희생되었다. 안티오키아 교회도 박해를 피하지 못했으며, 오리게네스는 말 모양의 교수대에서 고문을 당하고 죽음의 위협에 처해졌다가 그 후유증으로 사망했다. 소아시아의 사제, 피오니우스 Pionius는 오른쪽에는 림누스Limnus, 왼쪽에는 아스클레피아데스Asclepiades와 함께 십자가에 못 박힌 후, 폴리카르푸스가 순교한 바로 그 장소에서 타오르는 불길에서 죽었다.

순교에 관한 치프리아누스의 태도

이처럼 로마의 전 영역에서 진행된 박해는 250년 말경에 가라앉은 것으로 보인다. 실제로 데키우스 황제 시기의 박해가 종결된 것은 251년 6월 고트족과의 전투에서 황제가 사망한 이후로 볼 수 있다. 그러나 그리스도인들을 향한 박해는 데키우스의 후계자 트레보니아누스 갈루스Trebonianus Gallus(251~253 재위) 시기에서도 간간이 국지적으로 일어났다. 코르넬리우스Cornelius(251~253 재임) 주교가 수도에서 추방되어 죽었고, 북아프리카에 전염병이 창궐하면서 많은 그리스도인들이 다양한 폭력에 희생되었다고 전해진다.

데키우스 치하의 박해와 관련하여 주목할 교부는 치프리아누스 Thaschus Caecilius Cyprianus(210~258)이다.[197] 데키우스 박해시기에 카르타고의 주교였던 치프리아누스는 서둘러 피신하여 박해를 피했다. 이를 두고 신자들과 로마 교회가 비판의 목소리를 높였다. 이에 대해 치프리아누스는 자신의 선택을 변론하며 순교를 피하고 교회를 지키기 위함이라고 주장한다. 이때 그가 근거로 제시하는 성경은 마태복음 10장 23절이다. 그는 이 구절을 주석하면서 '강력한 폭풍우와 첫 번째 충돌과 함께 백성들이 계속해서 나의 죽음을 요구했을 때 나는 지체 없이 물러났다. 이는 나의 개인적인 안전 때문이 아니라 형제들의 평안 때문이었다.'[198]

치프리아누스는 자신의 선택을 비겁한 행동으로 이해하지 않았다. 그 자신은 주님의 명령에 따라, 그가 할 수 있는 곳에서, 약한 힘을 다해 형제들을 돌보기 위하여 선택했다고 확신했다(편지 20). 실제로 그는 교회의 돈을 성직자에게 배분하여 그들을 도왔고, 감옥을 방문하여 성체성사를 집전했으며, 감옥에 있는 그리스도인들에게 편지를 써서 그들의 용기를 돋우었다. 그리고 기도로써 그들의 용기와 인내를 구했다. '우리는 끊임없는 기도 중에 주님께 간청합니다. 주님께서 신앙고백의 영예를 허락하셨던 너희들에게 순교자의 면류관도 허락하셨습니다. 가장 소중하고 행복한 형제들이여, 항상 주님 안에서 일어나는 것과 하느님의 면류관의 영광에 이르는 것을 소망하십시오.'[199]

한편, 치프리아누스는 배교자들을 다시 교회로 받아들이는 문제에 깊이 관여하며, 엄격한 기준을 지켜야 한다고 강조했다.[200] 이 장면은 희생 제물을 바침으로써 박해를 피한 사람들의 진실한 참회와 교회가 이를 받아들이는 과정이 당대 교회에서 매우 중요한 문제였음을 보여준다.

치프리아누스의 행동과 순교에 관한 발언 그리고 교회 재건을 위한 노력은 그의 순교신학을 이해하는 데 매우 중요한 자료라고 말할 수 있다. 무엇보다 그 자신이 박해 기간 중에 신자들을 돌보고, 교회를 지키기 위해 노력했고, 발레리아누스 황제 시기의 박해에서 로마의 종교 예식 참여를 거부하며 순교를 기꺼이 받아들였다는 점이 그의 순교 발언을 이해하는 데 반드시 반영되어야 한다.

발레리아누스 황제 시기의 박해

군 장교 출신의 발레리아누스Publius Licinius Valerianus(199~260)가 황제로 집정했던 시기(253~260)에 제국 전역에 박해가 일어났다.[201] 디오니시우스Dionysius의 기록에 따르면, 박해가 일어났던 계기는 마술사와 그리스도인의 갈등이었다. 마술사가 황제에게 영아를 희생시키는 의식을 행하도록 요구하였고, 이에 궁전에 있던 그리스도인들이 이를 반대하며 저항했다. 이러한 이해와 더불어, 발레리아누스가 교회를 향해 칼을 뺀 것은 페르시아와 전쟁 중이던 상황에서 그리스도인들이 적국인 페르시아에 동조하는 첩자로 보였기 때문이라는 해석도 있다.[202]

이에 황제는 257년에 이르러 모든 로마 시민이 로마 종교를 받아들여야 한다는 칙령을 반포했는데,[203] 이는 이전까지 로마 정부가 종교에 대해 취했던 태도가 변했음을 의미했다. 이 칙령은 사실상 그리스도인의 집회와 묘지 방문을 금지했는데, 실제적인 표적은 그리스도교 교회의 고위 성직자라고 볼 수 있다.

이 칙령이 교회에 실질적인 타격을 주지 못함에 따라 황제는 이듬해에 더 강력한 내용을 담은 칙령을 반포한다. 이 칙령에 따르면 그리스도교 신앙을 고수하는 사람의 재산을 몰수하고 사형에 처할 수 있었다.[204] 이전의 칙령에 비해 새로 반포된 이 칙령은 교회 고위 지도자뿐 아니라 부유하고 사회적 영향력이 있는 그리스도인들을 표적으로 삼았다는 점을 주목할 필요가 있다. 이는 그리스도인들이 이미 사회적으로 안정된 생활을 누렸음을 시사할 뿐 아니라, 이 시기의 박해가 종교적인 목적으로 이루어졌다고 보기 힘듦을 시사하기 때문이다.[205]

칙령 반포 이후 행해진 박해는 여러 지역 교회에 큰 희생과 타격을 안겨주었다. 알렉산드리아 교회의 주교와 사제뿐 아니라 북아프리카의 주교였던 치프리아누스의 희생을 불러왔다.[206] 카르타고 교회와 로마 교회, 예루살렘 교회의 팔레스타인 지역 및 스페인 교회에서도 수많은 박해와 순교가 이어졌다. 이러한 박해는 발레리아누스가 260년 에뎃사Edessa 근처에서 포로로 잡혀 죽으면서 막을 내렸다. 그리스도교 신자들은 이를 하느님의 처벌이라고 받아들였다.[207]

발레리아누스 황제와 공동 통치를 했던 그의 아들 갈리에누스Gallienus는 발레리아누스가 죽은 후 종교정책을 급선회했다. 그는 260년에 반그리스도교적인 조치를 중단하고 몰수했던 교회 재산을 돌려주라는 칙령을 반포했다. 이로써 그리스도교 교회는 자유로운 신앙생활 및 종교활동을 보장받았을 뿐 아니라 교회의 재산도 공식적으로 인정받는 단계로 접어들었다.

이런 배경에서 에우세비우스는 일반적으로 갈리에누스Gallienus부터 카리누스Carinus까지의 시기를 교회가 번성하던 시기로 묘사한다. 교회 출석률은 새롭고 더 큰 교회를 지어야 할 정도로 증가했고, 카에사리우스 도로테우스Caesarius Dorotheus와 고르고니우스Gorgonius의 예에서 볼 수 있듯이 그리스도인들이 황실에서 공개적으로 신앙을 고백할 수 있었다.

디오클레티아누스 황제의 '대박해'

갈리에누스의 칙령으로 교회가 누렸던 평화는 40여 년간 이어졌다. 그러나 303년에 이르러 교회는 디오클레티아누스Gaius Aurelius Valerius Diocletianus(244~311) 황제에 의한 광범위하고 잔인한 박해에 직면하게 된다. 로마 전 영역에 발효된 칙령을 통해 이루어진 박해는 교회 건물과 사제 및 성경을 모두 없애려는 집요한 의도를 드러냈다.

284년 디오클레티아누스 황제는 로마를 4개 영역으로 나누어 4인이 통치하는 사두정치四頭政治를 시작한다. 이는 로마제국의 통치력을 완전히 재건하기 위한 조치로 볼 수 있다.[208] 그는 우선 어린 시절 친구였던 막시미아누스Maximianus를 서로마제국의 통치자(아우구스투스)로 임명하고, 이후 콘스탄티우스 (1세) 클로루스Constantius I Chlorus에게 갈리아 및 브리튼Briton의 카에사르(즉, 부황제)를, 갈레리우스는 판노니아Pannonia와 모에시아Moesia, 트라키아Thracia와 일리리아Illyria의 카에사르를 맡겼다. 이 세 황제들 중 갈레리우스만 그리스도교에 대해 적개심을 품은 듯했다. 디오클레티아누스의 아내 프리스카Prisca와 딸 발레리아Valeria는 그리스도인이었다.[209]

디오클레티아누스 황제 시기에 일어난 종교를 향한 박해는 마니교 박해로부터 시작되었다.[210] 마니교는 3세기 초반부터 활성화되어 3세기 후반에 이르면 지중해 연안 대부분 지역에 자리를 잡는 교세 확장을 이루며 로마 정부의 경계 대상 명단에 올랐다. 그렇지만 박해의 뿌리는 처음부터 로마의 다신적 종교 양상에 동화하지 않으며 적극적으로 선교를 펼치는 그리스도교를 향하고 있었다고 말할 수 있다.[211]

한편, 마니교를 탄압하는 법령은 302년 3월 31일 반포되었다. 이 법령은 로마 종교에 이의를 제기하는 행위를 불허한다는 원칙을 천명했는데, 이 원칙은 이후 그리스도교를 향한 박해에 있어서도 그대로 적용되었다. 또한 마니교를 박해하면서 사용된 처벌 수위는 그리스도교를 향한 박해에서도 유지되었다. 황제의 법령은 마니교 성직자를 화형에 처하고 경전을 불태우며, 신앙을 추종하는 이들을 참수하고 그들의 재산을 몰수할 것을 명령했다.

그리스도교를 향한 박해는 황실이 주관한 희생제에서 로마누스Romanus라는 그리스도인이 큰 소리로 거짓된 신을 숭배하지 말라고 외치면서 시작되었다. 이 사건은 로마누스의 혀를 자르고 때려죽이는 것으로 그치지 않고, 그리스도인을 향한 광범위하고 지속적인 박해의 문을 열었다. 황제는 그리스도인들이 너무 많아져서 로마 종교를 통한 로마 시민의 일치가 이루어지지 않는다고 판단하고 박해를 개시했다. 박해는 황제가 선포한 네 개의 칙령과 더불어 진행되었다.[212]

순차적으로 반포된 네 개의 칙령은 점차 범위와 강도를 상승시키며 교회에 심각한 타격을 주었다. 첫 번째 칙령은 303년 2월에 반포되었는데, 신도시로 개발된 니코메디아Nicomedia에 있는 모든 교회를 파괴하고 성경을 불태우며 재산을 몰수하라는 명령을 내린 다음 날이었다. 칙령은 이러한 명령에서 한 걸음 더 나아가 제국 전역에 걸쳐 그리스도교 성전을 파괴하고 그리스도인들의 집회를 금지했을 뿐 아니라 법적 권리를 박탈했다. 또한 이 칙령은 모든 그리스도인들이 지닌 계급-원로원의 의원이나 기사를 포함-을 박탈하고 해방된 노예를 다시 노예로 복귀시킨다는 내용을 담고 있다.

그 결과 제국 전역에서 교회와 경전이 불타고, 관리들은 충성을 증명하기 위해 그리스도인을 처형했다. 로마 상류층이라 하더라도 그리스도인이라고 고백하면 공직과 공적 명예를 잃고 고문을 당하며 법적 지위를 상실했다.[213] 에우세비우스의 기록에 따르면, 당시 박해가 비교적 덜했던 곳은 콘스탄티우스 클로루스가 다스리던 지역이었다.

이어진 두 번째 칙령은 니코메디아의 황궁이 불탄 이후 303년 여름에 반포되었다.[214] 이 칙령에 따라 모든 주교와 사제를 체포하라는 명령이 발효되었다. 세 번째 칙령은 303년 11월에 체포된 사제 중 로마의 신들에게 제물을 바치는 것에 동의한 사제를 풀어준다는 내용을 담았다. 이 칙령에 따라 많은 사제들이 풀려났지만 소수의 사제는 이 제안을 거부하고 죽음을 맞이했다. 마지막 칙령은 로마의 모든 시민들이 로마의 신에게 제사를 드려야 한다는 내용을 담았다. 이 명령을 어기는 이는 현장에서 처형되었다.[215]

이처럼 수많은 경우에 적용된 처형은 그리스도교인들에게 국한된 것은 아니었다. 디오클레티아누스 황제는 자신의 정책으로 인해 급등한 물가를 해결하는 과정에서도 사형을 강행했다. 부족한 세수를 메꾸기 위해 발행한 화폐로 인해 엄청난 인플레이션이 일어나자, 황제는 최고 가격을 동결하고 이를 어기는 상인과 소비자 모두를 사형에 처하는 정책을 전개했다.

이 지점에서 황제의 이름으로 반포된 칙령이 사두四頭 체제로 통치되던 로마의 모든 영역에서 실제로 실행되었는지를 물을 수 있다. 일부 학자에 따르면 박해는 막센티우스Maxentius와 콘스탄티우스의 영역, 즉 서부 영역에서는 306년에 종식되었고, 갈레리우스는 311년에 박해를 중단했다. 또한 박해 기간 동안 박해의 정도와 교회에 미친 영향도 지역마다 달랐다. 성경을 박해자에게 넘겨주는 문제를 두고, 많은 순교 사제와 배교자들이 나왔다. 카르타고의 교회는 심각한 박해와 많은 순교자를 기록했다. 소아시아의 아르메니아Armenia 지방과 시리아, 안티오키아 등에서도 피해는 매우 컸다.[216]

한편, 네 차례의 칙령이 비슷한 강도의 박해를 일으켰거나, 또는 점점 강도가 강해지는 흐름을 보였다고 말할 수는 없다. 학자들은 첫 번째 칙령이 가장 강력하게 추진되고, 가장 큰 타격을 입혔다고 본다. 브리튼과 갈리아 지역, 곧 콘스탄티우스가 관할하던 지역에서는 교회 건물 파괴만 있었다고 보고된다. 그러나 학자들은 이 기록이 콘스틴티우스 황제를 옹호하는 에우세비우스가 그의 아버지였던 콘스탄티우스를 변호하기 위한 의도를 가졌다고 본다. 이러한 의견에 일말의 근거가 있다고 보이지만, 그보다는 콘스탄티우스와 막센티우스가 보기에 그리스도교 탄압 정책은 그들에게 공동의 적인 갈레리우스의 정책으로 간주되었기에 박해에 적극적으로 참여하지 않았다는 곤잘레스의 의견이 더 큰 설득력을 갖는다.[217]

박해가 심했던 지역은 갈레리우스와 막시미누스가 관할하는 영역이었다고 보인다. 특히 막시미누스는 가장 늦게까지 박해를 지속했다. 그는 다른 지역에서 박해가 거의 종료된 306년에 모든 시민에게 로마의 신을 향해 제사를 지내라는 명령을 내리고, 군인이 호명하면 한 사람씩 앞으로 나아가 희생 제물을 바치도록 했다. 이때 많은 그리스도인이 순교보다는 희생 제물 봉헌을 택했다고 전해진다.[218]

평신도뿐 아니라 사제와 주교까지 참여했던 이러한 희생 제물 봉헌은 그 지역의 신학이나 신앙이 느슨해진 결과라고 말하기 어렵다. 그보다는 이 지역에서만 계속 강하게 유지되었던 매우 잔인한 고문과 박해를 감안하여 이를 이해할 필요가 있다. 더 나아가 이미 교회 안에 널리 퍼진 치프리아누스의 순교 관련 글들이 죽음보다는 살아남아 신앙을 지키려는 자세를 불러왔다고 말할 수 있다.[219]

밀라노 관용령寬容令과 계속되는 박해

이와 같이 오랜 기간 동안 철저하게 진행된 박해로 그리스도교를 소멸시키려는 모든 시도는 실패로 돌아갔다. 박해의 전환점은 사두정치 체제가 무너지면서 나타났다고 말할 수 있다. 이제 네 명의 황제를 대신하여 일곱 명의 황제들이 로마제국을 분할 통치하면서 이들 간의 갈등이 로마제국의 동요를 가져왔다. 콘스탄티누스Constantinus는 이러한 혼란기에 적대자들을 한 명씩 물리치며 내전을 종식시키고, 제국의 단독 황제로 등극한다. 이 과정에서 박해가 사라지고 교회는 안정된 길을 넘어 제국의 교회로 탈바꿈하게 된다.

이러한 전환의 변곡점은 갈레리우스의 병환과 사망으로 볼 수 있다.[220] 어떠한 이유에서인지[221] 그는 아래의 내용을 담은 칙령을 311년 4월 30일에 반포하였고, 이로써 그의 관할 영역에서 박해는 종식되었다.

> 우리는 이제까지 제국의 번영을 위해 반포한 모든 법들을 통하여 로마인들의 전통과 질서를 복구하고자 했다. 우리들은 특별히 자기들의 선조와 신앙을 저버린 그리스도교 신자들이 진리로 돌아오기를 바라고 있었다. … 황제의 칙령이 반포된 후 많은 이들이 생명을 구하기 위해 이에 복종했으며, 몇몇은 처벌받는 길을 택했다. 그러나 아직도 자기들의 고집을 꺾지 않는 자들이 있는데, 이들은 신들을 예배하거나 섬기지 않으며, 자기들 자신의 신도 숭배하지 않았다. 따라서 만인들을 위한 자비의 눈으로 볼 때 이들을 사면하고 이들이 공공질서를 해치지 않는 한, 다시 한번 그들이 그리스도인들이 되도록 허용하고 자기들끼리 집회할 수 있도록 허용하는 것이 옳을 듯하다. … 이러

한 은혜에 보답하여 그리스도교 신자들은 제국이 번영을 누리고 자기들 스스로가 평안하게 그 생명을 보존할 수 있도록, 우리들과 공공복리와 자기 자신들을 위해 자기들의 신에게 기도해야 한다.[222]

이 칙령은 갈레리우스, 리키니우스, 콘스탄티누스의 이름으로만 발표되었고, 막시미누스 다이아Maximinus Daia는 박해를 계속 전개하고 있었다.[223] 그러나 전반적으로 이 박해가 교회에 미친 영향은 크지 않았다고 보인다. 이 과정을 거치며 로마제국에서 박해가 종료된 시점은 312년 10월 28일 밀비우스Milvius 다리에서 일어난 전투에서 콘스탄티누스가 막센티우스를 사살한 때이다. 이로써 콘스탄티누스는 서방 제국 전체에 대한 통제권을 얻었고, 이어서 동방의 아우구스투스였던 리키니우스를 밀라노에서 만나 협정을 맺고 그 내용을 비티니아Bithynia의 총독에게 보내는 편지에 담았다. 편지 형식으로 보내진 이 문건은 황제 단독 또는 공동 명의로 반포된 칙령과는 분명히 다른 문건이다. 흔히 밀라노 칙령으로 알려진 문헌이 바로 이것이다.[224]

나 콘스탄티누스 황제와 나 리키니우스 황제는 제국의 부귀와 안녕에 관하여 논의하기 위해 밀라노에서 기쁘게 만났다. 우리는 종교와 하느님 숭배 의식에 관하여 우선적으로 논의하기로 결정했다. 왜냐하면 우리의 결정이 여러모로 사람들에게 큰 도움이 될 것이기 때문이다.
우리는 그리스도인들과 다른 모든 사람에게 자신들이 선택한 종교를 따를 자유를 주기로 결정한다. 이것은 하늘에 계시는 하느님께서 우리 자신뿐 아니라 우리가 다스리는 모든 사람에게 복과 은혜를 내리게 하려는 것이다.
그러므로 우리는 그리스도인들이나 다른 종교를 믿는 사람들에게도 완전한 자유를 주는 것이 정당하고 합리적이라고 판단했다. 그래야 우리가 깊은 경의를 표하는 그리스도교의 하느님께서 우리에게 변함없는 호의와 은혜를 내려주실 것이다. 따라서 우리는 그리스도인들에 관해 그대(총독)에게 내린 모든 규정을 철폐하는 바이다. 전에 내린 규정들은 우리의 너그러움에 반대되므로, 그것들을 폐지하는 것이 우리의 뜻이며 의지라는 것을 알아주기 바란다. 이제부터 그리스도교를 믿는 사람은 모두 완전히 자유롭게 믿을 수 있으며, 어떤 방식으로든 방해받거나 괴롭힘을 당하는 일이 없을 것이다.[225]

밀라노 관용령이 반포된 후, 콘스탄티누스는 그리스도인들에게 배상을 확대하는 법령을 발표했다. 그리스도인이라는 이유로 특별한 지역사회에서 봉사의 의무를 지고 있는 신자들은 그 의무에서 벗어나게 되었다. 또한 광산이나 방적공장이나 직조공장에서 강제 노동을 당한 사람들, 노예가 되거나 투옥된 사람들에게는 자유가 주어졌다. 법적 지위를 잃은 사람은 그 지위가 회복되었다. 순교자의 재산은 정당한 상속인에게 회복되거나 상속인이 없으면 교회에 넘겨졌다. 그리스도교인들로부터 몰수한 재산이 다른 사람의 소유가 되었더라도 원 주인에게 되돌아갔다.[226]

로마제국 밖의 그리스도교 박해

그리스도인을 향한 박해는 로마제국 밖에서도 일어났다. 특히 조로아스티교가 등장한 이후 박해가 거세게 일어났다. 고드족에 대한 고트족의 박해는 비그리스도인 고트족이 그리스도인 고트족을 로마의 친구로 보았던 까닭에 발생했다. 사산Sasan 왕조가 행했던 박해도 이와 유사하게 정치적이거나 군사적 대결의 한 부분으로 일어났다. 사산 왕조의 경우, 바람Bahram 2세(276~293) 통치 시기에 소수의 종교를 탄압하는 과정에서 마니교와 그리스도교가 박해를 받았으나, 콘스탄티누스가 개종한 이후 다시 그리스도인을 향한 박해가 가해졌다. 샤푸르Shapur 2세(309~379) 통치 시기의 소위 '대박해'로 불리는 사건은 340년부터 약 40년간 지속되었다. 이 박해는 교회를 붕괴시키기 위한 목적으로 대부분 사제와 교회 지도자들을 표적으로 삼아 전개되었다. 이에 콘스탄티누스가 특별히 편지를 보내 그리스도인들을 향한 박해를 중단해줄 것을 요청하기도 했다. 사산 왕조에서 그리스도교를 향한 박해가 중단된 것은 야즈데게르드Yazdegerd 1세(재위 399~420/421)가 410년에 반포한 관용령을 통해서 이루어졌다.[227] 그러나 밀라노 관용령과는 달리 이 지역에서 그리스도인을 향한 박해는 이후에도 단속적斷續的으로 일어났다고 보인다.

로마보다 더 이른 시기에 그리스도교를 공인했던 아르메니아에서는 4세기에 박해가 일어났다. 이는 이 지역에 사산 왕조의 영향이 미쳤음을 의미하는데, 정부는 시민들에게 그리스도교를 버리고 조로아스터교로 개종할 것을 강요했고, 이 과정에서 사제들에 대한 박해가 이루어졌다.

소결

이상의 내용을 통해 로마제국시대의 그리스도교 교회의 탄생과 그 이후 국가 종교로서의 역할 중, 특히 박해의 역사를 중점으로 다루었다. 누가, 왜, 언제, 어디서, 누구를 향해, 어느 정도의 기간 동안, 그리고 얼마나 광범위한 영역에서 박해가 전개되었는가? 이러한 질문을 출발점으로, 그리스도교 역사에서의 심각한 박해와 순교에 관한 서술이 그리스도교 역사가들에 의해 일부 가공되었을 가능성과 그 주장의 타당성을 검토하였다. 또한 순교에 대한 교부들의 가르침이 어떤 사상적, 사회적, 교회적 배경에서 나타났는지를 검토하며, 이를 통해 순교에 대한 포괄적인 이해를 구축하려 하였다.

박해의 다양한 배경을 탐구한 두 개의 글에서는 종교 집단 간의 갈등, 사회 분란의 해결 수단, 또는 사회정치적 문제의 일환으로서 그리스도교가 인식되며 발생한 박해가 드러났다. 박해와 순교는 때로는 소규모로 특정 지역에서 발생하였고, 때로는 긴 기간 동안 넓은 지역에서 많은 사람들이 희생되었다.

순교에 관한 기록들이 후대에 가공되었을 가능성이 있고, 순교자와 배교자의 명단이 역사적 진실성을 보장하지 못할지라도, 박해가 실제로 발생했고, 수많은 신앙인들의 피가 교회를 지탱하고 성장시켰다는 점은 분명했다. 박해를 피하거나, 무너진 교회를 재건하는 데 기여한 신앙인들 역시 포함되며, 이들 모두가 성령에 의해 이끌려 교회를 더욱 단단하고 순수하게 만드는 과정에 참여했다고 인정하였다.

박해의 역사에서는 그리스도인들 간의 갈등, 이단과의 만남, 이방종교나 사상과의 조우遭遇 등이 엮여 있었다. 이 모든 과정이 결합하여 우리가 현재 고백하는 신앙의 전체적인 그림을 만들었으며, 이러한 지평에서 한국 교회가 경험한 박해와 순교 역시 바라볼 수 있다. 두 가지 상황을 비교했을 때, 눈에 띄는 공통점은 수많은 신앙인들이 불굴의 열정으로 신앙을 지키는 과정에서 형성된 공동체의 결속과 열기였다. 성사와 말씀을 통해 양육되는 교회 내에서, 하느님과의 만남은 상상조차 힘든 고통과 공포 속에서도 하느님의 손을 놓지 않는 힘으로 이어졌다.

4_ 배교자의 재입교를 둘러싼 논쟁

전통적인 순교의 정의를 따를 때, 박해가 없는 순교는 없다. 그러나 박해가 순교자만을 남긴다고 말할 수 없다. 그보다 훨씬 많은 수의 배교자와 박해를 견디고 살아남은 자들이 박해가 지나간 자리에 남기 때문이다. 이러한 배교자를 수용하는 문제는 사목에서 큰 비중을 차지하며 교회사의 한 자리를 차지했다.

한국 교회도 예외는 아니다. 「사천시노드교령」이나 1858년의 「사목서한」, 1887년 「관례집」 등에서 배교자를 수용하는 절차를 확인할 수 있다. 이 자료들에 나타난 배교자의 재입교 심의 기준과 절차는 각기 다른 양상을 보여준다. 그러나 죄를 인정하고 통회한 후 고해성사를 거쳐 교회 공동체로 합류한다는 공통 절차가 나타난다. 이러한 절차는 초기 교회부터 이어지는 전통을 드러낸다. 이 전통 안에서 배교자 수용은 증거자confessor와 순교자의 중재 능력을 전제했다.

순교자들의 전구轉求에 대한 믿음은 신지들의 신심과 교회 교도권의 가르침이 함께 작용한 결과였다.[228] 예수 사후 예루살렘 성전이 붕괴(70년)되고 예수 시대의 사도들과 신자들이 예수가 약속한 재림을 기다리다가 죽어가는 시기가 다가왔다. 교도권은 지연되는 종말을 설명하고 각종 이단들을 상대해야 하는 상황에 직면했다. 성경의 사도들은 종말을 여러 각도로 새롭게 해석하고 이단에 대처하며 난관을 극복했다.

임박한 종말에 대한 논쟁을 해결한 그리스도교 신앙은 유대교인과 유대계 그리스도인을 넘어 이방인들을 향한 활발한 선교로 이어졌다. 그런데 이처럼 선교 지역이 확대되면서 구원을 위해 율법 준수와 할례는 더 이상 중요한 기준으로 기능하지 못하기에 이르렀다. 이 상황에서 서로 다른 문화권에 두루 적용될 수 있는 교차점은 사도 회의(사도 15,19-21 참조)에서 제시되었다. 사도 회의 의결 내용의 대부분은 이후 신자임을 증명하는 행동 기준이 되었다. 그 기준은 우상에게 바쳐진 고기를 먹지 말라는 조항과 살인과 간음을 금하는 조항이었다. 이 중에서 우상에게 바쳐진 고기를 먹는 행위는 배교로 간주되었다. 이 내용이 박해, 배교, 재입교 및 순교자의 전구에 대한 믿음과 긴밀하게 연결된다.

박해시대 순교자 공경은 박해를 받았지만 죽지 않고 살아남은 자들에 대한 공경을 남겼다. 여기에서 신앙의 증거자에 대한 공경 현상도 신앙 때문에 죽은 순교자에 대한 공경과 일정한 연관을 갖게 되었다. 증거자는 박해의 과정에서 자신의 신앙을 포기했던 배교자들과는 달리 여러 어려움을 이겨내면서 자신의 신앙을 고백했지만 순교에까지는 이르지 않았던 사람들을 말한다. 신자들은 순교자와 함께 증거자들을 통한 전구를 기원하게 되었다.

순교자와 증거자가 지닌 전구의 힘은 죄를 용서하는 권한과 연결되며 박해시대에 교회 안에서 큰 힘을 발휘한다. 여러 차례의 박해 때마다 로마 정부의 박해에 굴복하여 배교한 후 다시 재입교하기를 희망하는 사람들이 있었다. 그들은 '불에 태운 제물을 바친 이들sacrificati', '향을 피운 이들thurificati', 매수나 개인적 친분관계로 '증서를 얻은 이들libellatici'들이었다. 교회는 재입교를 희망하는 배교자를 받아들이는 조건을 둘러싼 갈등을 맞이했다. 이 갈등이 순교자를 대신하는 증거자의 전구 권한으로 해결되었다. 여기서 순교와 순교자의 전구에 대한 당시 교회의 이해를 볼 수 있다.

당시 교회에서 설명한 순교는 세례와 밀접하게 연결되었다. 세례는 이전까지의 죄를 용서하고 구원으로 이끄는 예식이었다. 이에 비하여, 순교는 제2의 세례로써 자신의 죄를 씻어줄 뿐만 아니라 교회 구성원의 죄를 씻어준다는 설명이 제시되었다. 이로써 순교자에게 죄의 용서를 전구하는 길이 열리게 된다. 이처럼 순교자에게 전구하는 행위는 순교하지 못했지만 신앙 때문에 고통에 처했던 증거자에게 중재의 권한이 있다는 교회의 해석으로 이어졌다. 하느님 이외에는 아무도 죄를 용서할 수 없다면 그리스도와 결합하여 그들 자신 안에서 말하는 성령을 통하여 은사를 받은 순교자와 증거자들이 죄를 용서하고 죄인들을 교회 공동체로 다시 받아들일 수 있다는 이해가 제시되었다. 이로써 순교자와 증거자는 전적으로 공동체를 위한 대원자代願者가 되었다.[229]

한편, 배교자를 받아들이는 과정은 박해의 그림자로 이해할 수 있다. 이 그림자는 박해가 일어난 배경 및 박해의 특성뿐 아니라 박해받는 교회의 신학을 아우른다. 이 그림자를 살펴볼 때 그림자의 실체인 순교와 교회 공동체의 의미를 보다 깊이 이해할 수 있는 길이 나타난다. 따라서 배교자에 접근하는 질문은 배교의 원인보다는 배교자를 바라보는 당대의 시선과 배교자를 교회 공동체로 다시 받아들이는 절차 안에 담긴 교회의 자기 이해라고 말할 수 있다. 이에 입각하여, 이 글에서는 지금까지 살펴본 박해와 순교의 연장선에서 데키우스 황제 시기의 박해를 중심으로 카르타고 교회에서 일어난 논쟁에 집중하려 한다.[230]

초기 교회에서 배교자의 수용 문제는 데키우스 박해와 도나투스Donatus 논쟁이 일어난 시기에 뚜렷하게 부각된다. 이 시기는 각각 치프리아누스와 아우구스티누스라는 신학자의 활동 및 신학과 깊이 연결되어 이해될 수 있다. 그러나 지금까지의 글을 통해 4세기까지의 박해와 순교 이해를 살펴보았으므로, 이번 글에서는 순교와 배교자 입교에 관한 아우구스티누스의 입장은 살펴보지 않고, 카르타고 교회와 치프리아누스Thascius Caecilius Cyprianus(210~258)[231]를 중심으로 살펴보기로 한다.

데키우스 박해와 카르타고 교회

앞선 글에서 살펴본 바와 같이, 박해를 거치며 교회는 수많은 위기를 경험했지만, 박해가 교회에게 부정적인 결과만 안겨준 것은 아니다. 초기 교회에서 박해는 수많은 순교자를 출산했고, 순교를 기억하는 교회 공동체를 제련했다. 박해와 더불어 교회가 겪은 이단 논쟁은 그리스도인 됨의 의미를 증류하는 높은 온도로 작용했다.

박해시기의 입교는 전 존재를 건 결단을 의미했다. 신자가 되기 위해서 2~3년의 시간을 두고 교리를 배우며 자신의 선택을 검토하는 시간을 가졌다.[232] 이때 순교의 위험을 받아 안고 교회로 들어오게 하는 강력한 흡입력으로 작용한 것은 그리스도의 가르침만이 아니라 그 가르침을 살아가는 교회 공동체가 보여준 형제애였다. 이런 시각에서 볼 때 박해라는 뜨거운 열기가 순수한 신앙적 결단으로 응집된 공동체로서의 교회를 증류했다고 말할 수 있다.

또한 박해는 교회로 들어오는 길을 비춰주기도 했다. 박해를 견디며 죽어가는 순교자들의 모습은 순교자들을 향한 많은 소문을 잠재우고 신앙이 불러일으키는 용기와 로마 정부의 잔인함을 폭로했다. 같은 시대 사람들은 신앙을 위해 자신을 희생하는 그리스도인을 보며 교회의 존재를 인식했고, 그들의 생활상에 관심을 갖고 교회로 발을 돌리기도 했다. 그 대표적인 예로 카르타고 교회의 주교로 활약했던 교부 테르툴리아누스(155~220)를 꼽을 수 있다.[233]

그런데 앞서 살펴본 바와 같이, 그리스도인을 향한 박해는 다양한 양상으로 전개되었다. 또한 박해가 빈틈없이 이어지지는 않았다. 이 때문에 박해가 없는 평화를 누리던 교회에게 닥친 박해는 이전과 다른 결과를 남겼다. 박해라는 도전을 대처할 준비가 없던 교회에게 박해는 순교로 연결되는 일방통로로 인식되지 않았다. 특히 배교자를 양산하기 위해 기획된 데키우스 황제의 박해를 겪는 과정에서 이전과 다른 신앙인의 대처 자세가 드러났다.

데키우스가 박해를 전개했던 시기(249~251)의 로마는 제국을 넘보는 야만족들의 잦은 침입과 경제위기를 헤쳐가고 있었다. 데키우스의 박해는 옛 종교를 회복시켜 로마인을 결속시키고 신들의 보호를 받기 위해 실시되었다고 말할 수 있다. 이러한 견지에서 신을 숭배하지 않고 희생 제물을 바치지 않는 유대교인과 그리스도인은 결과적

으로 박해의 표적이 되었다.[234]

그러나 데키우스는 로마 역사에서 이뤄진 박해가 교회를 붕괴시키지 못했고 오히려 성장시켰던 점을 기억했다. 이 때문에 데키우스의 박해는 목격자를 감동시키는 순교자를 탄생시키는 박해가 아니라, 그리스도인 스스로 신앙을 버리는 모습을 보여주려는 의도를 갖고 시작되었다.[235] 데키우스의 요청은 로마 시민을 향했기에, 그의 박해는 로마인으로서의 신분이 보장된 그리스도인의 선택을 강요했다. 로마 정부는 그리스도인을 색출하여 처형하기보다는 그들을 체포한 후 각종 방법으로 회유하고 협박과 고문을 통해 신앙을 부인하는 지점으로 신자들을 몰아가는 정책을 전개했다. 박해는 조직적으로 그리고 로마 통치 지역 전역에서 이루어졌다.[236]

이러한 상황에서, 순교를 대비하며 신앙을 다져갔던 이전 세대에 비해, 이 시기의 많은 로마 시민 그리스도인은 순교를 피해 나갔다. 물론 순교를 선택하거나 박해를 피하지 않고 견디어낸 이들도 있었다. 그 결과, 박해가 지나간 자리에는 순교자와 배교자, 증거자 등의 다양한 신앙인의 자리가 나타났다. 이러한 양상은 특히 신앙을 저버린 행태가 다양하게 표출되었다는 점에서, 박해의 파도가 지나간 이후의 교회가 새로운 문제에 직면했음을 의미했다.

데키우스의 박해는 종교적 배타주의를 겨냥했고, 이에 따라 그리스도교 교회의 주교들이 박해의 표적이 되었다. 그 결과, 알렉산드리아 교회의 디오니시우스가 쫓겨났고, 로마 교회의 파비아누스는 감옥에서 순교했으며, 카르타고 교회의 치프리아누스는 추방되었다.[237] 이처럼 데키우스의 박해는 전 교회에 영향을 미쳤지만, 카르타고 교회의 경우 다른 교회와는 다른 흔적을 남겼다. 그 특징의 기저에는 카르타고 지역에서 전개된 박해의 특징이 자리 잡고 있다. 카르타고 지역의 집정관은 데키우스 이전에 일어난 박해, 곧 세베루스 왕조 시기의 박해에서도 신성모독죄와 반역죄를 적용하여 그리스도인을 수시로 법정에 끌고 가 고문을 했다. 이러한 상황은 같은 시대에 이집트 교회가 당했던 완만한 박해나 교회 지도자를 추방하는 선에서 그쳤던 알렉산드리아 교회의 상황과 대조를 이룬다.[238]

카르타고 교회의 배교자 논쟁을 이해하는 데 있어서 카르타고 지역에서 강요된 배교가 공개적인 장소에서 이뤄졌다는 점에 주목할 수 있다. 로마 정부는 도시 한가운데 위치한 신전 앞 장소에서 다섯 명의 관리가 지켜보는 가운데 그리스도인에게 희생 제물을 바치라고 요구했다. 이는 어느 누가 희생 제물을 바쳤는지를 모두가 볼 수 있음을 의미한다. 신자들은 다양한 방식으로 배교하며 생명을 이어갔다. 많은 그리스도인이 기꺼이 '희생 제물을 바쳤다sacrificati, lapsi'. 그러나 제물을 바치지 않고 '향만 피우는 사람furificati'이나 뇌물을 주고 '희생증명서를 받아낸 사람libellatici', '박해를 견디어낸 사람stantes' 또는 박해를 피해 다른 지역으로 피신한 사람도 나타났다.

다른 지역에 비해 신자들의 처신을 확인하기 쉬웠던 카르타고 교회에게 이와 같이 다양한 신자들의 행태를 어떻게 받아들일지는 매우 중대한 사안으로 다가왔다. 희생 제물을 기꺼이 바친 배교자나 타락자, 박해를 견딘 자, 증거자confessores,[239] 순교자martyres 등의 다양한 층위를 결합하여 교회를 재건하는 일이 시급했기 때문이다.

한편, 카르타고 교회는 상당히 긴밀한 결속력을 보여준 교회로 성장했다. 이들은 사유재산을 포기하고 공동소유를 이뤄내지는 않았지만, 사유재산의 일부를 기꺼이 교회에 헌납하여 공동기금을 마련했다. 이 기금은 공동체의 이름으로, 성직자의 급여나 가난한 이들의 부양 또는 감옥에 갇힌 이들의 지원을 위해 지출되었다. 또한 카르타고 교회는 평신도의 위상이 높아서 주교 선출을 위한 투표나 성직자 임명과 해임 과정에 영향력을 크게 발휘하고 있었다.[240]

이처럼 훌륭한 모습을 유지했던 카르타고 교회가 데키우스 박해에 취약했던 이유는 많은 교인들의 안정된 삶이 로마의 경제에 의존했다는 데서 찾을 수 있다. 로마의 고위층이었던 신자들만이 아니라 사제와 가난한 이들을 제외한 대부분의 신자들이 로마 정부와 자신의 삶을 분리할 수 없는 처지에서 생활했기 때문이다.[241]

데키우스의 박해가 일어났을 때 카르타고 교회 구성원이 대응할 수 있는 자유도는 사회적 신분에 따라 달랐다. 부자들은 부동산을 포기하고 다른 지역으로 망명 생활을 하며 다른 형태의 사업을 통해 생활을 유지할 수 있었다. 또는 벌금에 해당하는 비용을 지불하고 제사에 불참함으로써 신앙을 지키는 동시에 박해로부터 피해 갈 수 있었다.[242] 이에 비해 가난한 이들은 난민 생활로의 전락을 의미하는 자발적 망명을 할 수 없었고, 증명서를 구매할 경제적 여력도 없었기에, 최대한 그리스도인임을 감추며 정부의 감시망을 피하려 했다.[243] 이처럼 박해가 신자들에게 미친 영향은 그가 실제로 속한 사회적 계급에 따라 다르게 나타났다. 그에 따라 박해를 거치며 교회 안에는 다양한 양상을 해석하고 평가할 기준과 정의에 대한 필요성이 대두되었다.

한편, 카르타고 교회가 갖는 이러한 특성은 로마가 지녔던 신분 간 구별과 맞물리며 교회 내 보이지 않는 선을 그려가고 있었다. 이 선을 둘러싸고 주교와 감독직의 자격과 권한, 의무, 권위 등에 대해 미묘한 신경전이 일었으며, 특히 배교자를 받아들이는 문제에서 갈등이 선명하게 표출되었다. 특히 아프리카 지역의 로마 주요 도시의 주교를 겸임하는 카르타고 주교와 감독을 둘러싼 마찰이 끊임없이 일어났다.

배교자 수용을 둘러싼 카르타고 교회의 분열

카르타고 교회는 주교와 신부presbyter,[244] 부제deacon, 차부제次副祭, 복사, 성경을 봉독하던 독서자 등으로 구분된 체계를 갖추고 있었다. 평신도는 교회의 지원을 받는 과부와 빈곤층뿐 아니라, 재산은 유지하지만 수도자와 같이 결혼을 삼가는 여성들, 예비 신자, 참회자 등으로 구분되었다. 이러한 상황에서 부유하고 훌륭한 교육을 받은 로마 시민이었던 치프리아누스는 248년 하급 성직자를 거치지 않고 투표를 통해 주교로 선출되었다.[245]

치프리아누스의 주교 선출은 그가 세례를 받은 지 2년 만에 일어난 일이었고, 곧 이은 249년 12월 데키우스의 박해가 일어났다. 치프리아누스는 자발적 망명을 택했다.[246] 그러나 그는 유배 기간 동안에도 교회의 사제나 부제들이 감옥에 갇혀 있는 신자들을 방문하고 돌보도록 조치했으며, 순교자들의 시신을 수습하고 매장하는 일도 맡겼다.[247]

교회 내부에서는 이를 둘러싼 불만이 터져나왔다. 특히 치프리아누스의 주교 임명을 반대했던 장로들은 로마 교회의 움직임을 따라[248] 치프리아누스의 영향력을 배제하고 자신들의 결정을 통해 교회를 이끌어가기로 했다. 이때 그들이 강조했던 내용은 증거자들의 영적 자원이었다.

당시 교회에는 순교자들의 전구에 대한 신심이 크게 번져 있었다. 박해를 받으며 순교하기를 기다리는 사람들은 평화의 편지를 써주어, 그 안에 담긴 이름에 대해서 하느님의 용서를 전구하겠다는 의사를 밝히는 경우가 생겼다.[249] 심지어 순교하기 전에 다른 이(박해에서 살아남아서 증거자가 된 이)에게 자신의 이름으로 평화의 편지를 계속 쓸 수 있는 권한을 주기도 했다. 이 때문에 죽은 순교자들의 권한과 능력이 배교자를 용서하고 받아들이는 권한에 관한 주교의 권한에 큰 도전장을 내밀고 있었다.[250]

또한 순교하지 않고 박해를 견디며 살아남은 이들은 증거자로 불리며 배교자를 교회로 복귀시키는 권한을 주장하거나, 신자들로부터 위임받았다.[251] 증거자들은 순교자들의 대리인으로서 교회 안에 머물며 배교자들을 교회로 받아들이는 권한을 행사했다. 이러한 증거자들이 치프리아누스를 밀어내려던 장로와 결탁하며 교회의 분열이 급속히 전개되었다.

이에 치프리아누스는 회의를 소집하여 분열을 해결하려는 노력을 기울였다.[252] 이때 그는 증거자의 지위를 일방적으로 부정하기보다, 다소 완화된 입장에서 이를 수용하는 입장을 개진했다. 그는 '추락자 lapsi' 즉, '희생 제물을 바친 사람'의 교회 재입교를 금지하고, 증거자의 편지를 지닌 경우 죽음에 임박하여 재입교를 받을 수 있다는 기준을 제시했다.[253] 그러나 치프리아누스는 평화의 편지를 개인으로 국한하며, 심사 과정에 감독과 공동체의 조언을 반영하고, 주교의 최종 승인을 받기를 제안했다.[254]

카르타고 교회의 장로들은 이 제안을 거부했다.[255] 그들은 엄격한 심사 없이, 배교자나 신앙을 지키려 했던 사람의 구분 없이, 모두에게 심사 참여를 허용하며 교회를 위기로 몰아갔다.[256] 이러한 카르타고 교회의 분열은 로마의 박해를 피해 북아프리카로 피신한 신자들이 합세하며 더욱 복잡한 양상으로 전개되었다.[257]

당시 교회는 크게 세 가지 노선으로 갈라졌다. 그 하나는 치프리아누스의 노선이며, 다른 하나는 로마에서 건너온 노바티아누스Novatianus[258]의 노선이다. 마지막 하나는 로마의 감독이었던 코르넬리우스Cornelius[259]의 노선이다. 노바티아누스와 코르넬리우스는 모두 교회 구성원에 의해 감독으로 선출된 사람이지만, 배교자를 대하는 원칙에서 큰 입장 차이를 드러냈다. 전자는 신앙의 순수성을 강조하여 배교자를 영구적으로 배제하기를 주장한[260] 반면, 후자는 사랑의 용서를 강조하며 적절한 참회 후에 재입교를 허락해야 한다는 입장을 견지했다.

카르타고의 감독들이 치프리아누스의 입장을 거절하자 노바티아누스와 로마의 증거자들은 카르타고의 장로들에게 편지를 써서 '추락자'들을 받아들이는 행위는 교회의 반란을 의미한다고 주장했다.[261] 치프리아누스는 이러한 내용의 편지 사본을 카르타고와 아프리카 지역 교회에 배포하면서 유배 생활 중에도 교회의 일치를 일구려 노력했다.[262]

배교자 수용에 대한 치프리아누스 주교의 입장

치프리아누스는 유배를 마치고 252년 카르타고로 귀환하여 교회 일치와 재건을 위해 투신한다.[263] 그 첫 작업은 공동체를 신자와 배교자로 분명하게 구분하는 데 맞추어졌다. 그에 따르면, 증거자는 제국의 심문과 고문 및 추방을 견디어낸 사람, 자발적으로 재산을 버리고 피신한 사람 등을 모두 포함한다. 이에 비해 배교자 또는 추락자는 증명서 취득 여부나 강압 또는 자발인지 여부와 무관하게 희생 제물을 바친 사람들이 모두 포함된다.[264] 치프리아누스는 이들이 겸손한 회개를 통해 하느님의 용서와 교회의 평화를 구할 것을 요구하며, 이 과정 없이 교회로 받아들인 이들을 비난했다.[265]

카르타고의 주교이자 동시에 아프리카 내 주요 도시 교회의 주교로서 치프리아누스는 251년 봄 카르타고에서 주교 모임을 개최한다. 이 자리에서 주교들은 증명서를 발급받은 이들과 희생 제물을 실제로 바친 이들을 구분하는 방안을 결의했다. 이에 따르면, 전자는 참회[266]를 실천하는 경우 곧바로 성체를 영할 수 있고, 후자는 꾸준히 참회를 지속했을 경우 죽음이 임박했을 때 성찬에 참여할 수 있다. 이러한 결정은 수개월 후에 로마에서 개최된 이탈리아 주교회의에서도 반영되었다.[267]

배교자를 교회로 다시 받아들이는 절차를 둘러싼 논쟁은 이후로도 계속 지속되었다. 논쟁과 이를 둘러싼 교회 분열 양상은 점차 복잡해졌다.[268] 이러한 분열은 코르넬리우스가 로마에서 체포되어 감옥에 갇혀 있는 중에 치프리아누스의 정책에 따라 죽기 전에 회개한 배교자(희생 제물을 바친 자)에게 화해의 기회를 주는 안을 채택하며 일차적인 봉합을 이룰 수 있었다. 이러한 치프리아누스의 노선은 스페인 교회에도 권고되었다.[269]

치프리아누스의 정책과 반대자들의 입장은 서로 다른 신학 노선의 충돌로 볼 수 있다. 포르투나투스Fortunatus를 선도로 하는 '다소 완화된 노선'은 하늘에서 그리스도가 허락한 평화를 지상의 교회가 유보할 수 없다고 생각했다.[270] 이러한 견지에서 이들은 지상에서 속죄를 받기 위해 참회, 애도, 금식 등으로 하느님을 달래거나 공동체 앞에서 회개하는 과정이 필요없다고 주장했다. 이들이 권위를 인정한 점은 순교자들의 중보기도仲保祈禱였다. 순교자들이 생전에 보증했거나, 이들이 증거자에게 그 권한을 양도한 증거자들이 보증하는 배교자들이 교회의 관리나 도움 없이 성사를 비롯한 교회 생활에 참여할 수 있는 길은 이러한 신학적 입장 위에 열리게 되었다.

이러한 입장과 상극을 이루는 것은 노바티아누스를 중점으로 하는 '엄격주의자'들이었다. 이들은 세상과 교회의 차별성을 강조하며, 세례받을 때 맺은 약속을 강조했다. 이들은 다른 신을 섬기지 않겠다는 약속이 무너질 때 교회의 정체성과 성찬례의 의미가 훼손된다고 주장했다.[271] 이 주장은 인간이 하느님 앞에 지은 죄를 용서할 권한이 교회에게 주어지지 않았다는 이해를 반영하는 것이기도 하다. 이런 점에서 우상숭배로부터 교회를 지키려 했던 이들의 주장은 용서하시는 하느님을 가시적으로 보여주는 교회의 의미를 약화시키는 특징을 보여준다. 지상에서의 삶을 그리스도의 가르침에 따라 성실하게 살아가려는 이들의 태도는 교회 내에서 사회적 신분으로 인한 구분을 없애는 평등한 공동체를 실현하고, 순수한 거룩함을 드러내려는 노력으로 이어졌다.

치프리아누스의 입장은 이 양극을 중재하는 위치에 놓여 있다고 말할 수 있다. 엄격주의자들과 같이 치프리아누스는 회원 간의 평등한 공동체를 주장하면서, 배교자들이 전체 교회 앞에서 자신의 잘못을 인정하고 뉘우치는 과정이 필요하다는 입장을 견지했다. 이러한 절차를 거쳐 이뤄진 화해가 다시금 박해가 닥쳤을 때 교회가 무너지지 않을 성을 쌓는다고 보았기 때문이다.

한편, 죄를 용서하는 권한과 관련하여 볼 때 치프리아누스는 교회가 허락하는 화해가 하느님을 대신하는 용서의 권한이라고 보지는 않았음에 주목할 필요가 있다. 여기서 교회를 통해 이뤄진 화해는 죄가 용서되었다는 의미가 아니라 하늘나라에서 용서를 받기 위한 필수조건으로 제시되었기 때문이다. 치프리아누스는 구원을 보장하기보다 그리스도 앞에 나갈 수 있는 권리와 교회가 성인들과 함께 바치는 중보기도를 강조하며 교회가 지닌 우주적인 의미를 정의했다.

치프리아누스는 많은 양의 편지와 기록을 통해 교회의 상황과 자신의 입장을 분명하게 남겨두었다. 그 자료에 따르면, 치프리아누스는 환시를 경험하며 교회에 닥친 박해를 교회를 시험하고 바로잡기 위한 과정으로 보았음을 알 수 있다. 이러한 경험은 그로 하여금 금식과 회개의 기도를 강조하고 하느님께 용서를 구하는 입장을 견지하도록 이끌었다.[272]

치프리아누스는 순교자들이 그리스도께서 친히 그들 안에서 싸우시고 악을 정복한 교회의 영광이라고 선포했다.[273] 박해를 피하기 위해 도망쳤다는 온갖 비난에도 불구하고, 그는 망명 기간 동안 교회를 재건하는 동시에 교회의 순수함을 지키기 위해 최선의 노력을 다했다. 이러한 그의 노력은 다음 내용을 통해 확인할 수 있다.

> 그러므로 내가 충분히 알고 있는 당신의 사랑과 헌신에 의지하여, 나는 이 편지를 통해 종교 행정이 요구하는 문제에 대해 나를 대신하여 행동할 것을 권고하고 명령합니다. 가난한 사람들을 돌보는 일을 가능한 한 많이 그리고 가능한 한 많은 방법으로 계속하여, 흔들리지 않는 믿음으로 박해를 견디어내는 사람이 그리스도의 양떼를 버리지 않았다면, 당신의 부지런함으로 그들의 형벌을 덜어주는 비용을 공급할 수 있도록 노력하십시오. … 그리고 이들

중 많은 수가 형제들의 서원과 사랑으로 받아들여진 것을 알고 있지만, 그들이 아직 감옥에 있을 때 내가 전에 당신에게 편지를 썼던 것처럼 의복이나 경비가 부족한 사람이 남아 있다면, 그들이 성경의 가르침 권위에 따라 교회 규율이 요구하는 것을 가르치고 배운다면, 그들이 필요한 모든 것을 그들에게 공급하십시오. 그들이 겸손하고 평안하여 그들의 명성의 명예를 보존하고, 목소리로 영광스러운 사람들이 삶에서도 자신을 합당하게 만들어 모든 일에서 주님께 공로를 세우고 그분의 찬양의 완성과 함께 하늘의 면류관을 얻을 수 있도록 하십시오. … 교회의 형제자매 모두가 사도 바오로의 가르침도 따르게 하십시오. 바오로는 자주 반복되는 투옥과 채찍질과 짐승에게 노출된 후에도 온유하고 겸손하게 모든 것을 인내했으며, 셋째 하늘과 낙원 이후에도 자신을 자랑하지 않고 '우리가 누구의 떡도 그의 값으로 먹지 아니하고 밤낮으로 수고하고 고생하여 너희에게 아무 짐도 지우지 않으려 했다'고 말하였습니다.[274]

이처럼 열정적으로 교회를 돌보았던 치프리아누스에게 구원은 개인이 아닌 교회 공동체 전체에게 주어지는 선물로 받아들여졌고, 박해 또한 교회 전체를 단련시키는 과정으로 이해되었다.[275] 그 연장선에서 치프리아누스는 교회가 박해를 받는 동안 단련의 목적과 위배되는 행위, 곧 배교자들을 참회 없이 교회 성사 안으로 받아들이는 것을 용납할 수 없었다. 무엇보다 그는 교회를 분열시키고 회개의 의미를 무력화하려는 세력에 강한 분노를 표현하며, 전체로서의 교회가 갖는 통제권과 기도의 중요성을 부각시켰다.[276]

한편, 치프리아누스는 발레리아누스 박해의 초기 단계에 카르타고에서 다시 추방되고 1년 후인 258년 9월 14일 아프리카의 첫 주교 순교자로 이름을 새긴다. 그의 저술이 우리에게 들려주는 생생한 교회 이야기와 오해를 묵묵히 견디며 교회를 재건하려 했던 그의 노력은 배교를 이해하는 틀을 보여준다.

순교에 관한 치프리아누스의 존경심은 테르툴리아누스만큼 고조된 분위기를 보여주지 않는다. 그러나 순교자를 도덕적 모범으로 받아들이고, 이러한 모범을 받는 것이 죄의 완전한 용서로 이어진다는 점[277]에서 테르툴리아누스의 신학을 이어받았다고 볼 수 있다. 그럼에도 불구하고, 치프리아누스의 신학에서 진정한 용서는 하늘에서 이루어지며, 지상의 삶은 이러한 궁극적 용서를 받기 위한 준비 단계로 이해되었다는 점을 주목할 필요가 있다. 이는 교회가 배교자를 다시 받아들일 때, 그가 적당한 엄격함과 거리를 유지했던 이유를 설명해주는 대목이다.

이렇게 볼 때, 치프리아누스에게 배교는 가장 큰 죄였다. 이 때문에 목숨을 살리기 위해 순교를 적극적으로 피하라는 치프리아누스의 입장을 배교를 합리화하거나 관용적인 입장으로 이해해서는 안 된다. 배교는 교회의 신앙 정수를 붕괴시키고, 배교자에 대한 허술한 재입교 허용은 교회 공동체를 붕괴시키고 교란시킨다는 그의 판단이 박해시기의 교회를 지켜냈다고 말할 수 있다.

소결

이상에서 살펴본 바와 같이, 카르타고 교회를 중심으로 살펴본 배교자의 재입교 절차를 둘러싼 논쟁은 단순한 주교들 간의 세력 싸움으로 간주할 수 없다. 각각의 입장에는 교회의 역할과 권한 및 구원론의 주제가 얽혀 있기 때문이다. 배교자를 교회로 받아들이는 문제는 교회 안에 머물며 온갖 박해를 견디고 신앙을 지켜온 삶의 의미를 규정한다. 교회가 배교자에게 일정한 절차를 통한 죄의 반성과 고백 그리고 보속의 기간을 제시하는 것은 박해시기뿐 아니라 평화적인 시기에도 신앙공동체를 단결시키고 세상과 다른 교회의 특성을 지켜내기 위한 노력이라고 말할 수 있다. 이런 점에서, 치프리아누스를 중심으로 전개된 배교자 재입교 논의는 우리에게 시사하는 바가 크다.

초대 교회에서 살펴본 배교자나 증거자와 같은 다양한 신앙인의 모습은 한국 교회 역사에서 발견되는 배교자뿐 아니라 배교자를 대하던 선교사의 정책[278]을 이해하는 길을 제시한다. 그 틀은 선교사들의 정책에 깔린 교회와 사제의 역할 및 성사에 대한 관점을 보여주는 렌즈가 될 수도 있다. 배교의 그림자를 통해 신앙공동체의 의미와 죄를 용서하는 교회의 자리 그리고 교회 제도의 의미를 다시 한번 되돌아볼 수 있기를 희망하며 글을 마친다.

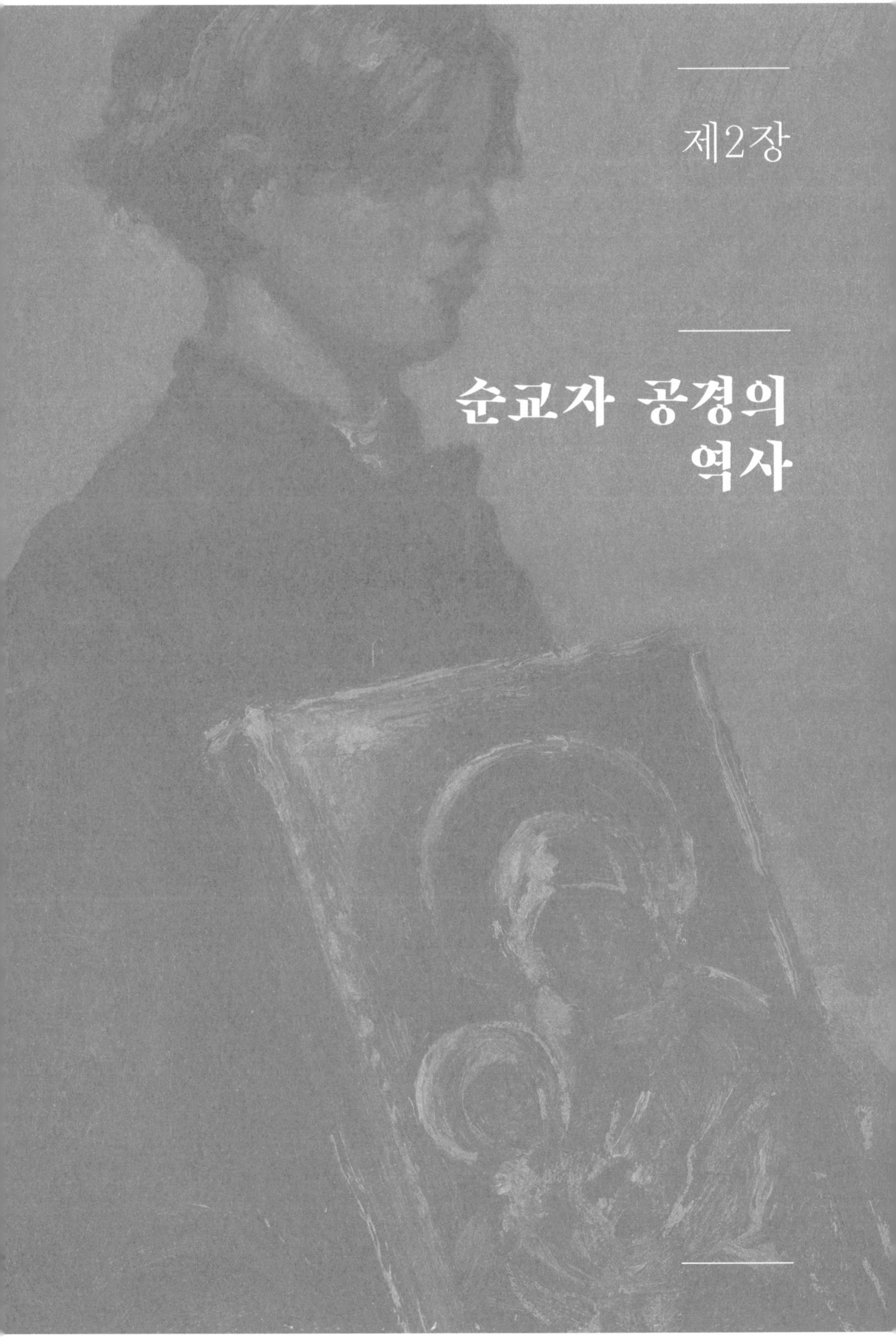

제2장

순교자 공경의 역사

순교자 공경의 역사

말도 많고 탈도 많은 순교자 공경과 대중신심

순교성월을 지내며 본당마다 성지순례를 떠난다. 산티아고 순례길에 비하자면 구체적인 인물과 사건에 대한 기억을 담은 우리네 순교는 출발부터 뭉클하고 묵직한 감정이 복받치는 순례이다. 역사를 아는 만큼 보고 느끼는 것도 많지만, 우리의 순례는 역사 탐험의 장에 머물지는 않는다. 순례는 궁극적으로 하느님께 더 가까이 다가가는 길을 걸어가는 기도이기 때문이다. 이런 시각에서 볼 때 최근 유행어처럼 사용되는 순례관광이라는 용어가 매우 낯설고 불편하게 다가온다. 더욱이 교회 내부에서조차 순례관광이라는 기치를 걸고 세미나를 주최하거나 외부 기관이 개최하는 행사에 참석하여 순례지를 관광자원으로 개발시키는 방안을 모색하는 현실은 순례 안에서 순교자들의 희망과 신앙 열정의 맥박을 느끼는 이들에게 이질감을 안겨

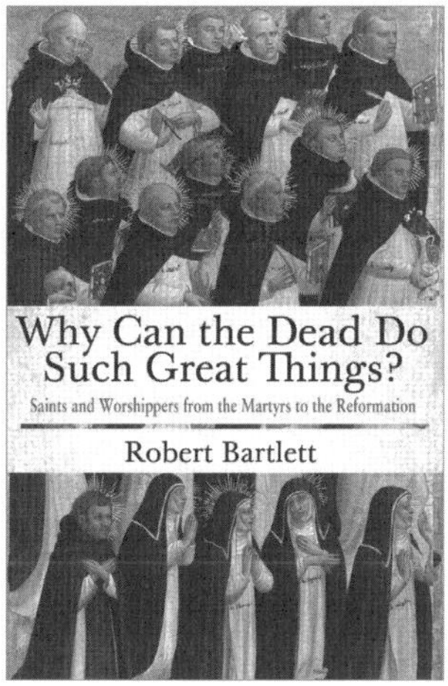

Robert Bartlett | *Why Can the Dead Do Such Great Things?*

준다.

순교자를 따르려는 신앙인의 열망은 초대 교회 시기부터 시작되어 교회가 전파된 다양한 문화와 역사 안에서 신앙을 성장시키는 중요한 원천이 되어왔다. 우리 교회 역사에서도 순교자들의 신앙을 기리며 그 유해를 귀히 여기는 장면이 초기부터 발견된다. 이러한 순교자 공경은 종교개혁 시기에 가톨릭교회를 비판하는 주요한 표적지가 되기도 했다. 제2차 바티칸 공의회를 견인한 두 축 중 하나가 순교자 공경과 관련된 대중신심을 전례로 수렴시키려는 전례운동이었음을 반영할 때 순교자 공경에 담긴 많은 이야기의 비중이 감지된다.

제2장에서 정리하는 순교자 공경의 발자취는 성지순례와 성해聖骸 공경 및 미사를 통한 공경과 수도원운동 그리고 성화상聖畵像 공경을 담는다. 이 모든 주제는 바틀렛Bartlett의 저서 *Why Can the Dead Do Such Great Things?*에서 역사적인 과정이 정리된 바 있다. 600여 페이지의 본문과 100여 페이지의 참고문헌 목록을 갖춘 바틀렛의

저서는 더 이상 연구가 가능할까 싶을 정도의 풍부한 사료에 바탕한 연구 결과를 보여준다. 그러나 종교개혁까지의 시기 제한뿐 아니라 신학적인 시각으로 문제적 사건의 전개 과정을 설명하지 않는다는 점에서 다소 아쉬운 점이 있다.

순례와 유해 공경에 관한 개별적인 논문이나 저서는 많이 발표되어 있다.[279] 대체로 종교학 분야나 사회학 또는 개신교 신학자들의 연구가 큰 관심을 불러일으키고 있다. 이에 비해 가톨릭 신학에서 이를 신학적으로 접근하며 분석하는 저서는 발견하기 쉽지 않다. 그러나 교회사 저서 안에서 집약적으로 매우 잘 정리된 글들이 있어서 초기 교회의 순교자 공경이 신앙 형성에 미친 영향을 잘 보여주고 있다.

외국에 비해 국내 연구는 많지는 않지만 꾸준히 발표되고 있다. 주로 종교학이나 서양사 분야에서 연구된 논문들이 대부분이다.[280] 가톨릭 신학의 눈으로 순례나 유해 공경의 역사를 살펴본 논문은 찾기 힘들다. 그러나 미사를 통한 공경에 있어서 잘 정리된 연구가 있고, 실천적인 안목에서 순례를 고찰한 논문들도 있다. 순교자 공경의 흐름과 그 안에 나타나는 대중신심의 양상을 정리하며 어떤 문제가 부상했고 이에 대한 교도권의 대응은 어떤 양상으로 나타났는지를 정리한 글은 아직 없는 셈이다.

1_ 순례의 역사

성스러운 장소, 예루살렘으로의 성지순례

예루살렘은 유대교와 그리스도교뿐 아니라 이슬람교에게도 성지로 꼽히는 장소이다. 이 때문에 예루살렘의 역사는 이들 종교의 성지순례 양상 및 성지순례의 의미 규정에 큰 영향을 미쳤다. 예루살렘 성지순례의 양상은 예루살렘의 접근성에 따라 크게 영향을 받았다. 예루살렘이 이슬람교의 손에 들어간 이후 유대교과 그리스도교에게 예루살렘 성지순례는 결코 쉽지 않은 순례로 나타났다.[281]

그리스도교의 신앙과 역사에서 가장 중심적인 의미를 지니는 장소는 '예루살렘'이다. 그러나 아브라함 종교에 속한 모두에게 성지로 간주되는 이곳의 성지순례는 다른 지역 성지처럼 늘 허락되는 공간이 아니었다. 4세기 초까지 유대인과 그리스도인들의 예루살렘 출입은 엄격히 금지[282]되었기 때문이다. 『에게리아의 순례기』에 따르면, 이

지역의 성지순례는 333년으로 거슬러 올라간다. 이후의 기록은 에게리아Egeria 자신의 여행기로 꼽을 수 있다.

이와 더불어, 그리스도교에서 예루살렘이 성지로 부각되지 못한 데는 신학적 이유도 작용했다. 그리스도교 교회에게 예루살렘 성지순례가 가지는 난점 중 첫째 요인은 하느님의 현존을 특정한 장소로 한정하지 않는 성경의 가르침에서 발견된다.

두 번째 요인은 예루살렘이 그리스도인들에게 주는 이중적 의미였다. 그리스도인에게 예루살렘은 구약과 불가분한 성지인 동시에 가장 중요한 예수 삶의 단면이 전개된 장소였다. 예루살렘은 예수가 부활한 도시이자 예수가 세상을 구원하러 다시 오실 곳인 동시에 예수가 유대인들에 의해 십자가에 못 박힌 곳을 의미했다. 예루살렘과 얽힌 이러한 사연은 그리스도교와 유대교 간의 갈등에 언제나 깊은 골을 형성했으며, 유대인을 향한 증오가 근저에 깔렸다.

한편, 예루살렘이 그리스도인에게 갖는 의미는 70년에 이르러 큰 변화를 맞이한다.[283] 예루살렘에 있는 유대교 제2성전이 로마 정부에 대한 저항의 대가로 완전히 파괴되었기 때문이다. 성전 파괴 사건은 그리스도인들이 기다리던 지연된 종말에 대한 기대에 큰 충격을 주었다. 종말에 예수님이 다시 오실 곳으로 믿어졌던 예루살렘 성전이 파괴됨으로써 종말 신앙이 흔들렸기 때문이다.

그리스도교 신앙의 주요 경전인 공관 복음서가 완성된 시기를 반영하면, 예루살렘 성지에 대한 진술 배경을 이해할 수 있다. 그 한 예로 성전 파괴 이후 완성된 루카복음서에서 예루살렘은 구약의 약속과 신약의 약속을 잇는 의미로 해석되었다. 사도행전(17:24)[284]이나 바오로가 코린토인들에게 보낸 둘째 편지(2코린 6:16)[285]에서 '성전에 살지 않는 하느님'과 '하느님의 성전인 인간'을 가르친다. 바오로는 예루살렘 성전에 대한 공경은 마음에 갖고 있었지만, 이러한 예루살렘의 의미를 그리스도교라는 새로운 신앙관에 맞추어 제시하였다. 임박한 종말 신앙에 대한 기대가 의문에 부쳐진 상황에서 바오로는 이 문제를 예루살렘이라는 도시와 그 안에 아직 남아 있는 성전에 비시간적이고 비공간적인 의미를 덧입히는 방식으로 해결하려 했다. 이로써 특정한 지역의 특정한 성전의 의미가 약화되고 하느님이 임하시는 모든 신자들의 마음이 영적인 성전의 자리를 차지하게 되었다.

이처럼, 이미 바오로 신학에서 시작된 변화에 뒤이어 그리스도인들에게 예루살렘은 공간적이고 지역적인 의미를 상실한 채, 영적인 성전으로 대체되고 천상의 예루살렘이 주요 주제로 부각되었다. 이러한 변화는 요한복음과 요한계시록, 히브리서 등에서도 분명하게 드러난다. 한편, 135년에 이르러 예루살렘은 또다시 큰 변화를 맞이했다. 70년에 유대교 제2성전이 파괴된 이후에도 유대교에서는 여러 차례 로마를 향한 저항이 꾸준히 이어졌다. 이러한 반란은 135년에 로마군에 의해 완전히 진압되었고, 도시의 이름조차 흔적 없이 개명되었다. 유대인의 반란을 진압한 로마 황제 하드리아누스는 예루살렘을 '아엘리아 카피톨리나Aelia Capitolina'[286]로 개명하고 로마식 도시로 재건하였으며 나라의 이름도 팔레스타인으로 변경했다.[287] 로마의 권위를 상징하는 십자가 모형의 도로가 도시를 4개의 구역으로 나누었으며 로마 신들의 모습을 세긴 성상들이 광장을 가득 채웠고, 파괴된 성전 터에는 주피터와 하드리아누스 황제의 동상이 섰다.

그러나 예루살렘의 흔적이 사라진 이후에도 유대인의 예루살렘 성지순례는 일 년 중 하루만 허락되었다. 이날은 성지를 빼앗긴 유대인의 슬픈 역사를 눈물로 기억하는 날이 되었다. 이러한 예루살렘의 모습은 예루살렘을 실패한 종교의 황무지로서 인식시켰고, 유대인에 대한 인식과 예루살렘의 의미를 격하시키는 계기로 작용했다. 당시의 신학자들은 하드리아누스의 공격은 예수를 메시아로 받아들이지 않은 데 대한 하느님의 징벌이라고 설파했고, 예수를 살해한 죄가 율법을 더럽힌 죄보다 크다는 것을 증명한다고 강조했다.[288]

이런 과정에서 2~3세기 동안 그리스도교인들은 예루살렘 내에서 예수가 자취를 남겼던 장소를 가려내어 성지로 만들었다. 이교도와의 갈등이 종종 일어났지만 이들 성지를 순례하던 순례자가 있었다. 예루살렘을 찾아 예수 그리스도의 흔적을 되짚는 행렬은 135년 이후까지도 꾸준히 진행되었다고 확인된다. 그러나 그 소수의 신자들만이 수많은 위험을 무릅쓰고 예루살렘 성지순례를 실행할 수 있었다.[289]

예루살렘 성지 개발과 성지순례

예루살렘이 그리스도교 교회의 주요 성지순례지로 부상한 시점은 콘스탄티누스 황제가 예루살렘 내 성전 건축을 적극적으로 지원하기 시작한 이후이다. 교회의 첫 보편 공의회로 기록되는 니케아 공의회(325)를 소집한 황제는 예루살렘 주교 마카리우스Macarius로부터 예루살렘이 '아엘리아 카피톨리나'로 개명되었으며 그리스도교의 중요 성지들이 파괴되었다는 사실을 전해 들었다. 이에 황제는 마카리우스 주교에게 예루살렘 내에 성전을 건축할 것을 지시하였다.[290] 한편, 콘스탄티누스의 모후였던 헬레나Helena 황후가 집안의 갈등을 피할 명목으로 예루살렘 성지순례를 떠나 여러 성전의 건축을 주도하고 유

명한 일화들의 주인공이 된다.[291]

에우세비우스가 저술한 『콘스탄티누스의 생애』와 그 이외의 자료[292]에 기록된 바와 같이, 콘스탄티누스에 의해 '거룩한 장소들' 위에 대성전들이 세워지고 예루살렘과 팔레스타인 지역의 성지는 크게 발전하게 되었다. 예수의 탄생[293]과 승천을 기념하는 장소에 교회가 세워졌고, 그리스도의 무덤 위에 세워진 아나스타시스Anastasis 대성전과 골고타산에 세워진 마르티리움Martyrium 대성전은 금방 순례지가 되었다.

그리스도 이후의 특정 인물과 연관되었던 이전까지의 성지순례는 예루살렘 성지순례를 통하여 예수 그리스도에게 더욱 집중되었다. 신앙인들은 성경의 이야기를 순례를 통해 되짚어가며 신앙을 키워갔다. 그리스도의 유년기와 공생활과 관련된 유적지들 또한 순례지가 되었다. 시나이 산과 같이 구약과 관련된 몇몇 장소들을 찾아가는 순례도 시작되었다. 예수께서 돌아가시고 승천한 예루살렘의 성역과 베들레헴, 나자렛 등이 주요 순례 지점이었다.

예루살렘 순례는 골고타 언덕과 성모 교회, 라자루스Lazarus 무덤 교회, 예수 탄생 교회에서 진행된 전례와 정해진 시간의 기도 등으로 구성되었다. 순례자들은 예수의 삶과 죽음, 부활의 발자취가 담긴 장소를 순례하며 그리스도를 따르는 삶을 자신에게 일깨웠다.[294]

콘스탄티누스에 의해 중요 성지로 부상한 예루살렘의 위기는 361년에 발생한다. 콘스탄티누스 2세가 사망하고 황제가 된 율리아누스 황제가 예루살렘 지역에서의 그리스도교의 특권을 박탈하고 이교도 신전의 파괴와 유대교 성전의 재건을 지원하며 유대교 편에 섰기 때문이었다.[295]

그러나 이러한 분위기는 363년 일어난 지진과 화새로 유대교 성전 건축 공사가 중단되며 반전되었고, 예루살렘은 다시 그리스도교 성지로서 부활한다. 예루살렘이 순례성지로 부상한 데는 예루살렘 도시 내부에 많은 건축물의 구성이 큰 역할을 했다. 콘스탄티누스와 헬레나의 건축 사업은 예루살렘이 로마, 알렉산드리아, 안티오키아, 콘스탄티노플과 함께 5대 교구의 반열에 오르는 데 결정적인 기여를 했다.

이후, 예루살렘에 건물을 증축한 이는 438년에 예루살렘 성지순례를 했던 에우도키아Eudocia 황후였다. 그녀는 예루살렘에 머물며 사재로 교회와 수도원을 짓고 예루살렘 성벽을 세웠으며, 많은 자선사업을 벌였다. 그에 이어 유스티니아누스Justinianus(527~565 재위) 황제는 예루살렘의 비잔틴제국의 그리스도교 도시 중 최고의 도시로 변화시킨다. 이처럼 번성했던 예루살렘의 모습은 요르단의 마다바Madaba에 있는 그리스정교교회 바닥에 그려진 모자이크 지도를 통해 엿볼 수 있다.

그리스도교가 로마의 국교로 지정된 이후 성지순례 양상에 일어난 큰 변화는 쉽게 이해될 수 있다. 성당의 건축이나 그에 따른 도시 발달, 도로의 확충 등을 감안할 때 로마 정부와 성지순례 간의 상호 영향 관계를 짐작할 수 있다. 그 연장선에서 성지순례가 특정한 지역인 예루살렘으로의 순례로 발전된 맥락이 드러난다. 이러한 배경을 바탕으로 성지로 개발된 예루살렘을 향한 성지순례는 뜨거운 반응을 불러일으켰다. 여기에는 헬레나 황후를 둘러싼 이야기도 작용했지만 무엇보다 대중신심의 열정과 평신도들이 작성하고 널리 확산된 순례기[296] 등이 작용했다. 이러한 기록들에는 기존의 성지 성당에 관한 관심이 줄어든 자리에 성경에 대한 대중의 관심이 성장하는 장면이 나타난다.[297]

예루살렘이 그리스도교의 성지로 개발되면서 특정한 장소가 성경과 활발하게 연결되었다. 이러한 연결은 순례자들에 의해 이루어지기도 했지만 그곳에 정착한 은수隱修 수도자들에 의해 이루어지기도 했다.[298] 성스러움을 경험하는 매개는 성경과 장소였다. 순례는 장소와 역사적 사건, 의례와 기도를 통합하는 창구를 제공했다.[299] 순례자들은 성경에 기반하여 의미가 부여된 장소에서 과거의 시간과 사건으로 떠나 예수의 삶과 죽음 및 부활의 의미를 체험하며 기도하는 순례를 진행했다.

신자들과 사제의 예루살렘 성지순례에 대한 교회 지도자들의 이해와 대중신심의 양상은 히에로니무스Eusebius Sophronius Hieronymus(347~420)의 기록을 통해 살펴볼 수 있다. 히에로니무스는 385년경 예수가 태어난 곳에서 멀지 않은 곳으로 알려진 베들레헴의 한 동굴에 기거하면서 예수의 발자취를 밟아보고 성경의 원천이 된 팔레스타인 땅에서 성경을 연구하며 성지순례의 기쁨을 글로 남겼다. 그를 보고 성지순례를 오는 사람이 많았다고 한다.[300]

이처럼 성지순례를 권장한 히에로니무스의 글에서 구복적求福的 성격을 지닌 순례를 분명히 경고하는 목소리가 들린다.[301] 히에로니무스는 진실한 믿음 없이 순례만으로 은총을 얻을 수 있고 영혼의 구원도 가능하다고 믿는 사람들의 오류를 지적했다. 순례가 자칫 신사들을 미신과 우상숭배로 몰아갈 위험을 지니고 있음을 간파했던 그는 신앙의 열쇠는 특정 장소에 있는 것이 아니라 올바른 행동에 있는 것이라고 주장했다. 그가 보기에 순례자는 단순히 예루살렘을 찾는 것으로 끝날 게 아니라 그곳에서 거룩한 삶을 살아야 했다.[302]

이에 비해, 닛사Nyssa의 그레고리우스와 더불어 오리게네스는 전세계적인 신앙으로 자리 잡은 그리스도교의 특성을 강조하며 특정 장소를 중시하는 태도를 반대했다. 오리게네스의 가르침에 따르면, 그리스도교 신앙은 예루살렘 성전에 중심을 둔 유대교의 신, 야훼 숭배를 반대한다. 오리게네스는 그리스도교가 특정 장소와 연관된 신의 숭배 대신 예수 그리스도와의 영적 교감만을 필요로 하는 구원 신앙 위에 서 있다는 사실을 강조했다.[303]

무슬림의 예루살렘 정복 이후의 성지순례

그리스도교인의 입장에서 예루살렘이 당한 고난은 614년 페르시아 왕 호스로Khosrow 2세가 예루살렘을 유대교인에게 넘기는 사건에서 경험되었다. 이후, 617년 다시 그리스도인은 예루살렘 자치권을 돌려받게 되며, 629년 유대교인을 추방하고 예루살렘을 수복하여 영광을 되찾는 듯 보였다. 그러나 638년 아랍이 예루살렘을 정복한 이후, 상황은 급변했다. 그렇지만 이슬람교 경전에 예수가 무함마드에 버금가는 위대한 예언자로 자리잡고 있고, 성 마리아의 위상을 높게 잡고 있는 점이 작용하여 그리스도교인들의 성지는 크게 파괴되지 않았다. 그리스도인들의 예루살렘 순례는 이슬람 교파 중 광신적인 지파가 주도권을 장악한 11세기 이전까지는 가능했다. 이는 순례자들이 성지에 자유로이 드나들 수 있는 협정이 체결되었기 때문이다.[304] 그럼에도 불구하고 전체적으로 예루살렘으로의 성지순례는 이전에 비해 급격히 감소하고, 수많은 위험을 각오한 순례로[305] 변했다.

638년에서 1099년까지 460년의 기간 동안 무슬림의 지배지가 된 예루살렘으로의 성지순례는 그리스도교와 유대교에서 그 위상이 낮아졌다. 이 시기는 그리스도교에서 산티아고 성당을 위시한 순례지 성당이 교회와 신자들의 순례지로 부상한 시점이고, 유대교에서는 의례를 통한 역사적 기억의 강화가 순례를 대체한 시기에 상응한다.

예루살렘이 무슬림의 손에 들어간 이후 그리스도교의 성인 공경과 성지순례 양상은 유해 공경과 긴밀하게 맞물리며 변화되었다. 제5차 카르타고 공의회 법령*Item placuit*[306]이 오래전에 깔린 도화선으로 작용했다. 이 법령은 유해를 안치하지 않은 제단을 파괴하라는 내용을 담고 있다. 이 규정이 프랑크왕국의 카롤루스Carolus 대제大帝 시기에 다시 부활하면서 유해 공경은 이전에 비해 급격히 활발하게 전개되었다. 카롤루스 대제의 재입법에 따라 모든 제단에는 성인의 유해가 안치되어야 했고, 성인의 유해가 안치된 본당에서는 저마다 성인의 축일에 기념식을 거행해야 했다. 이에 따라 유해가 없던 성당을 중심으로 급작스러운 유해 수요가 발생하면서 유해 도굴이나 유해 도둑질이 성행하게 되었다. 이와 더불어 중세 성지순례는 동방교회와 서방교회 모두에서 특정 성인의 묘소[307]가 성지순례지로 부상하기도 했다.

11세기 말에 이르면 십자군전쟁과 함께 지방 권력의 간섭으로부터 벗어나는 근대국가로 접어들면서 지방 성인들이 유해를 통해 미치는 영향력은 감소되었다. 여기에는 로마[308] 또는 산티아고로의 성지순례가 크게 유행한 영향도 작용했다. 이 시기의 가톨릭 신자들은 태어난 곳에서 죽을 때까지 교회와 사제의 영향권 아래 신앙과 일상을 살아갔다. 이들에게 먼 곳으로의 성지순례는 새로운 신앙과 삶을 경험하는 창구를 제공해주었고, 유해 수집이나 대사大赦 등을 위한 의무로서 성지순례는 활발하게 전개되었다. 이에 따라 지방 성인을 향한 신심은 로마와 산티아고 성지에서 만나는 보편적 성인들에 대한 신심으로 무게중심을 이동하게 되었다. 이처럼 이 시기의 성지순례는 문화적 영역을 확대하고 신심을 보편화시키며 교회의 일치와 신앙인의 정체성 형성에 작용하고 있었다.

한편, 예루살렘 성지순례가 난관에 부딪히고 성지순례자들의 피해가 잇따르는 시기에도 교회는 예루살렘 성지순례를 통해 그 보상으로 천국으로 가는 사다리를 받을 수 있다고 설명하며 그 관심과 의미를 키워갔다. 당시 순례하는 그리스도교인과 유대교인을 향한 무슬림의 박해는 간간이 진행되었으며, 특히 칼리프 알 무타와킬 Caliph Al-Mutawakkil(847~861 재위)과 파티마 칼리프 왕조의 칼리프 알 하킴Caliph Al Hakim의 박해는 극렬했다. 이러한 박해와 위협은 그리스도교를 믿는 서방 사람들이 십자군원정을 일으키는 실마리를 제공했다.[309]

그리고 마침내 우르바누스Urbanus 2세 교황에 이르러 '그리스도께서 거닐며 우리를 위하여 구원을 획득해준 거룩한 땅을 무슬림들로부터 다시 빼앗는다'라는 위대한 종교적 이념이 교회 전체의 공명을 얻게 되었다. 11세기 말 우르바누스 교황은 '하느님께서 원하신다'라는 단순한 설교로 당시의 순수한 평신도 그리스도인들의 마음에 성지 탈환을 향한 열정의 불씨를 살렸다. 이렇게 시작된 십자군원정은 순례라는 단어에서 일반적인 여행의 의미를 배제시켰고, 성지순례의 의미를 종교적 목적의 여행으로 확정한 계기가 되었다.[310] 그러나 십자군원정 이후에도 예루살렘 성지순례는 결코 쉽지 않은 모험의 길이었다.[311]

한편, 십자군전쟁 기간 중 동정녀나 정치적 순교자(예: 켄터베리의 베켓 주교)에 대한 신심이 피어난 점도 주목할 여지가 있다. 이러한 변화는 유해 공경이나 기복적祈福的 성지순례의 성격을 순교자 공경이 지녔던 그리스도를 따름의 자리로 끌어들이는 견인 역할을 했다.

이상의 내용에서 살펴본 바와 같이, 성지 예루살렘을 향한 성지순례는 로마와 교회의 성장 및 확장 과정과 긴밀하게 연결되어 발전하였다. 성지 개발과 순례 행렬이 사회정치적 맥락과 주고받은 상호관계를 볼 때, 순례 신심이 교회와 정치의 의도에 따라 생성된 결과물이 아니라는 점도 여기서 확인할 수 있다. 여타의 종교에서도 확인되듯 순교자를 향한 마음과 절대자를 향하려는 마음, 그리고 자신의 어려움과 상처를 안고 하느님께 도움을 청하는 마음이 성지순례의 근본적 원천이라고 말할 수 있기 때문이다. 또한 이처럼 자연스러운 인간의 마음이 교회의 가르침과 반성을 통해 성지순례의 근본 자리, 곧 그리스도를 바라보고 그리스도를 따르려는 자리로 방향 지워졌음을 역사적 과정 안에서 볼 수 있다.

성지Sanctuarium 순례

교회가 순교자를 공경한 기록은 여러 자료에서 확인된다. 카르타고의 치프리아누스Thascius Caecilius Cyprianus(200?~258) 주교가 순교자 주년을 거행하며 성체성사에 참여했다는 250년경의 기록이 있다.[312] 또한, 3세기에 폰티아누스Pontianus, 파비아누스Fabianus, 식스투스Sixtus 주교와 순교자 히폴리투스Hippolytus가 추도되었다는 기록도 발견된다. 여러 기록 중 258년부터 6월 29일에 행해진 성 베드로와 바오로의 기일제忌日祭는 고고학적으로 입증될 수 있는 자료로 인정받는다.[313] 교회의 순교자 무덤을 성지와 연결시키는 노력은 초기 교회부터 나타난다.[314]

한편, 그리스도교의 성지순례는 순교자 무덤을 찾는 데서 그 뿌리를 찾을 수 있다. 초기 교회 신자들은 순교한 날에 순교자의 무덤에 모여 순교자를 추모하며 자신의 순교를 준비했다.[315] 이후 이 전통은 이교도의 풍습과 혼합되는 가운데 주로 카타콤바[316]에 모여 음식과 술을 나누어 먹는 방식으로 변해갔다.[317] 이러한 예식은 순교자의 무덤이 순교자가 거처하는 곳으로 받아들여졌다는 점을 보여준다.[318] 이러한 믿음 때문에 많은 사람들이 가능한 순교자 무덤 가까이에 매장해달라는 유언을 남겼다. 특별히, 부활 때에 순교자들의 도움을 더 많이 받을 수 있다는 믿음이 작용[319]하여, 순교자 주변에 묻히려는 사람들 간의 경쟁은 초기부터 오랜 기간 동안 지속되었다.

이러한 풍속은 「밀라노 관용령Edictum Mediolanense」[320](313년)이 반포된 이후 5세기까지 결코 줄어들지 않았다. 특히 북아프리카 지역에서 이 관습은 국민 축제의 특성을 띠며 확산되었다.[321] 이러한 순교자 공경 양상에 큰 변화를 가져온 것은 바실리카Basilica 건축과 바실리카 안에서 진행된 순교자 공경 예식이었다. 교회는 순교자 무덤 위에 유해를 안치한 넓고 밝은 방을 가진 바실리카를 건축했고 이 안에서 다수의 대중과 함께 순교자를 기억했다. 바실리카는 이후 신자들이 주요 성인의 기일에 찾아가는 순례지가 되었다.

이처럼 순교자를 공동으로 기억하는 일은 당대의 인간관계의 변화와 심성 구조의 변화를 가져왔다. 그리스도교의 성인 숭배는 죽은 자를 존경의 대상으로 만들고, 죽어서 더 이상 볼 수 없는 자를 너무나 눈에 띄고 잘 보이는 장소와 연결시켰으며, 그들을 많은 지역에서 살아 있는 대리인들과 연결시켰다. 바실리카에서 진행된 대규모 순교자 공경 예식을 통해 신자들이 신분과 성별에 따른 구분 없이 함께 모여 순교자의 삶을 기억하고 전구를 청하는 과정은 로마제국의 다양한 문화와 민족이 교회 안에서 하나의 공동체를 구성하는데 크게 기여하였다.[322] 그뿐만 아니라 그리스도인들이 보여준, 바실리카에서 행해진 순교자 유해 공경 태도는 육신의 죽음을 부정적으로 연상시키던 관행을 제거하였고, 삶과 죽음 사이에 놓였던 큰 간격을 해소하였다.

성지 성당으로의 성지순례

초기의 바실리카는 무덤 위에 세워졌다.[323] 당시 관행에 따라 무덤이 거주지와 먼 곳에 자리 잡았기 때문에 바실리카 역시 먼 곳에 있었다. 그러나 시간이 지나면서 유해를 이전하고 도시 안에 성당을 건축하는 양상이 나타났다.[324] 성당 건축은 로마 밖의 도시로 확장되었고 이에 따라 먼 곳에 있는 성당을 향한 순례도 진행되었다.

로마 정부와 교회의 적극적인 지원은 성지를 향하는 도로 확충과 정비 및 도시개발로 드러났다. 이처럼 박해시기부터 시작된 순교자 공경은 바실리카 건축과 더불어 평화시대[325]에 이르러 더 급속하고 조직적으로 발전하는 가운데 그 신심 양상에도 변화가 나타났다.[326]

한편, 순교자를 기리는 예식은 이른 시기부터 순교자 탄생일-순교로 그리스도와 일치하고 하늘에서 다시 태어난 날-에 거행되었다. 이 때문에 많은 교회 벽에는 순교자들의 이름과 순교일이 기록되었고, 점차 순교자 공경 등이 가열되는 분위기 속에서 순교록 간행이 활기를 띠었다. 그 예로, 『시리아 순교록』(5세기), 『히에로니무스 순교록』(6세기), 『베데의 순교록』(8세기), 『리용의 순교록』(9세기), 『우사르도의 순교록』(9세기)과 『아돈의 순교록』(9세기) 등을 들 수 있다. 이러한 내용은 기억(회상)과 의례, 신심, 순교자 공경 등이 예루살렘 성지 개발로부터 시작되었다는 주장에 이의를 제시한다. 순교자 공경은 4세기 이전부터 무덤을 순례하는 양상으로 전개되었다가 바실리카 건축과 예루살렘 성지 개발을 통해 그 구조가 확립되었다고 정리할 수 있다.

앞에서 살펴본 예루살렘 상황의 변화는 성지 성당 순례 양상에도 큰 영향을 미쳤다. 예루살렘 성지순례 여건이 악화된 이후, 많은 교회에서 예수 시대의 사도들과 지역 교회의 관계를 입증하려는 노력이 일어난다. 성경의 내용을 따라가며 진행되었던 예루살렘 성지순례가 사도와의 연관성 안에서 새롭게 조명되었다고 말할 수 있다. 그 예로, 베드로와 바오로는 로마와 연결되고, 요한은 에페소와 마르코는 알렉산드리아와 연결된다.

이러한 관계 중 가장 큰 관심을 받은 곳은 예수의 형제 야고보와 연결된 스페인 콤포스텔라였다. 산티아고에서는 9세기에 야고보의 뼈가 발견되고[327] 899년에 교회가 헌정되었다. 교회 기록에 나타난 첫 외국인 순례자는 르 퓌Le Puy 지방의 주교였던 고트샬크Gottschalk였다. 그는 951년 프랑스 순례단을 이끌고 피레네를 거쳐 성 야고보의 무덤에 도착했다고 알려진다.[328] 이후 산티아고는 성지순례지로 급부상하였다.[329]

이후 성지순례는 앞에서 살펴본 바와 같이, 십자군전쟁을 통해 활발하게 전개되었다. 청빈운동과 더불어 일어난 십자가운동은 그리스도를 위하여 십자가를 지고 한없는 위험과 고생을 이겨내는 종교적인 순례로 십자가를 지신 구세주의 가난한 생활을 감수하려 했던 운동이었다. 이렇게 시작된 십자가운동은 예루살렘을 향한 성지순례뿐 아니라 전반적인 성지순례 열풍을 불러일으켰다.[330] 11세기부터 순례자의 복장이 나타났고, 순례자를 위한 각종 특혜와 순례를 입증하는 배지와 증서 발행 그리고 전대사全大赦 부여가 함께 진행되었다.[331]

중세 시기 인기 있는 성지는 예루살렘과 로마 그리고 콤포스텔라였다. 성화상 논쟁 이후에 순례 대상지로 떠오른 그리스도와 하느님의 어머니, 성인들의 성화상이 있는 곳 등도 순례의 대상이 되었다. 특별히 로마에 있는 베드로와 바오로의 무덤 위 성전은 중세 시기까지도 그 인기가 식지 않은 순례지였다. 그런데 이 시기 예루살렘은 너무나 힘들고 위험한 순례로 알려졌기에 순례자들은 로마와 산티아고로 집중되었다. 로마 순례자들을 '로마를 찾는 사람들Romeseeker Romipeta'[332]로 불렀던 것에 비해, 산티아고 성지순례자들을 위한 '야고보를 찾는 순례자James-seeker, Jacobipeta'라는 신조어가 만들어진 것에서도 그 열기를 엿볼 수 있다.[333]

산티아고가 이 시기 성지순례의 인기 장소로 부상한 데는 안정성과 접근성 그리고 로마에 비해 저렴한 현지 물가뿐 아니라 칼리투스 2세의 명령에 따라 제작된 『산티아고 순례 안내서*Iter pro peregrinis ad Compostellam*』[334] 등이 작용했다. 여기에 제4차 라테란 공의회 이후 고해성사가 의무화되고, 성지순례가 전대사의 조건 중 하나로 제시되면서 성지순례의 불길이 타올랐다.[335] 이 과정에 유해 공경 신심이 맞물렸다.

순례자들의 순례는 기도에 중점을 두는 경우와 각종 치유와 기적을 바라는 경우, 유물을 얻으려는 경우, 그리고 전대사를 바라는 경우 등과 같이 다양한 양상으로 나타났다. 자신의 죄를 씻기 위해 성지순례를 대신 갈 사람을 구하고 이들에게 돈을 주는 움직임도 일어났다. 성지순례는 신자들의 일생 소망의 대상이 되었고, 대화의 중심 소재였으며, 성지에서 구입한 유해를 사고파는 일이 급속도로 퍼져갔다.[336]

한편, 12~14세기 유럽은 활발한 이동과 물류 교환이 이루어졌다. 여기에 성지순례가 더해지며 유럽은 보다 하나로 묶여진 그리스도교 신앙을 가질 수 있게 되었다. 성지순례와 유해 공경은 함께 맞물리며, 지방 성인을 넘어 사도와 성모 마리아에 대한 신심을 확고하게 공유할 계기를 만들어주었다.[337] 이러한 역사적 배경 안에서 지중해를 가로질러 예루살렘과 로마 그리고 산티아고를 연결하는 12~13세기의 순례길은 이슬람 문명과 그리스도교 문명의 정치적 경계인 동시에 만남의 통로로 작용했다.[338] 이후 13~14세기에 접어들어 이 순례길은 종교적인 색채보다 지리적 지평을 넓히려는 세속적 의미를 담게 되었다.[339] 순례길은 문화의 흐름뿐 아니라 사회경제적 발전도 자극했다.

종교개혁 이후의 성지순례

중세에 불타올랐던 성지순례 열기는 과도한 유해 공경 신심과 맞물려 있었다. 순례지에서 수많은 유해가 판매되거나 교환되었고, 유해를 소장하려는 이들의 욕망도 가열되었다. 유해를 파괴하거나 학대하는 일도 일어났다. 당시 신자들의 유해 공경 신심은 성인에게 선물을 바치고 그 대가로 복을 얻는 행위로 변질되어갔다. 성인들에게 전구하였으나 들어주지 않았을 때 성인을 징벌할 목적으로 성유물을 파괴하기도 했다.[340] 교회는 제4차 라테란 공의회[341]와 2차 리옹 공의회[342]를 통해 유해 공경 양상을 지도하기에 이른다. 교회의 이러한 지도에도 불구하고 유해 공경과 성지순례는 종교개혁자들이 교회를 비판하고 개혁하는 단초를 제공했다.

종교개혁 이후 성지순례 열기는 크게 가라앉았다. 종교개혁의 비판을 반영한 모습은 1553년경 성 필립 네리Felip Neri가 일곱 개의 성당[343]을 순례하는 전통을 만든 데서 감지할 수 있다. 성목요일에 시작되는 이 순례는 초기 교회의 성인이 남긴 유산을 발견하는 목적으로 제안되었으며, 오늘날까지도 일부 신자들이 순례를 하는 코스이다. 이러한 움직임은 미신적이며 구복적인 모습으로 흘러가던 성지순례의 참의미를 되살리려 노력한 모습으로 볼 수 있다.

종교개혁 이후 성지순례에서는 먼 나라로 가는 여행으로서 순례보다 영적 여정을 의미하는 십자가의 길 등이 중요한 자리를 잡았다. 19세기 후반에는 특정 국가들의 신앙이나 문화적 정체성을 구현한 특별한 순례가 다시 성행하였다. 루르드나 파티마, 과달루페, 아시시, 몬세라트, 나가사키 등의 순례가 그 예이다. 산티아고 순례의 열기도 종교개혁과 더불어 식었다. 그렇지만 산티아고 순례가 줄어든 데는 유럽을 휩쓴 흑사병과 스페인의 오래된 내전과 세계대전 등의 요인도 작용했다. 이러한 산티아고 순례가 다시 부활한 계기는 1987년 산티아고 순례길이 유네스코 유럽 문화길로 지정된 데 있다.

교회 가르침 안에서 신자들이 성인을 향해 드리는 기도는 전구 기도로서만 효력이 있다. 다시 말해 성인들에게 바치는 기도는 그들이 자기 스스로의 힘으로 우리를 도와주지 않고, 오직 우리를 대신하여 하느님의 도움을 청하는 전구자라는 인식을 바탕으로 바쳐진다. 교회는 미사 전례 안에서도 하느님 아버지께 감사를 드리면서 "아버지께서는 성인들의 삶을 저희에게 모범으로 주시고 저희가 성인들과 하나 되게 하시며 그 기도의 도움을 받게 하시나이다"[344]라고 선포함으로써 이를 고백한다.

그런데 전구의 의미, 곧 '기도의 도움'은 중요한 의미를 지닌다. 이러한 성인의 전구는 다음과 같은 질문을 받을 수 있다. 하느님의 뜻이 성인의 전구로 영향을 받는지, 만약 영향을 미칠 수 있다면 그 기도의 힘은 전구 없이 구하는 기도의 힘보다 강한지, 성인의 전구가 중재자의 역할을 한다면 예수님께 속한 유일한 중재자의 역할과 상충하지 않는지의 질문들이다.

전구의 신심 행위는 예수 사후에 –또는 성경이 작성·편집된 시기에– 급속히 확산되는 가운데 중요한 질문을 제기하였다. 그 문제는 예수 그리스도의 유일한 중재자성仲裁者性이었다. 이에 대해 성경은 다양한 구절을 통해 그 답을 제시했다. 히브리인들을 향해 예수님만이 유일한 대사제라고 단정하는 히브리서(히브 9,15-28, 7,25)나 요한 17,9와 유일한 중재자성을 강조하는 티모테오 편지(2장 5절) 등이 그 예이다. 한편, 성경에서 순교자들의 전구에 관해 단초를 찾는다면, 마태 19,23을 생각해볼 수 있다. 이 구절은 예수님께서 사도들에게 그들도 옥좌에 앉아 예수님과 함께 이스라엘 민족을 심판하리라고 약속하는 내용을 담고 있다. 여기서 예수님의 심판에 사도들이 참여한다 해도 예수님의 심판이 침해되지 않는다는 이해를 확인할 수 있다. 다스만Dassmann에 따르면, 순교자가 되었던 사도들의 전구도 이 맥락에서 이해되었다.[345]

교회는 성인을 보편적 성화聖化 소명의 역사적 증인이자 그리스도의 모범적인 제자들이며, 하느님의 영광과 자비를 끊임없이 노래하는 천상 예루살렘의 시민 그리고 지상을 순례하는 신자들의 중재자이자 벗으로 제시[346]한다. 이와 관련하여, "성인 공경의 목적은 신자들이 자신의 삶을 온전히 하느님의 뜻에 일치시키고 주님의 탁월한 제자였던 사람들의 덕을 본받음으로써 하느님께 영광을 드리고 인간을 성화시키는 데 있다. 따라서 … (우리가 성인들과 맺는) 관계가 그리스도를 통하여 성령 안에서 하느님 아버지께 바쳐지는 흠숭 예배cultus latriae를 약화시키지 않고 오히려 더욱 풍요롭게 한다는 것, 그리고 진정한 성인 공경은 복잡한 외적 행동에 있는 것이 아니라 그리스도인다운 삶에 전념하는 것으로 드러나는 우리 사랑의 강렬한 실천에 있다"[347]고 정리된다.

교회는 이러한 전승 위에 성인의 전구와 예수님의 유일하고 보편적인 중재자성이 상충하지 않음을 선언하기에 이른다. '그리스도의 유일한 중재에 관한 교리가 언제나 모든 것을 포괄하는 그리스도의 중재와 관련하여 이해되어야 하는 하위의 중재들을 배제하지 않는다.'[348] 이에 근거하여 그리스도인은 성인 공경을 또 다른 우상이나 잡신을 섬기는 행위로 비하하는 일부 그리스도교 교회들의 비판에 맞설 수 있게 된다.

순교자 공경은 상호적인 관계를 전제한다. 신자들의 기도를 순교자들이 알아듣고 응해준다는 확신이 순교자 공경을 가능하게 한다. 이러한 소통의 신학적 근거는 '통공'이다. 통공의 신앙은 가톨릭 신앙 안에서 신앙고백 정식인 '사도신경'을 통해 고백된다. 덴징거Denzinger를 자세히 분석해볼 때, 최초로 신경에 '통공communio'이 나타난 시점은 레메시아나Remesiana(또는 로마티아나/상부 뫼사아)의 주교 니케타스Nicetas의 「신경해설」로 보인다. 레메시아나의 주교 니케타스(414년 이후)의 것으로 인정되는 이 문헌에 성인들의 '통공'이 나타난다. 이후 상당히 오랜 기간 동안 일부 지역에서 사용된 비교적 소수의 신경에서만 통공이 포함되어 있다.

교회의 첫 보편 공의회로 불리는 니케아 공의회(325년) 신경과 이후의 니케아-콘스탄티노플 공의회(381년)의 신경에도 '통공'이 포함되지 않는다. 로마가톨릭교회에서 사용되는, '통공'이 포함된 현재의 사도신경은 교황 인노첸치우스Innocentius 3세(1198~1216 재위)에 의해 공식 신경으로 확정되었다. 또한, 통공은 『가톨릭교회 교리서』에서도 신자들의 신앙 내용으로서 명시되어 있다. '그리스도 안에 머물면서 그분의 성령을 지니는 모든 사람은 하나의 교회를 이루며 그분 안에서 하나로 일치된다.'[349]

여기서 나타나는 '모든 성인'은 시성諡聖된 성인만을 가리키지 않고 은총으로 성화된 모든 이들을 일컫는다. 그러므로 '성인의 통공'이란 성부와 성자와 성령의 일치 안에서 세례받은 모든 이들이 친교 가운데 서로 기도와 선행을 나누면서 일치를 이룬다는 뜻이다.[350] 이 친교는 그리스도와 함께 지상 여정에 있는 그리스도인들과 단련받는 연옥 영혼들과 천상 영광 중에 있는 성인들과의 일치를 나타낸다. 이러한 통공 신앙이 순교자 공경의 기반을 제공한다.

그런데 성경에 나타나는 통공은 성인들과의 통공을 직접적으로 지시하지 않는다. 그보다 성찬례를 통해 그리스도와 한 몸을 이룸(1코린10,16.21; 히브13,10)을 나타낼 때 이 단어가 사용된다. 또는 바오로의 1코린 2,5의 구절이 그 근거로 제시되기도 한다. 교회가 성인과의 통공을 신학적으로 다루기 시작하는 모습은 알렉산드리아의 클레멘스 교부[351]와 오리게네스[352]에게서 볼 수 있다. 연옥과 더불어 천사에 대한 교리가 정립되어가는 시점에서 통공이 함께 다루어진다고 말할 수 있다. 이는 대중신심에서 순교자들을 향한 전구가 확산되고, 이에 뒤따라 죽은 순교자들이 어디에 머물며 신자들과 소통하는지 등의 질문이 제기된 데 따른 것으로 볼 수 있다.

성인들과의 통공을 위한 신학적 기반은 알렉산드리아의 클레멘스 교부의 글 『스트로마타*Stromata*』 문집과 오리게네스의 『기도론*De Oratorione*』[353]에 나타나며, 이후 토마스 아퀴나스는 『사도신경 해설』(10항)[354]과 『신학대전』(71문 1항,[355] 6항[356])에서 이를 신학적으로 정리한다. 레오 13세의 회칙 「성체성사Mirai caritatis」는 통공을 다음과 같이 분명하게 정리한다. '통공이란 … 천상 본향에 도달하였거나 속죄의 불에 넘겨졌거나, 아직은 시장에서 순례하면서 그 머리는 그리스도이시고, 그 형식은 사랑인 하나의 시민공동체로 함께 성장해 나가는 신자들 사이에 도움과 속죄와 청원 기도와 선행의 상호 간 통교 외에 다른 것이 아니나.'[357] 이처럼 '통공'은 그리스도에 대한 신앙 안에 중요한 자리를 차지한다.

'전구'와 '통공'은 '경배'와 '흠숭'에 관한 구분만큼 중요한 논제이다. 특별히 순교자 공경과 관련하여 이들이 논쟁의 핵에 놓인다고 말할 수 있다. 교회 교도권이 이들 논제를 정교하게 정리하게 된 동기는 대중신심의 열기에 딸린 부정적인 신앙의 모습이 그리스도의 가르침에 반하기 때문이었다. 이런 현상은 "그리스도교 신학은 학자의 고요한 연구 공간에서 생겨나지 않았다”라는 다스만 몬시뇰의 말을 확인해 준다. 그의 주장처럼, 교의 변화의 과정은 각 공의회의 진행 과정과 문서 및 공의회가 결정한 사항들의 정치적-철학적 배경을 함께 고려하며 이해되어야 한다. 위의 논제들에 대한 교도권의 정리도 해당 사회의 사회정치적 권력 구도와 결코 무관하지 않기 때문이다.

교회 교의 변천 역사를 이해할 때 교의 반포에 미친 외적 영향과 더불어 마음에 안고 질문이 있다. 그것은 지난한 갈등과 다소 어두운 모습들을 담은 교회 역사의 저변에 흐르는 신앙의 핵심과 관련된 일관성이다. 이 일관성이 성경 계시의 신학적 발전과 교의 발전에 면면히 흐름을 볼 때야 비로소 교의가 우연성이나 투쟁의 산물이 아닌, 진실성에 의해 결정되었음을 받아들일 수 있기 때문이다.

2_ 유해 공경의 역사

일반적으로 유해는 시신의 일부를 의미한다. 그러나 순교자 공경의 역사 중 성해聖骸 역사를 정리하는 이하의 내용에서 성유해의 정의는 트리엔트 공의회 문헌에 나타난 다음 정의를 따른다.

> '성인들의 유해'라는 말은, 영웅적인 성덕으로 지금은 천상에 살지만 한때 지상에 살았던 그리스도의 신비체의 탁월한 지체들이며 성령이 머무시는 성전인(1코린 3,16; 6,19; 2코린 6,16 참조) 성인들의 몸 또는 몸의 중요한 부분을 뜻한다. 성인들의 물건, 예를 들면 개인 소지품이나 옷가지, 성인들이 손으로 쓴 원고, 또한 유포油布나 천 조각같이 그들의 시신이나 무덤에 닿았던 물건들과 성인들이 공경하던 성화상도 유해로 간주된다(트리엔트 공의회, 「성인 공경 등에 관한 교령」, 1953.12.3., DS 1822 참조).

초기 교회부터 시작된 유해 공경

교회 역사상 순교자 공경의 출발점은 성해 공경이라고 말할 수 있다. 순교자의 시신으로 확인되는 죽음 앞에서 순교자가 증거한 신앙이 더욱 분명한 소리를 내며 공동체를 단결시켰다고 말할 수 있다.

그런데 이러한 죽은 이[死者] 공경의 뿌리는 그리스도교의 뿌리인 유대교로부터 직접적으로 전해졌다고 말하기는 어렵지만 그 연관성을 찾을 수는 있다. 유대교는 예수 시대 이전부터 살아 있는 대사제와 천사, 성인, 하느님의 사람들 등에 대한 공경과 전구 신심을 가지고 있었다. 이러한 전통이 마카베오 시대[358]부터 유대교 순교자들을 살아 있는 사람들의 전구자로 믿는 신심으로 이어져 그리스도교의 순교자 공경에 영향을 미쳤다고 볼 수 있기 때문이다.[359]

한편, 그리스도교 역사에서 죽은 이에 대한 추도의 기록은 『요한 행전』 등에서 발견된다. 이 자료를 통해 2~3세기 그리스도교 관습에서 죽은 뒤 3일,[360] 9일, 30일(또는 40일)째 행하는 죽은 이에 대한 추도식과 희생 제물 봉헌[361]이 있었다는 점을 확인할 수 있다. 이러한 풍습은 유대교가 아닌 이교 관습의 영향을 받은 흔적을 보여준다. 이처럼 죽은 이에 대한 추도뿐 아니라 순교자 공경도 그 뿌리는 이방 문화의 영향을 받은 고대 유대교의 관습을 수용하였다고 보인다.[362]

박해 기간 동안 신자들이 순교자를 공경한 기록은 에우세비우스의 『교회사』와 폴리카르푸스의 『순교록』에서 발견된다. 이 자료를 통해, 초기 그리스도인들이 순교자의 유해를 수습하여 매장하고 순교일에 무덤에 모여 순교자를 기렸음을 확인할 수 있다.

그 뒤 우리는 보석보다 더 귀하신, 금보다 더 값진 그의 유골들을 모아 적당한 곳에 묻었습니다. 우리는 환희와 기쁨으로 가득 차 가능한 한 그곳에 모였습니다. 주님께서는 우리에게 이전에 투쟁한 사람들을 기억하고 앞으로 순교할 사람들이 단련하고 준비하도록, 그가 순교한 날에 기념하는 것을 허락하셨습니다.[363]

그리스도인들이 순교자들의 유해를 귀중하게 여기며 순교자를 공경하는 모습은 같은 시대 사람들에게 무척 이상하게 받아들여졌던 그리스도인만의 특징이었다. 추종자들이 순교자의 시신을 수습하지 못하도록 로마 정부가 시신을 감시하거나 바다나 강 속에 빠뜨렸다는 기록[364]이 이를 뒷받침한다.

순교자 유해를 숭배하는 풍습은 이교도들이 유해를 부적符籍으로 삼아 초자연적 보호를 바라던 모습과 연결하여 이해될 수도 있다. 그러나 그리스도교에서는 유해를 부적으로 간주하는 행위가 용인되지 않았다. 오히려 유물들을 특별한 보호 효과를 얻는 도구로 믿는 풍습이 생겨난다.[365] 성경에서도 이와 관련된 구절을 볼 수 있다. 사도 바울로의 몸에 닿았던 수건이 치유의 기적을 일으켰던 일(사도 19,12)에서 찾아볼 수 있으며, 구약에서도 엘리야의 옷과 엘리사의 뼈를 통해서 기적이 일어났다(2열왕 2,14; 13,21).

유물 중 가장 귀하게 여겨진 것은 순교자들이 살아 있을 때 직접 닿은 물품들이었다. 예를 들면, 스테파노가 맞은 돌이나 순교자를 고문한 도구 등이다. 그중 가장 큰 힘을 갖는 것은 그리스도께서 매달리신 십자가였다. 이 십자가는 전 세계에 분배되었다는 기록을 남길 만큼 인기를 지닌 유물이 되었다. 헬레나의 유물 발견(십자가와 예수가 박힌 못 등)이 그리스도교의 성유물 집착의 시작점이 되었다고 보는 학자들도 있다.[366] 비록 그 설화의 역사성이 입증되지 않는다 하더라도, 헬레나의 십자가 발견 설화와 그 발전 과정[367]이 우리에게 말해주는 바는 성해에 대한 대중신심이 당시 신앙인과 교회에 큰 비중을 차지했다는 점이다.

앞서 언급한 바와 같이, 그리스도교의 성인 유해 공경은 유대교나 이슬람교에서 발견할 수 없는 신심 행위이다. 이는 당대 이들 종교에서 시신의 위치를 변경하거나 시신을 나누는 일이 철저히 금해졌다는 점을 반영할 때 이해하기 쉬워진다. 광범위한 유해 공경이 이루어지기 위해서는 헬레나 일화처럼 성해가 나뉘어 분배되어야 하기 때문이다. 그러나 로마법에서도 강하게 규제받던 유해 분유分有는 그리스도교에서 교회의 상황과 대중신심과 맞물려 확산되어갔다. 또한 시간이 지날수록 유해 공경은 미신적인 신앙의 모습을 많이 드러냈다. 닛사의 그레고리우스가 전해주는 바에 따르면, 그 시대 신자들은 성인이 유골 안에 실제로 있다고 믿는 듯이 유골에 대고 하느님께 자기 기도를 중재해달라고 눈물을 흘리며 간청했다고 한다.[368]

성스러운 유해의 바실리카 이전

유해 공경이 유해 이전移轉과 맞물리며 전개되는 과정은 성인의 유해 위에 성당을 건축하는 교회법과 함께 살펴보아야 한다. 이는 유해 공경이 과열되면서 유해 도둑질과 유해 비하에 이르는 문제로 이어진 연결고리에 유해 이전이 있기 때문이다. 그리스도교 역사에서 유해 공경은 카타콤바에서 성인의 순교일을 기념하며 모인 모임으로 이어졌다. 이후 카타콤바 위에 바실리카를 세우고 제대 아래 모신 유해를 보며 미사를 바침으로써 유해 공경은 미사 안으로 흡수되었다. 그런데 초기의 바실리카는 도시 외곽에 건축되었다. 이는 도시 외곽에 무덤이 위치하는 당대의 관습에 따라 바실리카가 도시 안에 세워질 수는 없는 상황에 따른 결과였다. 바실리카와 카타콤바가 도시 외곽에 위치한 결과 주요 성인의 기일에 순교자 추모 행렬이 거대하게 구성되어 도시를 빠져나가는 일이 관찰되곤 했다. 이러한 상황은 도시 교회의 공동화空洞化 문제를 불러일으켰다. 그뿐만 아니라 새로 로마의 수도가 된 콘스탄티노플의 경우처럼 도시 안팎에 순교자의 무덤이 없다는 문제도 등장했다.

교회를 도시 외곽으로부터 도시 인근으로 옮기는 일은 도시 근처에 없는 유해를 도시 근처로 옮기는 유해 이전 과정을 요구했다. 그에 따라 그리스도교의 성인 숭배가 당대의 관습과 빚었던 갈등은 순교자의 유해를 이전하는 데서 첨예해졌다. 당시 사회 관습은 유해의 이전translation이나 분여를 철저하게 금했기 때문이다. 이는 그리스·로마뿐 아니라 아브라함 종교들에서조차 산 이와 죽은 이의 공간을 철저히 구분하고, 유해에 손을 대는 일을 금한 점과 상관된다.

그러나 도시 외곽으로 빠져나가는 성인 공경 행렬로 인한 도시 공동화 문제를 해결하기 위해서 교회가 도시 내부에 성전을 짓는 과정에서 유해 이전은 불가결했다. 이에 로마법 저촉과 정서적 반감을 불사하고 교회는 이를 강행했고, 이러한 유해 이전은 당시 사회에 매우 큰 충격을 가져왔다. 피터 브라운Peter Brown은 이를 다음과 같이 표현한다.

그것은 여태껏 산 자들의 도시라는 공적 생활과 대조적인 것으로 간주되어 온 장소들을 중요한 지역으로 만들었다. 6세기 말이 되자 산 자들이 사는 도시와 죽은 자들이 묻히는 도시 밖을 엄격히 분리하던 태곳적부터의 장벽이 무너졌다. 사람들이 많은 도시들의 성벽 안으로 성해를 가져와 안치했고 성해 주변에 일반인들의 무덤을 만들었기 때문이다. 또한 죽은 자들의 무덤이 원래대로 도시 밖에 있는 경우에도 대중들을 죽은 자들의 무덤을 공적 숭배의 일환으로 열광적으로 숭배했다. 이것은 다신교도들이나 유대인들로서는 도저히 상상할 수 없는 일이었다.[369]

한편, 교회가 성인의 유해를 이전한 첫 사례는 콘스탄티노플 도시 안에 세워진 '성스러운 사도들Άγιοι Απόστολοι' 성전에서 확인된다. 콘스탄티누스 황제는 로마제국의 수도를 콘스탄티노플로 이전(330년)한 후, 수도 콘스탄티노플에 대성전을 건축한다. '성스러운 사도들'이라고 이름 붙인 이 성당은 콘스탄티누스 황제 시대에 도시 내부에 세워진 첫 교회였다.

황제는 예수님의 열두 사도의 유해 모두를 안치하기 소망하며 이 성전의 건축을 시작했지만 그의 바람과는 달리, 이 성당은 그의 생전에 사도들의 유해를 안치하지 못했을 뿐 아니라[370] 완공되지도 않았다. 사도들의 성전이 성인의 유해를 안치한 성당으로 변화되는 일은 그의 아들 콘스탄티우스(337~361) 황제 시대에 일어난다(349년 추정). 그는 성 티모테오와 성 안드레아 그리고 루카의 유해를 이곳으로 이장하고 안치하였는데, 이는 도시 안에 성인의 유해를 옮겼다는 점에서 그 시대에 대단히 큰 의미를 지닌 사건이었다.

이후, 354년 이교도인들의 제식祭式을 배제하기 위해 아폴로의 신탁을 받는 장소 맞은편에 작은 교회를 세울 때 순교사 바빌라스Babilas

성 안드레아의 순교 | Charles Le Brun

의 유해가 이전되었다. 바빌라스의 유해는 이후 여러 번 이전한 끝에 381년에 이르러 묘지 교회를 세우고 그곳에 안착하였다. 사람들은 이교인 제식을 배제하기 위해 순교자의 유해를 이전한 이 사례를 자주 본받았고, 이 때문에 교회에서 유해 이전은 서서히 확산되어갔다.

한편, 그 당시의 관습을 거스르는 유해 이전에 관한 제안은, 349년 전후만 해도, 황제에게만 그 제의권이 부여되었다. 이 역시도 특별한 장소의 정치적-종교적 재평가에 도움이 되는 경우에 한해서 제안할 수 있었다. 그러나 시간이 지날수록 지역의 주교들이 순교자의 유해를 이전할 수 있는 권리를 자신들에게 주기를 요청하였다. 밀라노의 암브로시우스 주교(374~397 재임)는 주교가 유해를 이전한 첫 예가 되었다.

암브로시우스 주교는 성 펠릭스Felix와 성 나보르Nabor를 기억하는 무덤들 가운데 하나에서 성 제르바시우스Gervasius와 프로타시우스

Protasius의 시신을 발견한다(386년). 그는 유해를 발견한 지 이틀 만에 순교자 바실리카로도 불리는 '암브로시우스 바실리카basilica de Sant Ambroeus'에 이장하며 성전을 축성한다. 이때 이전한 순교자의 유해를 안치한 자리는 자신의 유해를 안치하려 비워두었던 제대 아래의 자리이다.[371] 이렇듯 순교자 공경과 성석聖石을 연결함으로써 순교자 공경의 성사적 신심을 보완하게 된다.[372]

과열된 유해 공경 양상

이처럼 교회가 미사를 통해 순교자 유해 공경을 흡수하며 성체성사와 연결시켰지만, 교회 역사상 매우 오랜 기간 유해 공경은 복을 구하는 대중신심과 맞물리며 열기가 달아올랐다. 순례지에서 수많은 유해가 판매되거나 교환되었고 유해를 소장하려는 이들의 욕망도 가열되었다. 유해를 도둑질하는 일도 횡행했고, 어느 성인의 유해인가에 따라 그 유해를 안치한 성당의 인지도가 달라지기도 했다.

유해를 둘러싼 이러한 과열 현상의 원인은 제2차 바티칸 공의회 이전까지 모든 성당이 유해를 모신 성석 위에 세워져야 한다는 교회법에서도 찾을 수 있다. 이와 더불어 유해에 성인의 혼이 깃들어 있다는 믿음이 유해를 통해 성인과 소통하려는 열망과 과열되고 그릇된 공경 양상을 불러왔다고 볼 수 있다.

교회 역사 안에서 발견되는 유해 파괴나 학대 장면에서 그릇된 공경 양상을 확인할 수 있다.[373] 이 기록에 따르면, 신자들의 유해 공경

신심은 성인에게 선물을 바치고 그 대가로 복을 얻는 행위로 변질되어갔다. 성인들에게 전구하여 이루어지지 않을 때 성인을 징벌할 목적으로 성유물을 파괴하기도 했다. 유해나 성상에 물리적 학대를 가하거나, 큰 소리로 지속해서 탄원하는 행위도 기록에 남아 있다.

> 케르시Quercy에서는 농작물의 수확이 매우 저조하게 되자 농민들이 교회로 달려가 그러한 재난이 일어나도록 방관한 성인들의 입상을 끌어내리고 매질을 하였다. 또한 앵Ain에서는 결혼 적령기에 달한 처녀들이 성 블라시우스St. Blaise에게 기도를 하면서 그해가 다 가기 전에 자신들이 결혼을 못 하게 되면 성인의 입상을 론강에 던져버릴 것이라고 성인에게 위협하는 말을 하기도 하였다.[374]

> 그라몽의 에티엔Étienne, Stephen of Grandmont의 사후에 그의 무덤에서 일어난 기적들로 인해서 순례지가 되고 순례자들의 출입 때문에 수도원이 소란스럽고 조용할 날이 없게 되자 수도원장은 그의 무덤에 가서 기적을 중지하도록 명령하였다. 그렇게 하지 않으면 그의 몸을 해체해서 근처의 강에 던져버릴 것이라고 위협하였다.[375]

이처럼 성인의 유해에 대한 '그릇된' 공경은 유해 비하 예식에서 정점에 이르렀다. 미사 중 또는 미사 전에 유해를 성당 바닥에 내려놓고 성인에게 탄원을 하는 일이 종종 보고되면서 교회가 이를 조사하고 감시하는 일이 일어나기도 했다.[376]

이러한 유해 공경의 과열되고 그릇된 양상을 바로잡기 위해 제4차 라테라노 공의회(1215)는 오래된 성인들의 유해들은 이제부터 어떠한 경우라도 유해함遺骸函 외에는 어느 곳에서도 전시되거나 팔려고 내놓아서는 안 된다고 규정하고 '새롭게 발굴된 유해도 교황의 권위로 인정되기 전까지는 어느 누구도 공적으로 감히 공경해서는 안 된다'(DS 818)고 선언하였다. 또한 2차 리옹 공의회(1274년)는 교회 내 수도원 등에서 전례를 임의로 변형시키거나 중지해가면서 진행하는 성인 유해를 비하하는 행위humiliation of relics를 단죄하였다.[377]

유해 공경의 열기는 교회가 이처럼 유해의 판매와 배분, 공경 등에 관한 기준을 제시한 이후 조금 잦아들었다. 그러나 그 원인은 단순한 교회의 규정에서만 찾기에 무리가 있다. 앞서 살펴본 바와 같이 십자군전쟁이 진행되면서 성지순례의 판도와 양상이 변화되고, 성화상 공경이 서유럽에서 확산된 것도 성해 공경의 열기를 식힌 요인으로 이해할 수 있다. 그러나 성해 공경이 급속히 저지된 가장 큰 원인은 프로테스탄트 교회의 비판과 계몽주의 확산 등에서 찾을 수 있다.

3_ 미사를 통한 순교자 공경

현대 그리스도교 교회에서 순교자는 주로 성인 축일을 통해 기념된다. 교회는 축일 미사 안에서 순교자의 삶과 죽음을 기억하며 전구 기도를 바친다. 그러나 이처럼 거룩한 성전에서 사제가 수많은 신자들과 함께 순교자를 공경하는 일은 박해시대에 불가능했다. 그런 만큼 미사를 통한 순교자 공경은 밀라노 관용령(313년) 이전까지 이어졌던 대중적인 순교자 공경과는 다른 차원에서 이루어졌다고 말할 수 있다. 이러한 차이에 주목하며 이번 절에서는 순교자 공경이 성당과 전례 안으로 들어오는 과정에 병행된 신학적 변화도 살펴보려 한다.

박해시대 신자 대중의 순교자 추모는 그 시대의 무덤 형태인 카타콤바[378]에서 이루어졌다. 에우세비우스의 기록이 지닌 진정성에 관한 논의를 차치하더라도, 신자들의 순교자 공경 양상이 이교도의 영향을 더 많이 받으며 변화되어갔다고 보는 데 문제는 없다. 그리스도인의 순교자 추모가 이교도의 풍습과 혼합되는 가운데 그 의미가 변해갔기 때문이다. 시간이 점점 지날수록 순교자 공경은 이전처럼 순교자의 용감함을 기리고 자신의 순교 열의를 다지는 의미를 벗어나 구복적인 의미를 갖는 양상으로 변해갔다. 이들은 이교도의 풍습을 따라 무덤 주위에 불을 밝히고 술과 음식을 바치며 예를 갖춘 후, 참석자들이 음식과 술을 나누어 먹는 방식으로 순교자 공경 의례를 진행하였다.[379]

이러한 예식은 순교자의 무덤에 묻힌 순교자가 자신들의 기도를 들어주어 예수님에게 전해줄 수 있다는 믿음을 반영한다.[380] 순교자들이 인간이 다다를 수 없는 하느님 가까이에서 머물다가 그들이 곧 오리라 기대했던 종말 때에 부활하리라는 믿음은, 순교자와 가까울수록 그 친분에 힘입어 종말 심판 때 도움을 받을 수 있으리라는 희망을 낳았다. 이 때문에 이 시기, 순교자의 무덤에 보다 가까이 묻히려는 노력이 경쟁적으로 나타났다.

그런데 이처럼 신자와 교회에게 중요한 의미를 갖던 순교자의 유해를 재력 있는 사람들이 획득하고 원하는 곳에 안치했다는 기록도 있다. 그 예로 3세기 말경, 폼페이아나Pompeiana라는 귀족 여인이 순교자 막시밀리아누스Maximilianus의 시신을 관리자로부터 얻어 순교자 치프리아누스의 시신 옆에 안장했다는 기록이 있다.[381] 또한, 살로나Salona 지역에 만들어진 최초(304년)의 그리스도교 묘지가 부유한 귀부인인 아스클레피아Asclepia가 만들었다는 점도 이와 연관된다. 이 묘지는 그녀 자신과 가족들의 무덤을 포함하는 건축물 안에, 그리고 순교자 아나스타시우스Anastasius의 무덤 위에 마련되었다.[382] 사회 유력층이 성해를 소유 관리하는 상황은 유해 공경 신심이 교회로 온전히 집중되지 못함을 의미하기도 했다. 사유지에 묻힌 성해를 향한 공경 예식이 교회 영역 밖에서 진행되었기 때문이다.

미사로 수렴된 순교자 공경

이러한 상황에서 순교자 공경의 주도권이 교회로 집중되기 시작한 시점은 「밀라노 관용령Edictum Mediolanense」(313년)[383] 반포 때를 꼽을 수 있다. 밀라노 관용령이 반포된 이후 개방된 공간에서 서로를 확인하며 성체를 영하는 전례를 통해 유해 공경과 음식 나눔의 기억을 덮어나갔다. 암브로시우스 주교는 유해 이전을 행하기 이전에 이미 순교자 공경에서 식사례食事禮를 갖추는 일을 금지하였다. 이제, 식사례가 없이 공동으로 행해지는 순교자 공경이 성체성사와 결합됨으로써 순교자 공경은 교회 신심과 전례에서 더 큰 의미를 지니게 된다. 이러한 무덤과 제대의 결합은 그리스도교의 순교자 공경과 다신교도·유대교의 예식 간에 더욱 분명한 구분을 보여주게 된다. 비그리스도인들에게서 죽은 이에 대한 공경과 종교 의례는 철저히 분리되기 때문이다.

그렇지만 「밀라노 관용령」이 반포된 이후 카타콤바의 순교자에 대한 공경 및 신자들의 신심이 일시에 소거되지는 않았다고 보인다. 그 한 예로, 말티아데스Maltiades 교황이 박해가 끝나자 가장 먼저 카타콤바의 순교 성인들의 무덤을 찾아가 감사 기도를 드리고 무덤을 성지로 선포하며 순례를 당부했던 기록[384]을 들 수 있다.[385] 또한, 순교자 무덤 주변에 묻히려는 경쟁retro santo도 바실리카 건축 이후에 계속되었다. 그 예로, 성 베드로 대성전 아래에 있는 베드로 무덤 주위에 건축 직후 많은 무덤이 순식간에 들어찼다는 기록이 전해진다.[386]

한편, 암브로시우스 주교의 두 가지 개혁(식사 금지/성찬례와 순교자 공경 예식의 통일)은 성찬례 변화의 맥락에서 볼 때 또 다른 의미를 드러낸다. 원시 그리스도교에서는 감사 기도를 곁들인 식사례가 행해졌다. 이에 비해, 코린토 서간에 나타나는 전례는 식사를 분리시키고, 말씀의 전례를 연결시키며 미사의 기본 구조를 보여준다. 이후, 2세기 중엽에 작성된 유스티아누스Justianus의 『호교론』에 나타난 전례는 성찬을 중심으로 하는 전례로 구성된다.[387] 또한, 안티오키아의 이냐시오 서한을 통해 당시 성찬이 예수의 죽음과 부활을 기억하고, 성체 성혈을 통해 현존하는 가운데 교회의 자의식을 성찬과 일치시키는 세 부분으로 구성되었음을 확인할 수 있다. 이와 같이 매우 이른 시기부터 그리스도를 기억하고 일치를 이루는 미사는 식사 없이 성체성사 안에서 진행되었다.

초기 교회는 교회 공동체가 식사를 나누지 않았지만, 식사를 나누던 전통을 주변의 가난한 이들을 함께 초대하는 일로 이어갔다. 이는 답례로 초대할 수 없는 이도 초대하라는 예수의 권고(루카 14,13)를 따르려는 노력의 일환이었다. 이때, 가난한 이들이 자신의 곤궁함을 남에게 드러내지 않고 집에서 먹을 수 있도록 음식은 선물로 주어졌다. 이처럼 가난한 이들에게 선물로 주는 애찬愛餐(아가페)은 다른 종교에는 없는 그리스도교만의 내용을 나타냈다. 그리스도 교회가 초기부터 성찬례를 통해 이교적 철학적 윤리 개념에 부족한 자비, 겸손, 이웃 사랑을 기억하고 실천하였음을 확인하는 대목이다. 그 실현과 증거의 정점은 박해자까지도 용서하며 죽음을 받아들였던 순교자의 마지막 모습이었다.[388]

이러한 발전을 감안할 때 순교자 공경과 성체성사의 통일은, 성체성사를 통해 예수의 가르침과 죽음, 부활을 기억하는 가운데 가장 모범적으로 예수를 따랐던 순교자를 공경하는 모습으로 수렴시키는 결과를 가져왔다고 말할 수 있다. 순교자 공경은 예수를 따르려는 신자의 의지를 굳건하게 확인시켜주었다. 이러한 공경은 성지순례나 성화상과 유해 공경 등으로도 실천되었지만, 전례를 통한 기억이 가장 큰 의미를 가졌다고 말할 수 있다.

이처럼 미사 전례를 통한 순교자 축일 거행은 현대 교회에 있어서도 교회 공동체가 할 수 있는 가장 뛰어난 공경의 표현으로 간주되었다.[389] 그 기원을 돌아볼 때, 순교자를 기리는 예식은 이른 시기부터 순교자의 순교일에 거행되었음을 확인할 수 있다. 이때 순교일은 순교자로서 탄생하는 날, 곧 순교로 그리스도와 일치하고 하느님에서 다시 태어나는 날로 받아들여졌다.[390]

박해시기부터 시작된 순교자 공경은 평화시대[391]에 이르러 더 급속하고 조직적으로 발전하였다. 그런데 지금까지의 내용에서도 감지되듯이, 평화시기 도래 전후의 순교자 공경의 양상에는 차이가 있다. 다스만에 따르면, 박해시대의 순교자 공경에 있어서, 순교자의 역할은 (참회한 뒤) 교회에 복귀한 사람들이 죄를 용서받는 데 도움을 주는 것이있다. 이에 비해 평화시기의 순교자는 신자들이 청원하는 가능한 모든 종교적·세속적 관심사에 응답하는 역할을 맡았다. 순교자는 이 시기에 각 공동체와 도시, 지역의 수호성인이 되었으며 신자들은 그들에게 보호와 도움을 바랐다.[392]

평화시기에 교회가 순교자 공경에 관심을 가졌던 이유에는 여러 해석이 있다. 순교자 공경이 박해시대 교회와 평화시대 교회를 잇는 정체성을 제공하였다는 마르쿠스Marcus의 해석[393]도 그 하나이다. 급속도로 증가한 교회 재산과 권력을 관리하기 위해 순교자 공경을 내세웠다는 피터 브라운의 견해[394]는 이와 반대 지점에 서 있다. 선교지역의 확산에 따라 접하게 된 다양한 문화와 소통하는 데 있어서, 순교자의 도움과 전구 또는 성인 보호가 작용했으리라는 추측[395]도 설득력을 갖는다.

어떤 입장을 선택하건 교회가 순교자 공경이라는 신심 행위와 관련한 사태에 적극적으로 개입하고 전례 안으로 이를 수렴시키려 노력했던 점은 분명하다. 그 결과 교회에서의 순교자 공경은 교회가 직면했던 외적인 상황과 더불어 신자들이 보여주는 신심 행위의 문제점들이 맞물리며 새로운 양상을 지니게 된다.

성인 수의 증가와 프로테스탄트의 비판

384년의 로마 달력에 순교자들의 이름이 기입된 이후, 유해 이전과 분유를 통해 여러 곳에 지어진 많은 성전은 교회와 신자들의 순교자 공경을 가속하였다. 이때 작성된 로마 달력에는 세계 교회의 성인들(주로 순교자)이 기록되었고, 전 교회가 초기 교회의 순교자를 미사 전례 안에서 기억하게 되었다.

한편 평화시대 이후 순교자 공경은 그 대상을 주교와 수도자 등으로 옮겨가면서 성인 공경으로 확장되었다.[396] 4세기 중반~8세기 중반에 나타나는 성인 수의 급증[397]은 이름 없이 묻혔던 많은 순교자들의 유해의 발굴과 더불어 공경 대상의 확장 현상과 연관되어 이해될 수 있다.

이와 같은 성인 급증 현상은 교회 내부에서 공적 공경을 바치는 대상 선정의 기준에 대한 문제를 제기하였다. 이에 10세기에 이르러 마침내 성인의 공식적 공경을 위해 사도좌의 승인이 요구되었고, 이는 교황청의 시성 심사와 교황이 주관하는 시성식의 출범 이유를 제공하였다. 이러한 과정을 통해 최초로 성인 명부에 올려지고 '제대의 영예를 위해 현양된' 신앙 증인은 아우크스부르크의 주교 울리히Saint Ulrich, Ulrich of Augsburg, Uodalric 또는 Odalrici로 표기되기도 한다.(890~973년 7월 4일)였다. 울리히 주교는 993년 1월 31일 라테라노 교회 회의에서 성인의 반열에 올랐다. 울리히 주교의 시성은 교회가 가장 오랫동안 시성을 심사 검토한 첫 사례로 기록되었다. 당시의 문헌(DS 675)은 "그에 대한 기억, 곧 성 울리히 주교의 기억이 지극히 사랑스러운 애정과 충실한 신심으로 공경받아야 한다고 결정하였다"라고 선언한다.

12세기에 이르면 과거의 성인만이 아니라 같은 시대의 성인도 공경받아야 한다는 주장이 제기된다. 이에 따라 1170년 순교한 캔터베리의 성 토마스 베켓St. Thomas Becket(1118~1170)이 1173년에 순교자로서 시성된다. 베켓의 시성은 순교 후 당시까지는 가장 빠른 시일 내에 시성된 예로 기록된다. 이후 수많은 수도회 회원들이 성인으로서 로마 달력에 오른다.

순교자를 포함한 성인 공경에 대한 가장 큰 도전은 종교개혁 시기에 일어났다. 교회 발전 초기부터 대중신심 안에 나타났던 순교자 공경의 신심에 대해 우상숭배와 관련될 수 있는 많은 문제들이 지적되었다. 이 문제는 순교자 공경이라는 대중신심이 시작되었을 때부터 불거졌고, 교회는 그때마다 교도권을 작동하여 적절한 대응을 해왔다. 종교개혁자들이 이 시기에 제기한 문제의 본질은 이미 제2차 니케아 공의회(787년) 등을 통해 그 신학 근거가 제시된 바 있었다. 공경과 흠숭의 구분과 전구의 신학적 근거 제시가 그 내용이다.[398]

하지만 종교개혁자들은 성인들의 전구를 문제 삼으며, 단죄를 선언하거나 그 교리를 거부했다. 교회는 트리엔트 공의회(1545~1547)를 통해 성인의 전구와 예수의 유일한 중재자성을 다시 한번 확인하였다. 그러나 이 공의회를 통해 전례와 전례력 개혁은 성사되지 못했다. 이후 비오Pius 5세 교황 시기에 성인들의 축일 수가 성무일도(1568)와 미사 경본(1570)에서 대거 축소되고 세계 교회력이 공포되었다.

이후, 성인 수가 증가함에 따라 교회가 기념하는 성인 축일이 증가하고 구원 신비를 기념하는 전례의 의미가 다소 흔들리는 조짐이 나타났다. 이에, 교회는 1584년에 이르러 『로마 순교록』 표준판을 발표하였고, 제2차 바티칸 공의회의 바람에 따라 참으로 보편적인 중요성을 지닌 성인들을 기념하는 축일만을 수록한 『로마 전례력*Calendarium Romanum*』[399]을 공표하였다. 이 전례력에서 성인의 축일은 그 수가 크게 감소되었다.[400]

교회가 『로마 전례력』에서 성인의 기념일 수를 줄이게 된 이유는 '성인들의 축일이 구원의 신비 자체를 기억하는 축일을 앞서지 않도록' 하기 위해서였다.[401] 교황청 경신성성 문헌에 따르면, 이 결정은 '성인들의 축일이 구원의 신비 자체를 기억하는 축일보다 앞서지 않도록' 하기 위해서 취해진 조치였다.[402] 또한, 바티칸 공의회를 통해 교회는 '성인의 축일을 통해 하느님의 구원 계획의 구체적인 실현을 강조하고 그리스도께서 당신 종들 안에서 이루신 놀라운 위업을 선포한다'라는 입장을 분명하게 제시하였다.

현대 교회의 순교자 공경 의례는 『로마 전례력』에 명시된 축일에 근거하여 이뤄진다. 교회는 축일 미사 안에서 순교자의 삶과 죽음을 기억한다. 그러나 모든 순교자가 전례력에 기재되어 있는 것은 아니다. 『로마 전례력』의 성인 축일표에 따르면, 전체 성인 축일 183일에서 순교자 축일은 28.4%에 이르는 52일을 차지한다. 이 중 4세기 이전의 순교자가 반수半數를 초과한다. 여기서 『로마 전례력』이 기념하는 성인의 수가 한국 천주교회가 제시하는 성인 목록에 나타난 6,371명의 성인[403]에 비해 대단히 적다는 사실도 확인된다. 『로마 전례력』에 나타난 성인 축일과 순교자 축일을 시기별로 분류하면 다음 표와 같다.[404]

세기	1	2	3	4	5	6	7	8	9	10	11	12	13	14	15	16	17	18	19	20	합계
성인축일	26	5	14	29	9	4	5	3	3	1	7	5	11	5	6	18	19	3	7	3	183
순교자 기념축일	5	5	13	13	0	1	1	1	0	1	1	1	0	0	0	1	5	0	3	1	52

『로마 전례력』에 나타난 성인 기념축일과 순교자 기념축일의 세기별 일수표

4_ 수도원운동

앞서 살펴본 바와 같이, 박해시대 순교자 공경은 순교자들의 전구에 대한 신심을 반영한다. 이처럼 순교자들에게 도움을 청하는 전구 기도는 유대교의 전통과 상통한다. 예수 이전 시대부터 유대교에서는 천사들이나 살아 있는 대사제들이 전구자로 받아들여졌다. 이후 마카베오 시기부터 유대교의 순교자들이 살아 있는 자들의 전구자로 받아들여졌다. 이러한 믿음은 마카베오 형제가 고문을 받는 동안 그들의 민족에게 자비를 베풀어주시기를 하느님께 청하는 기록(2마카 7,37)에서 비롯되었다. 이러한 유대교 전통의 연장선에서 '순교자들을 하느님과 도움을 필요로 하는 인간 사이를 중재하는 중재자로 이해하는 마음'[405]은 오랜 기간 순교자 공경을 떠받치는 기반이 되었다. 이에 기반하여, 초기 그리스도 교회에는 순교자들과 증거자confessor들의 전구에 대한 믿음이 크게 번져갔다.

순교자 공경의 연장선에 있는 수도원운동[406]

순교자 공경과 증거자에 대한 교회의 인정은 평화시대 이후 순교자 공경에 새로운 두 개의 물꼬를 열었다. 그 하나는 금욕적인 은수 수도생활과 수도원운동이다. 수도자는 철저한 자기 포기로 그리스도를 따르는 수행을 하며 순교자의 삶과 정신을 계승하였다고 볼 수 있다. 다른 하나는 사막에 사는 이러한 이들을 찾아나서는 순례이다. 수도자를 찾아나서는 순례는 성지순례와 연관된 신심 행위로 볼 수 있다. 한국 교회 전통에서는 이들을 각각 독수자獨修者와 회수자會修者로 표현하기도 했다. 이 새로운 경향은 순교자에 대한 전구를 이어받은 증거자 전구가 순도자를 통한 영적 상담과 신탁으로 계승된 것으로 볼 수 있다. 또한 금욕적인 수도자는 자신의 생활을 통해서 하느님을 증거한다고 생각되었기 때문에 신자들은 이들에게 증거자에 준하는 공경을 하게 되었다.

수도원은 에우세비우스 신학이 드러내는 정권신학의 대척점에 섰다. 그에 따르면 하느님의 구원 계획은 콘스탄티누스 대제의 회심會心과 정책을 통해 완성되었다. 그 연장에서 교회에게 맡겨진 일은 천국에 접근하는 길 위에 놓이게 된다. 여기서 종말론적 소망은 밀려나고, 현재의 세계와 그리스도인의 소망은 무관한 주제로 간주되며, 현세와 내세에서 하느님과 이웃을 섬기는 활동의 의미가 약화되고 있었다. 이 시기에, 수도원운동은 순교로 드러난 신앙의 신비와 영광을 최대한 금욕적인 수도생활을 통해 회복하려는 노력으로 나타났다. 수도원운동은 머리 둘 곳 없는 예수님, 십자가에 못 박혀 죽으신 예수님, 가난한 이와 소외된 이를 보살피신 예수님을 만나는 신앙을 지향했다. 그러나 그 실천 양상이나 교회 지도층과의 관계 및 사회와의 거리 등에 있어서 지역마다, 그리고 마주한 신학적 입장에 따라 다른 모습으로 발전해 나아갔다.

수도자들은 그리스도를 따르는 모범적인 삶을 살았던 순교자의 정신을 금욕 수행으로 이어받았다. 그들의 수도 활동은 순교자를 따라 하느님에 대한 궁극적이고 완전한 헌신과 그리스도를 금욕적으로 따르려는 정신을 계승하려는 노력이었다. 그 단초는 수도자의 이상을 지칭하는 '크세니테이아'에서 찾아볼 수 있다. 이 단어는 라틴어 'peregrinatio'[407]로 번역되며 흔히 '순례'를 의미하는 단어이다. 이는 신앙의 선조인 아브라함의 모습처럼 하느님의 뜻을 따라 자신의 기존 삶의 터전을 버리고 신을 향해 나아가는 순례를 의미했다.[408] 수도 성인들이 물리적 순례와 크세니테이아를 연결하여 이해한 점이 우리에게 던져주는 의미는 자못 크다. 성지순례와 수도원운동은 신앙인 자신이 이 세상의 이방인임을 받아들이고 본향인 하느님 나라를 향하는 종말론적 여행의 의미를 지닌다는 점에서 공통점을 갖기 때문이다.

한편, 평화시대 이후에 금욕적인 수도원운동이 급속히 확산된 배경에 대한 여러 이론이 있다. 일반적으로 -주로 개신교 진영에서- 수도자의 출현을 로마제국시대에 진행된 교회의 세속화에 대한 교회 개혁 움직임으로 이해한다. 그러나 이러한 주장은 가볍게 반박될 수 있다. 개별 금욕자와 금욕 공동체뿐 아니라 조직화된 수도자 생활이 콘스탄티누스 제국 당시의 교회에 '앞서' 나타났기 때문이다.[409] 그 하나의 예로 수도원운동의 창시자로도 불리는 사막의 안토니우스(251~356)가 은수자들로부터 지도를 받은 후, 보다 깊은 사막으로 들어간 시점도 박해시기였다. 이는 콘스탄티누스 시대에서 교회가 세속화되기 이전에 일어난 일이다. 피터 브라운은 사막에 수도원이 건설되고 이후 도시가 생성되는 과정을 교회의 세력 확장 노력으로 해석한다.

또 다른 학자들은 수도원운동의 근원을 종말을 기다리던 신심의 영향을 받아 극도의 고행을 죽음으로 이해하는 분위기에서 찾는다. 이러한 이해와는 달리, 가톨릭교회사 학자들은 수도원운동을 순교자 공경의 연장선에서 예수를 따르려는 노력이 드러난 결과로 본다. 다스만과 프란츤A. Franzen도 이러한 입장에 속한다. 이들은 공통적으로 수도원운동이 그리스도교 신앙의 핵심을 가장 잘 보여준다는 이해를 바탕으로 한 순교 전통의 맥락에서 금욕과 수도생활을 조명한다.

금욕적 수도원 생활의 기원에 대해서는 많은 견해가 있다. 그리스도교에서 시작되었다고 주장하는 학자들은 거의 없다. 금욕과 소유 포기는 그리스도교 주변 세계의 많은 제식과 종교 단체 및 신플라톤주의와 신피타고라스주의와 같은 철학적 동아리에 이미 오래전부터 유포되어 있었다. 이 때문에 그리스도교 금욕 생활을 마니교와 당시 불교의 영향과 연결시키는 의견도 있다. 그러나 그리스도교가 그 시초부터 보여준 금욕은 마니교에서와 같이, 이원론적인 세계 이해를 전제로 해서 육체적이며 세상적인 것을 가치 없게 여기지 않았다. 이 점이 분명하다. 그리스도교 수도 전승에서의 금욕은 하느님과 인간에게 온전히 자신을 바치기 위해 봉사하는 준비의 일환이었기 때문이다.

또한 그리스도교에서 금욕은 평화시기 이후 활발해진 수도원운동에서 처음 나타난 현상이 아니었다. 이미 원시 그리스도교 초기부터 각자의 가정이나 공동체 안에서 음식과 소유, 성에 관한 금욕적 생활방식이 실천되고 있었다. 상류층에 속한 그리스도교인의 경우, 자신의 영토를 공동 미사와 생활을 위한 공간으로 내어주는 일도 있었다. 동정 생활과 같은 금욕 생활을 하는 사람들은 공동체 안에서도 명성과 특권을 누렸다(사도 8,13 참고). 기록에 따르면, 3세기 중엽부터 동정 생활을 하는 여성들은 교회 안에서 면사포를 쓰고 신랑인 그리스도와의 정조를 드러냈다. 또한 사제의 정결에 관한 내용도 꽤 이른 시기부터 나타났다.[410] 여기서 당시 교회 안에서 금욕이 강력하게 권고되었음을 알게 된다.[411]

그런데 교회가 로마 정권의 특별한 총애라는 우산 아래 놓이면서, 세상 속으로 들어온 교회에서 이전의 생활 전통을 지켜내는 데 한계가 드러났다. 미사에서 기억되고 신자들의 삶에서 실천되도록 가르쳤던 교회의 가르침이 현실적으로 실현되기 어려운 상황을 맞이하였기 때문이다. 다스만의 해석처럼, 교회 안에 수도 전통이 힘을 가지며 확산되었던 배경에는 세상을 떠나서라도 그리스도교 신앙의 본질을 자신의 삶으로 실천하려는 신앙심이 자리 잡고 있었던 것이다.[412] 이처럼 주로 도시 안에서 행해지던 금욕적인 신앙생활이 도시 밖으로 나간 데는 그리스도를 따르기 위해 철저하게 금욕적 이상을 실천하려는 동기가 있었다.

이때 금욕적 이상의 종점은 하느님과의 일치와 사랑의 실천이었다. 사막에서의 독수 생활이나 공동 생활 모두에서 철저하게 추구되었던 것은 온전히 자신을 비우고 하느님께 모든 것을 의탁하는 데 있었다. 그리스도교 수도원 생활의 방향을 제시하였다고 평가되는 파코미우스Pachomius의 수도원 생활에서 모든 소유물을 나누고, 나이 든 수도자의 지도에 순종하는 이유도 이 연장선에서 시행되었다. 이 점은 성 안토니우스가 가진 것을 다 팔아 이웃에게 나누어주라는 성경의 가르침에 따라 수도생활을 결심하는 장면에서도 확인된다.[413]

또한 파코미우스가 그리스도인들의 아낌없는 자선 행위를 보고 그리스도교로 개종하고 금욕자가 되었다는 기록도 같은 면을 보여준다.[414] 이로써 금욕적 수도 전통의 핵심이 금욕을 통한 자기 수련이나 능력 향상 또는 고행 자체에 목적을 두지 않았음을 확인할 수 있다. 바실리우스Basilius 주교의 예에서도 확인되듯이, 그리스도교 수도 전통에서 고독은 세상에서 지속적으로 떠나 모든 것을 포기한 후 누리게 되는 영혼의 자유를 지향한다.[415] 이러한 해방에서 하느님을 알고 이웃을 사랑하는 능력을 확인하는 것이 그리스도교 금욕과 수도생활의 핵심이었다.[416]

이러한 맥락에서 수도생활과 금욕을 이해할 때, 프란츤의 해석과 같이 수도생활과 금욕도 그리스도교 교회 생활의 완전히 본질적인 요소로 이해될 수 있다. 이는 이 시기 수도자들에게서 순교자의 정신을 하느님에 대한 궁극적이고 완전한 헌신과 그리스도를 금욕적으로 따르려는 정신으로 이어갔던 모습이 발견되기 때문이다. 이들의 금욕은 이원론적인 세계관에서 몸을 악하게 받아들이는 흐름과 분명한 차별성을 보여주었다. 이들의 금욕은 하느님을 알아보고 이웃을 사랑하는 능력을 주는 원천으로 이해되었다. 수도자들은 간구와 죄의 용서라는 관점에서 순교자를 모범으로 삼고 따랐다. 그들은 금욕적인 독수 생활 가운데 죄를 짓는 유혹에 맞서며 그리스도의 군인으로서 그리스도를 따름으로써 인간을 죄로 이끄는 요소들을 식별하고 섬세한 영혼의 감수성으로 자신을 찾아온 공경자들에게 이를 나누어주었다.

이상에서 살펴본 바와 같이, 수도생활자와 금욕자들이 교회의 세속화에 반대하고 사막으로 들어갔다고 보기는 어렵다. 그렇지만 그들의 생활 모범이 교회가 걸어갈 길을 비추어주었다는 점은 받아들일 수 있다. 이는 교회가 급속히 성장하고 세속화된 시기에 그들의 금욕적인 순교가 인간 영혼과 삶이 다다를 수 있는 지평을 확장시키며 그리스도를 따르는 삶의 모범을 보여줌으로써 진정한 따름의 길, 순교자의 길을 보여주었기 때문이다.

이러한 뿌리를 감안할 때 수도생활의 창시자들부터 이후 수도생활의 전승에 이르기까지 가난한 사람들을 향한 연민과 사랑의 실천이 어떻게 수도원이 운영하는 빈민구호시설과 병원, 전염병 환자를 위한 임시 수용소 운영 등으로 이어졌는지를 이해할 수 있다. 그리스도를 따라 죽음에까지 이르렀던 순교자들을 따르고 공경하는 마음이 박해가 없는 상황에서도 그리스도의 가르침을 삶으로 실천하는 이들 안에서 드러났다고 볼 수 있기 때문이다.

5_ 성화상 공경의 역사

유럽을 여행하며 교회 건물에 발을 디딜 때 소속 교파를 판단할 수 있는 자료 중 하나로 성화와 성상聖像을 들 수 있다. 성화와 성상이 없는 교회는 대부분 예외 없이 프로테스탄트 교회이다. 같은 신앙을 고백하는 형제이지만, 다름을 실감하는 지점은 성모 마리아 상이나 성인 상 앞에, 성체 앞에 몸을 숙이며 절을 할 때이다. 개신교 신자들의 눈에 스쳐 지나가는 의아함과 당혹스러움을 확인하기 때문이다.

종교개혁 시기에 성인 공경은 논란의 중심에 놓였다. 성지순례와 유해 공경, 성화상 공경 모두 집중포화를 받았다. 이 중 성화 공경은 가장 큰 타격을 받았다고 볼 수 있다. 이는 다른 공경 양상에 비해 피해 정도가 가장 선명하게 확인되기 때문이기도 하다. 성지나 유해를 훼손하기보다 성화나 성상을 파손하는 것이 '다름'을 표현하기에 용이했을 것이다.

그런데 성화상 공경은 종교개혁 이전부터, 더 소급하자면 교회 시작부터, 논란을 일으켰던 대중신심 양상이다. 특히 동방교회와 서방교회를 가르는 지점에 성화상 공경 논란이 있다고 해도 과언이 아니다. 성화상 공경은 유대교와 이슬람교가 그리스도교를 비판하는 지점이기도 했으며, 황제와 교황의 세력 다툼 테이블에 자주 올라오는 메뉴이기도 했다.

성화상 공경이 이처럼 뜨거운 감자가 된 이유는 무엇일까? 단순히 생각해도 십계명의 우상숭배 금지 조항을 떠올릴 수 있다. 그러나 천주교 신자라면 몇 마디 단어로 우상숭배가 아님을 논증할 수 있다. 그렇다면 왜 성화상 공경은 교회 역사에서 그리도 오랜 기간, 수많은 희생을 낳은 공격 목표가 되었을까? 이 질문은 성당 마당에서 성모상에 절하고 성인 상본像本을 귀하게 다루는 천주교 신자들에게는 피할 수 없는 관문이라고 말할 수 있다.

성화상 공경은 논란의 내용 면에서 유해 공경과 공통점을 갖는다. 그것은 두 가지 양상이 모두 기복적이고 미신적인 성향을 보였다는 점이다. 교회의 다양한 문헌과 가르침은 이 부분에 대한 경각심과 주의를 요청하고 있다. 교회가 성화상과 유해를 바라보는 시각은 '성인 공경'으로 집약할 수 있다. 그렇지만 '성인 공경'이라는 개념 하나만으로는, 성화상과 유해를 어떻게 대해야 하는지, 왜 그토록 오랫동안 논란이 지속되었는지를 이해하기는 어렵다. 이를 위해, 이 글은 성화상 공경의 기원과 성화상 공경에 대한 논쟁의 전개 과정 및 제2차 니케아 공의회를 통해 일단락된 교회의 입장 그리고 이후 종교개혁가들의 비판과 그 함의를 정리하고자 한다.

성화상 공경에 대한 국내 연구는 적지 않다.[417] 미술사의 관점에서 성화상 파괴 사건을 정리한 연구,[418] 실천신학 관점에서 이콘과 이콘 신학을 다룬 연구물,[419] 서양사의 맥락에서 성화상 논쟁을 정리한 글[420]들

아기 예수를 안고 있는 성모 마리아 | F. Doubek

이 있다. 대부분의 이러한 연구에서 이콘의 미학적 이해나, 동방교회 안에서 이콘의 기능 및 그 신학적 배경, 또는 이콘 논쟁의 역사를 다루고 있다. 이러한 연구 이외에 개신교 측의 성화상 이해 노력도 볼 수 있다. 여기에는 성화상 공경에 대한 부정적, 비판적 시각을 재확인하는 논의도 있지만, 다소 개방적이고 수용적인 관점에서 접근하는 시각도 없지 않다.

이 글이 제기하는 질문의 축은 분명하다. 그것은 믿음살이에서 '성화 공경을 어떻게 이해하고 개신교 신자들의 질문에 어떻게 답해야 할까'이다. 이 질문에 온전히 답하기 위해 필자는 성화상 공경의 전개 과정 및 성화상 논쟁의 주요 요지를 살펴보고, 이후 종교개혁자들의 주된 비판 내용과 가톨릭교회가 성화상 공경에 대해 가르치는 내용을 정리할 것이다. 이러한 내용의 상당 부분은 기존 연구에서 부분별로 그 내용이 이미 정리되었다. 따라서 각 주제에 대해 이미 연구된 내용들은 이 글의 취지에 부합한 최소의 범위로 국한시킴을 밝혀둔다. 이 글은 신앙생활에서 성화상 공경을 어떻게 이해해야 하는지에 관심을 집중하며 앞의 질문을 정리하기로 하겠다.

성화상 공경icon veneration의 유래

성화상 공경의 유래를 정리하기에 앞서 성화와 성화상 및 이콘의 관계를 짚어보려 한다. 이콘은 흔히 동방교회의 성화, 또는 작은 판넬 그림 등을 의미한다. 그에 비해 성화상의 사전적 의미는 예수 그리스도나 성모 마리아, 성경의 인물과 성인 등 교회 인물들과 그들이 등장하는 성경의 내용이 표현된 그림이나 조각작품으로 정의된다.[421] 이렇게 보면 국어의 성화상 개념에는 이콘이 포함되는 셈이다. 이에 따라 이 글에서 성화상 공경의 범위는 동방교회의 이콘과 일반적 의미의 성화와 성상을 포함하는 성화상에 대한 공경을 의미함을 밝히고자 한다. 또한 이 글에서는 맥락에 따라 이콘 파괴iconoclasm에 집중하는 내용에서는 성화와 성화상, 이콘을 혼용할 수 있음을 밝힌다.

교회 역사에서 신앙의 내용을 담은 성화가 그려진 시점은 200년 전후로 보인다. 그리스도 교회 이전의 유일한 교회로 인정되는 시리아 두라 에우로포스Dura Europos 회당synagogua에 그려진 벽화가 그것이다.[422] 그러나 이러한 성화가 공경과 기도의 용도로 사용되었다고 보이지는 않는다.

한편, 가장 오래된 성화상[423]은 하느님과 가장 가까운 경지에 도달한 사람들의 초상화에서 비롯되었다. 순교자, 주교의 초상화가 교화의 목적으로 제작되어 순례자들에게 배포되었다.[424] 이후, 그리스도교가 안정된 평화시기의 성화상은 모자이크나 성상 모두에서 주로 그리스도의 생애를 중심으로 묘사되는 경향을 보였다. 주로 구원자이자 통치자로서의 그리스도의 이미지를 부각한 작품 등이 주를 이루었다. 이러한 작품들은 문맹 신자를 교육하는 목적만이 아니라 사실적이고 화려한 묘사로 교회의 권위를 보여주려 했던 특징을 지닌다.

한편, 성화상에 대한 공경의 뿌리는 로마제국 황제 숭배 풍습에서 찾을 수 있다. 이때 황제 숭배는 직접적인 숭배만이 아니라 형상을 담은 물건을 매개로 하여 이루어졌다. 황제의 초상화를 담은 이콘이나 조각 등이 숭배의 대상이 되었다. 꼬뽀니Copponi에 따르면, 이러한 황제 형상에 대한 숭배가 예수를 그린 이콘 숭배로 바뀌면서 성화 공경은 대중들에게 쉽게 전파될 수 있었다.[425]

성화상 공경 신심이 나타난 시점도 이때와 가깝다고 보인다. 예수 사후 초기 교회에서 성화상 공경은 동방과 서방 지역 모두에서 크게 유행하였다. 에우세비우스 기록[426]에 따르면, 4세기경에 성화상 공경 신심이 이미 많이 번지고 교회도 성화상 공경을 인정한 것으로 보인다. 이후, 4세기 후반에 이르면 성지를 포함한 많은 장소에 성화가 그려졌다. 성 아우구스티누스 교부(354~430)가 "성경이 아닌 성화에서 그리스도와 사도들을 찾는 자는 오류에 빠질 것이다"[427]라고 경고하는 구절도 발견된다. 이 시기에 교부들이 성화상 공경을 반대했던 것은 '우상숭배'를 금하는 성경 구절에 근거를 둔다.[428] 한편, 동방교회 기록에서 예수님과 성모님을 그린 이콘은 5세기에 신자들의 집에 모셔졌고, 이후 6세기경 콘스탄티노플이 성화의 중심지가 되면서 이콘이 활발하게 제작 보급되었다.

다양한 양상으로 전개된 성화상 공경

성화상 공경의 양상은 시대와 지역에 따라 서로 다른 모습으로 나타났다. 동방에서는 성화상 안에서 묘사된 대상 자체의 현존을 보았다. 이처럼 성화상에 성사론적 의미를 부여하는 동방의 성화상 이해는 단지 교육적 지위를 지니고 있었던 서방의 성화상 이해와 대조를 이루었다. 이와 같이 교회 안에서 성화상이 일련의 기능을 지녔던 것과는 별도로 신자들은 특정 성화상들이 치유나 외적의 침입 방지, 또는 이교도의 개종과 같은 주술적인 능력을 가진다고 믿었다.

이 때문에 성화상에 대한 공경을 보이는 대중신심에 대한 초기 교부들의 경계 목소리가 크게 나타났다. 알렉산드리아의 클레멘스(150~215경)[429]나 리옹의 주교였던 이레네우스Irenaeus(140~203), 카이사리아Caesarea의 주교 에우세비우스Eusebius(263~339)[430] 등은 성화 공경을 반대했던 교회 지도자의 예로 꼽힌다. 엘비라 공의회(303)에서 벽에 그려진 그림을 향한 공경과 흠숭을 금하는 데서[431] 이를 확인할 수 있다.

이에 대하여 알렉산드리아의 씨릴Cyril of Alexandria 교부는 이미 435년에 이 논란을 정리한 바 있다. 그는 '우리는 성스러운 순교자가 신이라고 말하지도 않고 그들에게 신적인 경배latreutikos를 바치지 않는다. 우리는 단지 상대적으로 존경timetikos을 표할 뿐이다'[432]라는 말로

이레네우스 주교

에우세비우스 주교

논란을 정리한다. 여기서 사용된 경배latreutikos는 '흠숭latreia'의 어원과 상통한다. 또한, 나지안주스Nazianzus의 그레고리우스(329~389)와 닛사의 그레고리우스(335~394)는 성화를 교과서로 제시하기도 하였다.[433] 카파도키아의 바실리우스(379)는 '성화상에 부여된 존경은 원형을 지향한다(『성령론』 *De spiritu sancto*, 18, 45; PG 32,149c)'는 주장을 통해 우상숭배와 거리를 두었다.

이러한 가운데 성화상 공경을 둘러싼 교회 내부의 갈등은 그레고리우스 교황과 세레누스Serenus의 논쟁(600)으로 이어지며 점차 가속된다. 이런 정황에서 동방교회에서는 성화상이 6세기 이래 종교생활에 있어서 일정한 지위를 인정받기에 이른다. 이들에게 성화상은 글을 알지 못하는 신자들에게 그리스도교 신앙의 내용을 효과적으로 알려주는 교과서로 받아들여졌다.[434]

그런데 실제로 교회에서 성화상에 대한 대중신심이 문제가 되었던 점은 병의 치유나 개인이나 도시의 보호를 청하는 기복신앙의 양상이 감지되었기 때문이다.[435] 5세기에 시리아의 수도자 시메온Simeon(390~459)을 그린 이콘이 나타난 이후 이콘은 개인의 공간과 수도자의 방에, 성인들의 무덤 옆, 배의 해치와 교회의 기둥 등 모든 곳에 걸리는 유행을 낳았다. 기적을 일으키는 이콘들이 잇달아 나타났고, 불행을 막아주는 힘을 지녔다는 믿음과 연결되었다. 신자들은 병을 몰아내고, 자식의 복을 주거나 미친 사람을 치유하고, 달아난 노예를 데려오는 등의 모든 일을 이콘 공경을 통해 기원했다.[436] 이러한 신심 양태가 성화상 공경 논쟁의 배경에 놓여 있었다.[437] 또한 그 갈등의 기저에는 로마제국의 정통성을 계승하려는 동방교회의 의지, 이콘에 집중된 동방교회 신학과 서방 신학의 간극, 이콘 제작과 관련된 수도원과 교황청, 로마제국의 갈등 그리고 동방교회와 제국 간의 보이지 않는 갈등 등이 놓여 있었다.[438]

동방교회의 성화상 공경: 성화상 공경 논쟁(726~843)

성화상을 둘러싼 갈등이 서서히 달아오르던 중 교도권이 성상 공경에 관한 입장을 정리해야 하는 필요성이 대두되는 사건이 발생한다. 그 발단은 그리스도교의 이러한 공경이 우상숭배가 아닌지에 관한 그리스도교와 이교도인들과의 논쟁이었다. 교회 주변에는 이교도인들의 도전과 각종 위험이 곳곳에 도사리고 있었다. 아라비아인들은 시리아와 이집트에 침략한 이후 그리스도교인들의 화상 공경에 대하여 적대적인 종교적 선전을 펼쳤다. 이에 교회의 많은 주교들도 그리스도교 신자 사이에 널리 보급되고 환영되었던 성화상 공경에 반대하는 입장을 표명했다.

이 논쟁에서 그리스도교는 성화상 공경이, 존재하지 않는 신을 가시화하여 경배를 드리는 우상숭배와 다르다는 입장을 견지했다. 그렇지만 이러한 교회의 주장에 대해 이교도인들은 천사에 대한 그리스도교인들의 태도를 지적했다. "천사는 실제로 눈에 보이지 않는데, 그리스도교인들이 성상이나 성화상으로 표현하고 공경을 표하지 않는가?"라고 반문한 것이다. 교회가 성화상 공경과 더불어 천사론에 집중한 계기가 이때 마련된다.[439] 활발한 논쟁 끝에, 콘스탄티노플 제2차 트룰라눔Trullanum 교회 회의(692)는 그리스도의 구상적인 표현을 찬성하는 입장을 천명하였다.[440]

성화상 공경을 둘러싸고 비잔틴 교회 내부에서 제기된 문제는 어떤 양상으로도 표현할 수 없는 예수 그리스도였다. 예수 그리스도의 인성人性을 표현한다고 주장하거나 또는 신성神性을 표현한다고 주장하는 경우, 양쪽 모두 그리스도론과 충돌하기 때문이었다. 전자의 주장은 칼케돈 공의회가 선언한 '갈라지지 않는 그리스도'와 충돌하고, 후자의 주장은 섞이지 않는 '그리스도의 두 본성' 신앙과 충돌한다. 비잔틴 교회와 사회는 성체만을 그리스도의 유일하고도 타당한 형상으로 간주하며 성화상 공경을 반대하였다.[441]

레오 3세 황제는 이러한 교회의 분위기에 호응하며 대내외적으로 직면했던 여러 문제를 타개하기 위한 방책으로 '성상 파괴' 카드를 집었다.[442] 레오 3세 황제는 730년 「성화상 공경 금지 칙령」을 발표하여[443] 성화상 공경 금지와 더불어 성화상 파괴 명령을 내렸다. 이에, 당시 교황 그레고리우스 2세(715~731 재위)는 곧바로 그리스도인들이 성화상을 숭배하지 않으며, 단지 그림을 보고 이름을 부르며 전구를 구한다고 실명하는 서한을 레오 3세에게 보낸다.[444] 그러나 성화상 파괴는 멈추지 않았고, 훌륭한 예술품들이 무분별하게 파괴되었으며, 콘스탄티노플의 대주교를 포함한 성화상 공경자들은 파면되거나 심한 박해를 받았다.[445] 교황 그레고리우스 3세도 로마 시노드에서 성화상 파괴에 대해 항의했으나 소용없었다.

성화상 공경에 대한 신학적 반론은 다마스쿠스에 소재한 사바스Sabas 수도원의 요한이 제기했다.[446] 그는 "그리스도 자신이 보이지 않는 성부의 모상(이콘)이시며(골로 1,15) 따라서 그림으로 묘사될 수 있다"고 주장했다.[447] 이때 요한은 성경에 기초하여, 성모나 성인들이나 예언자들에게 드리는 공경προσκὺνησις과 하느님께 드리는 흠숭λατρεία을 구분했다. "경의를 표하는 전례에는 서로 다른 등급이 있다. 먼저 흠숭이 있다. 흠숭은 하느님께만 드리는 것인데, 이는 본성상 흠숭을 받으실 만한 분은 오직 하느님뿐이기 때문이다. 그리고 그 다음에 우리는, 본성상 흠숭을 받으시는 분을 위하여 그분의 벗들에게 공경을 드린다. 눈의 아들 여호수아와 다니엘이 한 천사 앞에서 절했던 것과 같다."[448]

한편, 성화상 공경을 둘러싼 황제와 교회 간 갈등의 절정은 콘스탄티누스 5세(741~775) 황제 치세 기간에 일어났다.[449] 황제의 주도로 히에레이아Hiereia에서 성화상 공경 문제에 관한 회의(754)가 열렸고, 로마, 알렉산드리아, 안티오키아와 예루살렘의 가톨릭 주교를 단 한 사람도 출석시키지 않은 채, 성화상 파괴의 신학적 논거를 제시하고 파괴를 결의하였다. "성체만이 그리스도의 유일한 형상이며, 거룩한 것에 대한 구상적 묘사는 장차 다가올 일을 부당하게 선취하는 것이다"라는 교의가 발해졌다.[450] 그 결과, 제국 내의 모든 주교는 공의회의 내용을 인정한다고 서명해야 했고, 성화상은 모든 교회 안에서 제거되었으며, 벽화와 모자이크에는 석회가 덧입혀졌다. 그리고 그 자

리는 세속적 풍경화로 대체되었다.[451]

이에 대한 반발은 거세게 일어났다. 서방교회는 히에레이아의 결정을 거부했으며 예루살렘과 알렉산드리아, 안티오키아의 총대주교들과 일치하여 성화상 공경을 변론했다. 수도자들과 민중의 봉기가 곳곳에서 일어났으며 잔인한 박해와 처형으로 수도자들이 거의 전멸하였다.

오랜 갈등의 수습은 제2차 니케아 공의회(787)를 통해 실현되었다. 이 공의회는 동서 교회가 한 자리에 모인 마지막 공의회로 기록되는데, 이는 성화상 공경이 교회에 준 영향을 보여준다.[452] 제2차 니케아 공의회에서는 서방의 성화상 개념이 소개되고 성화상 공경과 관련하여 일어났던 기적과 체험들이 보고되었다.[453] 그리고 한 달간의 회의 끝에 마침내 성화상 공경 논쟁의 핵심을 해결할 교의가 발표된다. 그것은 흠숭과 공경을 구분하고, 성화상 공경의 의미를 분명하게 선언하는 내용이었다.

> 사실 회화적인 묘사 덕분에 성화상들을 자주 들여다보면 볼수록 이 성화상들을 관조하는 이들도 자주 그 그림의 원형을 회상하고 동경하기 위해 마음을 더욱더 드높이고 그 원형에 경의와 존경 어린 공경을 드리게 된다. 그렇지만 이는 우리 신앙에 따르면 오직 신적 본성에만 드리는 흠숭이 아니라 고귀하고 생명을 주는 십자가상과 거룩한 복음서들과 그 밖의 다른 성물들에 공경을 표하기 위하여 고대인들의 경건한 관습에서처럼 분향과 촛불을 드리는 것이다. 성화상 공경은 그 원형까지 소급되므로 성화상을 공경하는 이는 그 안에 새겨진 분의 인격을 공경하는 것이다.(제2차 니케아 공의회, 「성화상에 관한 교의적 정의」, DS 601)

이와 같이, 제2차 니케아 공의회는 성화상을 이단으로 선언한 히에레이아 회의의 결정을 무효화하고 다마스쿠스의 요한의 신학적 논증을 재확인했다. 그리고 전통에 의하여 십자가, 그리스도, 하느님의 어머니, 천사와 성인들에게 촛불, 향, 무릎 꿇음 등을 통해 정성껏 공경을 드릴 수 있고, 또 그렇게 해야 한다고 선언했다. 더 나아가 공의회는 성화상 공경을 받아들이지 않는 이들에 대해 파문을 선언했다.[454]

그런데 이러한 제2차 니케아 공의회 결정 이후에 성상파괴운동이 완전히 종료되지는 않았다. 레오 5세는 813년에 성상 파괴를 다시 시작했고, 공식적으로 성상 공경을 반대했다. 이때 실시된 성상 파괴 정책은 종교적 신념보다는 황제를 중심으로 국내의 평화를 유지하기 위한 수단으로 성화상을 파괴한 것으로 볼 수 있다.

레오 5세는 815년 부활절에 소피아 성당에서 성화상 반대주의자만을 소집한 상태에서 교회 회의를 개최한다. 이 회의에서 787년의 제2차 니케아 공의회가 무효화되며 이에 비해 754년 히에레이아 회의가 제7차 공의회로 인정되었다. 또한 이 회의에서 "우리는 가짜 성화상들의 부당한 제작을 추방한다"고 선언하였다.

이 회의 결정 내용에 대한 신학적 반박은 테오도루스Theodorus(759~826)가 전개했다. 그는 모상模像과 원형原型이 같은 본성을 지녀야 한다는 히에레이아 회의 및 이를 계승하는 815년 교회 회의를 반박하며, 성화상이 이름과 유사성을 원형과 공유한다고 다음과 같이 주장했다.

> 우리가 그리스도의 성화상을 그리스도라고 부르는 것은 그 안에 그리스도가 현존한다는 의미가 아니다. 분명 성화상은 그리스도와 그 본성에서 다르지

만, 같은 이름으로 연합하는 가운데 같은 영향을 일으킨다. 또한 그리스도 성화상은 그리스도를 닮은 무엇이 있는 한에서 그리스도와의 유사성을 공유함으로써 그리스도가 받는 존경을 공유한다. … 그리스도의 형상에는 그리스도와 닮은 것이 있다는 것을 확실히 말해야 하며, 그러면 똑같은 존경심이 생기는 것은 그리스도의 형상 때문이라는 결론이 나온다.[455]

테오도루스의 주장은 그 당시의 니케포루스Nicephorus(758년경~829)의 주장과 함께 성화상 공경을 뒷받침하는 신학적 근거를 마련했다. 이에 따르면, 성화상은 유사함에 대해 원형과 동등하며, '위격적 닮음'이라는 측면에서 원형과 동등하고, 이로 인해 그와 같은 존경과 영광을 공유하고 있다.[456]

한편, 성화상 공경에 대한 박해는 이후 테오필루스Theophilus 황제(829~842) 시기에 다시 본격화된다. 그러나 황제가 842년에 병사하고, 어린 미카엘Michael 3세를 대신하여 섭정했던 테오도라Theodora 황후는 남편과의 약속을 어기고 성화상 공경을 허락하는 정책을 전개했다(843년).[457] 이로써 마침내 그리스도의 성화상이 신앙 안에 자리를 잡게 되었다.

동방교회의 이콘과 신학

그러나 843년 이후에도 성화상 공경을 둘러싼 교회 내부의 분쟁은 완전히 종식되지 않았다. 이에 제4차 콘스탄티노폴리스 공의회(보편 공의회, 869~870)는 제2차 니케아 공의회의 결정을 발전시킴으로써 성화상은 문맹자들의 교육적인 도구로, 회화적인 언어로 자리잡게 되었다.[458] 이후 동방교회에서 이콘은 활발하게 제작되고 이콘에 기반한 신앙과 신학이 복원되었다.

동방교회 신자들에게 이콘은 동방 신학이 집약된 지점이며, 신앙생활뿐 아니라 교회 구조와 장식의 틀을 제시한다.[459] 이들에게 성화상은 초자연적이고 상징적인 의미를 지닌다. 동시에 성화상이 보여주는 아름다움은 영적이고 본질적인 아름다움으로 이끌어 주며, 성화상이 그려내는 대상의 현존을 체험할 수 있는 창이 된다.

동방교회의 이콘은 신앙생활과 전례의 일부이다. 이는 이콘 안에 동방교회 신학의 핵심 내용인 부정신학Apopathic theology과 신화deification, 정적주의Hesychasm 등이 모두 포함되어 있기 때문이다. 동방교회 이콘이 그려내는 그림은 그림이 그 대상을 그려낸다고 말하지 않는다. 인간이 알 수 없고 표현할 수 없는 대상을 그들 나름의 표현을 통해 그려냄으로써, 그로써 결코 표현될 수 없는 대상의 신비와 초월성을 드러내려는 것이 이콘의 목적이라고 말할 수 있다. 이콘은 이러한 대상에 이르는 관상觀想을 전제한다. 이콘을 두고 호흡을 가다듬으며 깊은 기도 안에 삼위일체의 신비에 다다른다고 보기 때문이다. 이처럼 성화상으로서 이콘의 목표는 신앙인을 지금 여기에서 영원한 천상으로 이끄는 데 있다.[460]

한편, 동방정교회라는 표현에서 감지할 수 있듯이, 동방교회는 '주님의 가르침을 타락되지 않은 상태로 보존하고 그 신앙을 확실하게 고수한다'는 자의식을 표명한다.[461] 이러한 동방교회는 지금까지 살펴본 성화상 논쟁과 박해를 지내며, 성화상에 대한 신학과 전례에서 성화상의 자리를 확고히 정립했다.

서방교회의 성화상 공경

제2차 니케아 공의회의 선언은 동방교회에게는 분명히 기쁜 소식이었다. 이에 비해 서방교회에서 이 선언문이 성화상 공경에 미친 영향은 미미했다. 이는 선언문의 번역 과정이 원활하지 못했던 이유도 있지만, 그보다 당시 서방교회에서 유해 공경이 대중신심으로 굳건히 자리 잡고 있었던 것도 그 이유로 꼽을 수 있다.

9세기의 자료에 따르면, 서로마를 지배했던 카롤루스 1세Carolus Magnus, Charlemagne(800~814 재위)는 유해에 바치던 경배worship를 성화상에 바칠 필요가 없다는 입장을 분명히 나타냈다. "우리는 우리의 전통에 따라 성인의 몸, 또는 적어도 유해 일부나 유물을 공경venerate한다. 그러나 그들은 벽이나 판넬에 그려진 그림을 경배할 때 자신들의 신앙에 유익을 얻는다."[462] 이러한 언급에서 확인되는 바와 같이, 9세기까지 교회는 서방의 유해 공경과, 유해를 확보하기 어려웠던 동방의 성화상 공경으로 나뉘어 있었다.

바틀렛Bartlett의 연구에 따르면, 서방교회에서 성화상 공경은 성상 공경에서 시작되었다. 바틀렛은 성상이 유입된 시기를 9세기 이전으로 보며, 11~16세기 동안 도처에 성상이 세워졌다고 추정한다. 성화의 경우 1310년의 트리에르 회의Council of Trier에서 "모든 성당에서 제대의 앞과 뒤, 윗면에 제대와 연관된 성인의 그림이나 성상을 놓아야 한다"고 선언한 점으로 미루어보아 14세기에는 꽤 안정된 양상으로 대중신심에 정착한 것으로 보인다.[463]

한편, 유럽에 동방교회 이콘이 유입되는 시점은 십자군전쟁 발발 이후로 추정된다. 이콘을 둘러싼 소문과 기적에 관한 이야기들이 이탈리아와 크로아티아 달마티아 지역 공방에서 이콘과 유사한 작품을 만들게 되는 계기를 만들어주었다. 이 시기에 동방의 이콘 제작 기술자들이 서방(특히 피렌체 지역)으로 이주하여 기술을 전수했다고 본다. 그렇지만 동방교회 기법을 전수받은 공방 기술자들은 동방교회 이콘 제작이 요구하는 다양한 제약으로부터 벗어나 좀 더 자연스럽게 성화상를 그려내는 방향으로 성화상를 제작하게 된다. 이때부터 유럽의 성화상은 동방교회의 전통적이고 고유한 이콘의 특성을 벗어나 다양한 양식으로 표출된 성미술[聖觀想]을 전개했다.[464]

아퀴나스 신학에 나타나는 성화상 공경

한편, 성화상 공경은 13세기에 이슬람교로부터도 공격을 받고 있었다. 이에 아퀴나스Thomas Aquinas는 『신학대전*Summa Theologiae*』 3부 25문 3항과 『대이교도대전*Summa contra Gentiles*』 3부 119~121항을 통해 성화상 공경을 향한 이들의 공격을 방어한다.[465] 이때 『신학대전』에서는 성화상 공경을 향한 이교도(주로 이슬람교와 마니교)들의 공격을 신학적으로 방어했다. 이에 비해 『대이교도대전』에서는 성화상이 하느님을 흠숭하는 데 어떻게 도움을 주는지를 설명한다.

『신학대전』에서 아퀴나스는 성화상 공경을 논변할 때[466] 다마스쿠스의 요한의 신학적 입장을 계승한다. 즉, '공경veneratio'과 '흠숭latreia'을 구분하는 가운데 '상像에 바쳐진 존경은 원형에 닿는다imaginis honor ad prototypum pervenit'는 입장을 분명히 드러낸다. 이때 아퀴나스는 인간

토마스 아퀴나스 | Carlo Crivelli

정신의 두 가지 움직임을 제시한다. 그 하나는 특정한 어떤 것으로서의 상을 향한 인간 정신의 움직임이다. 또 다른 하나는 상을 향하지만 그 상에 나타나는 바를 넘는 그 어떤 것을 향하는 인간 정신의 움직임이다.

아퀴나스는 이러한 정신 활동의 구분을 우상숭배와 성화상 공경 그리고 흠숭을 구분하는 데 적용한다. 아퀴나스는 우상숭배를 금하는 성경 구절이 그 어떠한 상을 만들지 말라고 말하는 것이 아니라 그것을 경배하기 위해 상을 만드는 것을 금한다고 설명한다. 이 논리의 연장선에서 아퀴나스는, 다마스쿠스의 요한이 설파한 내용을 따라, 하느님의 육화를 성화상을 통해 하느님을 경배할 수 있는 근거로 제시한다.[467]

이어서 그는 상像을 만들고 공경을 바치는 신이 그 상 안에 현존한다고 여기고 물질적인 피조물인 상에게 공경을 바치는 것은 그릇되다고 밝힌다. 아퀴나스는 열매를 맺지 못하는 어둠의 일에 가담하지 말라(에페소서 5,11)는 성경의 가르침은 바로 이러한 행위를 의미하는 것이라고 말하면서 상을 통해 진정한 하느님이신 그리스도를 흠숭하는 것과의 차이를 분명히 짚어낸다.

이어서, 아퀴나스는 이러한 행위를 성화상 공경의 요지, 곧 하느님을 지향하는 상을 통해 물질로서의 상을 넘어 하느님에게로 향하는 흠숭을 바치는 것와 대비시키며 그 다름을 역설한다.

마지막으로 이교도들이 하느님께서 사도들을 통해 전해주신 바 이외에는 전하지 말라고 지적하는 부분에 대해 아퀴나스는 루카 성인이 예수의 그림을 그렸다는 점을 들어 성화 제작과 공경이 사도들로부터 이어지는 것이라고 강변한다.

한편, 아퀴나스는 『대이교도대전』에서 감각적인 사물과 감각적인 행위를 통해 인간 자신을 일깨워 우리의 의지가 하느님께로 향하고 하느님을 향한 사랑이 불붙게 된다고 설명한다. 여기서 그는 인간이 감각 경험을 통해 지식을 얻는 한에서 하느님께서는 모든 감감 대상 안에 신적神的인 것을 환기할 수 있도록 만들었다는 점에서 출발한다.[468] 이때 아퀴나스는 하느님을 보다 잘 알아차리기 위해 전례와 성사의 중요성을 강조한다. 하느님은 이를 필요로 하지 않지만, 인간이 하느님의 은총에 힘입어 하느님께 흠숭을 바칠 수 있다고 아퀴나스는 말한다.[469]

> 인간은 창조되었다는 특별한 혜택을 깨달으며 하느님께 무언가 특별한 것을 되돌려드려야 한다. 이것이 바로 흠숭의 경배이다. 흠숭은 봉사를 의미한다. 그러나 이 봉사는 하느님만이 받으실 수 있다.[470]

아퀴나스에 따르면, 인간은 육체적이고 감각적인 것을 통해 하느님께 고양될 수 있다. 그러나 이를 잘못 사용하면 필요 이상으로 이 대상에 정신을 빼앗기게 된다. 이 내용은 단지 그릇된 성화상 공경의 미신적 양태를 의미한다기보다 감각 대상으로부터 초월로 넘어가지 못하고 그에 머무르는 상태에 대한 경고로 이해할 수도 있다.

이상에서 살펴본 아퀴나스의 발언은 성화상 공경이 하느님을 흠숭함과 어떤 관계를 갖는지 보여준다. 여기서 성화상이라는 물질을 통해 보이지 않는 하느님을 향해 온전히 정신을 집중시키는 것은 양 방향으로 작용하는 운동이라고 말할 수 있다. 그 하나는 인간의 인식 구조로서 사물을 통해 하느님 인식에 다다르는 인간 지성의 활동이다. 온건한 실재론을 견지하는 아퀴나스에게서 인간이 하느님을 향해 나아가는 근본적인 원천은 하느님의 자기 전달이다. 이 때문에 또 다른 방향의 운동, 곧 인간이 인지할 수 있는 방식으로, 곧 인간이 되시어 인간에게 자신을 전달하고 알리는 운동은 육화이다.

이처럼 아퀴나스에게서 인간은 보이는 사물을 통해 하느님께 나아가며, 성화상은 보이지 않는 하느님을 향해 정신을 집중하고 가까이 나아가는 데 도움을 준다. 성화상이 가리키는 대상은 성화상 그 자체가 아니다. 성화상은 인간이 그 상을 넘어 그것이 가리키는 대상을 향해 나아가는 도구이다. 신앙인이 성화상을 공경하는 것은 그 성화상이 가리키는 대상과 같지 않지만, 그 대상을 공경하는 한에서 성화상을 공경하기 때문이다. 그러나 오직 하느님에게는 공경이 아닌 흠숭을 바친다.

성화상 파괴 사건과 종교개혁

아퀴나스의 노력에도 불구하고, 성화상 공경을 향한 공격은 여러 방면에서 일어났다. 동방교회를 향한 공격은 이슬람교와 서방교회에 의해 진행되었다. 바틀렛의 연구에 따르면, 이 중 서방교회의 동방교회 성화상 파괴는 9세기까지 행해졌다는 기록이 있다.[471] 이슬람교는 간헐적이지만, 지속적으로 동방교회 성화상을 파괴했다. 그중 대표적인 사건은 1453년 소피아 성당Hagia Sophia의 성화상에 회반죽을 바른 사건이었다.[472]

동방교회의 상황과 달리, 서방교회의 성화상 파괴는 서유럽 그리스도인들에 의해 행해졌다. 이는 12세기에서 14세기까지는 산발적으로 행해지다가, 16세기 초에 이르면 파괴적인 양상을 나타내며 진행되었다.[473] 이 시기 유럽 가톨릭교회를 향한 성화상파괴운동은 도시를 프로테스탄트화하는 작업 패턴으로서 지속적인 정책으로 전개되었다.

종교개혁자 중 대표적인 성화상 공경 반대론자이자 성상 파괴를 주장한 이들로, 에라스무스Desiderius Erasmus(1466~1563)와 칼슈타트Karlstadt, Andreas Rudolf Bodenstein von(1480~1541), 칼뱅Jean Calvin(1509~1564), 츠빙글리Ulrich Zwingli(1484~1531), 그리고 루터Martin Luther(1483~1546)를 꼽을 수 있다. 성화상 공경을 향한 이들 종교개혁자들의 공격적이고 파괴적인 태도는 당시의 성경 번역과 성경 보급이 맞물려 진행되었다. 그림을 통해 또는 사제의 도움을 통해 신앙의 내용을 전달받던 신자들은 문자를 통한 직접적인 신앙 내용 습득이 가능해지면서 새로운 국면에 접어들게 되었다. '신앙만으로, 성경만으로'라는 구호 아래 종교개

존 칼뱅 | John Calvin Museum | 1550

마르틴 루터 | Lucas Cranach d.Ä. | 1528

혁자들은 인간의 해석과 교회 제도의 권위가 첨가된 그 무엇들을 반대하는 목소리를 높였다. 그러나 종교개혁자들의 주된 비판은 가톨릭교회가 보여주었던 재정적인 부패와 성직자들의 도덕적 타락에 집중되었다. 성인 공경의 다양한 양상을 향한 종교개혁론자들의 공격은 이러한 목표를 실현하기 위한 방편이기도 했다.

종교개혁자 중 성화상에 부정적인 목소리를 낸 첫 인물로 에라스무스를 들 수 있다. 에라스무스가 성화상 공경을 반대한 것은 개인의 영혼과 하느님의 관계가 물질의 개입으로 훼손될 수 있다고 본 데 있었다. 네오플라톤주의를 표방했던 그는 신성한 원리인 인간이 영혼의 힘으로 천사의 단계 위로 고양되어 하느님과 합일한다는 내용을 담은 신학을 전개했다. 이러한 구도에서 물질적인 세계는 정신적인 세계를 왜곡한다고 간주되었고, 인간의 구원은 감각계를 초월하여 영적이고 순수 지성의 영역으로 진입함으로써 가능하다고 제시되었다.

이러한 에라스무스의 신학이 성화상 공경을 반대하는 것은 교회가 보여주는 부정적인 행태에 대한 반발로 모두 이해될 수 있는 성격을 넘어섰다. 그가 가장 큰 관심을 둔 점은 순수하고 내면적인 영성이었고, 이와 대척점에 선 신앙 행태 중 외면적인 요소를 강조하는 양상이 표적으로 설정되었다. 에라스무스가 크게 반발했던 지점은 수호성인을 위시한 성인 공경 양상이었다. 네오플라톤의 영향을 크게 받은 그의 신학에서 그리스도가 세상을 떠나고 성경을 인간에게 전해주었고, 성경의 언어로 나타나는 상징이 하느님을 그려내는 가장 훌륭한 표현으로 제시되었다.[474]

가장 대표적인 성화상 공경 반대자로 꼽히는 칼슈타트는 우상숭배 금지 계명을 성화상 공경에 적용하며 성화상파괴운동을 이끌었다.[475] 그에 따르면 오직 말씀만이 신자에게 유용하다. 이러한 말씀에 비해 육에 속한 이미지에는 원형이 존재할 수 없고, 물질적인 대상은 영적 실재를 객체화할 수 없다. 한편, 칼슈타트가 가톨릭교회의 성화상 공경과 함께 유해 공경을 비난할 때 주목했던 점은 성인을 향한 전구나 이미지 사용이 하느님과의 직접적인 만남을 방해한다는 데 있었다.[476]

이에 비해, 루터가 제기한 성화상 공경의 문제점은 성화상 공경이 사치스러운 교회를 만들어낸다는 점이었다. 물론 루터도 성화상 공경을 반대했지만[477] 그는 칼슈타트가 사용한 방법이나 입장에 반대 의사를 표명했다. 루터는 '오직 신앙만으로'를 강조하면서 마음속의 우상을 파괴하는 일이 칼슈타트가 전개한 우상 파괴에 선행되어야 한다는 입장을 견지했다.

이러한 입장에 섰던 루터는 숭배의 대상이 되지 않는 그림이나 성상은 반대하지 않았다.[478] 오히려 그는 성경의 내용을 그림으로 묘사하는 것은 성경의 글과 유사한 방법으로 하느님의 구원을 상기시킨다고 보았다.[479] 루터가 칼슈타트에 대해 비판한 점은 성상 파괴가 국가 권력 붕괴나 그리스도교의 목적 혼란을 초래할 수 있다는 점에 있었다. 루터는 이러한 행태가 율법주의나 공로주의만큼이나 개인의 자유를 억압하는 것이므로, 파괴보다는 설교를 통해 생각을 변화시켜 개개인이 성상 공경을 버리도록 인도해야 한다고 주장했다.[480]

한편, 칼뱅은 공격적인 성상 파괴론자이지만 그 논리 전개에 있어서 칼슈타트나 루터와 다른 길을 택했다. 칼슈타트가 성경에 대한 문자적 이해를 통해 우상숭배를 성화상 공경과 연결시킨 것과 달리, 칼뱅은 원죄와 창조 이해에 성화상 공경을 연결시킨다. 칼뱅에 따르면, 인간 안에는 진리를 추구하는 경향과 영적인 타락을 향하는 경향이 모두 있다. 전자는 '하느님에 대한 감각sensus divinitatis' 또는 '종교의 씨앗semen religionis'이다. 그런데 칼뱅은 아담으로 인해 모든 인간이 지게 된 원죄가 종교의 씨앗을 악으로 물들이는 경우를 성화상 공경에 연결시킨다. '성화상 공경과 미신은 원죄에 물든 종교의 씨앗과 하느님에 대한 감각의 결과이다.'[481]

칼뱅은 인간이 이처럼 우상을 창조하거나 성화상을 제작하고 숭배하는 것을 육이 지닌 특성으로 보았다. 그에 따르면 죄의 상태에 있는 인간은 성경에서 계시된 것을 따르기보다 자신의 상상을 따라 이미지를 만들려 하는데, 이미지를 만드는 것은 하느님께서 우리에게 주신 것을 인간이 만든 것으로 대체하는 것을 의미한다.

칼뱅이 문제 삼았던 것은 예술가들의 일반적인 초상화가 아니었다. 실상 그의 미학은 동방교회의 미학과 매우 유사하게 전개되었다. 아름다움은 하느님의 현존을 보여주었다. 이러한 칼뱅이 성화상 공경 반대론자로 부상한 것은 그림이 영적인 예배를 훼손하고 하느님의

영광을 희화화할 수 있다고 우려했기 때문이다.[482]

칼뱅에 따르면, 이처럼 상을 만드는 것은 하느님을 조정하려는 죄스러운 인간의 마음이다. 인간은 하느님이 자신의 요구에 응답하기를 원하고 이렇게 갈망하는 바가 있을 때 상을 만든다.[483] 칼뱅은 이러한 논리에 근거하여 성상 파괴를 이끌었다.[484] 칼뱅은 이때 모든 성화상 공경은 인간을 영적인 진정한 하느님 숭배로부터 소외시킨다는 논리를 갈파했다.

이러한 종교개혁자들에 비해 츠빙글리는 성인 공경을 예수의 유일한 중재성을 침해하는 신심으로 규정하고,[485] 성인 숭배가 없어지지 않는 한, 성화상 공경도 사라지지 않는다고 주장했다.[486] 츠빙글리는 온건한 실재론을 비판하며 하느님은 그 어떠한 상으로도 담아낼 수 없는 존재라고 설파했다. 더 나아가 츠빙글리는 그리스도와 성모 마리아와 성인들의 성화상이나 성상들이 숭배의 대상이므로 제거되어야 한다고 주장했다.[487]

공경과 흠숭

이상의 내용에서 파악되듯이, 가톨릭교회와 프로테스탄트 교회를 가르는 지점에 성화상 공경이 자리 잡고 있다. 보다 정확히 말하자면, 성인 공경과 유해 공경과 더불어 성화상 공경이 가톨릭교회와 프로테스탄트 교회를 가르는 선에 놓여 있다. 이는 신학적으로 볼 때, 성인과의 통공Communio Sanctorum, 공경, 흠숭 등에 대해 양자 간에 분명하게 다른 신학적 입장을 견지하는 데서 비롯된 결과이다.

종교개혁이 일어날 당시의 교회 상황을 고려할 때, 종교개혁자들의 초점이 교회 지도자들의 영향력을 최소화하는 데 있었다고 말할 수 있다. '오직 성경만으로', '오직 신앙만으로'라는 그들의 외침은 매개 없이 신앙인에게 직접 다가오는 하느님의 활동을 강조했다. 이러한 노선에서 사제와 관련된 성체 변화나 성사 등이 부정되었고, 그와 연관하여 성인과 유해 및 성화상 공경은 우상숭배의 연장선에서 맹렬한 공격을 받았다.

신학적으로 볼 때, 오랜 기간 동안 진행된 성화상 논쟁은 분명한 지침을 지닌다. 이 지침은 종교개혁자들이 출현하기 이전에 확립되었고, 이후 유의미한 변화를 겪지 않은 교회의 입장으로 제시되고 있다. 이 입장에 견주어볼 때, 칼슈타트와 칼뱅, 루터의 비판은 교회의 지침을 크게 뒤바꿀 만한 내용을 담지 않는다고 말할 수 있다. 구약성경의 우상숭배 조항에 천착했던 칼슈타트의 비판이나, 원죄 이해에 근거하여 이미지가 종교의 씨앗을 훼손한다고 보았던 칼뱅, 온전히 하느님에게 집중하기를 설파했던 루터의 주장은 성인과 유해 및 성화상 공경에 대한 교도권의 가르침 형성 과정에서 이미 반성적으로 성찰되었다고 볼 수 있기 때문이다.[488] 구약성경에 대한 성서신학적 접근을 통해서뿐 아니라 육화에 대한 이해 및 상징과 성사에 대한 교의신학적 논의를 통해 이들의 비판은 교회 문헌에 근거하여 반박할 수 있다.

앞에서 살펴본 바와 같이, 공경과 흠숭의 구별이 나타난 첫 문헌은 인용문에 나타난 제2차 니케아 공의회의 교령 「성화상에 관한 교의적 정의Definitio de sacris Imaginibus」(787년)이다. '화상에 표하는 공경proskynesis은 묘시된 원상에만 합당하며 하느님과 그리스도에게만 합당한 흠숭latreia과는 당연히 구별되어야 한다."[489]

이러한 2차 니케아 공의회의 입장은 이후의 성인 공경에 대한 이해를 관통한다. 교회는 트리엔트 공의회(1563년 25차 회기)를 통해 성인 유해 공경의 입장을 자세하고 분명하게 선언한다. 이 공의회가 종교개혁론자들의 공격에 대해 교회의 입장을 표명한 점을 고려할 때 다음 인용문의 취지를 이해할 수 있다.[490]

> 그러므로 주교들은 그림이나 그 밖의 초상 안에 표현된 우리 구원의 신비 역사를 통하여 백성이 신앙 조문을 기억하고 그것을 항구하게 상기하도록 교육받고 굳건해지도록 주의 깊게 가르쳐야 한다. 그렇게 한다면 백성이 그리스도에게서 선사된 은혜와 선물들을 기억할 뿐만 아니라, 성인들을 통하여 하느님의 기적과 유익한 모범들을 신자들의 눈앞에 보여주기 때문에, 모든 성화상들로부터 엄청난 이익을 얻게 될 것이다. 그렇게 함으로써 신자들이 이에 대해 하느님께 감사드리고, 성인들의 모범에 따라 자신들의 생활과 습관을 바로잡으며, 하느님을 흠숭하고 사랑하며, 신심을 기르는 데에 고무될 것이다. 만일 이러한 교령에 반대되는 것을 가르치거나 생각하는 자는 파문될 것이다.[491]

이 전통을 이어받아 제2차 바티칸 공의회는, "교회 안에서는 전통에 따라 성인들을 공경하고, 그들의 진정한 유해와 성화상도 존중한다"고 상기시킨다.[492] 또한 제2차 바티칸 공의회는 "교회 안에서는 전통에 따라 성인들을 공경하고, 그들의 진정한 유해와 성화상도 존중한다"고 선언한다.[493]

소결

'천주교 신자들은 인간인 마리아를 신처럼 받들고 기도하고, 성인이라는 귀신을 불러 소원을 들어달라고 청하는 우상숭배자들이다'라는 일부 개신교 신자들의 발언을 마음에 담고 시작한 고민을 담고 이 주제를 잡았다. 이 주제를 풀어가기 위해 이 장에서는 성화상과 성화상 공경의 기원 및 발전 과정, 성화상 파괴 사건을 둘러싼 신학적, 정치적 논점을 살펴보고, 교회 교도권의 가르침을 정리하였다. 또한 프로테스탄트 계열 신학자들이 성화상 공경을 어떤 논리로 비판하는지도 간단히 살펴보았다.

이번 장에서 우리는 공경과 흠숭에 관한 구분과 하느님의 육화가 성화상 공경의 신학적 기반을 제공한다는 점을 확인했다. 더불어 성화상 공경을 둘러싼 논쟁이 순수한 신학적 논쟁이 아니었다는 사실도 확인할 수 있었다. 성화상 공경을 둘러싼 갈등에는 신학적인 요소 이외에 교황과 황제, 수도원과 교황의 갈등과 같은 복잡한 요소들이 작용했다.

오랜 갈등 끝에 정립된 성화상 공경에 관한 교도권의 지침은 성화상을 통해 성인의 모범을 따라 하느님의 신비에 다가갈 수 있도록 우리를 이끌어주고 있다. 그렇지만 교회의 가르침은 성화상 공경이 미신적, 기복적 신심 양태를 분명히 경계한다. 그 어떠한 이미지도 성화상이 표현하려는 대상과 일치한다고 말할 수 없다. 우리의 공경은 이미지를 넘어 이미지로 담아낼 수 없는 대상을 향한다. 성화상 공경은 보이지 않는 하느님을 이해하고 느끼며 더 친밀한 관계로 다가가려는 인간의 노력을 담아낸다.

천주교 신자는 하느님과 삼위일체 그리고 각각의 위격을 흠숭하고, 성모 마리아에게는 상경지례上敬之禮를, 성인에게는 공경지례恭敬之禮를 표한다. 이때 상경지례와 공경지례는 흠숭에 비해 공경이라는 점에서 공통분모를 가지지만, 전자는 특별하고 효성 지극한 공경으로, 후자는 참되고 올바른 경배라는 점에서 구분될 수 있다.[494] 이때 우리가 성인을 공경함은 성인들이 신자들로 하여금 본받을 수 있는 신앙의 모범을 제시했기 때문이다. 천주교 신자는 성인과의 '통공'을 믿으며 성인들의 '전구'를 구한다.

성화상은 그 원형으로서 예수 그리스도를 상징하며 신자들로 하여금 '그리스도이신 예수'를 보다 잘 인식하고 집중하며 친밀한 관계 안으로 들어가는 것을 돕는다고 말할 수 있다. 이는 성화상이 단순히 교리나 성경의 내용을 보다 쉽게 교육시키는 점에서뿐 아니라, 인간의 모든 감각을 활용하여 보이지 않는 하느님의 현존과 활동을 감지하고 이해하는 것을 도와준다는 것을 의미한다. 이 때문에 우리는 성화상이 하느님의 은총을 전달하는 도구라고 말할 수 있다.

천주교 신자로서 성모상이나 김대건 신부 동상을 향해 꾸벅 절하는 것은 그 동상 자체에 대한 공경을 의미하지 않는다. 가톨릭 신자들이 성화상 자체를 공경하지 않는다고 분명하게 주장할 수 있다. 또한 성화상이 표현하려 하는 대상에 대해 하느님에게 바치는 흠숭을 바치지 않는다고 분명하게 말할 수 있다.

제3장

교회 문헌에 나타나는 순교자 공경

교회 문헌에 나타나는 순교자 공경

한국 천주교회의 순교자 공경을 둘러싼 논의

성 김대건 신부 유해 일부를 판매한다는 기사가 교회와 사회에 큰 충격을 던졌다. 이 사건이 교회에게 성인의 유해가 부실하게 관리되고 매물이 되었다는 점이 충격을 주었다면, 일반 사회인들에게는 유해가 잘게 나누어지고 고가에 판매될 만큼 소중하게 여겨진다는 점이 충격을 주었다고 말할 수 있다. 이러한 반응에는 천주교 신자들이 성인의 유해를 왜, 그리고 어떤 자세로 공경하는지에 대한 궁금함도 담겨 있다.

널리 알려진 바와 같이 교회 안에서 성인의 유해를 관리하고 공경하는 방식에 대한 분명한 가르침과 법안이 존재한다. 교회법 제1190조는 '거룩한 유해는 팔 수 없고 사도좌의 허가 없이는 양도될 수 없으며 영구히 이전될 수도 없다'고 엄격히 규정하고 있다. 이러한 교회법과 교회의 가르침은 유해 관리에 국한되지 않고 시성의 조건과 성지 규정, 순례의 의미, 성화상과 유해 공경 등 순교자 공경의 주요한 내용을 다룬다.

한편, 순교의 피로 세워진 한국 천주교회에서 순교자 공경은 결코 간과할 수 없는 신심의 영역을 차지한다. 여기에는 축일 전례뿐 아니라 성화상과 유해 공경 및 성지순례가 포함된다. 이 모두는 한국 천주교 신자들의 신앙생활에서 매우 큰 비중을 차지한다. 이런 점에서 신자뿐 아니라 성지 사목 책임자들이 교회의 가르침을 분명하게 인지할 필요성이 드러난다. 이 내용은 물론 사목 일선에서 전달되기도 하고, 관련 문헌이 번역되어 출판되기도 하지만, 하나의 글 안에 순교자 공경과 관련된 교회의 가르침이 정리된 경우를 찾아보기는 어렵다.

최근 들어 불교와 개신교 진영에서도 성지를 개발하고 순례 프로그램을 적극적으로 활용하는 분위기가 뚜렷이 감지된다. 개신교가 종교개혁 당시 가톨릭교회에 가했던 비판을 반영할 때 다소 의아한 느낌을 전해준다. 불교의 경우, 문화유적지와 연관되어 순례관광 프로그램 개발을 활발하게 진행하고 있다. 이러한 추세는 지금까지 살펴본 가톨릭교회의 순교자 공경에 많은 시사점을 안겨준다.

한국관광공사가 2021년 8월에 발표한 '한류 성지순례' 관광 콘텐츠 개발 제안 요청서에 나타난 '성지순례'는 국립국어원이 발간한 표준국어대사전이 제시한 어의[495]와 일치하지 않는다. 여기서 성지순례는 한류 인기를 주도하는 대중문화인과 관련하여 팬들의 방문을 예상할 수 있는 지역(성지)을 돌아볼 수 있는(순례) 프로그램을 의미한다. 여기서 보이는 바와 같이, 순례의 의미를 '신앙의 목적으로 역사적인 장소를 방문하여 신앙을 성장시키는 활동'으로 국한시킬 수 없는 분위기 속에서 순례관광이라는 용어가 점차 상용화되어간다.

순례관광pilgrimage tourism, 종교관광religious tourism, 유산관광heritage tourism, 영적관광spiritual tourism,[496] 신앙관광faith tourism, 성스러운 관광sacred tourism 등 관광을 종교의 성스러운 측면과 연결시키려는 다양한 시도가 오늘 우리 사회에서 발견된다. 물론 순례와 관광을 병렬적으로 연결시키는 시도에 대한 반론과 비판도 적지 않다. 우리나라에서는 이론적인 측면에서 순례와 관광이 연결될 수 있는지를 연구 분석하는 논문보다는, 순례관광이라는 틀 안에서 순례지를 방문하는 이들에 대한 관광학적 분석과 해석이 주를 이루는 상황이다.[497] 그런데 서구 사회에서 발표되는 연구에서 순례-관광에 대한 이해[498]는 역사적, 신학적인 깊이가 있는 반면, 한국에서 발표된 순례관광 또는 종교관광이나 순례와 관광의 관련성을 살피는 과정에서 가톨릭교회의 순례를 깊이 있게 이해하는 모습이 보이지 않는다.

국내 가톨릭 신학계에서 순례신학이나 순례 영성 또는 순례 사목[499]에 대한 연구는 미진하다. 가톨릭 내에 성지에 관한 연구는 구본식의 「가톨릭교회의 성지순례-기원과 중세기의 순례 중심으로」[500]와 이기락의 「신앙생활과 성지순례-순례 사목을 중심으로」[501]를 꼽을 수 있다. 구본식의 연구는 역사적인 관점에서 구약에 나타난 순례부터 중세기의 순례까지 순례 양상이 변화된 과정을 정리했다. 구본식은 순례에 관한 기존 연구서에 의존하는 가운데 사회정치적 변화가 순례에 미친 영향과 순례가 성해聖骸 공경과 맞물려 빚어낸 양상을 함께 정리했다. 이에 비해, 이기락의 연구는 사목 현장에서 순례를 지도하는 위치에 서서, 기억과 참회, 성사와 신심 행사 참여를 중심으로 순례를 조명한다. 이기락은 우리나라에서 시행되는 관광이나 여행 차원의 순례지 방문 양상을 비판적이며 반성적인 시각으로 바라보았다. 이러한 사전 작업을 거쳐 이기락은 성지에서 순례자들을 위한 전례를 어떻게 구성하며 순례자들은 어떠한 마음으로 어떻게 순례에 참여해야 하는지에 대한 구체적인 안을 제시한다.

구본식과 이기락의 논문은 우리나라 천주교 신자들의 순례에서 감지되는 문제점들을 극복하려는 귀중한 사목적 노력으로 볼 수 있다. 이러한 점에서 조발그니의 논문 「전환 학습 관점에서 본 성인 신앙교육으로서 성지순례」도 사목적 관심에 집중한 연구로 볼 수 있다. 조발그니는 종교 교육에 집중하는 가운데 성지순례를 종교적 경험과 회심, 의사소통으로의 초대, 영성 교육의 장으로 이해할 수 있는 근거를 정리한다. 이처럼 사목적 관심에서 출발한 이들의 연구에서 순례와 순례 영성, 순례 사목에 대한 교회의 가르침이 분석되지 않고, 순례의 신학적 기반이 정리되지 않은 것은 현장에서 드러나는 문제에 대한 대응 방안 모색에 주요 관심이 놓였기 때문이라 보인다.

이처럼 순례와 관광이 맞물리는 지점에 서서 가톨릭교회의 순례지가 관광지인지 또는 가톨릭 신자의 성지순례가 관광활동으로 분류될 수 있는지를 자문해 본다. 특히 순례관광에 집중하는 관광업계의 조류와 더불어, 성지를 관광자원으로 규정하고 거대한 자금을 지원하는 정부의 관광 담당 부서 활동을 바라보며 성지와 순례의 의미를 되묻게 된다. 그런데 이 질문은 순례지를 관광자원으로 바라보는 교회 밖의 사람들을 향하지 않는다. 이러한 문제 제기는 그보다 근본적으로 성지순례가 어떤 활동으로 채워져야 하는지, 성지 개발은 성지 스스로의 어떠한 자의식을 딛고 진행되어야 하는지에 관한 교회 내부의 질문으로 볼 수 있다.

아래의 내용에서는 교회 문헌에 나타나는 순교와 순교자 공경 및 순례지 그리고 순례 사목을 살펴볼 것이다. 여기서는 교회 문헌의 발표 시기에 특별한 의미를 두지 않고 관련 주제에 관한 내용을 추출하는 방식으로 사용될 것이다. 이는 제2차 바티칸 공의회가 순례에 대한 신학적 이해의 닻을 내린 이후 유의미한 입장 변화가 제시되었다고 볼 근거가 없고, 공의회 이후 발표된 문헌이 공의회 신학을 따름을 부정할 수 없기 때문이다. 또한 대상 문헌에서 인용한 자료의 경우 문헌 인용 언급 없이 원본 자료를 제시하기로 한다. 이는 내용의 원출처를 제시함이 연구자나 사목 담당자에게 더 큰 도움이 되리라 생각하기 때문이다.

- 제2차 바티칸 공의회 전례헌장 「거룩한 공의회」(1963.12.4.)
- 제2차 바티칸 공의회 교회에 관한 교의헌장 「인류의 빛」(1964.11.21.)
- 제2차 바티칸 공의회 계시헌장 「하느님의 말씀」(1965.11.18.)
- 제2차 바티칸 공의회 사목헌장 「기쁨과 희망」(1965.12.7.)
- 2000년 대희년 중앙위원회 새순교자위원 「순교자에 대한 성찰과 지침」[502](1996.9.18.)
- 교황청 이주사목평의회 『대희년의 순례*The Pilgrimage in the Great Jubilee*』[503](1998.4.25.)
- 교황 요한 바오로 2세의 교서 『구원 역사와 관련된 장소의 순례에 관하여*Concerning Pilgrimage to the Places Linked to the History of Salvation*』[504](199.6.25.)
- 교황청 이주사목위원회 『순례지: 살아계시는 하느님에 대한 기억, 하느님의 현존, 그리고 하느님의 예언*The Shrine: Memory, Presence and Prophecy of the Living God*』(1999.5.8.)[505]
- 교황청 경신성사성 『대중신심과 전례에 관한 지도서*Directory on Popular Piety and the Liturgy: Principles and Guidelines*』(2001.12.17.)[506]
- 교황청 시성성 훈령 『교회의 유해: 진정성과 보존*Le Reliquie nella Chiesa: Autenticità e Conservazione*』[507](2017.12.8.)

- 교황청 이주사목평의회 「제2차 아시아성지순례 사목대회 최종문헌Final Document, Pilgrimages and Shrines, Gifts of God-Love in Asia Today, the Second Asian Congress on the Pastoral Care of Pilgrimages and Shrines」(2005.11.23.)
- 교황 베네딕토 16세, 「세계 순례와 순례지 사목대회에 즈음한 서한(43호) Letter of His Holiness Benedict XVI on the Occasion of the Second World Congress on the Pastoral Care of Pilgrimages and Shrines」(2010.9.8.)
- 교황교서 『교회의 순례지*Sanctuarium in Ecclesia*』(2017.2.11.)

순교와 순교 성인에 대한 교회의 가르침

교황 요한 바오로 2세는 대희년을 준비하기 위해 발표한 교서 「제3천년기」를 통해 '현대의 순교자 목록을 작성한다'고 밝혔다. 그 발표의 배경에는 두 차례의 세계대전과 나치의 학살, 공산주의 혁명, 인종과 종교 간 분쟁, 독재정권의 민주화 운동 탄압 등으로 희생당한 그리스도인을 기억하려는 교회의 인식이 놓여 있다.

이 문서에서 교황은 '하느님의 위대한 뜻을 위해 싸우는 일명 무명용사들'을 언급하며 에큐메니칼교회를 위한 초석을 마련했다. 이 문헌은 진리에 대한 신중한 식별과 용기 있는 증언을 하면서 서로 존중하고 진심에서 우러나오는 개방적인 대화를 권고하는 제2차 바티칸 공의회 문헌을 짚으며 정교회와 성공회, 프로테스탄트를 아우르는 신앙의 증인으로 눈을 넓혔다. 이에 따라 한국 교회에서는 1901년 제주 교난과 6·25전쟁 등 격변기의 한국 현대사 속에서 신앙과 양심을 증거하기 위해 목숨을 바친 현대의 순교자 명단을 마련하여 보고했다.

이러한 과정 및 결과가 우리에게 주는 의미는 고전적인 순교 이해의 변화에 있다. 이러한 변화에 주목하며 여기에서는 교회가 순교를 어떻게 정의하며, 순교자로 인정받기 위한 조건을 어떻게 제시하는지를 정리하려 한다.

교회 문헌에 나타나는 순교의 정의는 분명하다. 순교는 그리스도교 신앙이나 그 신앙과 관련된 다른 덕행의 실천을 위하여 자발적으로 죽음을 받아들이는 것이다.[508] 이러한 순교 이해 안에는 '가해加害'라는 질료적 요인과 죽음까지도 받아들이려는 신앙의 의지가 결합되어 있다.[509]

이를 법률적 측면에서 상술한 내용에 따르면, 순교의 구성 요소는 박해받는 이가 죽임을 당했다는 사실과 죽인 이가 신앙에 대한 배척 때문에 그러한 행동을 했다는 사실, 그리고 순교자가 신앙을 위해 자진해서 죽음을 받아들였다는 사실이다.[510] 표면적으로 볼 때 이 내용은 고전적인 순교 이해와 차이를 보이지 않는다.

그런데 교회는 두 번째 요소와 관련하여 교리만이 아니라 신앙이 요구하는 덕행의 실천, 곧 그리스도교 신앙과 일치하는 삶이 죽음을 불러왔다면 순교로 인정하는 점을 분명히 밝힌다.[511] 이러한 규정은 아우슈비츠 감옥에서 동료를 대신하여 죽음을 택한 막시밀리아노 마리아 콜베Maksymilian Maria Kolbe(1894~1941) 신부나 신앙에 따라 독재에 저항하는 과정에서 죽어간 이들의 죽음, 더 나아가 안중근 의사의 죽음을 순교로 이해할 여지를 제공한다고 말할 수 있다.

교회는 또한 목숨을 지키기 위해 도망가거나 은신하는 시도가 순교 인정에 장애가 되지 않는다는 점도 명확하게 밝힌다. 다만 사제가 신자들을 버리고 도망가는 경우는 그 사안에 해당되지 않는다. 교회는 분명한 목소리로 '오히려 모든 그리스도인은 자기 목숨을 구하려고 노력할 의무가 있으며, 충분한 이유 없이 무모하게 박해자들에게 도전하는 태도는 비난받을 것이다'라고 못 박는다.[512] 교회는 사목자가 신자들을 버리는 경우를 제외하면, 완전한 그리스도교적 삶의 실천이 죽음이라는 결과를 가져올 수 있다는 사실을 인식하는 것만으로도 순교의 조건을 채운다고 설명한다.[513]

또한 교회는 총살이나 교수형과 같이 박해로 인해 즉시 사망하는 경우뿐 아니라 박해 사실과 죽음 간의 인과관계가 입증될 때 순교 인정에 문제가 없음을 밝힌다.[514] 이와 더불어 목격자와 관련하여 교회는 마지막 목격자나 직접적인 증거를 통한 입증이 불가능한 상황이더라도 순교자가 신앙을 위해 자기 목숨까지 바칠 각오가 되어 있었으며, 또한 그러한 생각으로 끝까지 견디어냈다는 강한 확신에 이르는 데 도움이 될 증거를 모아야 한다고 조언한다.[515]

한편, 교회는 순교의 정의와 더불어 그 의미를 설명하면서 순교가 하느님의 은총으로 주어진 선물임을 확실하게 선언한다. 순교자 공경과 관련하여 제시되는 「순교자에 관한 성찰과 지침」[516]에 나타나는 순교는 『가톨릭교회 교리서』 2373항의 내용을 재확인한다. '순교는 신앙의 진리에 대한 최상의 증언이다. 순교란 죽음에까지 이르는 증언을 가리킨다. 순교자는 자신과 사랑으로 결합된 그리스도, 돌아가시고 부활하신 그리스도를 증언한다.'

이러한 교회의 입장은 제2차 바티칸 공의회 「교회에 관한 교의헌장」, 제5장 42항에서 발견된다. '세상의 구원을 위하여 기꺼이 죽임을 당하신 스승을 본받고 스승을 닮아 피를 흘리는 제자의 순교는 교회에서 최상의 은혜요 사랑의 최고 증명이라고 여기는 것이다.' 이러한 교회의 가르침에서 우리는 순교자 공경이 그리스도로 수렴되게 하려는 교회의 노력을 감지할 수 있다.

그런데 교회의 가르침에 따르면, 순교는 인간의 행위만으로 이루어지는 결실이 아니라 은총의 행위이다. 하느님은 모든 사람을 증언하라고 부르시지만 단지 일부만이 공공연하게 그분을 증언하도록 부름받는다. 은총은 그러한 증거의 초대일 뿐만 아니라 증거의 행위에 깃들여 있다. 이 지고한 행위를 위하여 선택된 모든 그리스도인은 성령의 활동에 온전히 순종하며, 이미 신적인 차원에 살면서 자신의 몸을 찢는 고통에 개의하지 않고 시험을 견디어낸다.[517]

이에 기반을 두고, 교회는 순교가 인간의 힘에 달려 있지 않다는 의미에서, 인간적인 결심의 결실이 아니라 은총의 행위이며, 순교자는 그리스도께 대한 사랑을 최상으로 증언하도록 부름받은 선택된 사람이라고 말한다.[518] 이처럼 교회가 제시하는 순교는, 순교라는 지고한 행위로 부름받은 그리스도인들이 성령께 순종하여 그리스도께 자신을 봉헌하는, 그리스도께 대한 최상의 사랑의 증언[519]으로 규정된다.

교회가 순교자 공경을 그리스도에 대한 신앙과 헌신으로 모아들이는 노력은 순교자를 이해하는 데서도 다시 한번 확인된다.

> 순교자는 다른 모든 가치를 요약하는 위대한 사랑의 표징입니다. 순교자의 삶은 십자가 위에서 "아버지, 저 사람들을 용서하여 주십시오. 그들은 자기가 하는 일을 모르고 있습니다"라고 외치셨던 그리스도의 고귀하신 말씀을 반영합니다. 순교의 가능성에 대하여 성경에 언급된 것을 포함하여 그리스도인으로서 자신의 소명을 깊이 묵상한 신자라면 자신의 삶의 지평에서 순교를 배제할 수 없을 것입니다.(강생의 신비 13항)

인용한 위 구문에서 주의를 끄는 점은 순교자라는 개별 인간의 삶과 행위를 보기보다 그리스도의 은총에 힘입어 그리스도를 따를 수 있었던 은총과, 그 은총의 근원인 예수 그리스도를 바라보도록 이끄는 교회의 목소리이다. 교회가 순교자에게 전구를 청하며 순교자를 통해 그리스도를 찬미하도록 이끎으로써 순교자가 흠숭의 대상으로 간주되거나 초인간적이며 신비한 힘을 가진 존재로 받아들여지는 것을 경계하고 있다고 말할 수 있다.

전례를 통한 순교자 공경에 대한 교회의 가르침

이러한 이해에 바탕하여 우리는 교회가 순교자들 공경의 이유에 대한 교회의 설명을 받아들일 수 있다. '세계 구석구석의 모든 교회는 순교자들의 증거에 주목하며 앞다투어 그들에 대한 기억을 보존해야 할 것입니다. … 신자들의 가슴속에 용솟음치는 순교에 대한 찬양이, 상황이 이를 요구한다면 하느님의 은총으로 순교자들을 뒤따라가겠다는 열망으로 이어지기를 빕니다.'[520]

교회는 성인 특히 순교자 성인 공경이 오래된 교회 현상으로서 성경와 2세기 초반의 교회 관습에 뿌리를 두고 있음을 상기시킨다.[521] 즉 순교자 공경이 교회가 영웅을 만들어 제시하거나 일부 학자들의 주장처럼 교회 성장과 내부 결속력 증진을 위해 순교자를 기념하고 공경했다는 입장과 큰 거리를 둔다.[522] 이때 교회는 순교자 공경이 그들의 모범을 신자들에게 보여주고 전구를 청하는 데 있다[523]고 가르치는 제2차 바티칸 공의회의 「전례헌장」 내용을 인용한다.

교회의 가르침에 따르면, 성인들의 통공은 그리스도 안에 머물면서 그분의 성령을 지니는 모든 사람은 하나의 교회를 이루며 그분 안에서 하나로 일치된다는 것을 나타낸다. 이러한 가르침은 성인의 삶과 죽음, 그들에 대한 공경이 그리스도의 중개와 관련되어 이해되어야 하는 하위의 중재들임을 재차 반복하고 있다.

> 교회가 순교 성인을 기억하고 공경을 표하는 것은 그들이 하느님의 특별한 은총과 계획 안에서 탄생하고, 하느님의 뜻에 순종한 신앙의 모범이기 때문이다. 순교자들은 보편적 성화 소명의 역사적 증인이다. 성인은 그리스도의 구속의 탁월한 열매이며, 하느님께서 모든 시대와 모든 민족 사이에서, 지극히 다양한 사회문화적 환경과 생활 신분에 있는 당신 자녀를 그리스도의 완전성으로 부르신다는 증거이며 기록이다. 이것이 교회가 성인들을 신자에게 제시하여 가르치려는 우선적인 내용이다.[524]

또한 이와 더불어, 순교 성인은 여러 의미를 갖는 한에서 신자들의 공경을 받을 수 있다고 교회는 말한다. 그 하나는 성인과 복자가 그리스도의 모범적인 제자들이며 따라서 복음 생활의 모범이라는 점이다. 더 나아가 교회는 성인과 복자가 하느님의 영광과 자비를 끊임없이 노래하는 천상 예루살렘의 시민이며, 이 세상에서 아버지께로 가는 파스카 여정은 이미 그들 안에서 이루어졌다고 가르친다.

그 연장선에서 교회는 순교자 공경을 순례하는 교회와 연결시킴으로써 그들이 우리가 이 세상에서 걸어나가는 신앙순례 여정의 동반자임을 보여준다. '성인과 복자는 아직도 지상을 순례하는 신자들의 중재자이자 벗이다. 그들은 이미 하느님의 행복에 도취하였으며,

형제자매들의 요구를 잘 알고 기도와 보호로써 그들의 순례 여정에 동행한다.'[525]

그런데 우리의 관심을 끄는 부분은 교회가 성인과 복자에 대한 대중신심 발자취를 바라보는 시각이다. 외국의 교회 마을에서 볼 수 있듯이 많은 순교 성인들이 마을의 수호성인으로 받들어지고 그 삶과 관련한 축제와 신심 등이 활발하게 반복적으로 재현되고 실천되는 장면이 떠오를 수 있다. 교회는 이처럼 대중 안에서 전해 내려온 순교자 공경의 양상을 비난하거나 물리치지 않고 그대로 받아들이는 태도를 보여준다. '성인과 복자는 그들이 세운 지역 교회의 수호자이며, 모범적인 목자이고 국가의 수호자, 곧 그 국가를 그리스도교로 개종시킨 사도들이거나 국가의 정체성을 나타내는 인물들이며, 단체와 직업의 수호자, 출산의 수호자 등이다.'

한편, 『로마 전례서』를 통해 전례 안으로 흡수된 순교자 공경 예식의 방향은 『로마 전례서』의 성인 감사송에서 그 실체를 드러낸다. '아버지께서는 성인들의 삶을 저희에게 모범으로 주시고 저희가 성인들과 하나 되게 하시며 그 기도의 도움을 받게 하시나이다.' 이 기도문은 성인이 신앙의 모범이며 전구를 청하는 대상임을 선명하게 부각시키는 기도로 볼 수 있다.[526]

이처럼 교회가 제시하는 성인 공경의 궁극적 목적은 자신의 삶을 온전히 하느님의 뜻에 일치시키고 주님의 탁월한 제자였던 사람들의 덕을 본받음으로써 하느님께 영광을 드리고 인간을 성화시키는 데 있다.[527] 교회 전례의 궁극적인 목적이 그리스도를 통하여 성령 안에서 하느님께 바쳐지는 흠숭의 예배라면, 성인은 이러한 전례 안에서 기억됨으로써 하느님의 뜻에 일치하려는 우리의 의지를 도와주는 분이라고 설명할 수 있다.

이렇게 말함으로써 교회가 강조하려는 바는 진정한 성인 공경이 단지 전구를 청하거나 기적을 바라는 데 있는 것이 아니라는 것이다. 성인 공경은 그들처럼 우리도 우리 안에 활동하시는 성령의 손길을 분명히 잡고 그리스도인다운 삶에 전념함으로써 하느님의 사랑을 강렬하게 실천하고 증거해야 한다는 내용을 담아야 한다.[528] 그 연장선에서 행해지는 성인의 축일 기념은 교회 공동체가 할 수 있는 가장 뛰어난 공경의 표현이라고 말할 수 있다. 여기서 『로마 전례력』에 기입된 성인의 축일 기념은 성찬례의 거행을 암시적으로 표현한다.[529]

현재 우리가 사용하는 『로마 전례력』은 순교자 공경과 관련된 대중신심을 전례로 집중시키려는 노력 안에 완성된 것이다. 『로마 전례력』[530]은 참으로 보편적인 중요성을 지닌 성인들을 기념하는 축일만 수록하고 다른 성인에 대한 언급은 해당 국가와 지역, 교구나 수도가족의 개별 달력들에 유보한다.

이처럼 교회가 『로마 전례력』의 기념일을 줄이게 된 이유는 성인 공경의 비중을 줄이려는 데 있지 않다. 축일을 줄인 데는 성인들의 축일이 구원의 신비 자체를 기억하는 축일보다 앞서지 않도록 하려는 교회의 노력이 담겨 있다. 특히 공의회 전후의 상황을 감안한다면, 특전, 축일, 8부 축제들이 많아져서 전례 주년의 여러 부분을 차지하게 됨으로써 그리스도 신자들이 특수 신심에 젖게 되어 어느 정도 주요한 구원의 신비를 생각하지 않는 듯한 느낌마저 가지고 있다는 교회의 상황 판단이 『로마 전례력』의 쇄신을 가져왔다고 말할 수 있다.[531]

교회는 이러한 신학적 근거에 따라 성인의 축일을 기념하는 의미가 그리스도의 신비와 직접적이고 강력하게 연결되어 있다고 강조한다. 「전례헌장」 111항에 명시된 바와 같이 성인들의 축일과 그리스도의 구원의 신비에 대한 기념이 연관되어 있다. 성인들의 축일이 있는 이유는 하느님의 구원 계획의 구체적인 실현을 강조하고 그리스도께서 당신 종들 안에서 이루신 놀라운 위업을 선포하려는 것이다. 그 연장선에서 교회는 "그리스도의 몸의 지체인 성인들에게 바쳐진 축일은 결국 그 머리이신 그리스도의 축일이다"라고 선언한다.[532]

이처럼 교회 가르침에 나타나는 성인 공경의 목적은 공경자 자신이 필요한 것을 청하는 대상과 축복을 거래하는 것이 아니다. 성인 공경은 궁극적으로 성인들 안에서 하느님께 찬미드리고, 그리스도의 모범을 따라 더욱더 그리스도인답게 살고자 다짐하는 데 그 목적이 있다.[533] 이는 성인들 자신이 그리스도의 신비체의 탁월한 지체들이기 때문이다. 분명하게 그리스도와 전례, 성체성사를 향하는 이 논리들은 순교자 공경을 둘러싼 교회의 신학적 구도와 전개가 앞서 살펴본 순례-전례-성체성사-순교자 공경의 연결점을 갖는다.

교회에 따르면, '교회 안에서 행해지는 성인 공경은 성인과 관련된 전설적 사건이나 치유 능력을 밝히는 것에 그치지 않고, 그 성인이 그리스도인 삶에서 차지하는 중요성, 그의 성덕의 탁월성, 그리스도인으로서 그의 증언의 효력, 그의 특별한 은사가 교회에 이바지한 방식에 대한 평가를 포함하며 주의 깊게 진행되어야 한다.'[534]

이러한 교회의 주의 당부는 오랜 세월 동안 유럽의 여러 문화권과 지역에서 행해진 성인 기념 축제를 의식한 발언으로 볼 수 있다. 교회는 이러한 축제가 공동체에 전해주는 긍정적인 의미를 충분히 인정하면서도 성인을 통해 그리스도를 향하는 전례와 신앙의 궁극적인 목적을 결코 간과하지 말라고 당부하는 셈이다.[535]

전례와 순례의 연결고리

제2차 바티칸 공의회를 통해 나타난 대전환은 19세기 중엽부터 유럽 사회가 직면한 문제와 이에 따른 교회의 위기 인식이라는 토대 위에 전개되었다. 근대 이후 급격히 발달한 과학과 생산구조의 변화 등이 마르크스사상과 맞물려 확산시킨 무신론적 사고와 1-2차 세계대전의 충격 등을 그 배경으로 꼽는 데 주저할 이는 없다. 이러한 상황에서 교회는 1869년 제1차 바티칸 공의회를 통해 나름의 수습안을 제시했다. 그렇지만 약화된 교권과 교황권의 우위를 수호하는 데는 역부족이었다. 더욱이 교회는 교회 안에 근대사상이 확산되는 것을 방지하기 위해 스콜라철학을 방어벽처럼 쌓았는데, 이러한 교회의 태도가 19세기 말부터 신학자들 안에 제2차 바티칸 공의회 신학의 씨앗을 뿌렸다.

그런데 일반적으로 부각되는 제2차 바티칸 공의회의 전환적 의미 이해에서 전례 개혁이 차지한 비중은 크게 주목을 받지 못했다. 전례 개혁은 제2차 바티칸 공의회를 이끈 견인차의 핵을 차지한다는 점에서 중요하다. 순교자 공경과 밀접하게 연결된 전례 개혁은 그때까지 신자들 사이에 확인된 대중신심을 전례 안으로 수렴시키려는 노력을 보여준다. 특별히 순교자 공경을 전례 중 성체성사로 집중시키려는 노력이 진행되었다.

한편, 제2차 바티칸 공의회의 쇄신적 요소만이 강조되는 가운데, 트리엔트 공의회와 제1차 바티칸 공의회와의 연속성이 흔히 간과된다. 제2차 공의회를 소집할 때 실제로 요한 23세 교황은 트리엔트 공의회와 제1차 바티칸 공의회의 가르침과 정합한다는 점을 강조했다.[536] 또한 그는 새로운 공의회의 노력이 가톨릭교회의 유산을 보다 충만하고 심층적으로 흡수시키고 그런 연후에 같은 시대의 방식으로 그 의미를 재정식화함으로써 그 영향을 확장하는 데 있음을 강조한 바 있다.[537]

트리엔트 공의회와 제1차 바티칸 공의회 및 그 이전의 교회 전통이 제2차 바티칸 공의회가 연결되는 지점은 전례 이해라고 말할 수 있다. 트리엔트 공의회는 프로테스탄트가 확산하는 시기에 전례와 대중신심에 관련된 문제들을 매우 깊이 다루었다. 이는 프로테스탄트 측에서 성인 공경과 관련한 대중신심 등에 강한 이의를 제기하면서 동시에 성사에 관한 가톨릭 교리에 반기를 들었던 것과 연관된다. 트리엔트 공의회는 전례와 관계가 없거나 대중의 감수성에 지나치게 호소하는 요소들을 제거하는 가운데 신앙의 순수성을 강조하고, 통일성과 품위, 아름다움을 갖춘 전례를 갖추기 위한 노력을 기울였다. 이러한 트리엔트 공의회의 결정에 따라 1568년에서 1614년 사이에 『로마 전례력』과 『로마 예법 전례서』들이 개정되었다.

그런데 전례에 집중하려는 이러한 교회의 노력은 다른 한편에서는 본질보다 법규를 강조하는 특성을 보여주었다. 트리엔트 공의회 이후 대중신심이 급격하게 발달한 현상은 공의회의 이러한 특성에 대한 반작용으로 볼 수 있다. 이 시기에 활발하게 전개된 대중신심운동은 참회와 평신도 교육, 자선 활동이라는 목적을 강조하며 신자들의 신앙과 체험을 강화하는 데 크게 기여했다.[538]

한편, 18세기와 19세기의 교회는 로마 예법의 구조와 통일성을 강화하고, 전례와 성경에 바탕을 둔 신앙의 표현에 주의를 기울였다. 교회는 그 연장선에서 전례를 하느님의 백성 모두가 참여하는 예배의 표현으로 제시하고 성체성사를 그 정점에 두면서 고해성사를 강조하는 구조를 서서히 확립했다. 이후 20세기 초에 교황 비오Pius 10세가 전례의 대중화를 제안하며 모든 신자들에게 전례를 더욱 가깝게 가져가려 했던 노력은 이전까지 전개된 교회 노력의 연장선으로 볼 수 있다. 그가 특별히 주목한 점은 전례와 대중신심 사이에서 빚어지는 혼동을 최소화하고 전례를 신앙의 중심에 놓으려는 데 있었다.[539]

이런 의미에서 제2차 바티칸 공의회의 「전례헌장」이 거룩한 전례가 지닌 우위성을 확실하게 선언하는 동시에 대중신심의 유효성을 강조하는 점을 주목할 수 있다. 이 공의회가 무엇보다 대중신심의 역할을 인정하면서도 순교자 공경이 전례에 종속된다는 점을 분명히 짚는 것은 전례운동이 공의회에 미친 영향을 보여주는 대목이다. 전례운동은 특별히 교황 비오Pius 12세가 전례에 관한 회칙 「중재자이신 하느님Mediator Dei」을 통해 집약되어 제2차 바티칸 공의회의 「전례헌장」, 「거룩한 전례에 관한 헌장」으로 흘러 들어갔다.

그렇다면 성체성사와 고백성사를 중시하며 전례를 신앙생활의 중심에 놓으려는 이러한 교회의 노력과 순례 이해는 어떤 관계를 갖고 있을까? 그 대답은 제2차 바티칸 공의회의 교회론에서 강조되는 '순례하는 교회'라는 표현에서 찾을 수 있다. 교회론의 전환을 이루었다고 평가되는 이 공의회에서 '순례하는 교회'는 매우 중요한 비중을 지니고 있다. 이 공의회 문헌 중 교회 자신이 스스로를 순례하는 교회로 표현한 장면은 「선교교령」 2항[540] 이외에도 「교회헌장」[541]과 「계시헌장」,[542] 「사목헌장」[543]뿐 아니라 「일치교령」[544]과 「평신도교령」[545]에서도 나타난다.

이러한 공의회의 순례 언급 가운데 특별히 주의를 기울여야 하는 문헌은 「교회헌장」 제7장이다. '순례하는 교회의 종말론적 성격, 그리고 천사 교회와 그 일치'라는 제목이 붙여진 제7장에서 지상의 순례하는 교회와 천상의 교회가 '순례'라는 공통분모를 지닌다는 점을 강조하며, 순교자 공경을 연결하기 때문이다. 다음의 인용 구문에서 이를 확인할 수 있다.

> 나그네들 사이에서 이루어지는 그리스도인의 친교가 우리를 그리스도께 더 가까이 인도하는 것처럼 이렇게 성인들과 이루는 통공도 우리를 그리스도와 결합시켜주고, 온갖 은총과 하느님 백성의 생명 자체가 그 원천이며 머리이신 그리스도에게서 흘러나오기 때문이다. 그러므로 예수 그리스도의 동무요 공동 상속자들이며 우리의 형제요 탁월한 은인들인 이 성인들을 사랑하고 그들을 위하여 하느님께 마땅한 감사를 드리며 "우리의 유일한 구속주이시며 구세주이신 성자 우리 주 예수 그리스도를 통하여 하느님께 은혜를 얻고자 우리가 간절히 그들을 부르고 그들의 기도와 힘과 도움에 의지하는 것"은 매우 합당하다. 우리가 천상 형제들에게 보인 사랑의 모든 진정한 증거는 바로 그 본질에서 "모든 성인의 월계관"이신 그리스도를 지향하고 그리스도에게서 끝나며, 또 그리스도를 통하여, 당신 성인들 가운데에서 놀라운 일을 하시고 그들 안에서 찬양을 받으시는 하느님을 지향하고 하느님에게서 끝나는 것이다.
>
> 천상 교회와 우리의 결합은 특히 성령의 능력이 성사적 표지를 통하여 우리 위에 작용하는 거룩한 전례 안에서 우리가 함께 기뻐하며 하느님의 위엄을 함께 찬미할 때에 가장 고귀한 방법으로 이루어진다. 그 전례 안에서 모든 종족과 언어와 백성과 민족에서 그리스도의 피로 구원받은(묵시 5,9 참조) 우리 모든 사람이 하나인 교회로 모여 하나의 찬미가로 한 분이시며 삼위이신 하느님을 찬양한다. 그러므로 성찬의 희생 제사를 거행하는 우리는 천상 교회의 예배와 밀접히 결합되고 일치되어, 영광스러운 평생 동정이신 마리아를 비롯하여 성 요셉과 복된 사도들과 순교자들과 모든 성인을 기억하고 공경한다.

앞의 인용문에서 순교자 공경의 원천이 그리스도에게서 흘러나오고, 순교자 공경의 궁극적인 지향점이 그리스도에게 수렴되며, 전례 안의 성체성사에서 정점에 달한다는 내용이 확인된다. 전례와 순례의 연결고리로부터 순교자 공경을 연장시키는 이러한 구도가 성지순례뿐 아니라 성화상 공경과 성해 공경 등의 대중신심을 관통한다는 점은 교회 문헌에 나타난 순교자 공경 이해의 출발점이라고 말할 수 있다.

교회 문헌의 순례 정의와 그 배경

순례는 교회 역사에서 뚜렷한 족적을 새긴 대중신심[546]으로서 성화상 공경과 성해 공경 등의 대중신심과 맞물리며 다양한 모습을 보여주었다.[547] 이처럼 실천적인 활동인 순례가 신학에서 높은 비중을 차지하게 된 계기는 제2차 바티칸 공의회라고 말할 수 있다. 그 배경에는 전례운동을 이끌었던 대중신심의 다양한 양상과 교회가 직면했던 상황에 대한 위기 인식이 놓여 있다. 제2차 바티칸 공의회의 신학자들은 대중신심을 전례로 집중시키고, 모든 인간이 하느님을 향하도록 창조되었다는 신학적 이해를 '순례' 안에 녹여내며, 세상 안에서 세상을 통해 세상과 함께 구원 여정을 걸어가는 교회관을 제시했다. 아래에서 살펴볼 순례에 대한 교회의 가르침에서 순례가 그리스도와 전례로 수렴되는 동시에 모든 인류가 하느님에게로 나아가는 여정으로 제시되는 것은 이러한 공의회 신학의 기반과 방향성을 드러낸다.

교회 역사와 신학 흐름에 쇄신의 바람을 불어넣은 제2차 바티칸 공의회는 무엇보다 교회가 누구인가라는 질문에 대한 답변에서 이전과 다른 변화를 보여주었다.[548] 이 공의회는 이전까지 교계제도hierarchia나 제도institutio 측면을 강조하던 교회론에서 벗어나 '하느님의 백성'과 '성사'로서 교회를 이해하는 입장을 천명하였다. 교회가 세상과 세상의 전례 안에서 드러나는 그리스도 은총과 구원의 상징적 현현이라고 천명하는 연장선에 '순례하는 교회Ecclesia peregrinans' 개념이 자리 잡는다.[549]

교회를 순례자와 연결시키는 전통은 교회 안에서 오랫동안 지켜졌다. 특별히 아우구스티누스Aurelius Augustinus Hipponensis(354~430)가 『신국론*De Civitate Dei*』에서 다룬 순례자 개념이 이후 교회의 순례 개념에 깊은 영향을 주었다고 보는 데 무리가 없다.[550] 그러나 제2차 바티칸 공의회가 말하려는 '순례하는 교회'는 아우구스티누스 성인의 순례 개념과 일정한 거리를 둔다는 점을 살펴보아야 한다.

『신국론』에서 아우구스티누스는 '외교인 한가운데를 여행하는inter impios peregrinatur' 모습을 교회와 연결시킨다. 아우구스티누스가 교회를 순례자로 이해하는 배경은 410년경 서고트족이 로마를 약탈한 상황이다.[551] 이러한 상황 안에서 이 책에서 100번 가까이 사용되는 '페레그리나티오peregrinatio'는 경건하지 않은 무리와 구별되어 그들과 화합할 수 없는 그리스도인을 의미한다. 여기서 그가 말하는 순례자 교회는 지상에서 나그네로 머물며 진정한 고향을 향해 나아감을 의미하는 데 방점을 둔다.[552]

이에 비해 제2차 바티칸 공의회가 순례하는 교회를 언급할 때에는 세상을 교회와 완전히 다른 이방인으로 간주하는 태도가 전제된다고 말할 수 없다. 주지하는 바와 같이, 이 공의회는 모든 문화와 민족 안에 구원 은총이 작용하며 하느님께로 정향된 인간 이해를 그

바탕에 두기 때문이다.[553] 이런 점에서 제2차 바티칸 공의회에서 제시하는 순례하는 교회는, 순례하는 교회에 그림자처럼 드리워질 뿐 이 세상 밖에 있는, 아우구스티누스의 '신국'을 전제하지 않는다. 제2차 바티칸 공의회에 있어서 이 개념은 오히려 세상과 긴밀하게 연결되는 가운데, 세상 안에서 세상과 함께 하느님에게로 나아가는 교회의 역할을 전제한다. 이러한 이해는 '그리스도의 신비체'라는 비오 12세 교황의 표현보다 한 걸음 더 진보한 교회 이해로 볼 수 있다.[554]

이러한 맥락에서 제2차 공의회에 나타나는 순례에 관한 서술[555]이 실제로 신앙인이 실천하는 성지순례보다는 추상적이고 이론적인 신학 작업을 다루고 있음을 짐작할 수 있다.[556] '순례는 이 세상을 살아가는 그리스도인의 상황을 나타낸다(교회에 관한 교의헌장, 49항)'는 문장에서 이를 감지할 수 있다.

그렇지만 비록 교회가 공의회 문헌을 통해 순례를 신학적으로 접근하는 자세를 보였다 하더라도, 신자들의 실천에서 실현되는 순례를 배제하거나 그 의미를 등한시하지 않았음을 주목해볼 필요가 있다. 최근까지 교회가 발표한 여러 문헌에서 실천으로서의 순례 의미를 제시하는 가운데, 순교자 공경을 전례로 수렴시키는 교회의 노력을 확인할 수 있다.

교회는 분명한 어조로, 그리스도인의 입장에서 자기 신앙의 기념인 순례는 파스카 실존의 성취로써, 전통에 따라 충실히 수행해야 하는 예배의 표현[557]이라고 천명한다. 이와 관련하여 「교회의 순례지」 1항[558]은 "순례지는 교회 안에서 매우 큰 상징적 가치를 지니며, 순례는 참다운 신앙고백"이라 선언한다.

순례를 통해 인간은 하느님과 긴밀한 일치 안에 머무르도록 제시된 길은 그리스도, 곧 사람이 되신 말씀임을 발견한다. 그리스도인 순례자의 여정은 이렇게 다른 모든 종교와 그리스도교가 구별되는 본질적 요점을 보여주어야 한다. 모든 순례는 창조주 하느님께서는 이름 없이 멀리 있는 어떤 능력이 아니고 바로 아버지이시라는 사실을 증언해야 한다.[559]

인용한 위의 구문은 그리스도인의 순례가 영적인 능력을 고양하기 위한 훈련이나 신비한 힘을 느끼기 위한 여정이 그리스도교적 의미의 순례와 결코 같을 수 없음을 확인해준다.

교회의 가르침에 따르면 순례의 영성은 종말론적 차원,[560] 참회의 차원,[561] 축제의 차원,[562] 경배의 차원,[563] 사도적 차원,[564] 친교의 차원[565]을 지닌다.

한편, 교회는 여정으로서 순례가 갖는 역동성을 네 단계로 나누어 설명한다. 여기에는 출발과 걷기, 순례지 방문만이 아니라 되돌아옴까지의 여정이 모두 포함된다. '출발은 목적지를 향해 나아가는 순례자들의 결단을 드러내며, 세례 성소의 영적 목적을 성취한다. 걸어감은 형제자매들과 함께하는 연대와 주님과 만날 준비를 하도록 이끌어준다. 순례 방문은 하느님의 말씀을 듣고 성사 거행에 참여하도록 그들을 초대한다. 끝으로 되돌아옴, 곧 귀향은 세상에서 구원의 증인이며 평화의 건설자로 부름받은 그들의 사명을 상기시켜준다.'[566]

교회는 이러한 순례가 보편적인 신앙의 체험이라 규정[567]하면서 개인 또는 공동체가 함께 걸어가는 순례의 본질적 측면을 교리 교육을 통해 제시하기를 촉구한다.[568] 이에 따르면, 남녀 순례자들과 함께하는 공동생활의 체험은 하나의 신앙 안에서 그리스도의 몸인 한 몸을 이루며, 사랑으로 일치하여 찬미가를 부르며 평화의 예루살렘으로 나아가는 하느님 백성임을 새발견하는 기회가 된다.[569] 이 지점에서

간과될 수 없는 점은 그리스도인 순례자의 여정이 다른 모든 종교와 그리스도교가 구별되는 본질적 요점, 곧 창조주 하느님이 우리의 아버지이심을 보여주어야 한다[570]고 강조하는 교회의 가르침이다.

이처럼 순례를 그리스도와 성사로 집중시키고 마리아와 연결시키는 교회의 입장은 다음 구문에서도 찾아볼 수 있다.

> 또한 이 여정은 선명하게 그리스도를 향하고 있음을 보여준다. 하느님의 약속이 실현되는 성당에서 순례자는 하느님의 신비와 접하며 사랑과 자비로 넘치는 그분의 모습을 발견한다. 특히 이러한 체험은 그리스도께서 하느님의 심오한 신비의 계시의 정점에 계시는 파스카 신비의 성찬례에서 이루어진다. 성체성사에서 사람들은 하느님의 어머니, 마리아를 통하여 언제나 기꺼이 은총을 내려주시고, 모든 성인에게 찬사와 현양을 받으시는 하느님을 관상한다.[571]

순례가 마리아와 연결되는 고리는 여러 문헌에서 확인할 수 있다. 요한 바오로 2세가 반포한 회칙Enciclica 「구세주의 어머니Redemptoris Mater」는 마리아를 '인류를 향한 순례와 인류의 신앙 순례를 하나로 만나게 하시는 마리아께서는 신앙의 순례를 앞서가신 분'이라고 언급한다. 이러한 입장은 마리아의 태를 하느님과 인간이 만나는 장막으로 보는 설명[572]과도 연결된다. 또한, 여기서 교회가 성인이나 마리아를 공경하는 대중의 신심을 예수 그리스도와 전례, 특히 성체성사로 수렴시키는 노력을 볼 수 있다. 이때 교회는 동정 마리아께 대한 신심 행위가 본질적으로 삼위일체적이고 그리스도론적인 차원을 명백히 표현해야 한다[573]고 분명한 목소리로 강조한다.

한편, 교회가 순례를 제시하고 장려하는 근본적인 뿌리에 복음화가 있다고 말하는 것은 정당하다. 교회는 순례를 통해 신앙인이 성숙한 신앙을 체험한다는 점을 중시한다. 그렇지만 교회가 다루는 순례의 범위는 신앙인들이 순례지를 향해 출발하고 그곳에 머문 후 되돌아오는 순례 여정만을 의미하지는 않는다. 순례하는 교회라는 신학적 관점을 적용하여 교회는 구약과 신약뿐 아니라 교회 역사상의 순례 역사와 오늘날의 순례 양상을 '하느님께로 나아가는 순례자'라는 틀로 설명한다.[574]

이상의 내용을 위한 논리 흐름에서 순례는 신앙인들의 순례지 순례뿐 아니라 비그리스도인의 성지 방문과 여행 등을 모두 포함한다. 여기서 우리가 주의를 기울여 살펴보아야 하는 바는 순례를 비그리스도인의 순례지 방문이나 여행 등의 활동과 연결시키는 논리이다. 여기에는 모든 인간이 하느님을 향하고 갈망하도록 창조되었다는 인간관이 놓여 있고, 그에 입각하여 이 세상에서의 인간 삶이 하느님을 향하는 순례 여정이라는 논리가 자리 잡고 있다.

이러한 내용은 교황청 이주사목평의회가 발표한 『대희년의 순례*The Pilgrimage in the great jubilee*』[575]에서 확인할 수 있다. 이 문헌은 이스라엘의 순례, 그리스도의 순례, 교회의 순례, 제삼천년기를 향한 순례, 인류의 순례, 오늘날 그리스도인의 순례를 살피며 순례의 의미를 아래와 같이 함축적으로 정리한다. 이 문헌에서 제2차 바티칸 공의회의 신학 및 성서신학적 근거 그리고 교회 역사에서 전개된 순례 양상을 모두 포괄하는 가운데 교회의 순례 이해를 추출하는 장면이 드러난다.

> 순례는 어머니의 배를 벗어나자마자 시간과 공간 속으로 존재의 여행을 시작하는 나그네인 인간homo viator의 체험을 상징한다. 이것은 약속의 땅, 곧 구원과 안전한 자유의 땅을 향해 나아가는 이스라엘의 근원적인 체험이며,

예루살렘 땅에서 하늘로 올라가심으로써 하느님 아버지께 가는 길을 여신 그리스도의 체험이고, 역사를 통해 천상 예루살렘을 향해 나아가는 교회의 체험이며, 희망과 충만을 향해 가는 온 인류의 체험이다.[576]

위 인용문의 내용 중 비그리스도인의 활동을 순례와 연결시키는 고리는 '나그네인 인간'이다. 하느님을 향하여 하느님을 찾아나가는 인간의 모든 활동, 특히 종교와 문화적 활동이 순례로 연결되는 지점이 여기서 확인되기 때문이다.

참되고 실제적인 여정의 조직망이 전 세계로 확대되어가고 있다. 그 가운데 일부는 직접적인 의미의 종교적인 것으로 도시, 성당, 수도원, 사적지 등이 그들의 목적지이다. … 정신적인 가치를 추구하는 경우는 빼어난 자연경관, 섬, 사막, 산, 깊은 바다 등을 찾는 경우이다. … 이러한 여러 형태의 인간 이동에는 진리와 정의와 평화라는 이념적 지평을 향한 근원적인 갈망의 싹이 내재되어 있다. 그것은 모든 번뇌에서 벗어나 평안히 쉴 수 있는 무한의 하느님을 찾아 끊임없이 항해를 계속하는 인간의 불안을 입증해준다. 그러므로 인류의 행보는 긴장과 모순 속에서도 필연적으로 하느님 나라를 향한 순례에 참여한다.[577]

그 연장선에서 교회의 순례 이해에 난민, 민족의 대이동, 여행, 과학 탐구, 무역, 전자 통신을 통해 보급되는 정보가 포함[578]되는 이유를 이해할 수 있다.

한편, 교회는 다른 종교에서 행하는 순례와 인류가 그 앞에서 반성해야 할 지점을 찾는 발걸음을 순례로 포용한다. 이때 강조되는 점은 초월과 형제애이다.[579] 이러한 형제애의 연장선에 힘없는 이들, 난민, 망명자, 압박받는 이들을 돕는 일에 정열과 성실로써 헌신하는 모든 이와 함께 형제애의 순례를 하는 교회가 자리 잡는다.[580] 교회는 이 여정에서 그리스도인의 순례는 이러한 인류의 추구와 함께 이루어지며, 안전한 목적지, 다시 말해, 당신의 백성을 찾아와 해방시키신 하느님의 현존을 제시한다(30항)고 가르친다.[581] 이는 교회의 가르침 안에서 순례가 복음화와 연결되고 있음을 보여준다.

이와 같이 교회는 순례를 하느님을 향한 인간의 갈망과 연결시키고, 그 안에 종교와 문화활동뿐 아니라 정의와 평화를 추구하는 활동을 모두 포함시킨다. 그러나 이러한 사실이, 신자들이 종교적인 목적으로 행하는 순례와 비종교인들의 다양한 활동을 동일시함을 의미하는 것은 결코 아니다.

이를테면 순례지로 지정된 곳을 여행 목적으로 방문하거나, 다른 종교를 가진 이들이 그들의 종교 관련 주요 지점을 방문하는 일, 또는 자연 안에서 자신의 존재 의미를 찾는 여행이나 도움이 필요한 이들과 형제적 연대 안에 보다 나은 세상을 건설하려는 일들이 광범위한 순례, 곧 인간이 하느님에게로 나아가는 여정으로 이해될 수 있음은 분명하다. 이러한 점에서 순례지를 관광 목적으로 방문하는 사람은 그들 자신이 인지하지 못했다 하더라도 그 안에 하느님을 향한 근본적인 갈망이 있다는 점에서 순례의 범위에 포함될 수 있다.

그러나 그 역은 성립하지 않는다. 즉, 교회의 가르침에 비출 때, 순례가 관광과 동일시되거나 순례가 관광의 한 예가 될 수는 없는 것이다. 이 점에서 그리스도인의 순례를 종교관광, 문화관광의 한 부류로 구분하는 것은 정당하지 않다. 그리스도인의 순례는 관광과는 다른 목적을 가진, 신앙인의 신앙 실천 행위이기 때문이다. 이렇게 볼 때, 순례를 관광과 엮어서 '순례관광'이라 분류하는 것은, 마치 공중을 나는 비행과 물속을 수영하는 행동을 동시에 실행함을 의미하는 것으로 비유될 수 있다. 순례관광이라는 개념은 이런 점에서, '동그란 세모'를 주장하는 것과 다름이 없다.

성상과 유해 공경에 대한 교회의 가르침

순교자 공경은 다양한 양상으로 전개되었던 대중신심을 전례로 흡수하는 과정에서 중심축을 이룬다. 교회는 오랜 시간 동안 축적된 대중신심pietà popolare, popular piety을 '하느님 백성의 보화'로 간주하는 자세를 보여준다.[582] 교회는 이러한 대중신심이 헌신과 영웅적 희생을 불러일으키며, 하느님의 속성을 이해할 수 있는 예리한 감수성을 가져다 준다는 점을 주목한다.[583]

교회는 이러한 대중신심 중 성화와 성상을 향한 공경이 하느님을 보다 가깝게 체험하는 계기를 부여한다고 말한다.[584] 이와 같은 성인 공경 전통에 대한 교회의 수용과 인정은 제2차 바티칸 공의회 문헌, 「거룩한 공의회」에서도 확인된다. '교회 안에서는 전통에 따라 성인들을 공경하고 그들의 진정한 유해와 성화상도 존중한다.(111항)'[585]

교회는 성해가 성령의 살아 있는 성전이며 성화의 도구였다는 점을 공경의 근거로 제시한다.[586] 이때 성인과 복자의 몸뿐 아니라 성인들의 물건(개인 소지품이나 옷가지, 또는 성인들이 손으로 쓴 원고 혹은 유포나 천 조각 등 그들의 시신이나 무덤에 닿았던 물건과 성인들이 공경하던 성화상)도 유해에 포함된다.[587] 그러나 몸이나 주목할 만한 몸의 일부 또는 화장하고 난 유골 전체는 중요한 유해reliquie insigni로 간주되는 데 비해, 시신의 작은 일부나 소지했던 물건들은 중요하지 않은 유해reliquie non insigni로 간주된다.[588]

한편, 교회는 유해 공경과 관련하여 매우 주의 깊은 관리 지도안을 제시한다. 이에 따르면, '성인과 복자의 유해는 그 진정성을 보장하는 교회의 권위로 인정한 증명서가 없으면 신자들이 공경하도록 전시될 수 없다.'[589] 유해는 적절한 유해함에 봉인해서 보관해야 하며, 미신이나 매매의 대상이 되지 않도록 주의를 기울여야 한다.[590]

또한 교회는 성인과 복자의 유해가 제대 위에 놓여서는 안 된다고 규정한다.(대중신심 237항)[591] 이는 제대가 오직 예수님의 몸과 피를 위해 마련되었기 때문이다.[592] 제대 아래 성인의 유해를 모시는 것은 복자나 성인의 몸에만 적용된다. 즉 시복시성 안건이 진행되고 있는 하느님의 종과 가경자可敬者는 시복이나 시성이 되기 전에는 공적 경배를 받거나 성인과 복자에게만 부여된 특전, 곧 제대 아래 묻히는 특전을 받을 수 없다.[593]

한편, 제2차 바티칸 공의회 이후 제대 아래 반드시 성인의 유해를 모셔야 한다는 규정은 사라졌다. 그럼에도 불구하고 교회는 제단을 축성할 때에 그 속에 성인의 유해를 안치하는 관습은 보존되는 것이 좋다는 입장을 견지한다.[594] 이러한 입장은 이 관습 안에 지체들의 희생이 제대의 희생 제사에 기원을 둔다는 것을 의미하기 때문이며[595] 이를 통해 이 관습이 전체 교회가 그리스도의 희생 제사와 이루는 친교를 상징하는 데 근거를 둔다.[596] 이러한 교회의 입장에서 성인 공경을 그리스도로 수렴시키는 교회의 노력을 확인할 수 있다.

이처럼 성인 공경 신심을 전례와 그리스도로 수렴시키는 교회의 태도는 성인의 유해를 병자나 임종자에게 가시고 가서 그들을 위로

하거나 성인들에게 치유를 간구하는 등의 대중적 양상의 신심을 배제하지 않는다.[597] 다만 그 실행에 있어 분명한 지도 원칙을 제시한다.[598] 특히 유해의 교구 내 이전이나 다른 교구로의 양도, 또는 순례 및 이동, 해부학자들 감정 전문가 등의 검사, 유해함의 이전이나 유해의 양도 등에 관해 훈령[599]을 통하여 자세한 지침을 제시한다.

유해에 비할 때 성화상 공경에 관한 교회의 태도는 구체적인 시행 지침보다는 신학적 의미를 선명하게 제시하는 데 노력을 기울인다고 말할 수 있다. 이때 교회가 말하는 성상에는 생명을 주는 소중한 우리 구원의 십자가상과 모자이크로 만들거나 다른 적절한 재료로 만들어, 하느님의 성당 안이나 성당 기물들, 제의, 벽 위에, 그리스도 신자들의 집안과 거리 등에 표현한 내용을 포함한다. 성화상이 가리키는 대상은 하느님이시며 구세주이신 우리 주 예수 그리스도나 티 없이 깨끗하신 어머니, 천주의 성모님, 천사들과 성인들, 의인 등이 포함된다.[600] 다만 교회는 성상이 복음 메시지의 말씀에 일치하여야 한다고 요구한다.[601]

무엇보다 교회는 성상에 관한 '공경'의 의미를 확실하게 그리스도를 향한 기도에 연결시켜 설명한다. 구체적으로 교회는 "성상은 복음 메시지를 성화상으로 표현한 것(240항)"이라고 명시한 후, '성상은 궁극적으로 그리스도와 관련된다. 이는 성인의 성상이 그들 안에서 영광을 받으시는 그리스도를 가리키기 때문이다(가톨릭교회 교리서 1181항)'라는 『가톨릭교회 교리서』의 내용을 짚어둔다. 이에 이어 교회는 성상 경배의 특성에 주의를 기울여야 한다고 말한다.

신자들은 성상 자체를 공경하는 것이 아니라 성상이 상징하는 것을 공경한다. 성상에 마땅한 경의와 경배를 바치는 것은 그러한 공경을 정당화하는 어떠한 신성이나 권능을 성상이 가졌다고 믿기 때문이 아니다. 또한 성상에 무언가를 요구해야 하기 때문도 아니다. 이교도들이 우상에 대해 그러했듯이 그것에 신뢰를 두기 때문도 아니다. 성상에 바치는 경의는 그것이 상징하는 원형에게 바치는 것이다.(『대중신심과 전례에 관한 지도서』, 원칙과 지침 241항)

교회가 주의를 기울이는 바는 성상에 대한 신심이 화신化神의 수준으로 격상될까 하는 점이다.[602] 이와 관련하여 교회는 성상의 기능을 교리 교육과 기도의 보조 도구로 규정하며 제시한다. 교리 교육과 성상이 연결되는 논리는 성상이 구원 신비의 역사를 표현함으로써 신자들이 신앙을 메우고 신앙을 다지며 신앙의 내용에 대해 명상할 수 있도록 돕는 데서 마련된다.[603]

이에 비해 성상이 기도에 주는 도움을 설명함에 있어서 교회는 제2차 니케아 공의회의 문헌, 성화상에 관한 정의를 인용하는 동시에 한 걸음 더 내딛고 있다. 즉, '전자를 따라 성상을 두고 기도할 때 성상이 나타내고 있는 이들에 대한 기억을 생생하게 만든다'[604]고 설명하지만, '신자들이 성상을 바라보는 것은 성령의 힘을 통해 그리스도 안에서 변화되었으며 자신이 소유한 소명에 충실한 새 인간의 참된 모습'[605]이라는 내용을 명시함으로써 교회는 성상을 통한 기도가 그리스도를 향하여 수렴하도록 이끈다.

성상과 관련하여 교회가 조심스럽게 주의를 요청하는 부분은 성상이 예술적 주제로 간주되는 시각이다. 교회는 성상이 전하는 영적인 메시지에 집중하기를 요청하는 동시에 신앙을 거스르거나 경박한 성상, 오류로 이끌수 있는 성상, 추상에서 비롯된 성상, 인간 본성을 해치는 성상의 전시를 금하는 전통적 입장을 재확인한다.

이러한 성상에 교회가 행하는 축복 예식은 경배의 중요성에 발을 된다. 특히 공적 경배를 위한 성인의 성상인 경우 '주님의 발자취를 따르며 성인의 모범을 본받음으로써 그리스도의 완전하심에 도달하신 성인의 완덕을 바라뵈옵게 하소서'라는 기도를 드려야 함을 재확인한다.[606]

순례지와 순례 사목에 관한 교회의 가르침

그리스도와 성체성사로 집중되는 교회의 순례 이해는 순례지에 대한 교회의 가르침에서도 확인된다. 교회가 주의를 기울이는 대목은, 성인이나 현상과 결부된 구체적인 장소가 갖는 특수성과 지리적 특정성이 예수 그리스도라는 역사적 사건과 맺는 관계이다. 교회는 이와 관련하여, '강생의 신비는 거룩한 장소를 상대화하고 다른 한편으로는 새로운 말로 그 중요성을 강조하면서, 거룩한 장소에 대한 보편적 체험에 새로운 형태를 부여한다.'[607]고 언급함으로써 순례지가 갖는 특별한 의미를 절대화시키지 않으면서 그리스도라는 원천에 결부시킨다.

순례지를 역사 안에서 활동하시는 주님의 구원의 현존을 보여주는 표시로 제시하는 가르침[608]에서도 이러한 교회의 자세를 재확인할 수 있다. 이를 통해 교회는 순례지와 관련된 특정 성인이나 현상에 집중하고 그에 머무르기보다 그 안에서 활동하시며 이를 이끈 근본적인 원천으로서의 예수 그리스도에게 집중하도록 가르치고 있다.

한편, 교회의 가르침에서 순례지는 신학적으로 인간 존재의 기원을 기념하고, 하느님 현존의 장소이자 하늘 본향에 대한 예언이라는 세 가지 차원을 갖는다. 문헌은 이를 다음과 같이 상술한다.

> 인간 존재의 기원에 대한 기념인 순례지는 하느님의 앞장서심을 상기시키고, 순례자들이 경외와 감사와 헌신의 정신으로 하느님의 이끄심을 받아들이게 한다. 하느님 현존의 장소인 순례지는 하느님의 성실하심과 지금도 말씀과 성사를 통해 당신 백성 가운데서 쉬지 않고 활동하시는 하느님을 증언한다. 하늘 본향에 대한 예언인 순례지는 아직 완성되지 않았지만, 하느님의 약속에 따라 장차 완성된 하느님 나라를, 그리고 우리가 그 완성을 향하여 나아가고 있음을 상기시켜준다. 순례지는 우리의 궁극 목적에 대한 모든 것의 상대성을 보여줌으로써 그리스도를 하느님과 화해를 이룬 인류의 새 성전으로 계시한다.[609]

순례지의 신학적 차원을 압축한 위의 인용문은 국내 성지순례를 비춰보는 거울과도 같다. 성인들의 죽음과 삶을 기억하는 우리의 순례 문화 안에 그 기억을 위의 인용문에서 언급하는 폭과 깊이로 성찰하는 노력이 담겨 있는지 돌아보게 되기 때문이다.

여기서 교회가 제시하는 순례지의 기능은 하느님 자녀들의 여정을 인도하는 이정표로,[610] 교회 공동체의 모임과 만남과 건설을 증진(「순례지」 1항)하는 데 초점이 놓인다. 이를 위해 순례지는 하느님의 말씀을 정성되이 전하고, 특히 성찬례와 참회의 성사를 거행함으로써 전례 생활을 촉진하며, 교회가 승인한 대중신심을 보급시킴으로써 신자들에게 풍성한 구원의 수단을 제공한다고 교회는 규정한다.[611]

이러한 언급에 포함되는 순례지는 예루살렘 성지나 로마의 순례시, 산티아고 순례길, 또는 마리아 신심과 관련된 순례지뿐 아니라 순교자와 관련된 순례지도 포함된다. 교회는 이러한 순례지들이 교회의 역사를 보여준다고 짚는 가운데, 그 역사에서 인류 복음화를 위한 하느님의 구원 활동과 은총에 주목하도록 이끈다.[612] 여기서 우리는 순례지에 대한 교회의 가르침이 특정한 사건이나 인물에 머물지 않고 교회를 통해 세상 안에서 활동하시는 하느님의 구원 활동에 주목하라고 강조함을 확인할 수 있다.

순례자들은 이러한 순례지에서 자기 존재의 본질적 차원을 발견하고, 하느님과의 친교와 동정 마리아의 온유하심 그리고 성인의 통공을 깊이 체험한다고 교회는 말한다.[613] 순례지가 제공하는 전례와 기도, 은총 등은 대체로 순례지가 갖고 있는 풍광과 더불어 휴식과 침묵, 관상 등을 갈망하는 순례자에게 많은 선물을 전해준다. 그 선물은 하느님을 향한 근본적 향수와 자신의 재발견 및 회심에 필요한 힘, 그리고 일상생활을 하느님과 함께 걸어가는 힘이다. 순례자는 이를 통해 순례 여정으로부터 일상으로 되돌아간 이후에도 확신에 찬 증언을 통해 복음화에 투신할 수 있는 불꽃을 받는다.[614]

이처럼 순례지가 신앙인에게 주는 의미는 한두 가지로 국한되지 않는다. 교회가 제시하는 순례지의 의미는 순례가 지닌 세 가지 신학적 차원 -인간존재의 기원에 대한 기념, 하느님 현존의 장소, 하늘 본향에 대한 예언-을 상기시키는 내용을 담고 있다. 순례지가 신앙인에게 주는 의미에 대한 교회의 가르침은 다음과 같다.[615] ① 항구한 신심을 불러일으킨 특이하고 놀라운 사건을 기념하거나 많은 은총을 입은 신자들의 감사의 마음과 신심을 보여주는 장소, ② 자비의 표징이 자주 나타나기 때문에 하느님의 도우심과 복되신 동정 마리아, 성인들과 복자들의 전구를 체험할 수 있는 특별한 장소, ③ 흔히 높고 한적하며 엄숙한 자리에 위치하고 있어서 우주의 조화를 보여주며 하느님의 아름다움을 묵상하는 장소, ④ 설교를 통하여 회개를 촉구하고 사랑의 생활과 자비 활동을 더욱 강화하도록 초대하며 그리스도를 따르도록 권고하는 장소, ⑤ 성사 생활의 실천을 통하여 신앙심을 더욱 굳건히 하고 은총 안에서 성장하며 고통 가운데서도 위로와 위안을 얻는 장소, ⑥ 복음 메시지의 선포를 통하여 하느님 말씀을 새롭게 해석하고 조명하는 장소, ⑦ 종말론적인 시각과 초월성에 대한 의식을 기르고, 지상의 발걸음이 천상의 성전을 향할 수 있게 장려하는 장소이다.

위에 나열된 순례지의 의미는 '모든 그리스도교 순례지는 하느님을 보여주고 역사 안에서 활동하시는 그분의 현존을 드러내는 변함없는 표지였으며, 앞으로도 마찬가지이다. 순례지들은 저마다 주님의 강생과 구원 활동을 기념한다'[616]는 내용과 충돌하지 않는다. 다만, 앞의 나열된 내용이 실제로 신자들이 순례지를 찾아가는 동기와 순례지에서의 경험 등을 보다 현실적이고 구체적으로 담고 있다고 말할 수 있다. 특히 연약한 인간이 어려움에 직면하여 성인들의 전구를 통해 하느님의 도움을 청하고, 특별한 표징을 경험하는 대중신심을 순례지의 의미에 반영했다는 점에서 신학적인 순례지 이해를 보충하는 의미를 보여준다.

한편, 앞서 살펴본 바와 같이, 순례가 하느님의 말씀과 전례를 통해 그리스도로 수렴하는 가운데 본연의 의미를 실현하기 위해서는 순례지에 대한 특별한 주의와 배려가 필요하다. 교회는 이와 관련하여 순례지를 맡은 사제의 역할을 언급한다. '사제는 하느님의 가족을 형제적 일치단결로 모으고, 그리스도를 통해 성령 안에서 아버지이신 하느님에게 인도한다. 이 직무 수행을 위해 사제는 구체적인 교리교육 준비를 통해 하느님의 말씀을 충실하고 명확하게 전달해야 하며 모든 순례자의 문화적 현실 표현과 그들의 신앙생활을 반영하여 그들이 교리를 받아들이고 이해할 수 있도록 심리적으로 충분한 준비를 해야 한다.'[617]

이처럼 순례지에서의 사목을 강조하는 교회 가르침에서 순례와 분리 불가분한 순례지[618]는 순례신학의 연장선에서 그 의미와 기능이 규정된다. 이때 교회가 말하는 순례지는 순례지로서 교회법적 승인을 받은 곳에 한정되며,[619] 순례지로서의 유효성은 현대의 혼란한 생활 리듬 속에서 사람들이 느끼는 갈증, 곧 하느님과 그들 자신과의 고요하고 주의 깊은 만남에 대한 증대되는 요구에 부응할 수 있는 능력에 따라 판정된다.[620]

지금까지 정리한 순례지에 관한 논의에 기반하여 우리는 순례지의 고유한 기능을 전례 증진[621]에 두고, 고해성사의 장소로 순례지를 바라보며,[622] 성찬례 거행[623]과 병자성사,[624] 준성사[625] 및 기도 장소 제공을 강조하는 교회의 가르침을 이해할 수 있다.

교회가 순례지의 이러한 기능을 통해 제시하는 순례지 사목의 궁극적인 목적은 '복음화'에 있다. '순례지는 하느님을 복음, 예수 그리스도에 관한 복음을 선포하는 자리'[626]라고 분명하게 선언하는 교회 가르침에서 이를 확인할 수 있다. 이에 따르면, 순례지는 하느님에게서 오는 예수 그리스도에 관한 기쁜 소식, 곧 예수 그리스도께서는 인류의 구세주이시며, 예수님의 죽음과 부활을 통하여 하늘과 땅이 영원한 화해를 이루었음을 선포하는 자리이다.[627]

교회의 가르침은 순례지에서의 복음화 노력을 구체적으로 제시한다. 우선, 교회는 순례지가 그리스도의 메시지를 다양한 방식으로 전달할 때 만민 선교에 큰 도움을 준다고 말한다. 그 방식은 회개하고 그리스도를 따르라고 초대하거나, 인내를 권고하고 정의의 요구들을 상기시켜주며, 위로와 평화의 말을 전하는 등 다양한 길이 있다.[628] 또한 자선 활동을 통해 환대와 자비, 연대와 나눔, 도움과 베풂을 표현함으로써 순례지가 복음화를 전개하는 좋은 장소가 될 수 있다고 교회는 말한다.[629]

교회가 실천하는 이러한 사랑과 환대는 비단 순례지에서만 실천되는 것은 아니다. 교회는 순례의 여정에서 만나는 이들에게 사랑을 실천하라고 가르치는 동시에 순례지에서 헌금 모금을 통해 도움이 필요한 이들을 도와야 한다고 가르친다.[630] 또한 병자에 대한 특별한 사랑을 순례 여정과 순례지에서 실천해야 한다고 가르친다.[631] 이렇게 말하는 교회의 순례지 이해는 순례지의 특별한 은총으로 치유되는 경험을 배제하지 않는다. '하느님의 사랑은 속죄의 제물이 되신 그리스도의 은혜 안에서만 나타나는 것이 아니라 그리스도께서 당신의 지상 순례 동안에 보여주셨던 것처럼, 치유하고 위로하는 기적의 표징들에서도 나타난다. 이러한 표징들은 순례지의 역사에서 지금도 되풀이되고 있다.'

교회의 가르침에 따르면, 순례지에서의 사목은 사람들을 결합시키는 순례의 기회를 활용하고, 환대 사목에 주의를 기울이며, 순례자의 마음에서 솟아오르는 문제들에 함께해야 한다.[632] 이러한 순례지의 자세는 그리스도의 사랑을 가시적으로 표현하며, 순례자로 하여금 하느님으로부터 환영을 받는다는 느낌을 갖게 한다고 교회는 가르친다. 특히 교회는 젊은이들이 순례를 통해 예수 그리스도와의 인격적인 만남을 경험할 수 있는 환대 사목에 노력을 기울이라고 독려한다. 이러한 활동 안에서 순례지는 성찬례를 통해 그리스도를 만나는 장막을 넘어, 자신을 만나고 사랑을 만나는 장막과 인류를 만나는 장막으로 자리 잡게 된다.

교회는 '이러한 순례 여정을 마친 순례자는 집에 돌아와서도 마음의 혼란이나 피상적인 일에 빠지지 않게 될 것이며, 그들이 받은 영혼의 불꽃을 간직하게 될 것이고, 순례의 길을 떠날 적에 주님께 힘을 얻었던 개인적 충만함을 두고두고 체험할 필요를 느끼게 될 것이다. 이렇게 순례자는 교회의 전례 기도와 가장 단순한 신심 수련, 개인 기도와 침묵의 시간, 상전의 손만 쳐다보는 가장 가난한 사람들의 마음에서 나오는 묵상을 병행하는 여정을 다시 계속해 나간다'는 내용으로 순례가 순례자의 삶에 심어주는 변화를 정리한다.[633]

또한 교회 가르침에 따르면, 순례지의 사목은 무엇보다 순례의 그리스도교적 특성을 온전하고 충실하게 지키는 가운데, 순례자가 자기 여정의 목적을 발견할 수 있게 도움으로써 복음화의 과업을 실현할 수 있다. 교회의 이러한 입장과 가르침에는 순례지를 찾는 비그리스도인에 대한 복음화 노력이 감지된다. 이는, 교회 문헌이 '사람들은 그들이 무엇인가를 추구하도록 만드는 삶의 특별한 상황에 놓이게 될 때 자주 순례지를 방문하게 된다. … 삶에 대하여 묻지도 않는 종교적 무관심이 복음화 노력의 큰 걸림돌이 되고 있는 이 시대에 순례는 매우 자연스러운 방식으로 복음 전파를 촉진할 수 있다'고 말하는 데서 확인할 수 있다. 교회는 순례자의 마음속에 일어나는 물음을 알아차리고 인간이 추구하는 모든 것에 대한 답이 그리스도 한 분이심을 제시해야 한다고 가르친다. 곧 영혼 안에 깃든 행복에 대한 갈망은 그리스도 안에서 그 해답을 찾게 되고, 그분과 함께할 때 인간의 고통은 의미가 있으며, 그분의 은총으로 가장 숭고한 목적 또한 완전하게 이루어진다[634]는 것을 순례자들에게 전달하는 가운데 선교 활동을 전개하기를 촉구한다.

그런데 순례 사목에 관한 교회의 가르침에서 우리의 관심을 끄는 대목은 순례지를 문화의 중심지와 교회일치운동의 중심지로 제시하는 데 있다. 이러한 이해가 관심을 끄는 것은 한국 천주교회의 성지 개발을 둘러싸고 종교 간 갈등과 더불어 교회 내부에서 비판적 목소리가 들리기 때문이다.

우선, 교회가 순례지를 문화의 중심지로 설명하는 점은 천주교회의 많은 순례지와 유산이 유형, 무형의 문화유산으로서의 가치를 담고 있는 상황을 반영할 때 주의를 기울이게 된다. 이와 관련하여 다음 구문을 살펴보기로 하자.

> 순례지는 흔히 문화유산의 가치를 지니고 있다. 순례지는 역사적·예술적 기념물, 특별한 언어 형태와 문학 형태, 음악 작품에 이르기까지 대중문화의 여러 가지 표현들을 종합한다. … 순례지는 은총과 본성, 신심과 예술을 조화롭게 종합할 수 있으므로, 하느님의 아름다움과 지극히 아름다운 신비와 모든 성인의 놀라운 업적을 관상하는 아름다움의 길을 보여주는 하나의 표양으로 제시될 수 있다.[635]

위 인용문의 내용은 서양에 산재한 유명하고 오래된 교회의 벽화와 건축을 떠올릴 때 쉽게 이해될 수 있다. 교회는 순례지에서 성화상 제작이나 음악회, 기타 다른 예술문학 활동이나 중요한 출판물 출판, 교육 과정, 강의 준비를 통해 문화를 통한 선교를 전개하라고 독려한다.

이처럼 순례지가 지닌 문화유산의 가치를 논함에 있어서 교회는 아시아 교회의 순례지와 아시아 지역의 종교 상황을 고려하는 태도를 보여준다. 그 내용은 종교 유산이 문화유산에 포함되는 아시아 순례지들을 감안할 때 유심히 살펴 보아야 한다. '아시아의 순례지들은 교회 일치와 종교 간 대화를 촉진한다. 이는 아시아 순례지들에 다른 교회와 교회 공동체의 순례자뿐 아니라 다른 종교 신자들도 방문하기 때문이다. … 아시아에서는 신앙이 각국의 문화 요소들 안에 표현되고 있을 뿐 아니라 문화에 활력을 불어넣고 그 문화를 쇄신하기도 한다.' 이러한 교회의 언급은 문화의 복음화에 주목하고 있다는 점에서, 한국 교회 역사에 있어 그리스도교가 불러일으킨 가치관과 사고방식, 문화의 변혁에 관심을 기울이는 성지 개발과 성지 사목의 길을 비춰준다. 그런데 교회가 순례지를 교회일치운동과 종교 간 대화의 장소로 바라볼 때, '모든 예배 행위는 가톨릭 신앙과 언제나 분명하게 일치하여야 하며, 교회의 신앙 내용을 조금이라도 흐려놓아서는 안 된다'고 강조하는 내용을 주의 깊게 새겨야 할 것이다.[636]

교회는 순례지를 비종교적인 이유로 방문한 이들에 대한 순례지의 사목도 언급한다. 이때 교회의 순례 이해가 그리스도 중심적이고 전례와 성체성사로 수렴된다는 점을 반드시 전제해야 한다. 교회는 이런 신학적 바탕 위에 자연이나 문화유산을 보기 위해 또는 정신 수양이나 휴가를 보내기 위해 순례길에 오른 사람들에 대한 순례지 사목을 분명하게 제시한다. 교회는 순례지에서 이들에게 여러 장소와 기념물을 소개함에 있어서 그 대상이 순례자의 여정과 그 대상이 향하는 영성적인 목표와 그들의 신앙 체험이 일련의 뚜렷한 관계를 지닌다는 것을 보여주어야 한다고 말한다. 보다 구체적으로, 교회는 순례지를 여행 목적으로 방문한 이들의 경우, 이러한 여행을 주관하는 사람들에게 정보를 제공함으로써 그러한 장소와 기념물들이 여행자들의 수양과 정신 향상에 진정으로 기여하도록 도움을 주어야 한다고 말한다.

마지막으로 살펴볼 내용은 순례지와 그 주변에서 만나는 자연과 문화유산을 대하는 교회의 가르침이다. 교회는 순례가 지닌 정신적 차원, 곧 빼어난 경관이나 예술품, 대중적이고 세련된 문화유산을 소중히 대하며 그 안에서 담긴 하느님의 영광과 하느님을 향한 갈망과 기쁨, 희망 등에 귀 기울이며 하느님께 나아가라고 조언한다. 이러한 교회의 가르침은 다른 종교와 문화 안에 작용하는 하느님의 보편적인 구원 은총과 그에 응답한 인간의 반응이 담겨 있다는 신학적 입장을 드러내는 장면이다. 이러한 교회의 가르침은 '성지순례 여정에서 접하는 자연경관이나 우리 민족의 한과 정서가 담긴 유물에서 하느님과 하느님을 향하는 인간의 마음을 발견하라'는 조언을 우리에게 전해준다.[637]

소결

순례는 인간이 자신의 기원을 다시 확인하고, 하느님 앞에 나아가 하느님의 말씀에 귀 기울이며 초대받은 성사에 온전히 참여하는 은총의 시간이다. 또한 순례는 우리의 오늘이 단지 낱낱이 흩어지는 무의미한 시간의 파편이 아니라 하느님 안에서 완성될 여정의 길 위에 수놓아지는 순간들임을 알려준다. 이는 비록 이 세상에 살지만 장차 완성될 하느님 나라를 지금 여기서 누리며 하느님의 구원과 현존을 선포하는 순례의 의미를 말해준다. 순례는 우리를 순례로 초대하고 순례를 동반하며 당신에게로 이끄는 하느님을 친밀하게 만나 그 손을 잡고 일상으로 돌아오는 여정이다.

이러한 순례자의 순례는 기분 전환이나 여가 선용을 목적으로 떠나는 여행으로 규정되는 관광과 그 목적이 다른 활동이다. 순례와 관광은 결코 병존할 수 없는 서로 다른 길이다. 그런데 이 글에서 정리한 바와 같이, 설령 스스로 알아차리지 못하더라도 하느님을 찾고 진리를 추구하는 인간의 활동은 하느님을 지향하는 순례의 여정이라고 교회는 말한다. 교회의 가르침에 따르면, 관광을 통해 자신의 의미를 찾고 주변 세계를 둘러보며 성스러움과 신비로움을 누리려는 인간의 마음 안에 하느님을 향하는 마음이 있는 한에서, 관광은 순례의 일부로 받아들여질 수 있다. 즉, 관광은 순례로 구분될 수 있지만, 순례는 관광으로 구분될 수 없음을 이 연구 안에서 확인할 수 있다.

순교자의 핏자국이 그들의 삶에 대한 기억 안에서 생생하게 진동하는 한국 성지의 순례는 지금까지 살펴본 교회의 순례지 순례 가르침에 맞춤옷처럼 딱 맞지는 않는다. 그 간극의 출발점은 교회의 순례가 가진 구체적인 역사성이 한국 성지보다 약하고, 대중신심 안에서 시작하고 성장한 성지를 많이 포함하는 데서 발견할 수 있다. 이러한 견지에서 한국의 교회사와 성지 현실을 담는 순례신학을 고민하고 세계 교회와 나누며 정리하는 작업이 한국 교회와 신학자에게 주어진 과제라고 말할 수 있다.

그러나 동시에 교회의 가르침이 한국 교회 신앙인이 행하는 성지순례 양상에 큰 거울이 됨을 부정할 수 없다. 한국 교회 신앙인이 행하는 순례가 교회사 지식을 확인하는 선에 그치거나, 순교자들의 죽음에 함몰된 기억과 따름을 강조하는 순례라면, 이에 비해 교회의 가르침은 순례의 깊고 맑은 영성으로 거듭나기를 촉구한다고 말할 수 있다. 성지순례는 기도와 말씀, 성사에 집중하며, 그리스도의 은총으로 순교의 길을 걸었던 이들이 만난 하느님을 그들의 삶을 통해 우리도 만나는 시간이라고 말할 수 있다.

하느님의 현존과 구원을 삶으로 증거한 순교자들을 기억하고 만나는 순간은 그 안에서 활동한 하느님이 우리도 순교자의 삶을 걸어갈 수 있도록 용기를 주시고 있음을 발견하고, 그 손을 잡고 세상을 걸어갈 힘을 얻는 순간이다. 이 기억과 회심과 충만한 경험이 그리스도교적 가치를 거슬러 물질중심주의, 성공제일주의, 생명경시주의 등을 드러내는 야만적인 흐름을 거부하고 조용하고 묵묵히 사랑과 섬김과 나눔을 살아가도록, 그래서 이 시대의 순교자가 되도록 우리를 이끈다. 그 순간 우리의 자리가 순교의 자리, 성지가 되는 은총이 세상을 적실 것이다.

이러한 내용은 성지가 숨 막히는 거대한 규모나 순교자의 죽음에 치중한 전시보다 고요한 곳에서 소박하게 신앙을 표현한 유산을 소중히 간직하며, 순교자를 기억하고 오늘 이 자리에서 자신에 의해 재현될 수 있는 순교가 무엇인지를 생각하면서 과거의 순교를 현양함과 동시에, 오늘 자신이 결행할 수 있는 순교가 무엇인지를 발견해내는 계기를 마련해주어야 한다고 말해준다.

성지는 발을 들여놓은 순간 자신을 휘감는 정적과 고요함이 번잡한 일상과 사고를 내려놓게 하고, 정성스럽게 준비된 강론과 성사에 참여하는 가운데 우리를 위해 모든 것을 내어주신 하느님 앞에 오늘의 순교자로 자신이 다시 태어나고자 결단하게 하는 장소이다. 이러한 성지를 향하는 순례는 그 출발부터 함께하신 하느님과 함께 걸으며, 하느님의 말씀이 신앙의 힘과 영혼의 양식이 되어줌으로써, 세상 안에서 우리 자신이 순교자로서 살아가게 하고, 우리 삶의 자리가 순교의 자리임을 확인하고, 또 자신이 있는 바로 그곳을 다른 새로운 성지가 되게 하는 변화의 출발점이 되어야 한다.

에필로그

순교자들에 대한 공경심은 어디서 오는걸까? 교회가 선택한 기억과 기억을 강화하는 각종 의례 그리고 이에 심겨진 신학이 공경심을 형성하는 걸까? 또는 신앙공동체 안에서 기쁨과 두려움을 나눈 형제를 기리고 그 죽음에 함께하신 하느님을 기억하는 마음에서 시작되었을까?

이 질문에 선교사가 입국하기 이전의 한국 교회를 비춰볼 수 있다. 순교자들에 대한 한국 천주교인들의 신심은 일찍부터 발견된다. 주로 윤지충 바오로, 권상연 야고보 등을 공경했던 것으로 보이며, 유물과 관련된 기적을 보고한 기록이 남아 있다.[638] 이는 혹독한 박해를 견디는 과정에서 순교 선열의 삶과 죽음을 기리는 모습으로 이해될 수 있다. 성인전을 읽고 성인이 될 순교자에게 전구하기 위한 기념으로 보는 것은 자연스럽지 않기 때문이다. 이러한 순교자 공경 신심에 비해 선교사들이 주도한 현양 과정은 다소 다른 결을 보여준다.[639]

지금까지 살펴본 내용은 4세기까지 그리스도인이 받았던 박해를 보여준다. 각기 다른 이야기를 풀어가는 박해는 그리스도인의 죽음을 통해 초기 교회의 삶과 신앙을 보여준다. 여러 지역에 흩어져 살던 유대인에게 전파된 그리스도교가 로마제국 전역과 인근 나라에 확산된 근본적인 동력은 신앙공동체에서 발해졌다. 박해의 위험 속에서 신앙을 제련하고 공동체의 삶에서 나눈 성령의 친교가 그리스도의 현존과 구원을 드러냈다. 교회의 성장은 이들이 여러 지역을 다니며 신앙을 선포하고 증거하는 가운데 이루어졌다.

박해는 순교자와 기억을 담은 자료를 낳았다. 일부의 성인전과 순교 열전은 오랜 시간을 거치며 원형을 잃기도 했다. 그러나 초기 교회의 순교를 영웅적인 죽음을 맞이하려는 그 시대의 유행이 만들어낸 결실로 단정하거나, 교회가 성장하는 과정에서 내부 결속을 강화하고 신앙인의 헌신을 이끌어내기 위해 조작한 이야기로 치부할 수는 없다. 순교자에 대한 공경의 원천은 순교자를 기억하며 그 도움을 체험한 공동체에 있기 때문이다. 순교자 공경에 대한 교도권의 가르침은 과열된 대중신심을 바로잡았지만, 대중신심의 원천을 제공하지는 않았다.

순례관광이라는 용어가 불편함을 안겨주는 현실에서 순례와 유해 공경, 성화상 공경 그리고 전례를 통한 순교자 공경이 들려주는 목소리에 귀를 기울여본다. 순교자의 죽음만을 바라보는 순례를 지양하라는 목소리를 들을 수 있다. 비록 순교자의 삶을 바라본다 하더라도 그 시선을 더 깊은 곳으로 향하여, 순교자의 전 존재를 이끌었던 그리스도를 바라보라는 권고가 들린다. 순례지에서 바치는 미사에서, 봉독되는 성경과 성체성사에서 순례가 정점에 다다른다는 교회의 가르침에 고개를 끄덕일 수 있다.

가톨릭의 성지순례 전통에서 주목할 점은 박해시기에 함께 살다가 죽어간 교우들을 기리며 자신의 순교를 준비했던 신앙인들의 자세이다. 이러한 기억 활동에 이방 종교의 관습이 더해지며 구복적인 성격과 파행적인 유해 공경 양상이 나타났지만, 무덤 순례와 유해 공경의 중심에는 순교자의 용기와 은총을 기리는 마음이 있기 때문이다. 이와 더불어 역사적인 성찰을 통해 우리는 그리스도교의 성지순례가 신앙 역사에 대한 시각적 학습과 순례 중의 기도를 통한 개인의 신심 강화의 창구였음을 보게 된다. 이는 정해진 날에 정해진 일정에 따라 모두 같은 행동을 함으로써 다양한 민족·문화를 하나의 공동체로 규합하는 이슬람의 하지와 비교될 수 있는 내용이다.

그렇지만 가톨릭의 성지순례 또한 다양한 지역과 문화 속에서 살아가는 그리스도교인이 하나된 신앙으로 수렴할 수 있는 길을 열어주었음을 역사적 성찰이 보여준다. 사도와 성모 마리아에 대한 공경을 담은 순례가 지역 교회 수호성인을 아울렀다는 점을 여기서 되짚어볼 수 있다. 무엇보다 이상의 역사적 성찰은 시간과 공간을 초월하여 언제나 어디서나 작용하시는 하느님의 활동이 인간의 과오에도 불구하고 우리를 참된 신앙에로 이끄심을 보여준다.

한편, '공경'과 '흠숭'을 구분하는 교회의 가르침은 순교자 공경 역사에서 나타난 문제점을 신학적으로 해결하려는 노력으로 볼 수 있다. 가톨릭 가르침에 따라 우리는 성인을 공경하고 성인의 진정한 유해와 성화상도 존중한다. 이러한 공경proskynesis은 하느님이신 그리스도에게만 합당한 흠숭latreia과는 당연히 구별된다.[640] 이 내용은 가톨릭교회를 향하여 우상숭배 논리를 적용할 수 없는 근거를 제시한다.

어원적으로 볼 때 성지순례는 여행과 긴밀하게 연결되어 있다. 또한 역사적으로 볼 때에도 성지순례는 당시 신앙인의 여행 욕구와 신앙 고양이라는 목표가 함께 작용하며 발전한 양상이 드러난다. 오늘날 성지순례가 여행 상품으로 판매되고, 순례라는 단어가 종교적 목적과 관계없이 일상에서 사용된다. 전 세계적인 인기몰이에 성공한 가수나 드라마와 관련한 장소나 맛집 순례에 성지순례라는 단어가 붙는 일도 자주 목격한다. 이러한 장면은 종교적 이유가 아니더라도 과거의 역사와 문화를 향해 떠나는 비종교인의 순례를 교회가 담아낼 수 있는 여지를 보여준다. 한국의 역사와 긴밀한 관계 안에 발생한 신앙의 증거가 남긴 발자취는 신앙 유산일 뿐 아니라 위대한 문화유산이기 때문이다.

성지순례가 그 장소에 관련된 인물의 삶과 배경 안에 영성을 담아낼 때, 순례 여행을 떠난 이들에게 종교가 자연스럽게 스며들 수 있으리라 기대해본다. 특히 주문모 신부님이나 프랑스 선교사들의 발자취를 좇아 역사적, 민족적 의미의 순례로 교회 성지를 방문한 이들에게 성지순례는 민족과 문화 인식을 통해 종교의 맥박을 느낄 자리를 제공하리라 믿어본다. 성지순례의 역사적 발전 과정을 살펴본 이 작업이 성지 개발과 순례 영성 및 순례 프로그램 개발에 작으나마 도움이 되기를 바라본다.

선교사의 선교활동이 없는 상태에서 교회가 세워진 한국 교회의 역사는 세계 교회사에 유례가 없는 장면이나. 이러한 역사 난면에 남긴 많은 사실들을 신학적으로 해석할 때 한국 교회사 연구는 위기에 처한 가톨릭교회의 도약대로 기여할 수 있다. 순교자의 죽음을 기리고 많은 성인의 수를 부각시키는 활동도 중요하겠지만, 초기 교회 역사를 재현한 듯한 모습을 살아냈던 우리 신앙 선조의 삶을 조명하는 일도 큰 의미를 가진다. 순교자를 공경하는 활동은 하루하루를 은총으로 채워주고 죽음의 순간까지 순교자들의 손을 놓지 않았던 그분을 오늘 여기서 우리도 만나는 데서 시작한다.

성지순례를 포함한 순교자 공경은 인간으로서 순교에 이르기까지 예수를 따랐던 신앙 선조들의 삶과 신앙 앞에 우리를 세운다. 일상으로부터 떠나는 순례는 그들을 통해 활동하신 하느님과의 만남 안에 존재와 신앙의 의미를 새롭게 길어 올리는 시간이다. 순례는 자신의 자리로 돌아오는 여행이지만, 순례 이전과는 다른 나로서, 순교자로서, 내가 살아가는 자리를 순교지로 만드는 변화의 씨앗을 우리 손에 쥐어준다.

부록

01_기도의 집, 성지
Il Santuario casa di preghiera
- 교황청 복음화부 리노 피지켈라 Rino Fisichella

02_해미국제성지-
기도Prayer와 순례Pilgrimage, 복음화Proclametion의 장

03_순교와 순례의 연결고리에서 바라보는
순례 영성의 의미

부록01

희망의 희년을 향해 나아가는 성지

2023년 11월 11일

기도의 집, 성지*

"나의 집은 기도의 집이라 불릴 것이다"(마태 21:12-13, 마르 11:11, 15-17, 루카 19:45-46, 요한 2:13-20). 예수님의 입으로 전달된 이사야 예언자의 인용 구문(이사 56:7)을 통해 성전을 이해하고 하느님과 우리의 관계를 새롭게 바라보는 방식이 드러난다. 여기서 기도가 언급된 것은 우연이 아니다. 기도는 우리가 주님과 관계를 맺는 특권적인 형식이며, 성지에서 그 특권적인 표현을 찾을 수 있기 때문이다. 이러한 표현의 맥락과

* 이 원고는 교황청 새복음화촉진평의회 의장 리노 피지켈라(Rino Fisichella) 대주교가 발표한 연설문이며, 대주교로부터 번역 및 출판에 관한 허가를 받고 이 책에 싣는다. 이 연설은 2023년 11월 11일에 로마 교황청에서 전 세계에 있는 4개의 국제성지 책임자와 운영자를 위한 제2차 국제회의에서 발표되었다. 이 회의는 '2025년 희망을 향해 가는 길에'라는 모토로 열린 제1차 국제회의의 연장선에서 개최되었으며, 해미순교자국제성지와 영국의 크녹국제성지(Knock International Shrine), 나이지리아의 엘렐레 국제성지(Elele International Shrine), 필리핀의 안티폴로 국제성지(Antipolo International Shrine) 관계자를 포함하여 전 세계 600명이 참석했다.

그 내용이 우리의 만남에 어떻게 적용할 수 있는지를 설명하려는 노력은 이 텍스트의 의미를 더 깊이 이해할 수 있게 해준다.

이 내러티브는 편집 수준에서 상당한 차이를 보여주는 공관복음에 나타난다. 이러한 편집상의 차이에도 불구하고 공통적으로 드러나는 것은 세 복음사가가 이 장면을 수난 전날에 배치했다는 점이다. 이에 비해 요한은 복음서의 서두에서 바로 이야기를 시작한다. 이는 예수가 스스로를 하느님의 아들로 인식했음을 강조하기 위해서, 장터로 변해버린 아버지의 집에 대한 열정을 드러낸 것으로 볼 수 있다.

여기서 확인되는 공통적인 한 가지 사실은, 이들 모두가 예수님께서 과월절 절기에 성전에 올라가서 성전이 기도의 장소로 여겨지기를 원하셨다는 사실을 강조하고 있다는 점이다. 요한은 비록 공관복음서의 본문을 인용하지는 않았지만, "이것들을 여기에서 치워라. 내 아버지의 집을 장사하는 집으로 만들지 마라"고 말한다. 그러나 이 지점에서 마태오의 서술을 눈여겨보는 것이 유용하다. 마태오는 예수님이 성전에 들어가시기 전에 나귀에 앉으신 주님의 입성을 기뻐하며 '나뭇가지'로 환호하는 '매우 많은' 예루살렘 사람들의 반응을 보고하면서 "이 사람은 누구인가?"라는 질문에 "이분은 갈릴리 나자렛의 예언자 예수님이시다"라고 대답하는 장면을 그려낸다. 이러한 답변은 예언자적 행위를 하는 사람의 행동을 소개하기 위한 것이므로 질문과 인과관계가 없다. 그러므로 이러한 의도를 가지고 예수님이 곧 환치기꾼과 비둘기 파는 사람들을 몰아내는 일을 하실 것이라고 해석해야 한다. 마르코복음은 더 직접적으로 군중의 반응을 언급하지 않고 다음 날 예수님게서 성전에 들어가는 것으로 서술한다. 그러나 예수님의 성선 입상을 서술하기 선에 마르코는 예수가 무화과나

무 앞을 지나가다가 잎만 있을 뿐 열매가 없는 나무를 저주했다는 사실을 먼저 언급한다. 이처럼 마르코사가는 매우 예언적인 행동으로 똑같이 예언적인 다른 행동이 이어지는 이야기를 시작한다.

루카는 예수님이 세 번 성전에 들어갔다고 서술한다. 이에 따르면, 예수는 생후 40일 때, 12살 때, 그리고 예루살렘에 도착한 후 성전에 들어갔다. 이러한 서술에 담긴 루카의 근본적인 의도는 분명하다. 성전은 예수님이 아버지의 사랑을 가르치면서 드러내는 집이다. 동시에 루카의 서술은 우리도 성전으로 올라갈 준비를 해야 한다는 것을 암시하는데, 이는 성전에는 우리 가운데 거하시는 하느님과의 특별한 만남이 있기 때문이다. 루카는 이런 맥락에서 우리도 인생의 여정에서 우리 자신을 위해 세운 우상들을 서둘러 모두 버려야 한다고 재촉한다. 왜냐하면 이 모든 우상은 본질이 아닌 상품이기 때문이다. 자비의 복음사가인 루카는 예수님의 부적절한 행동에 대한 해석을 피하고 "예수님께서 성전에 들어가시어 물건을 파는 이들을 쫓아내기 시작하셨다"라는 단순한 언급으로 마무리한다. 이러한 장면은 성전 안에 위치한 '이방인의 뜰'이라고 불리는 곳에서 벌어진다. 이방인의 뜰은 성전 안으로 직접 들어갈 수 없는 사람들이 접근할 수 있었던 넓은 광장을 말한다. "이교도", 즉 참 하느님을 알지 못하는 로마인, 비유대인, 환관, 다른 나라에서 할례를 받은 사람들이 여기에 포함된다. 요컨대, 이 안뜰에서는 성전이 무엇인지, 참된 하느님에게 드리는 예배가 무엇인지 알 수 있었지만, 그 누구도 그 이상 안으로 넘어가는 것이 허용되지 않았다.

이제 마르코복음서로 돌아가서 이사야와 예레미아 예언자라는 이중적 배경[1]에 기초하여 예수님의 입에 담긴 말씀을 살펴보자. "'나의 집은 모든 민족을 위한 기도의 집이라 불리리라. 그러나 너희는 그것을 도둑들의 소굴로 만들었다' 기도의 집이라 불릴 것이다" 이 구문에서 예수님은 이미 오래된 예언자들의 가르침이었던 것을 다시 언급하신다. 마치 자신이 가르치고 있는 것이 이미 성경에 담겨 있으며, 성경을 일관성 있게 이해하려는 사람이라면 누구나 그 내용을 파악할 수 있다고 말하려는 듯하다. 하느님의 집은 모든 민족을 위한 기도의 집이다. 성전은 공동체의 삶을 살기 위해 주님을 만나도록 초대받는 집이다. 베드로와 바오로가 해석한 바와 같이 성전은, 무엇보다도 "살아 있는 돌"로 이루어진 집이며, 참된 기도와 아버지와의 참된 만남이 각 사람의 마음 깊은 곳에서 일어난다는 것을 배워야 하는 곳이다.

그러므로 예수님은 모든 사람의 일치를 위해 "하느님의 소식을 전달하는 분"으로 그려진다. 모든 사람이 하느님의 자녀로 부름을 받았기 때문에 하느님 아버지의 집에는 더 이상 분열이 있을 수 없다. 이 "이방인의 뜰"에서 예수님은 아버지의 집 전체가 거룩하다고 가르치신다. 그 어떤 것도, 그 누구도, 그분을 믿는 자나 찾는 자나 거룩한

---

1 "나는 그들을 나의 거룩한 산으로 인도하고 나에게 기도하는 집에서 그들을 기쁘게 하리라. 그들의 번제물과 희생 제물들은 나의 제단 위에서 기꺼이 받아들여지리니 나의 집은 모든 민족들을 위한 기도의 집이라 불리리라."(이사 56:7) "만군의 주 이스라엘의 하느님께서 이렇게 말씀하신다. "너희 길과 너희 행실을 고쳐라. 그러면 내가 너희를 이곳에 살게 하겠다. '이는 주님의 성전, 주님의 성전, 주님의 성전이다!' 하는 거짓된 말을 믿지 마라. 너희가 참으로 너희 길과 너희 행실을 고치고 이웃끼리 서로 올바른 일을 실천한다면, 너희가 이방인과 고아와 과부를 억누르지 않고 무죄한 이들의 피를 이곳에서 흘리지 않으며 다른 신들을 따라가 스스로 재앙을 불러들이지 않는다면, 내가 너희를 이곳에, 예로부터 영원히 너희 조상들에게 준 이 땅에 살게 하겠다. 그런데 너희는 아무 쓸모도 없는 거짓된 말을 믿고 있다. 너희는 도둑질하고 살인하고 간음하고 거짓으로 맹세하며 바알에게 분향하고, 너희 자신도 모르는 다른 신들을 따라간다. 그러면서도 내 이름으로 불리는 이 집 안에 들어와 내 앞에 서서, '우리는 구원받았다.'고 말할 수 있느냐? 이런 역겨운 짓들이나 하는 주제에! 너희에게는 내 이름으로 불리는 이 집이 강도들의 소굴로 보이느냐? 나도 이제 그것을 지켜보고 있다. 주님의 말씀이다."(예레 7:3-11).

자나 죄인이나, 모두가 아버지께 참된 예배를 드리는 것을 막을 수 없다. 이는 누구를 배제할 수 없는 '모두'를 위한 것이다. 만약 누군가가 배제된다면 양심에 대한 진지한 성찰이 요청된다. 이처럼 집은 결국 사람이 머무는 곳이며, 안전하고 사랑받는다고 느끼는 곳이다. 우리는 하느님의 집, 그분의 성전이며 그분이 우리의 집이라는 사도의 견해를 다시 한번 강력하게 받아들여야 한다. 성전 건축을 계획하고 있는 다윗에게 예언자가 "내가 살 집을 네가 짓겠다는 말이냐?"라는 주님의 말씀을 전하는 본문을 다시 손에 잡아야 한다. "내가 네게 집을 지어주리라"(2사무 7:5, 11)라는 말씀이 떠오른다.[2]

사목활동은 "나는 어디에 거하는가?"라는 질문을 할 수 있도록 도와준다. 나는 하느님 안에 살아가지만, 나의 모든 욕망보다 우선하는 이 은총을 깨닫지 못한다. 성지는 자기 자신 안으로 들어가 하느님께서 나를 사랑하시고 당신이 사랑을 받는 곳에 하느님이 거하신다는 사실을 발견하는 데 도움을 주어야 한다. 성지는 하느님이 거저 주신 사랑과 그 열매인 용서를 경험할 수 있는 곳이어야 한다. 성지는 죄의 비참함 앞에서 자신이 누구인지를 돌아보고 하느님의 사랑을 받는 자신을 느끼는 집이 되어야 한다.

그러므로 그 어느 누구도 성지를 "도둑의 소굴"로 만들 여지를 만

2 2사무엘 7장 11절의 한국어 성경 문장은 "곧 내가 나의 백성 이스라엘에게 판관을 임명하던 때부터 해온 것처럼, 나는 너를 모든 원수에게서 평온하게 해주겠다. 더 나아가 주님이 너에게 한 집안을 일으켜주리라고 선언한다"이다. 이 구절의 이탈리어 문장은 al tempo in cui avevo stabilito i Giudici sul mio popolo Israele e gli darò riposo liberandolo da tutti i suoi nemici. Te poi il Signore farà grande, poiché una casa farà a te il Signore.이다. 본 글의 원저는 이 문장을 Io costruirò per te una casa 로 인용한다. 여기서는 원저자의 글이 보여주는 맥락을 감안하여 원문의 casa를 살려서 집안보다 집으로 번역하기로 한다.

들지 않아야 한다. 상인이 거래를 통해 돈을 버는 것처럼 결국 종교도 운영을 잘하면 큰 이득을 볼 수 있는 사업이라고 말할 수도 있다. 그러나 하느님의 집은 그런 곳이 아니라 기도와 교제, 용서의 장소이다. 예수님은 우리가 참된 성전에 들어가 하느님과 진정한 관계 맺기를 원한다면 우리 스스로 받아들여야 하는 가르침을 주셨다.

하느님은 예수님께서 우리에게 계시하신 신비에 속한다. 우리가 배우는 것은 그분이 동물 제사를 좋아하는 신이 아니라 자비의 행위자라는 것이다. 그분은 그의 자녀들, 특히 아버지와의 관계에서 독립적이고 자율적인 삶을 살기 위해 그에게서 등을 돌린 자녀들과 만나는 아버지이다.

하느님에게는 우리가 흥정할 때 나타날 수 있는 것과 같은 교환 관계가 없다. 당신이 나에게 이것을 주면 그 대가로 나는 당신에게 다른 것을 주는 그런 관계가 성립하지 않는다. 우리는 하느님과 흥정하기 위해 성지에 가는 것이 아니다. 우리는 이 관계를 나타내는 대중적인 영성의 표현을 많이 알고 있다: "나는 신전으로 걸어갈 것이다... 맨발로 무릎을 꿇고 순례하겠다"... 우리 신자들로부터 이런 심오한 인간의 감정을 자주 듣는다. 이러한 표현은 사랑하는 사람에 대한 슬픔으로 상처받고 찢긴 마음에서 나온 것이기 때문에 존중받을 만하다. 하지만 신앙인의 의무는 하느님이 우리가 상인이 되는 것과는 '다른' 분이라는 것을 적절한 형태로 분명히 드러내는 데 있다. 닛사의 그레고리오는 기도의 가치를 다음과 같이 서술한다: "기도를 통해 하느님께 다가가면서 그 숭고한 힘을 마음으로 성찰하지 않는다면, 그는 무례하고 하찮은 요구로 하느님의 위대함에 자신도 모르게 모욕을 주게 된다."[3] 하느님의 사랑은 돈으로 살 수 없다. 우리 자신이 그 아무리 약하고 부서지기 쉬운 존재라 하더라도 하느님의 사랑은 우리에게 주

어지며, 우리는 이를 주어진 그대로 받아들여야 한다.[3]

희망의 성지

지금까지 말한 내용은 앞으로 전개될 부분을 위한 전제로 간주할 수 있다. 머지않아 우리는 2025년 희년을 맞이한다. 이는 희망의 순례자가 되는 것을 목표로 설정하고, 프란치스코 교황이 선포한 기도의 해를 선포했음을 의미한다. 이러한 희년 선포에서 다루어진 주제는 "기도의 삶을 성지에서 어떻게 실천할 것인가?"였고, 다양한 방식으로 우리 성지 기도의 독특한 측면을 강조하려는 시도가 이루어졌다. 이제 우리에게 주어진 질문은 "성지가 그리스도인의 희망을 즉시 받아들이는 기도의 장소가 되기 위해 우리는 이 희년을 어떻게 살아가야 할까?"에 놓인다. 이를 위해 우리는 다시 한번 아우구스티누스 성인의 목소리에 귀를 기울이게 된다: 귀부인이었던 프로바가 아우구스티누스에게 편지를 보내며 기도에 대한 명확한 설명을 요청하는 편지를 보냈다. 성스러운 주교는 답장을 통해 기도에 관한 심오한 지침을 제시하는 가운데 기도가 희망과 어떻게 연결되는지를 잘 설명해준다. 희망과의 관계에서도 기도에 대한 심오한 방향을 제시했다. 그 내용은 작지만 귀중한 소책자 「프로바」에 다음과 같은 글로 우리에게 전해진다.

"하느님께 소망을 두지 않으면서 어떻게 하느님께 기도할 수 있겠

---

3 Gregory of Nyssa, The Lord's Prayer, Homily 1, Rome 2016, 37.2.

습니까? 그리고 재물의 불안정성에 희망을 둔다면 어떻게 그분 안에서 희망을 가질 수 있겠습니까... 특별히 이것 때문에 저와 상담하기를 원하셨으니, 사도의 말씀이 여러분에게 깊은 인상을 줄 것이다: 기도할 때 우리는 제대로 기도하기 위해 무엇을 말해야 하는지 모릅니다. 여러분은 실제로 기도를 하지 않는 것보다 기도를 제대로 하지 않는 것이 해가 될까 봐 두려워합니다. 저는 몇 마디로 말씀드릴 수 있다: 복된 삶을 (얻기 위해) 기도하십시오. Ora beatam vitam. 모든 사람이 그것을 원합니다. 방탕하고 나쁜 삶을 사는 사람들도 자신이 그렇게 살아감으로써 복을 받고 있거나 또는 복을 받을 수 있다는 확신이 없다면 그렇게 살지 않을 것입니다. 그렇다면 기도에서 구하는 것은 복이 아니겠습니까? 선한 사람뿐만 아니라 악한 사람도 탐내지만 오직 선한 사람에게만 도달하는 그 복 말고 다른 어떤 것이 기도를 통해 요청하는 내용으로 적합하겠습니까?"[4]

현대인에게는 희망이 필요하다. 그러나 우리는 금새 허망함을 드러내는 수많은 희망 사이에서 휘청거리곤 한다. 과학과 기술이 지배하는 문화 속에서 이 두 영역에서 희망을 찾는 것은 즉각적인 반응일 것이다. 이러한 상황에서 진정한 희망을 발견하도록 돕는 노력에 사목활동이 집중되어야 한다. 다시 말해, 사랑의 결실이자 결과인 희망, 우리를 실망시키지 않는 희망을 재발견하도록 돕는 데 우리의 사목활동의 시급함이 놓여 있다.

한편, 성지에서 희망을 발견하려는 시도는 낯선 것이 아니다. 오히려 그 반대이다. 성지를 자주 찾는 사람들은 평온과 위로를 가져다주는 희망을 간절히 원한다. 우리에게 주어진 과제는 순례자들에게

---

4 Augustine, *Letters*, 130, 1,2; 4,9.

희망의 옷을 입혀서 신앙이 대화 상대에게 효과적으로 전달함으로써 그들이 신앙에 대해 말하는 데 익숙해지도록 하는 것이다. '희망의 순례자'라는 모토는 진정한 순례지의 목적지인 성지와 상통한다. 이를 위해 순례자가 스스로의 가치를 인식하고, 순례의 목적지를 알고 길을 나서며, 소망한 바를 얻기 위해 어려움을 극복하고 목적지에 도달하는 순례의 가치를 발견하는 것이 중요하다. 교리가 가르치는 희망에 관한 서술은 개인의 삶과 사랑하는 사람들의 삶을 하나로 묶는 포용적인 품 안에서 희망이라는 덕이 얼마나 결정적인 힘을 갖는지를 분명하게 보여준다.

이러한 맥락에서 바오로 성인이 미래에 대한 기대를 표현했던 가르침의 몇 가지 특징을 다시 살펴보는 것이 좋다: 바오로는 최종적인 희망의 목표와 최후의 정죄로부터의 구원, 하느님 자녀의 영광과 함께 신성한 생명에의 참여 등과 같은 요소들로 희망의 객관적인 차원을 그려낸다. 또한 바오로는 자신의 유한한 몸이 부패로부터 해방되어 변화와 구속을 통해, 그리고 새로운 창조를 위한 출산의 고통을 겪는 과정을 언급하며 이 모든 과정이 아버지께 다다르는 새로운 창조로 이어진다고 말한다. 불행하게도 일관된 설교가 부족하기 때문에 이 내용이 잊힌 듯하지만, 그럼에도 불구하고 이 모든 내용에서 우리는 약속의 성취를 기대하는 통로를 발견할 수 있다. 바오로 사도가 그리는 미래는 현재의 부패함과 약함, 고통을 경험하는 현재 상태와 모순되는 진정한 새로움이다... 요컨대, 그리스도인의 희망은 무엇보다도 십자가에 못 박히시고 부활하신 주님의 사랑으로 구속을 받아서 구원된 사람에게 주어진다. 따라서 바오로의 설교는 새로운 피조물이 되어 새로운 삶을 사는 것이 얼마나 결정적인지, 그리고 지금 현재 은총의 작용으로 변화된 사람이 되는 것이 얼마나 결정적인지를 분명히 짚어두려는 시도라고 말할 수 있다. 이 모든 것은 "이렇게 하여 우리는 늘 주님과 함께 있는"(1테살 4:17) 상황을 지향한다. 모든 사람이 소망하며, 희망은 모든 사람을 위한 것이다. 이 비전 안에 피조물의 구속이 배치되어 희망이 전체 피조물에 대한 포괄적이고 통합적인 비전임을 보여준다.

만약 우리의 사목적 언어가 이러한 차원을 강조하지 않고 항상 영혼의 구원에 대해서만 이야기하고 더 나아가 희망이 인간 비전 단일 원칙의 일부라는 사실을 잊어버린다면, 우리는 미래가 아닌 지금 필요한 풍성한 희망을 전달할 수 없을 것이다. 희망이 불러일으키는 기대는 현실에 대한 개인주의적이고 단편적인 비전을 뛰어넘는다. "나는 희망한다"라는 개인주의적 관점 이전에 "우리는 희망한다"는 관점이 존재한다는 점을 강조하는 것이 좋다. 아우구스티누스가 말한 것처럼, "나는 너 없이는 구원받기를 원하지 않는다nolo salvus esse sine vobis."[5] 희망이 갖는 세계적이고 공동체적인 차원은 인간의 충만함과 사회의 결합이 가능하게 해준다. 그 자신 안에서 근본적인 하나됨이 결여된다면 인간의 충만함은 실현될 수 없고, 인간은 사회 안에 소속되기 때문이다.

그러므로 구원에 대한 희망은 우리가 사목활동에서 다시 다루어야 하는 긴급한 사안 중 하나이며, 이는 사도의 가르침에서 결정적인 순간으로 남아 있다. 특히 에페소의 신자들에게 보낸 서신에서 구원에 대한 희망이 개인 차원의 화해와 평화뿐만 아니라 모든 사람과의 화해와 화평으로 제시된다. "그때에는 여러분이 그리스도와 관계가 없었고, 이스라엘 공동체에서 멀리 떨어져 있었으며, 약속의 계약과

---

5 아우구스티누스, 편지, 130, 9:18; 13:24.

도 무관하였고, 이 세상에서 아무 희망도 가지지 못한 채 하느님 없이 살았다는 사실을 기억하십시오. 그러나 이제, 한때 멀리 있던 여러분이 그리스도 예수님 안에서 그리스도의 피로 하느님과 가까워졌습니다. 그리스도는 우리의 평화이십니다. 그분께서는 당신의 몸으로 유다인과 이민족을 하나로 만드시고 이 둘을 가르는 장벽인 적개심을 허무셨습니다. 또 그 모든 계명과 조문과 함께 율법을 폐지하셨습니다. 그렇게 하여 당신 안에서 두 인간을 하나의 새 인간으로 창조하시어 평화를 이룩하시고, 십자가를 통하여 양쪽을 한 몸 안에서 하느님과 화해시키시어, 그 적개심을 당신 안에서 없애셨습니다. 이렇게 그리스도께서는 세상에 오시어, 멀리 있던 여러분에게도 평화를 선포하시고 가까이 있던 이들에게도 평화를 선포하셨습니다. 그래서 그분을 통하여 우리 양쪽이 한 성령 안에서 아버지께 나아가게 되었습니다. 그러므로 여러분은 이제 더 이상 외국인도 아니고 이방인도 아닙니다. 성도들과 함께 한 시민이며 하느님의 한 가족입니다. 여러분은 사도들과 예언자들의 기초 위에 세워진 건물이고, 그리스도 예수님께서는 바로 모퉁잇돌이십니다."(에페 2:12-20)

앞서 언급한 바와 같이, 자기 자신과의 화해는 신자가 바라는 모든 인류의 화해를 위한 전주곡이며, 따라서 그가 얻었고 충만하게 받을 구원이 모든 사람의 유산이 될 수 있도록 작용한다. 콜로새 신자들에게 보낸 편지는 이 차원을 더욱 분명하게 해석한다: "여러분은 한때 악행에 마음이 사로잡혀 하느님에게서 멀어지고 그분과 원수로 지냈습니다. 그러나 이제 하느님께서는 당신 아드님의 죽음을 통하여 그분의 육체로 여러분과 화해하시어, 여러분이 거룩하고 흠 없고 나무랄 데 없는 사람으로 당신 앞에 설 수 있게 해주셨습니다. 다만 여러분은 믿음에 기초를 두고 꿋꿋하게 견디어내며 여러분이 들은 복음의 희망을 저버리지 말아야 합니다. 그 복음은 하늘 아래 모든 피조물에게 선포되었고, 나 바오로는 그 복음의 일꾼이 되었습니다."(콜로 1:21-23)

요컨대, 우리의 사목적 헌신은 더욱 분명해진다: 희망은 주님께서 우리 각자를 위해 성취하신 화해가 얼마나 실제적인지를 볼 수 있는 능력을 의미한다. 화해는 우리 자신과 평화를 유지할 수 있게 해주지만, 동시에 다른 이들과 화해의 주체가 될 수 있게 해주며, 나아가 어떤 식으로든 우주적 화해를 기대할 수 있게 해준다. 요컨대, 바오로 사도는 우리의 존재 전체가 희망에 의해 명확해지며, 희망은 종종 분열되고 수수께끼 같은 존재의 주름을 비추어 구원의 신비에 나타난 것처럼 참된 존재가 되게 한다고 가르친다. 부활을 믿지 않아 희망이 없는 세상에서 우리는 희망의 변증자가 될 책임이 있다. 즉, 우리는 부활의 힘을 불어넣어 존재를 밝히는 선포의 전달자가 되어야 한다. 부활을 믿지 않으면 우리는 희망의 함정에 빠지고, 순례자의 삶은 매혹과 환상을 불러일으키는 덧없는 것들로 지탱되는 삶으로 되돌아갈 것이다.

이러한 희망의 차원을 표현하면 필연적으로 그리스도에 초점을 맞추게 된다. 그리스도인의 희망은 그리스도의 부활과 영광으로 절정에 이르는 육화 신비의 사건을 중심으로 하는 그리스도론적 희망이다. 그분에 대한 신뢰가 희망을 뒷받침한다. 인간에 대한 희망이 아니라 하느님에 대한 희망, 즉 그분의 말씀과 약속이 참되고 실재하며 실체적이라는 확신을 얻는 것이다. 여기서 "희망이 우리를 실망시키지 않는"(로마 5:5) 이유는 부활하신 그리스도 안에서 하느님께서 약속을 이루시고 사망을 없애고 구원을 주셨기 때문이다. 실망시키지 않는 이 희망은 신자들에게 생기를 불어넣고 확신을 주는 닻으로 그들을 지탱하는 성령의 열매이다. 성스러운 저자는 히브리서 서신에서 이 사실을 다음과 같이 강력하게 상기시킨다: "당신께 몸을 피한 우리가 앞에 놓인 희망을 굳게 붙잡도록 힘찬 격려를 받게 하셨습니다. 이 희망은 우리에게 영혼의 닻과 같아, 안전하고 견고하며 또 저 휘장 안에까지 들어가게 해줍니다."(히브 6:18-19)

그러나 이 모든 내용은 그리스도인이 자신이 얻은 것을 잃을 수 있다는 인식을 없애지는 않는다. 현재와 미래 사이의 긴장은 개인의 존재를 어떻게든 받은 사랑에 충실하게 이해하기를 요구한다. 신앙인이 신뢰의 확실성을 잃는 진정한 위험에 처하는 것은 죄를 동반한다. 반면에 죄는 구원을 위해 현재를 완성하려는 의도가 없다. 죄는 모든 행동에 대한 판단의 기준으로 삼아 현재를 살기로 결심하는 것에 지나지 않는다. 구원은 자신의 목적을 위해 사용할 수 있는 인간의 계산이 아니다. 구원은 그리스도의 희생에서 비롯된 선물이자 은혜이다. 사도 베드로는 이 문제를 직설적으로 언급한다: "여러분도 알다시피, 여러분은 조상들에게서 물려받은 헛된 생활 방식에서 해방되었는데, 은이나 금처럼 없어질 물건으로 그리된 것이 아니라, 흠 없고 티 없는 어린양 같으신 그리스도의 고귀한 피로 그리된 것입니다."(1베드 1:18-19). 그러므로 실망시키지 않는 희망은 우리가 얻은 것을 잃을지도 모른다는 두려움도 함께 품고 있다. 사실 희망은 자유를 선택할 때, 신앙과 사랑이 세례 때 받은 새 생명의 일치에 대한 설득력 있는 표징이 될 수 있도록 자유를 선택할 때 커진다.

우리가 성지에서 드리는 기도는 희망의 내용으로 채워져야 한다. 약속에 비추어 다시 읽은 "주님의 기도"를 생각해보자. 아버지의 뜻과 하느님 나라의 충만함을 기대하는 희망의 간구가 되는 기도, 양식과 용서를 청하는 기도, 악으로부터의 구원이 부족하지 않도록 하는 희망의 간구... 예수님께서 우리에게 가르쳐 주신 모든 기도는 성취에 대한 기대이며, 매일의 헌신으로 세워질 희망의 지평에 우리의 존재를 투영하는 기도이다. 성 아우구스티누스는: "그러므로 우리는 항상으로부터 흘러나오는 끊임없는 소망으로 기도한다... 믿음과 희망과 사랑은 기도하는 사람, 즉 주기도문에서 주님께 구해야 할 것을 믿고, 바라고, 원하고, 생각하는 사람을 하느님께로 이끈다."[6]

성지는 신자들이 주님의 재림을 부르는 기도가 얼마나 결정적인지를 이해할 수 있는 특권적인 장소가 되어야 한다. 이 기도를 교육함으로써 우리는 마라나타 기도로 모든 전례 집회를 마무리했던 초기 그리스도교 공동체의 기도와 완전한 연속성을 갖게 된다. 바오로가 코린도 교인들에게 보낸 편지의 마지막 표현인 "이 인사말은 나 바오로가 직접 씁니다."를 살펴보자. 누구든지 주님을 사랑하지 않는 자는 저주를 받으라! 마라나타!"(1코린 16:22) 요한묵시록의 결론에서도 "이 일들을 증언하시는 분께서 말씀하십니다. 그렇다, 내가 곧 간다. 아멘. 오십시오, 주 예수님!"(묵시 22:20) 디다케의 증언에 따르면, 이러한 기도문은 공동체의 초기 기도문에서 울려 퍼졌다: "주님, 당신 교회를 기억하시어 악에서 교회를 구하시고 교회를 당신 사랑으로 완전케 하소서. 또한 교회를 사방에서 모으소서. 거룩해진 교회를 그를 위해 마련하신 당신 나라로 모으소서. 권능과 영광이 영원히 당신 것이기 때문입니다. 은총은 오고, 이 세상은 물러가라! 다윗의 하나님 호산나! 어느 누가 거룩하면 오고, 거룩하지 못하면 회개하라, 마라나타! 아멘. 여러분은 예언자들로 하여금 원하는 대로 감사드리

6 디다케, 10:5-6.

도록 허락하시오."[7]

일요일에는 희망의 긴장을 그 자체로 만들어주는 우리 시대의 전례도 빼놓을 수 없다. 어떤 전례가 생각난다: "주님, 당신의 충실한 신자들이여, 우리에게 은총의 보화를 주시고, 믿음과 희망과 자비로 불타는 우리가 항상 당신의 계명에 충실할 수 있도록 도와주소서."[8] 또는 "전능하시고 영원하신 하느님, 우리 안에 믿음과 소망과 자비를 더하여 주시고, 주님께서 약속하신 것을 얻게 하시고, 주님께서 명하신 것을 사랑하게 하소서."라고 기도한다.[9] 마지막으로, 전례가 교회로 하여금 어떻게 기도하게 하는지를 대림절에 도입하여 생각해볼 수 있다: "대림절이 시작될 때 우리는 하느님께 간청한다.

전능하신 이여, 우리 안에 선한 일을 행하여 장차 오실 그리스도를 만나러 나가려는 의지를 불러일으키사 우리를 그 오른편으로 불러 하늘나라를 차지하게 하소서."[10] 여기서 볼 수 있듯이, 전례에는 희망을 불러일으키고 이미 실현된 구원의 아름다움을 드러내는 신앙의 열매인 기도의 보물을 표현하기 때문에 강조할 만한 놀라운 연속성이 있다.

알려진 바와 같이, 처음 4세기 동안 공동체의 전례 기도는 보다 즉흥적으로 이루어졌기 때문에 많은 문헌을 보유하고 있지 않다. 따라서 더 많은 정보를 얻으려면 교부들의 강론이나 교리서를 참고할 필요가 있다. 예를 들어 시편 25편에 대한 암브로스의 주석이 이러한

7 로마 미사 경본, 일반 시간 제16주일 모음집.

8 로마 미사 경본, 평일 제16주일 모음집.

9 로마 미사 경본, 평일 XXX 주일 수집.

10 로마 미사 경본, 대림 제1주일 모음집.

필요를 충족시키는 데 도움이 될 수 있다: "주님 안에서 나는 얼굴 붉히지 않으리라 믿는다. 내가 신뢰한다고 말하는 것은 바로 신뢰가 우리 희망의 힘이며, 말하자면 희망하는 자의 권위이기 때문이다. 그러므로 항상 희망하십시오. 그러면 아무도 당신의 기대를 저버리지 않을 것이다. 우리의 기대는 영생이고, 우리의 기대는 하느님 나라, 천사들의 회사, 영적 축복이다. 매일 소망하십시오. 희망은 끝이 없고 멈출 줄 모르는 것이기 때문이다. 역경에 처했을 때에도 희망을 가지세요. 사랑하는 사람을 잃고 슬픔에 잠겼는데 누군가 "의가 무슨 소용이 있느냐?"라고 말하더라도 희망을 잃지 말고 믿음을 잃지 마세요. 누군가 여러분에게 "매일 금식하고 몸을 정결히 하고 영혼을 깨끗이 하는 것이 무슨 소용이 있느냐?"라고 말하더라도 믿음을 잃지 마십시오. "당신은 정직하지 못한 무신론자보다 더하거나 덜하지 않다."라고 말하더라도 믿음이 떨어지지 마십시오."[11]

성지는 종종 우리가 현재의 순간에 멈추지 않고 개인의 역사와 삶에서 하느님의 신비한 임재를 바라보게 하는 특별한 사건과 연결된다. 일관된 기도와 희망의 주제를 위해 이러한 차원을 상기하는 것이 사목적으로 시급해졌다. 성지에 오는 순례자는 종종 기도에서 제시하는 희망의 필요성을 가져온다. 이는 우리가 주목해야 할 선에 대한 열망이다. 그러나 사목직 행동은 우리의 시선이 당면한 것을 넘어 희망의 힘으로 기도가 응답받을 수 있도록 도와야 한다.

마지막으로 아우구스티누스가 제시한 고려 사항은 그가 다음과 같이 쓸 때 그 깊이와 함께 돌아온다. "(예수님은) 우리에게 기도하라고 가르치셨지만, 우리의 기도가 지시되어 있기 때문에 우리가 더 많

11 암브로스, 시편 수석, 시편 25편.

이 말할수록 우리의 말을 더 많이 들을 수 있는 것처럼 많은 말로 하지는 않았다.

주님께서 친히 말씀하신 것처럼, 우리가 구하기 전에 무엇이 필요한지 아시는 그분께 기도하는 것이다. 중언부언을 금하시면서, 우리가 무엇을 구하기 전에 이미 필요한 것을 아시는 그분께서 우리에게 그토록 간절히 기도하라고 촉구하신 것이 이상하게 보일 수도 있다: 우리는 지치지 말고 계속 기도해야 한다... 우리가 구하기 전에 우리에게 필요한 것을 아시는 분이 이런 식으로 행동하시는 것이 의아할 수도 있다... 우리 하느님께서는 우리가 알 수밖에 없는 우리의 뜻을 그분께 알려드리기를 바라시는 것이 아니라, 기도 안에서 우리의 소망이 발휘되어 그분이 주시려고 준비하는 것을 우리가 취할 수 있게 되기를 바라신다는 것을 이해하지 못한다면, 우리는 의아해할 것이다. 이 복은 매우 크지만 우리는 그것을 받기에는 작고 좁다. 그러므로 우리는 마음을 넓히라는 말을 듣는다... 그러므로 우리는 항상 믿음과 희망과 자비에서 솟아나는 끊임없는 소망으로 기도한다... 그러므로 믿음과 소망과 자선은 기도하는 사람, 즉 주기도문에서 주님께 구할 것을 믿고, 바라고, 원하고, 생각하는 사람을 하느님께로 인도한다."[12]

교황청 복음화부

리노 피지켈라 Rino Fisichella

12 Augustine, Epistles 130, 8:15; 8:17; 9:18.

Il Santuario verso il Giubileo della Speranza

11 novembre 2023

Il Santuario casa di preghiera

"La mia casa sarà chiamata casa di preghiera" (Mt 21,12-13; Mc 11,11.15-17; Lc 19,45-46; Gv 2,13-20). È con questa citazione del profeta Isaia (Is 56,7) sulla bocca di Gesù che viene rivelato un nuovo modo di intendere il tempio e la nostra relazione con Dio. Non è un caso che il riferimento sia alla preghiera, perché questa è la forma privilegiata attraverso la quale entriamo in relazione con il Signore e trova una sua espressione privilegiata nei nostri santuari. Per entrare maggiormente nel significato del testo è utile una breve parentesi che evidenzi il contesto dell'espressione e come possa essere adattato al nostro incontro.

Il racconto è narrato dai Sinottici che esprimono delle differenze significative a livello redazionale. Ciò che emerge in comune, comunque, è che i tre evangelisti pongono la scena alla vigilia della passione, mentre Giovanni sente il dovere di riprendere il racconto subito all'inizio del vangelo per evidenziare la consapevolezza di Gesù di essere Figlio di Dio e pertanto di avere zelo per la casa del Padre, trasformata in un mercato.

Un fatto comune è certamente l'enfasi che tutti danno al fatto che Gesù sale verso il tempio nel tempo dedicato alla festa di pasqua e desidera che questo sia considerato un luogo di preghiera. Giovanni, anche se non cita il testo dei Sinottici, fa dire comunque: "Portate via da qui queste cose e non fate della casa del Padre mio un mercato". È utile evidenziare, comunque, che Matteo prima di far entrare Gesù nel tempio riporta la reazione della "numerosissima" gente di Gerusalemme che esulta per l'ingresso del Maestro seduto su un'asina e lo acclama con i "rami di alberi" e alla domanda: "Chi è costui?" risponde: "Questi è il profeta Gesù da Nazareth di Galilea". Il commento non è causale perché intende introdurre l'agire di chi compie un gesto profetico. È con questo intento, quindi, che si deve interpretare quanto Gesù farà tra poco cacciando i cambiavalute e i venditori di colombe. Ancora più diretto è Marco, il quale non riporta la reazione della folla, ma fa entrare Gesù nel tempio il giorno dopo; tuttavia, prima di raccontare l'ingresso nel tempio, anticipa che Gesù passando davanti a un albero di fichi e avendo trovato solo foglie senza frutti, lo maledisse. Un gesto fortemente profetico che introduce alla narrazione di un altro gesto altrettanto carico di profezia.

Luca da parte sua fa entrare Gesù tre volte nel tempio: a quaranta giorni, a dodici anni e adesso dopo tutto il cammino che ha percorso per giungere fino a Gerusalemme. L'intento sotteso è evidente: il tempio è la sua casa da dove lui rivela insegnando l'amore del Padre. Nello stesso tempo, insinua che anche noi dobbiamo prepararci a salire al tempio perché qui c'è l'incontro privilegiato con Dio che abita in mezzo a noi; per questo si affretta a mostrare che bisogna gettare via tutti gli idoli che nel cammino della vita ci siamo costruiti, perché sono solo merce e non essenza. Essendo l'evangelista della misericordia, Luca evita di interpretare Gesù dai gesti non consoni e quindi commenta semplicemente: "Entrato nel tempio si mise a scacciare quelli che vendevano". La scena descritta avviene in quella parte del tempio che era chiamato l'"atrio dei gentili", di quanti cioè non potevano entrare nel tempio vero e proprio ma avevano accesso a questa vasta spianata; erano i "pagani" cioè quanti non conoscevano il vero Dio e quindi i romani, i non ebrei, gli eunuchi, i circoncisi di altre nazioni… insomma, in questo cortile si poteva avere un'idea di cosa fosse il tempio e il culto che veniva rivolto al vero Dio, ma a nessuno era permesso oltrepassarlo.

Possiamo ritornare a Marco che mette sulle labbra di Gesù la duplice citazione dei profeti Isaia e Geremia 1[1]: "*La mia casa sarà*

1 "Li condurrò sul mio monte santo e li colmerò di gioia nella mia casa di preghiera. I loro olocausti e i loro sacrifici saliranno graditi sul mio altare, perché il mio tempio si chiamerà casa di preghiera per tutti i popoli» (Is 56,7). "Così dice il Signore degli eserciti, Dio dIsraele: Rendete buone la vostra condotta e le vostre azioni, e io vi farò

chiamata casa di preghiera per tutte le nazioni; voi invece ne avete fatto un covo di ladri". Gesù rimanda a ciò che era già stato l'insegnamento antico dei profeti; come a voler dire che quanto sta insegnando è già contenuto nelle Scritture se solo le si vuole comprendere in maniera coerente. La casa di Dio è casa di preghiera per tutti i popoli. Una casa dove si è invitati a incontrarsi con il Signore per vivere la vita di comunione che è stata donata. Una casa, come la interpreteranno Pietro e Paolo che è anzitutto fatta di "pietre vive", dove è necessario apprendere che la vera preghiera e il vero incontro con il Padre avviene nell'intimo del cuore di ognuno.

Gesù, quindi, viene indicato come il "messaggero" di Dio che è stato inviato per la riunificazione di tutto il popolo. Non potrà esserci più divisione alcuna nella casa del Padre suo, perché tutti sono chiamati a diventare suoi figli. In questo "atrio dei gentili" Gesù insegna la santità di tutta la casa del Padre, dove niente e nessuno possono impedire che vi sia la vera adorazione del Padre da parte di

abitare in questo luogo. Non confidate in parole menzognere ripetendo: "Questo è il tempio del Signore, il tempio del Signore, il tempio del Signore!". Se davvero renderete buone la vostra condotta e le vostre azioni, se praticherete la giustizia gli uni verso gli altri, se non opprimerete lo straniero, lòrfano e la vedova, se non spargerete sangue innocente in questo luogo e se non seguirete per vostra disgrazia dèi stranieri, io vi farò abitare in questo luogo, nella terra che diedi ai vostri padri da sempre e per sempre. Ma voi confidate in parole false, che non giovano: rubare, uccidere, commettere adulterio, giurare il falso, bruciare incenso a Baal, seguire altri dèi che non conoscevate. Poi venite e vi presentate davanti a me in questo tempio, sul quale è invocato il mio nome, e dite: "Siamo salvi!", e poi continuate a compiere tutti questi abomini. Forse per voi è un covo di ladri questo tempio sul quale è invocato il mio nome? Anchìo però vedo tutto questo! Oracolo del Signore" (Ger 7,3-11).

tutti: quanto credono in lui e quanti ne sono in ricerca; quanti sono santi e quanti peccatori. È per tutti, nessuno escluso; se qualcuno viene escluso abbiamo bisogno di compiere un serio esame di coscienza. La casa, dopotutto, è il luogo dove uno abita, dove si sente sicuro e amato. Riprendere con forza la visione dell'apostolo che noi siamo la casa Dio, il suo tempio, e lui è la nostra casa. Forse dovremmo riprendere tra le mani il testo dove Davide ha intenzione di costruire il tempio e il profeta gli riporta la parola del Signore: "Tu vuoi costruire un tempio a me? Io costruirò per te una casa" (2 Sam 7,5.11).

Un'azione pastorale che aiuti a porre la domanda: "Dove abito?". Abito in Dio e non mi rendo conto di questa grazia che sovrasta ogni mio desiderio. Aiutare a comprendere che il Santuario è propedeutico per entrare in sé stessi e scoprire che Dio mi ama e prende la sua dimora dove è amato. Far diventare il Santuario la casa dove ognuno sente di essere amato da Dio per ciò che è: nella miseria del proprio peccato come nel perdono frutto dell'amore che gli viene donato gratuitamente

Nessuno, pertanto, può permettersi di farne un "covo di ladri". I venditori, in fondo, fanno commercio e ci guadagnano e la religione è un grosso commercio dove se uno ci sa fare gli va bene e guadagna. La casa di Dio, tuttavia, non è questo ma è luogo di preghiera, di comunione e di perdono. Gesù porta un insegnamento che abbiamo bisogno di fare nostro se desideriamo realmente avere accesso al vero tempio ed entrare in una genuina relazione con Dio.

Dio appartiene al mistero che Gesù ci ha rivelato. Quanto apprendiamo è che non è un Dio che ama i sacrifici di animali, ma è attore di misericordia. È il Padre che va incontro ai suoi figli, soprattutto a quanti si sono allontanati da lui per il vivere una vita indipendente e autonoma da ogni legame con il Padre. Questo Dio non ha un rapporto di do ut des come potrebbe apparire nel mercanteggiare con lui. Non si va al santuario per trattare con Dio: mi concedi questo e in compenso io ti do quest'altro. Conosciamo tante espressioni della spiritualità popolare che manifestano questa relazione: verrò a piedi al santuario… farò un pellegrinaggio a piedi scalzi, in ginocchio… quante volte abbiamo ascoltato questo profondo senso di umanità che emerge dai nostri fedeli. Queste e altre espressioni meritano il rispetto dovuto perché partono da un cuore ferito e lacerato dal dolore per la persona amata. È nostro compito, tuttavia, far comprendere nelle forme dovute che Dio è "altro" dal nostro essere dei mercanti. Lo scrive Gregorio di Nissa riflettendo sul valore della preghiera: "Quando uno si accosta con la preghiera a Dio senza riflettere con la mente alla potenza sublime a cui si avvicina, ne offende inavvertitamente la grandezza con importune e misere richieste".[2] Non si può comprare l'amore di Dio. Lo si deve accogliere così come ci è donato anche se in un ricettacolo così debole e fragile come siamo noi.

2 Gregorio di Nissa, La preghiera del Signore, Omelia 1, Roma 2016, 37.

Il Santuario casa di speranza

Quanto abbiamo detto può essere considerata come una premessa. Tra poco entreremo nell'Anno della Preghiera come l'ha chiamato Papa Francesco chiedendo che sia un anno di preparazione al Giubileo del 2025 che, come si sa, ha come suo obiettivo quello di essere "Pellegrini di speranza". Come vivere la preghiera nel Santuario è stato il tema di queste giornate che in vario modo hanno inteso sottolineare alcuni aspetti peculiari della preghiera nei nostri Santuari. Si tratta ora di chiederci come possiamo vivere il Giubileo in modo tale che i nostri Santuari diventino luogo della preghiera in cui viene recepita immediatamente la speranza cristiana. Ci viene in aiuto ancora una volta s. Agostino. Una nobile donna cristiana di nome Proba aveva scritto al vescovo chiedendo delucidazioni sulla preghiera. Nella sua lettera di risposta, il santo vescovo propone indicazioni profonde sulla preghiera anche nel suo legame con la speranza. Ne è uscito quel piccolo ma prezioso volumetto *A Proba* dove Agostino tra l'altro scrive: "Come potresti darti tanto pensiero di pregare Dio, se non sperassi in lui? E come potresti sperare in Lui, se riponessi le tue speranze nell'instabilità della ricchezza… ascolta ora quale dev'esser l'oggetto delle tue preghiere, poiché per questo soprattutto hai voluto consultarmi, poiché ti fa impressione ciò che dice l'Apostolo: *Noi non sappiamo che cosa dobbiamo dire nelle preghiere per pregare come si deve*. Tu in realtà temi che più del non pregare possa nuocerti il non farlo come si dovrebbe. Te lo posso dire in poche parole: prega (per ottenere) la vita beata. *Ora beatam vitam*. La desiderano tutti; anche coloro che conducono una vita sregolata e pessima, non vivrebbero affatto così, se non fossero convinti di essere o di poter divenire beati in quel modo. Che altro dunque conviene chiedere nelle preghiere se non quel bene che bramano tanto i cattivi che i buoni, ma al quale arrivano solo i buoni?".[3]

Il nostro contemporaneo ha bisogno di speranza. Viene sballottato spesso tra tante *speranze* che presto manifestano il loro carattere effimero. In una cultura fortemente segnata dalla scienza e dalla tecnica è immediato il riporre le speranze in queste due sorelle che hanno preso il sopravvento. Ciò che dovremmo sentire come urgente nella nostra azione pastorale è aiutare a riscoprire la speranza, quella che non delude perché è frutto e conseguenza dell'amore.

La speranza non è estranea al Santuario, al contrario. Quanti frequentano questi nostri luoghi sono fortemente desiderosi di ricevere una speranza che porti serenità e conforto. Dovremo abituarci a parlare della fede rivestendola con gli abiti della speranza perché possa raggiungere in maniera efficace il nostro interlocutore. Il motto "Pellegrini di speranza" ben si addice ai nostri Santuari che sono un'autentica meta del pellegrinaggio. Far scoprire il valore del pellegrino che si mette in cammino non da errante, ma come colui che conosce la meta, da pellegrino che attraversa i confini per

---

3 Agostino, *Lettere*, 130, 1,2; 4,9.

giungere al luogo dove spera di dare compimento al desiderio del proprio cuore. Alcune catechesi sulla speranza potrebbero facilmente essere lo spazio per aiutare a riflettere e mostrare quanto decisivo possa essere questa virtù per avvolgere l'esistenza personale in un abbraccio che tiene unita la vita personale e delle persone che si amano.

È bene in questo contesto riprendere alcuni tratti dell'insegnamento di san Paolo, quando intende esprimere l'attesa del futuro con elementi che tratteggiano la dimensione oggettiva della speranza. La salvezza dalla condanna definitiva; la partecipazione alla vita divina con la glorificazione dei figli di Dio; la redenzione e la trasfigurazione del proprio corpo mortale attraverso la liberazione dalla corruzione; le doglie del parto per una creazione nuova che sarà consegnata al Padre... in tutti questi contenuti su cui, purtroppo, è caduto l'oblio per la mancata e coerente predicazione, è possibile trovare il passaggio verso l'attesa del compimento della promessa. Per l'apostolo, il futuro atteso è una novità genuina che contraddice lo stato attuale dove si sperimenta la corruzione, la debolezza, la sofferenza... Insomma, la speranza cristiana è rivolta anzitutto all'uomo salvato che è stato redento dall'amore crocefisso e risorto del Signore e, pertanto, è il tentativo di far comprendere quanto decisivo sia l'essere una creatura nuova, che vive di una nuova vita, e che fin d'ora è trasfigurato dall'azione della grazia. Tutto, quindi, tende perché "così saremo sempre con il Signore" (1 Ts 4,17). Tutto l'uomo spera e la speranza è per tutto l'uomo. È all'interno di questa visione che si inserisce la redenzione del creato per mostrare quanto la speranza sia una visione globale e integra dell'intera creazione.

Se il nostro linguaggio pastorale non sottolinea questa dimensione e si sofferma sempre e solo a parlare della salvezza dell'anima, dimenticando che questa rientra nel principio unitario della visione dell'uomo, difficilmente riusciremo a far comprendere la ricchezza della speranza di cui c'è bisogno adesso, non nel futuro. L'attesa a cui la speranza provoca, va oltre ogni visione privatistica e frammentaria della realtà. È bene sottolineare che prima di ogni visione individualista dell'"io spero", esiste un "noi speriamo". Come spiegava Agostino: "*nolo salvus esse sine vobis*, non voglio essere salvato senza di voi.[4] La dimensione globale e comunitaria della speranza permette di tenere insieme la pienezza della persona che non può mancare della sua unità fondamentale in sé stessa, e della comunità a cui appartiene.

La speranza della salvezza, quindi, permane come uno dei momenti qualificanti dell'insegnamento dell'apostolo che abbiamo urgenza di riprendere nella nostra pastorale. Questa dimensione, soprattutto nella lettera agli Efesini, viene presentata come riconciliazione e pacificazione non solo personale ma con tutti: "Ricordatevi che in quel tempo eravate senza Cristo, esclusi dalla cittadinanza d'Israele, estranei ai patti della promessa, senza speranza e senza Dio nel mondo. Ora invece, in Cristo Gesù, voi che

---

4 Agostino, *Sermones* 17, 2, 2.

un tempo eravate lontani, siete diventati vicini, grazie al sangue di Cristo. Egli infatti è la nostra pace, colui che di due ha fatto una cosa sola, abbattendo il muro di separazione che li divideva, cioè l'inimicizia, per mezzo della sua carne. Così egli ha abolito la Legge, fatta di prescrizioni e di decreti, per creare in sé stesso, dei due, un solo uomo nuovo, facendo la pace, e per riconciliare tutti e due con Dio in un solo corpo, per mezzo della croce, eliminando in sé stesso l'inimicizia. Egli è venuto ad annunciare pace a voi che eravate lontani, e pace a coloro che erano vicini. Per mezzo di lui infatti possiamo presentarci, gli uni e gli altri, al Padre in un solo Spirito. Così dunque voi non siete più stranieri né ospiti, ma siete concittadini dei santi e familiari di Dio, edificati sopra il fondamento degli apostoli e dei profeti, avendo come pietra d'angolo lo stesso Cristo Gesù" (Ef 2,12-20). Come si nota, la riconciliazione con sé stessi è preludio per la riconciliazione di tutta l'umanità che il credente spera, e per questo opera perché la salvezza ottenuta e che riceverà in pienezza possa diventare patrimonio di tutti. La lettera ai Colossesi si fa interprete ancora più esplicito di questa dimensione: "Un tempo anche voi eravate stranieri e nemici, con la mente intenta alle opere cattive; ora egli vi ha riconciliati nel corpo della sua carne mediante la morte, per presentarvi santi, immacolati e irreprensibili dinanzi a lui; purché restiate fondati e fermi nella fede, irremovibili nella speranza del Vangelo che avete ascoltato, il quale è stato annunciato in tutta la creazione che è sotto il cielo" (Col 1,21-23). Insomma, il nostro impegno pastorale diventa ancora più evidente: la speranza è capacità di vedere quanto reale sia la riconciliazione che il Signore ha compiuto per ognuno di noi. Una riconciliazione che consente di rimanere in pace con noi stessi, ma altrettanto permette di diventare operatori di riconciliazione con gli altri e perfino di vedere anticipata in qualche modo la riconciliazione cosmologica. L'apostolo, insomma, insegna che tutta la nostra esistenza viene chiarificata dalla speranza la quale illumina le pieghe della nostra esistenza spesso così frammentata ed enigmatica, in modo da renderla genuina così come si presenta nel mistero della redenzione. In un mondo spesso senza speranza perché non crede nella risurrezione, abbiamo la responsabilità di essere apologeti di speranza. Portatori cioè di un annuncio che illumina l'esistenza perché immette la forza della risurrezione. Se viene meno l'annuncio permanente della risurrezione, si cade nel trabocchetto delle speranze e la vita dei nostri pellegrini ritorna ad essere sostenuta dall'effimero che incanta e porta illusione.

Esprimere questa dimensione della speranza conduce inevitabilmente a focalizzare lo sguardo su Cristo. La speranza cristiana è appunto una speranza cristologica, centrata sull'evento del mistero dell'incarnazione che culmina nella risurrezione e glorificazione di Cristo. La fiducia in lui dà sostegno alla speranza. Non è la speranza nell'uomo, ma la speranza in Dio; ciò equivale a raggiungere la certezza che la sua parola e la sua promessa sono vere, reali e tangibili. Ecco, perché la "speranza non delude" (Rm 5,5) perché Dio in Cristo Risorto ha realizzato la sua promessa e ha donato la salvezza distruggendo la morte. Questa speranza che non delude è frutto dello Spirito Santo che anima i credenti e li sostiene come un'ancora che dà certezza. Lo ricorda con forza la Lettera agli Ebrei quando l'autore sacro scrive: "affinché [...] noi, che abbiamo cercato rifugio in lui, abbiamo un forte incoraggiamento ad afferrarci saldamente alla speranza che ci è proposta. In essa infatti abbiamo come un'àncora sicura e salda per la nostra vita" (Eb 6,18-19).

Tutto questo comunque non toglie al cristiano la consapevolezza di poter perdere quanto ha ottenuto. Proprio la tensione tra presente e futuro obbligano in qualche modo a comprendere l'esistenza personale nella fedeltà all'amore ricevuto. È con il peccato, pertanto, che il credente corre il vero rischio di perdere la certezza della fiducia. D'altronde, il peccato altro non è che la decisione di vivere il presente senza intenzione di finalizzarlo alla salvezza, ma di fare di sé stessi il criterio di giudizio di ogni azione. La salvezza non è un calcolo umano che si può utilizzare a proprio uso e consumo. È dono e grazia che derivano dal sacrificio di Cristo. L'apostolo Pietro affronta la questione senza mezzi termini: "Voi sapete che non a prezzo di cose effimere, come argento e oro, foste liberati dalla vostra vuota condotta, ereditata dai padri, ma con il sangue prezioso di Cristo, agnello senza difetti e senza macchia" (1 Pt 1,18-19). Una speranza che non delude, pertanto, mantiene anche alto quel senso del timore di poter perdere quanto ottenuto. È una speranza, infatti, che cresce nella scelta di libertà che permette alla fede e alla carità di diventare segno eloquente dell'unità della vita nuova ricevuta con il battesimo.

La preghiera che viene compiuta nei nostri Santuari dovrebbe essere carica del contenuto della speranza. Si pensi solo al "Padre nostro" riletto alla luce della promessa.

È la preghiera che diventa una supplica di speranza per l'attesa che si compia la volontà del Padre e la pienezza del suo Regno; è speranza perché non venga meno il pane, il perdono, la liberazione dal male...; tutta la preghiera che Gesù ci ha insegnato è attesa del compimento e proietta la nostra esistenza nell'orizzonte della speranza da costruire con l'impegno quotidiano. Lo ricorda ancora s. Agostino: "Noi dunque preghiamo sempre con desiderio continuo sgorgato dalla fede, speranza e carità... La fede, dunque la speranza e la carità conducono a Dio colui che prega, cioè colui che crede, spera, desidera e considera nella preghiera del Signore che cosa Gli debba chiedere".[5]

La vita del Santuario dovrebbe essere il luogo privilegiato per far comprendere ai nostri fedeli quanto sia decisiva la preghiera che invoca il ritorno del Signore. Educare a questa preghiera ci pone in piena continuità con la preghiera della prima comunità cristiana, la quale con il suo *Maranathà* concludeva ogni assemblea liturgica. Ne abbiamo diverse testimonianze; basti pensare all'espressione conclusiva della lettera di Paolo ai Corinzi: "Il saluto è di mia mano, di Paolo. Se qualcuno non ama il Signore, sia anàtema! *Maràna tha*!" (1 Cor 16,22). Lo stesso troviamo a conclusione dell'Apocalisse:

---

5 Agostino, *Lettere*, 130, 9,18; 13,24.

“Colui che attesta queste cose dice: "Sì, vengo presto!". Amen. Vieni, Signore Gesù” (Ap 22,20). Queste ritrovano eco nelle prime preghiere della comunità come attesta, solo per fare un esempio, *Didachè*: “Ricordati, Signore, della tua Chiesa, liberala da ogni male, e rendila perfetta nel tuo amore, e santificata raccoglila insieme dai quattro venti nel tuo regno, che per lei preparasti, poiché tua è la potenza e la gloria nei secoli. Venga la grazia e passi pure questo mondo. Osanna al Dio di David; chi è santo si avvicini; chi non lo è si penta. *Marana tha.* Così sia”.[6] Non è da meno la liturgia dei nostri giorni che in alcune domeniche fa propria la tensione della speranza. Si pensi ad alcune Collette: “Sii propizio a noi, tuoi fedeli, Signore, e donaci i tesori della tua grazia, perché ardenti di fede, speranza e carità restiamo sempre fedeli ai tuoi comandamenti”.[7] Oppure: “Dio onnipotente ed eterno, accresci in noi la fede, la speranza e la carità, e perché possiamo ottenere ciò che prometti, fa’ che amiamo ciò che comandi”.[8] Da ultimo si potrebbe pensare a come la liturgia fa pregare introducendo la Chiesa all’Avvento: “All’inizio dell’Avvento ti supplichiamo Dio onnipotente: suscita in noi la volontà di andare incontro con le buone opere a Cristo che viene, perché egli ci chiami alla sua destra a possedere il regno dei cieli”.[9] Come si può osservare,

6 *Didachè*, 10,5-6.

7 Messale Romano, Colletta XVI Domenica del Tempo Ordinario

8 Messale Romano, Colletta XXX Domenica del Tempo Ordinario

9 Messale romano, Colletta I Domenica di Avvento

esiste un'impressionante continuità nella liturgia che merita di essere sottolineata perché esprime quel tesoro di preghiera frutto della fede che suscita la speranza e fa evincere la bellezza della salvezza come già realizzata. Come si sa, nei primi quattro secoli la preghiera liturgica della comunità era maggiormente spontanea e per questo non si possiedono molti testi. È necessario quindi far riferimento alle Omelie o alle catechesi dei Padri per ottenere qualche informazione maggiore. Un testo di Ambrogio, ad esempio, che commenta il Salmo 25 può essere di aiuto per venire incontro a questa esigenza: "In te confido non arrossirò. Giustamente dice confido, perché è la fiducia la forza della nostra speranza e l'autorevolezza per così dire di colui che spera. Spera sempre, dunque, e nessuno ti deluderà nella tua aspettativa. La nostra aspettativa è la vita eterna, la nostra aspettativa è il regno di Dio, la compagnia degli angeli, le benedizioni spirituali. Spera ogni giorno. Perché la speranza è cosa che non ha fine e non conosce pause. Spera anche quando sei nelle avversità. Se sei stato colpito dalla perdita di una persona cara e uno ti dice: «A che giova la rettitudine?», tu continua a sperare lo stesso, non venga meno la tua fede. Se uno ti dice: «A che ti sono serviti i digiuni quotidiani, la castità del corpo e la purezza dell'animo? Guarda, sei stato colpito né più né meno di un ateo disonesto»; non venga meno la tua fede".[10] Il Santuario è spesso collegato con un evento straordinario che permette di non fermarsi al momento presente, ma

10 Ambrogio, Commento ai Salmi, Salmo 25.

eleva lo sguardo verso la misteriosa presenza di Dio nella nostra storia e vita personale. Diventa pastoralmente urgente richiamare questa dimensione sia per la preghiera coerente come per il tema della speranza. Il pellegrino che giunge al Santuario porta spesso con sé l'esigenza di *speranze* che presenta nella sua preghiera. Sono desideri di bene che meritano la nostra attenzione. E, tuttavia, l'azione pastorale dovrebbe aiutare a puntare lo sguardo oltre l'immediato per consentire che la preghiera sia esaudita in forza della *speranza*.

Da ultimo ritornano con la loro carica di profondità le considerazioni di Agostino quando scrive: "(Gesù) c'insegnò a pregare, ma non con molte parole, come se ci esaudisse di più quanto più siamo loquaci, dal momento che la nostra preghiera è rivolta a Colui che conosce, come dice il Signore medesimo, ciò che ci è necessario prima che glielo chiediamo. Potrebbe sembrare strano che, pur proibendo il multiloquio, Colui il quale conosce prima che glielo chiediamo ciò che ci è necessario, ci abbia esortato con tanta insistenza a pregare, da dire: *Occorre pregare di continuo e non stancarsi*… Potrebbe far meraviglia che agisca così Colui che conosce ciò che ci è necessario prima che glielo chiediamo, se non comprendessimo che il Signore Dio nostro non desidera che noi gli facciamo conoscere qual è il nostro volere ch'egli non può non conoscere, ma desidera che nelle preghiere si eserciti il nostro desiderio, perché diventiamo capaci di prendere ciò che prepara di darci. Questo bene è assai grande, ma noi siamo piccoli e angusti per accoglierlo. Perciò ci vien detto: *Allargate il cuore*… Noi dunque preghiamo sempre con desiderio continuo sgorgato dalla fede, speranza e carità... La fede dunque, la speranza e la carità conducono a Dio colui che prega, cioè colui che crede, spera, desidera e considera nella preghiera del Signore che cosa Gli debba chiedere".[11]

Rino Fisichella

11 Agostino, *Lettere* 130, 8,15; 8,17; 9,18.

부록02

해미국제성지-
기도Prayer와 순례Pilgrimage, 복음화Proclametion의 장*

2027년 세계청년대회 개최지가 대한민국으로 확정되었다. 한국 교회와 정부가 부지런히 세계 가톨릭 청년을 맞이하기 위한 준비를 시작했다. 국제성지로서는 이제 겨우 2살이 된 해미국제성지도 2025년 희망의 순례자들과 2027년 세계 청년들을 맞이하기 위한 준비 가운데 성장의 발돋움을 하고 있다.

1. 해미성지는 새롭게 탄생한 국제성지이다

세계 여러 곳에 있는 국제성지에 비할 때, 해미성지의 역사는 아직

* 이 글은 "성지-기도의 집" 국제회의를 기념하며 발간되는 책자에 실린 원고로, 영어로 작성한 원고의 한글 역본을 여기에 싣는다.

어린아이의 나이를 드러낸다. 전 세계 주요 성지와 비교하면, 국제성지로서의 나이만이 아니라 성지로서의 나이도 어리다. 한국 교회사의 역사가 주요 국가의 천주교회 역사에 비해 짧기 때문이다.

해미국제성지는 2021년 김대건 안드레아 사제 탄생 200주년 희년 선포와 함께 국제성지로 지정 선포되었다. 비록 한국 교회 차원에서 선포된 희년이었지만, 프란치스코 교황의 축하 메시지를 통해 세계 교회가 함께 기념한 한 해의 마무리가 해미성지의 국제성지 지정으로 이루어졌다. 한국 교회의 2021년 희년 선포는 김대건 신부가 유네스코 세계기념인물로 선정된 것을 기념하는 의미를 지닌다.

이러한 일련의 연결고리는 한국 교회의 역사가 순교의 역사라는 것을 나타낼 뿐 아니라, 교회가 한국 역사의 흐름에서 차지하는 비중을 보여준다. 한국 교회는 평등과 자유, 사랑을 증거하며 새로운 역사로 향하는 길을 밝게 비추었다. 더 놀라운 점은 선교사의 선교활동 없이 신앙을 받아들인 조선의 신자들이 죽음 앞에서도 이 신앙을 저버리지 않았다는 점에 있다. 해미성지는 하느님의 자기전달을 보여주는 한국 교회사의 특징을 드러내는 단면이다.

2. 해미가 기억하는 역사

성지로서의 해미성지는 처형된 순교자들이 묻힌 곳이다. 해미지역의 순교는 초기 박해인 1779년부터 1839년 기해박해까지, 그리고 1866년 병인박해와 1868년 무진박해에서 발생했다. 특히 1868년의 박해는 어처구니없는 박해였다. 조선은 전통적으로 쇄국청책을 실시하였다. 그러나 독일 상인 오페르트는 조선과 통상을 하고자 미쳐 있었다. 그리하여 통상을 협상하기 위한 극단적인 수단으로, 조선의 정치적 실권자인 대원군의 아버지 남연군의 묘를 도굴하여 묘 속의 유골을 손에 쥐고 통상을 성취하려는 야욕이었다. 여기에 오페르트 일행은 천주교 신자들을 강제적으로 길잡이로 삼았으나 그의 잘못된 시도는 실패하고 말았다. 그러나 조상숭배사상과 조상의 묘지를 존중하던 관습이 철저한 조선인에게 이 계획은 무력침공보다 더 큰 야만적인 문화침공이었다. 1868년의 오페르트 사건과 관련한 박해와 순교는 그 잔인함과 처형 규모에 있어서 다른 어떤 박해보다도 처절했으며, 해미성지의 출현과도 깊이 연관되어 있다.

1) 성령이 이끄는 공동체

1784년 9월은 한국 천주교의 시작점으로 기념한다. 이러한 교회의 출발에는 사제가 없었다. 한국 천주교회는 중국에서 활동하던 예수회원들이 저술한 책을 학문적으로 연구하는 과정에서 신앙이 발생한 독특한 역사를 지닌다. 자발적이고 지속적으로 열정적인 탐구와 논쟁을 거치면서 그 중 신앙을 선사받은 이가 나타났다. 그 이름은 이벽이다. 이벽은 1783년 겨울에 중국에 사신으로 가는 친구 이승훈에게 중국에서 세례를 받고 신앙 서적을 가져올 것을 부탁했다. 이승훈은 1784년 1월 북경 북당성당에서 세례를 받는다. 이승훈은 귀국 이후 함께 교리를 연구하던 이들에게 대세를 베풀었다. 바로 이날이 교회 공동체가 탄생한 날, 곧 한국 교회가 탄생한 날이다.

현재의 서울에서 시작된 신앙공동체는 이내 해미가 속한 충청도로 전파되었다. 이존창 루도비코라는 뛰어난 신자가 그 터전을 다졌다. 이존창은 충청도에 신앙공동체를 형성하고 신앙을 실천함으로써 조선 사회의 복음화를 일궈나갔다. 교우촌의 신앙생활은 세계 교회사에서도 밝게 빛나는 장면을 담고 있다. 보두네 신부가 작성한 보고서는 이를 다음과 같이 증언한다.

새로 입교한 교우들의 협동심은 감탄스럽습니다. 그 중에서 뛰어난 미덕은 그들 서로가 사랑과 정성을 베푸는 일입니다. 현세의 재물이 궁핍하지만, 사람이나 신분의 차별 없이 조금 있는 재물을 가지고도 서로 나누며 살아갑니다. 이 공소를 돌아보노라면 마치 제가 초대 그리스도 교회에 와 있는 듯합니다. 사도행전에 보면 그때의 신도들은 자기의 전 재산을 사도들에게 바치고, 예수 그리스도의 청빈과 형제적인 애찬agape을 함께 나누는 것 외에는 이 세상에서 아무것도 바라지 않았습니다. 이곳의 예비자들도 선배 형제들의 표양을 본받고 있습니다."(1889. 4. 22. 보두네 신부의 편지)

2) 복음화를 실천한 공동체

이 편지는 교우촌의 생활을 생생하게 그린다. 책을 통해 신앙을 받아들이고, 사제가 없는 상황에서 서로에게 대세를 주며 성장한 교우촌은 신분의 차별 없이 평등한 생활을 일구었다. 양반들은 자신이 거느리던 노비를 해방시켰다. 교우촌은 어려운 이웃을 위해 식량과 약품을 나누었고, 부모 잃은 아이들을 돌보았으며, 죽을 위험에 놓인 사람들에게는 대세를 베풀었다. 조선의 법적인 노비 해방이 이루어지기 100년 전에 천주교 신자들은 이미 자유와 평등과 박애를 실천하고 있었다.

이러한 삶은 신자가 아닌 사람들에게도 알려졌고, 관심과 '함께 하고 싶은 마음'을 불러일으켰다. 그러나 신분제(도)가 엄격한 조선 사회에서 이러한 신도들의 실천적 삶은 조선 사회의 지배자들은 불평등한 사회제도에 저항하는 움직임으로 인식되었다. 조선 천주교 신자들이 신분 해방을 요구하는 저항운동을 직접 펼치지 않았지만, 집권 세력과 당대의 기득권층에게 신자들이 실현하는 평등한 세상, 인간다움을 누리는 세상은 새로운 세상으로 향하는 문을 여는 혁명적 행위로 간주되었다. 이러한 경계의 마음이 박해의 씨앗을 뿌렸다.

천주교를 향한 박해는 처음에는 조상제사 문제를 빌미로 이루어졌다. 당시 조상제사는 양반의 의무요 신앙이었다. 교회가 조상제사를 금지한다는 사실을 모르고 신앙생활을 했던 양반 신자들 중 많은 이들이 교회를 떠났다. 그러나 여전히 교회 안에는 가톨릭의 가르침을 따르려던 양반들이 남아서 지식인들만의 글인 표의문자인 고전 한문을 모르는 신자들을 위해 -평민이나 여성들이 주로 사용하던 표음문자인- 한글로 쓰인 책을 만들어 신앙을 보급했다. -한글이 천주교회의 공식official 문자로 사용되자 한국 천주교회는 양반의 종교인 유교와 달리 민중 종교로 자리매김하였다.- 이러한 활동에 힘입어 한국 교회의 첫 번째 선교사인 중국인 주문모 신부가 입국하기 이전에 한국 교회는 이미 4천 명의 신자를 지닌 교회로 성장했다.

3) 신앙의 자유 양심의 자유

해미가 속한 내포지역은 한국 천주교가 발아할 때부터 교우촌이 형성된 충청도 가톨릭 신앙의 못자리이다. 교우촌은 오랫동안 지속된 박해를 피하기 위해 주로 산곡 지역에 형성되었다. 이러한 교우촌은 옹기 제작이나 담배 농사 또는 양봉 등을 통해 공동생산과 공동분배의 방식으로 생활을 꾸렸다. 이로 인해 교우촌은 당대 다른 지역사회에 비해 낮은 기아 사망률과 높은 문해율을 실현할 수 있었다.

해미는 이처럼 죽음이라는 종착점에 이르기 이전에 -사랑과 섬김과 나눔의 실천으로- 쓰여진 거룩하고 아름다운 삶의 역사를 기억한다. 내포지역에 위치한 여러 성지와 교우촌을 잇는 순례길은 해미를 종점으로 한다. 마치 삶의 마침표가 순교였음을 기억하듯이 말이다.

4) 해미가 품은 무명 순교자의 눈물

해미는 많은 신자들이 순교한 곳이며 동시에 매장된 곳이다. 해미의 순교자들은 해미 인근의 교우촌에서 신앙생활을 하던 신자들이었다. 관원에게 체포되어 심문을 받으면서도 끝까지 가톨릭 신앙을 고백했던 사람들은 참수형까지도 집행할 수 있었던 군사 주둔지인 해미로 이송되었다. 이들 중 많은 순교자들은 대부분 사회 신분이 낮은 이들이었다. 이들은 해미읍성의 감옥이나 서문 밖에서 교수형을 당하거나 해미천 건너 여숫골에서 생매장당하거나 참수형을 당해 순교했다. 그러나 형제자매들이 죽음을 당하는 장면을 눈앞에서 목격하면서도 이들은 배교하지 하거나 저항하지 않고 신앙의 가르침이 올바름을 믿으며 어린양처럼 순교의 길을 걸었다.

해미로 오는 길은 죽음의 길이었다. 많은 신자들이 내포지역에서 체포되어 덕산을 거쳐 한티고개를 넘어 해미로 끌려왔다. 한티고개는 비교적 높아서 자신이 살던 마을과 자신이 죽음에 처해질 곳을 내려다볼 수 있었다. 이곳에서 사랑하는 이들을 기억하며 그들이 속으로 흘렸을 눈물을 우리는 기억한다. 또한 죽음에 대한 두려움보다 더 강한 힘으로 그들을 붙들었던 성령의 손길을 기억한다.

해미가 성지로 탄생한 것은 이들의 죽음을 기억하는 이들의 증언에 귀 기울인 한 선교사제의 노력에 큰 힘을 입었다. 파리외방전교회 소속 바로 신부는 병인박해 당시의 목격 증언과 증인을 찾아내고 이를 기반으로 해미천 생매장 터에서 유해와 유물을 발견했다. 그 자리에 국제성지로 발돋움한 해미성지가 서 있다.

해미성지는 이처럼 신앙이 심어준 희망에 자신의 모든 것을 바친 이들의 삶과 눈물, 기쁨과 아픔을 기억하는 곳이다. 해미는 꽃이 진 곳이며 씨가 떨어져 나무가 성장한 곳이다. 마치 씨를 품은 꽃이 지고, 그 씨가 무수한 꽃을 피워낼 나무로 성장하는 것과 같다. 해미가 기억하는 순교자의 죽음은 그들이 삶으로 피워낸 삶의 꽃이 교회를 성장시킨 기적을 바라본다.

3. 3P의 장소, 해미

1) 순례의 장소, 해미

내포지방에는 총 연장 길이 65키로미터에 달하는 순례길이 있다. 이 길은 솔뫼에서 출발하여 충청도 최초의 본당성당이 위치한 합덕과 덕산을 거쳐 해미에서 종점을 맞는다. 출발지인 솔뫼는 내포지역의 교우촌이 자리 잡았던 곳이며 특별히 최초의 한국인 신부, 성 김대건 안드레아와 깊이 관련된 곳이다. 이런 점에서 솔뫼로부터 출발해서 해미로 이어지는 순례길은 한국 교회 역사가 걸어온 순례를 상징한다.

이외에도 한국 전주교 및 대전교구 역사와 깊이 관련된 지역으로부터 해미국제성지로 이어지는 7개의 순례길도 있다. 이 순례길들은 한국에서 열정적인 사목활동을 펴고 교회를 튼튼하게 축조한 하느님의 종venerable 최양업 신부와 성 다블뤼 주교를 포함한 외국인 사제들의 발자취를 생생하게 기억한다. 한국 교회는 이들 선교사들의 놀라운 희생과 열정을 그들의 순교와 더불어 깊이 간직한다. 순례는 이 땅에 그들을 보내신 하느님의 섭리와 그들을 도와 교회를 이끌었던 평신도 지도자 및 신자들의 삶을 따라 걸으며 그 발걸음을 이끄신 하느님을 만나는 여행이다.

활짝 핀 꽃이 씨를 맺으면 그 꽃이 지지만, 그 꽃에서 떨어지는 씨앗이 보다 많은 열매를 맺는 나무로 성장한다. 해미로 향하는 순례는 꽃이 지는 순간에 집중하지 않는다. 해미로 향하는 순례는 시간과 공간, 문화의 거리를 넘어 동방의 작은 나라에 신앙의 씨앗을 심은 성령과 이로써 피어난 순교자의 삶에서 시작하기 때문이다. 해미의 순례가 바라보는 죽음은 삶이 피워낸 한국 사회의 복음화와 교회의 성장에 닿아 있기에 슬픔에 머물지 않는다. 해미의 순례는 한국 교회를 통해 드러난 놀라운 계시와 그 계시에 응답하도록 순교자들을 이끈 그리스도의 손길을 따르겠다는 우리의 약속으로 이어진다.

해미성지가 주최하는 정기적 순례는 매년 4월 첫째 토요일에 진행된다. 이 순례는 교우촌이 있던 곳으로 많은 순교자를 냈던 덕산에서 출발하여 죄인들을 압송하던 한티고개를 지나 해미읍성을 거쳐 해미성지에 도달하는 순례길이다. 순례는 삶으로부터 죽음으로, 영원한 생명으로 옮아가는 발자취를 따라 걸으며 순교자들의 열정을 청하는 기도를 바치며 진행된다. 이 순례의 하이라이트는 역사에서 크게 관심받지 못하는, 그러나 하느님 앞에 가장 큰 자녀인 무명의 순교자를 기념하며 바치는 도보 기도이다. 전통적인 장례 절차를 모티브로 활용하여, -이름도 시신도 남기지 못한 채- 장례조차 치르지 못했던 그들의 죽음을 기억하는 도보순례는 그들이 처형된 해미읍성에서 바치는 미사에서 정점에 다다른다.

2) 기도의 장소, 해미

순례지로서의 해미성지는 기도의 장소이다. 순례자들은 순교자들의 삶과 죽음에 동행했던 그리스도를 바라보며 걸어온 순례를 미사로 마무리한다. 순례자들을 위해 정성껏 마련되는 고해성사는 하느님과 화해하며 이 시대의 순교자로 살아가겠다는 다짐으로 이어진다. 이를 위해 미사 전 충분한 성찰과 기도의 시간이 마련된다.

미사는 전례력에 따라 진행된다. 순교자 축일인 경우 신앙생활이 결코 쉽지 않았던 시대에 신앙을 지키고 교회를 성장시킨 이들의 삶을 기억한다. 무엇보다 우리의 미사는 한국 교회가 많은 순교자를 품을 수 있도록 이끌어주신 성령을 향한다. 또한 교회의 가르침과 전통에 따라 순교자들의 전구를 청하며 우리 시대에 진정한 그리스도인으로서 신앙을 증거할 용기와 도움을 청한다.

해미성지를 찾는 순례자들은 다양한 삶의 굴곡을 안고 성지를 찾는다. 많은 어려움을 하느님 앞에 내려놓고 순교자들의 통공을 청하는 이들의 기도에는 성지가 기도의 중심에 놓인다. 성지는 하느님을 찾아 하느님께 의탁하려는 이들이, 순교자들의 모범을 보며 힘과 용기를 얻고 그들의 통공 안에 하느님 나라의 거대한 공동체를 지금 여기서 체험하는 곳이기 때문이다. 해미성지는 이러한 순례자들의 간절한 기도에 동참하며 하느님의 현존과 구원활동이 드러날 수 있도록 우리가 할 수 있는 일을 이끌어주기를 청한다.

3) 죽음으로부터의 해방, 새 생명

해미의 미사는 365일, 하루도 빠짐없이 오전 11시에 봉헌된다. 이 미사는 외국에서 한국을 찾는 순례자들뿐 아니라 한국의 다양한 곳에서 찾아온 이들과 함께 바쳐진다. 외국인을 맞이하고 영적 상담과 사목 봉사를 담당할 외국인 신부는 많은 외국인과 한국인의 사랑을 받으며 열심히 활동하고 있다. 이를 통해 언어와 문화의 차이를 넘어 하나의 신앙 안에서 한 형제자매가 되는 공동체의 기쁨을 누리고 있다.

해미의 미사에서는 언제나 성인호칭기도와 더불어 해미에서 순교하신 분들의 이름을 부르며, 이름 없는 순교자들을 함께 기억하면서 바치는 기도가 바쳐진다. 이 기도를 통해 그들의 삶과 죽음 안에 함께 하시며 한국의 복음화를 이끄셨던 그리스도를 기억한다. 그리스도를 따르며 기꺼이 새로운 가치와 이상을 실현했던 순교자들처럼 오늘 우리도 지금 여기에 하느님 나라를 증거할 수 있기를 청하는 기도가 바쳐진다.

4) 선교의 장소, 해미

해미는 바닷길이 닿던 지역으로 불교문화가 꽃핀 지역이기도 하다. 해미는 불교와 유학 및 그리스도교와의 교류를 통해 교회의 사명인 선교를 실천하는 데 정성을 기울인다. 그 한 예로, 부처님 오신 날과 성탄일에 상호 방문과 축하의 시간을 가지며, 종교의 참다운 증거를 위해 노력할 것을 다짐한다. 또한 개신교와의 대화를 통해 천주교가 열어놓은 그리스도교 신앙의 길이 그들의 선교활동에 미친 영향을 함께 살펴보기도 한다.

해미의 선교는 이와 같은 종교 간 대화에 머물지 않는다. 해미는 단순한 천주교 순교 터와 순교자 매장지가 아니다. 해미는 새로운 세상을 꿈꾸며 조선 사회에 평등한 인간의 존엄성과 형제적 사랑의 가치를 일깨운 변화가 시작된 지점이다. 해미를 방문하는 이들은 이러한 역사를 기억하며 해미성지를 방문한다. 해미성지는 이들을 맞으며, 역사의 복음화를 이끌었던 장면 안에서 교회의 역사를 비추며 하느님의 역사적 현존을 드러내기 위해 노력한다.

해미성지의 선교는 청소년 선교에 큰 관심을 기울인다. 프란치스코 교황의 해미 방문을 기념하여 건립된 Wake Up 센터는 해미의 역사와 문화전통 안에서 천주교의 역사를 바라보며 현대의 청소년들이 종교를 따지지 않고 하느님의 유전자를 가진 인간에게 하느님은 항상 같이 계신다는 점을 깨닫고, 자신의 앞길을 모색하는 과정을 돕고자 노력을 기울인다. 다양한 프로그램은 천주교 신자에 국한되지 않고 청소년들에게 제공되며, 이를 통해 하느님이 창조하신 세상과 인간을 경이롭게 바라보며, 보다 나은 세상을 건설하기 위한 투신으로 이끄는 데 참여하려 한다.

해미의 선교는 관광을 목적으로 해미를 방문한 이들에게도 열려 있다. 중국과 인접한 해미는 중국인들이 쉽게 도달할 수 있는 관광지이다. 충청남도의 장엄한 자연경관과 풍부한 유산, 중국 문화와 교류했던 흔적 및 K-문화는 중국인들이 해미를 찾는 흡입 요소이기도 하다. 해미성지는 교회의 선교사명을 기억하며, 이들이 관광지로 방문한 성지에서 그들의 삶을 이끌며 자녀로 초대하는 하느님을 만날 수 있는 선교의 장이 되고자 노력한다.

또한 해미의 선교는 다양한 문화활동을 통해 전개된다. 해미성지에는 천주교와 분리될 수 없는 해미의 역사와 문화를 경험할 수 있는 역사문화체험관이 설치될 것이다. 또한 이 체험관은 상시 전시관으로 활용되어 지역 간 문화적 격차를 줄이고 젊은 예술가들이 자신의 꿈을 펼칠 수 있는 기회를 제공할 것이다. 이러한 활동은 해미성지에서 진행되는 다양한 음악 및 연극 공연 등과 함께 문화를 통한 선교에 이바지하는 성지의 임무를 충실히 수행하는 해미의 자세를 보여준다.

4. 해미가 걸어가는 순례

해미는 이처럼 순례와 기도, 선교의 장소로서 그 역할을 다하기 위해 최선의 노력을 하고 있다. 우리는 이러한 과제를 수행하며 순례자로서의 교회가 걸어가는 순례길을 기억한다. 이에 따라 순례자로서의 해미는 이 세상의 나그네들과 함께 구원을 향한 여정을 걷는 다양한 방안을 모색하고 있다. 순교자들이 이 길을 걸었다는 생각이 일어나면 발에서 뜨거운 기운을 느끼며 힘이 솟는다.

그 하나는 2025년의 희년을 걷는 희망의 순례자를 맞이하는 준비이다. 해미성지는 먼 이국땅에서 펼쳐진 놀라운 하느님의 계시 역사를 보기 위해 방문하는 순례자들을 기쁘게 맞이할 것이다. 선교사의 선교활동이 전개되기 이전에 신자들의 자발적인 활동으로 성장한 교회와 신자들의 삶의 모습은 오늘날에도 여전히 이들 순례자들에게 큰 감격과 놀라움을 안겨줄 것이다. 한국의 문화와 자연뿐 아니라 오늘날의 한국을 만드는 데 큰 역할을 담당했던 천주교회의 발자취를 걷는 이들의 순례는 해미의 순례이기도 하다.

해미의 순례길은 2027년에 한국에서 개최될 세계청년대회로 향하기도 한다. 점점 사라지는 교회 내 청년의 비중을 감안할 때, 해미처럼 놀라운 삶의 증거 역사를 간직한 성지의 역할은 결코 적지 않다. 해미성지는 청년대회에 참석한 청년들이 순교자들을 이끌었던 놀라운 성령을 체험하며, 자신의 길에서 순교자의 영성으로 순례자의 삶을 살도록 초대하려 한다.

이를 위해 해미는 순교자들의 삶과 죽음을 역사적으로 규명하고, 그 의미를 신학적으로 조명하여 방문자들에게 전달할 수 있도록 노력하고 있다. 다양한 학술활동과 출판 및 진시를 통해 이뤄지는 이 노력이 순례자들에게 오늘 우리를 이끄는 성령과의 만남을 촉진하기를 기대한다.

해미는 역사적 장소이다. 그 역사는 단지 순교자의 죽음만을 기억하지 않는다. 해미의 역사는 인간의 마음에 신앙의 불을 지피며, 역사를 변화시키는 하느님의 현존과 구원을 기억한다. 해미는 순교자들이 실천한 인간 사랑과 그들이 일군 새로운 세상, 곧 복음화의 열매를 기억한다. 순교자들의 죽음은 신앙의 꽃이 지고 그 씨앗이 땅에 떨어짐을 의미한다는 것을 우리는 알고 있다. 해미는 이 씨앗이 자라나 아시아의 주요한 교회로 성장한 역사를 기억하며, 한국 교회에 맡겨진 선교의 사명을 깊이 인식한다. 해미는 하느님을 찾아나선 많은 순례자들과 순례의 길을 걸으며 해미에서 해미를 통해 해미의 신앙인과 함께 펼쳐진 구원의 역사를 비출 것이다. 해미의 기도는 이 모든 것의 시작이며 과정이고 마침이신 그리스도를 기억하며 찬미하는 가운데 그 이끄심에 우리를 온전히 의탁하는 기도이다. 역사의 땅 해미는 사랑이 일군 복음화를 기억하며 인류사회를 더욱 단단히 성장시키는 데 이바지 할 것이다. kairos(물리적 시간, 양적 시간)를 chronos(역사적 시간, 질적 시간)로 바꾸기 위해 노력했던 장소, 그러한 노력이 지금도 계속되어 미래로 향해 가고 있는 장소, 그곳이 바로 해미국제성지이다.

부록03

순교와 순례의 연결고리에서 바라보는 순례 영성의 의미

가톨릭 신자의 불국사 방문은 성지순례일까? 비신자가 로마의 성 베드로 성당을 방문하는 것은 성지순례일까? 신자로서 로마 여행 일정의 일부로 성 베드로 성당을 방문한다면 성지순례일까? 쉽지만 단순하지 않은 질문이다. 성지를 성지로 인식하는 이에게 성지 방문이 성지순례가 된다고 답하는 선에서 간단한 질문이다. 그러나 성지를 성지로 인식하는지의 여부를 어떻게 가를 것인가를 묻는다면 어려운 질문이 된다.

순례는 세계 종교에서 공통적으로 나타나는 종교적이며 문화적인 현상이다. 종교마다 서로 다르게 전개되는 순례 양상을 반영하더라도, 순례를 "종교적인 동기에서 자신이 속한 종교에서 성스러운 곳으로서 의미를 부여한 장소를 향해 영성적인 목적으로 다녀오는 여정[1]"으로 정의해볼 수 있다. 여기서 의미를 부여하는 과정과 연관된 기억의 선택에 주목할 수 있다. 또한 영성적인 목적으로 다녀온다는 대목에서, 출발하는 순간의 지향에 주목할 수 있다. 한국 천주교회에서 이뤄지는 단체 순례는 이 정의에서 크게 벗어나지 않는다.

그러나 현대 한국 사회에서 성지순례가 사용되는 사례에 비춘다면, 위의 정의를 벗어나는 지점에 성지순례가 서 있음을 발견한다. 유명한 빵집을 찾아 돌아다니는 순례는 빵집순례로 통용되고, 인기 높은 대중가수의 활동무대나 유명한 영화 촬영지를 짚어보는 여행도 성지순례로 불린다. 이러한 용례에 비하면 최근 여행사에서 판매하는 성지순례 프로그램은 오히려 적은 거부감을 안겨 준다. 이들은 성지라고 불리는 곳을 명백히 여가 시간 활용을 목적으로, 다시 말해 영적 성장에 목적을 두지 않고, 신앙과 무관하게 여행하는 것을 성지순례로 부른다.

그런데 교회 밖의 성지순례 용례를 문제 삼지 않더라도 한국 교회 앞에 놓이는 과제가 있다. 서구 교회에서 정립된 순례에 대한 정의나 이에 기반한 순례 신학과 순례 영성은 우리 교회 역사와는 다른 배경에서 성찰된 결과를 담고 있다. 이 때문에 한국 교회는 독특한 교회 역사와 연결된 순례를 어떻게 정의하며, 그 안에서 어떤 방식으로 영성적인 의미를 구체화할 수 있을까라는 질문 앞에 서게 된다.

이번 글은 순례와 성지 및 순교자 공경 그리고 성지사목에 대한 교회의 가르침[2]에서 출발하여 이 질문의 답을 향해 나아가려 한다. 여기서는 한국 교회의 순례를 둘러싼 논의를 살펴보고, 교회의 가르침과

---

1 R.Barber, *Pilgrimages*, London, TheBoydellPress, 1993, p.1 참조.

2 이에 관하여, 권영파, 「교회문헌에 나타난 순교자 공경」, 부산교회사보 111호, 96-116쪽; 권영파, 「교회문헌에 나타난 순례와 순례지 및 순례사목」, 교회사연구 61, 2022, 509-542쪽; 「성지, 문화유산, 그리고 관광-동그란 세모의 순례관광 그리고 순례지의 복음화노력」, 성지의 과거와 미래, 해미신앙문화연구원 제1회 학술심포지엄 프로시딩, 113-136쪽.

순례 신학에 비추어 순례 프로그램의 예시를 제안하려 한다. 이 과정에서, 하느님을 만나는 장으로서의 한국 교회사를 통해 순례 영성의 깊이를 더할 수 있는 길을 모색하려 한다. 이 글은 학문적인 진보를 목표로 하기보다, 점점 코너로 몰리는듯한 한국 가톨릭교회의 성지와 순례가 어떻게 진정한 가치를 드러낼 수 있을까에 대한 고민을 나누는 담론의 성격을 지닌다.

1. 죽음만을 기억하는 순례?

성지순례를 둘러싼 최근의 논쟁은 순례관광이라는 용어로 집중되는 듯 보인다. 많은 논문들이 순례를 관광의 일부로 받아들여야 한다고 주장한다. 종교관광은 문화관광의 일부로 간주된다. 심지어 가톨릭교회 내에서도 순례를 관광의 시각으로 분석하는 논문들을 발표한다.[3] 그 결과 성지를 관광자원으로 개발하는 공공사업이 이들의 논

3 김진옥·김영아·김현지, 「한국 천주교 성지의 순례동기가 성지만족 및 재방문의도에 미치는 영향: 솔뫼성지순례자를 대상으로」, 『호텔경영학연구』 31.8, 한국호텔외식경영학회, 2022, 137-152쪽; 한진욱·김진옥·채혜정, 「한국천주교 순례지의 장소애착이 순례추구가치를 통해 자아존중감과 삶의 질에 미치는 영향」, 『호텔경영학연구』 32.3, 한국호텔외식경영학회, 2023, 149-167쪽; 한진욱·김성태, 「한국천주교 성지순례자의 영성적 웰빙이 삶의 질에 미치는 영향-회복경험의 매개효과 검증」, 『관광연구논총』 33.3, 한양대학교 관광연구소, 2021, 3-23쪽; 이상각·양승탁, 「영성문화자원으로서 남양성모성지의 가치를 통한 지역관광활성화 연구」, 『문화와 융합』 41, 한국문화융합학회, 2019, 415-446쪽; 강준수·송영민, 「가톨릭 성지순례 공간에서의 기억과 관광상품 개발 고찰-강화도 지역을 중심으로」, 『관광연구논총』 33.3, 한양대학교 관광연구소, 2021, 89-109쪽; 김송이·정철, 「순례관광의 진정성이 영성적 웰빙과 삶의 질에 미치는 영향」, 『관광연구논총』 33.3, 한양대학교 관광연구소, 2021, 111-133쪽; 고진현·구원일, 「스페인 산티아고 순례길 도보여행자의 관광동기와 여행행태 연구」, 『관광경영연구』 23.5, 한국관광경영학회, 2019, 677-696쪽; 오정근, 「종교관광의 참가동기 및 매력속성과 참가자만족 간 영향

문을 기반으로 전개되는 양상도 감지된다. 연구자의 진의와 무관하게 그들의 연구는 “가톨릭 신자의 순례 동기를 조사한 결과 6.7퍼센트만이 종교적인 동기[4]”로 실행했다는 결과로 제시된다. 이에 따라 성지 개발은 영적 웰빙이나 심신의 충전 및 자연을 감상하며 얻는 여유 등을 지향하며 전개된다.

순례를 관광과 연결시키는 시도는 산티아고 순례길을 걷는 이들이 전통적인 순례와 다른 동기 및 목적을 갖는다는 점을 강조한다. 이들은 성지라는 목적지에서 성인의 유해를 대하거나 성지에서만 허락된 경험을 위해 실행하던 전통적인 순례가 현대 순례자에게 더 이상 실제 의미를 부여하지 않는다고 주장한다.[5]

또한 순례를 관광과 연결시키는 이들은 순례산업이 관광산업의 시초였다는 점을 강조한다.[6] 최근 등장한 영적 순례[7]나 종교순례[8] 등에

관계-기독교 성지순례를 중심으로」, 『관광경영연구』 17.1, 한국관광경영학회, 2013, 221-237쪽; 구세주·김진옥, 「IPA 를 이용한 한국천주교 성지순례지의 선택속성에 관한 연구-솔뫼성지를 중심으로」, 『관광연구논총』 33.3, 한양대학교 관광연구소, 2021, 135-155쪽.

4 『해미국제성지 스토리발굴을 위한 국제 콜로키움 자료집』, 서산시·국토연구원 공동주최, 2023년 3월.

5 Peter Jan Margry, Shrines and Pilgrimage in the Modern World: New Itineraries into the Sacred, *Secular Pilgrimage: A Contradiction in Terms*, Amsterdam: Amsterdam University Press, 2008, pp.13-46.

6 Wiśniewski, Łukasz, *Religious tourism in Christian sanctuaries: the implications of mixed interests for the communication of the faith*, Church, Communication and Culture 3.3, 2018, pp.199-220에 순례와 관광을 둘러싼 논쟁이 정리되어 있다.

7 영적인 순례는 강렬한 영적 체험을 얻기 위해 떠나는 순례를 의미한다. 이들이 가장 선호하는 장소는 티베트고원과 미국 아리조나 주에 있는 Vortexes of Sedona, 아일랜드의 Skellig Michael, 프랑스의 Saint-Michel d'Aiguilhe Chapel, 산티아고 순례길 등이다.

8 종교순례는 특정 종교에 속하지 않더라도 종교적인 성지를 여행하는 관광을 의미한다. 여기서는 네팔의 룸비니와 이탈리아의 바티칸, 독일의 비텐베르그, 사우디아라비아의 메타, 인도의 바드리나트 등이 꼽힌다. 많은 경우 성지와 관련된 신자들이 가지만 이들 성지를 방문하려는 비신자들이 많다는 점에서 이는 순례관광의 한 부분으로

서 순례는 관광으로 대체되어도 큰 의미변화가 없음을 확인할 수 있다. 이 용례들에서 순례는 새로운 곳(물리적, 정신적)을 탐험하고 자신을 돌아보려는 인간 본성이 표현된 현상으로 받아들여진다.

그런데 한국 교회가 시급한 문제로 받아들이고 반성해야 할 목소리는 이들에게서 한국 가톨릭교회의 성지순례가 다크투어리즘[9]으로 규정된다는 점이다. 최근에 발표된 우혜란의 논문, 「순례와 '다크투어리즘'의 교차지점에 대해서: 천주교 해미순교성지를 사례로」[10]는 비단 해미성지만이 아닌 한국 성지의 순례 양상을 향한 목소리로 받아들일 수 있기 때문이다.

우혜란이 사용한 다크투어리즘은 죽음이나 고통과 연관된 장소로의 의도적인 여행[11]을 의미한다.[12] 우혜란은 이 논문에서 한국 가톨릭

볼 수 있다.

9 다크 투어리즘과 문화유산 관광의 갈등은 Light, Duncan, *Progress in dark tourism and thanatourism research: An uneasy relationship with heritage tourism*, Tourism management 61, 2017, pp.275-301. 일반적인 논의와 이슈는 Dale, Crispin, and Neil Robinson, *Dark tourism*, Research themes for tourism, Wallingford UK: CABI, 2011. pp.205-217; 김석윤, 「다크 투어리즘 유형화 및 자원적용 연구」, Diss. 제주대학교 대학원, 2014에 일반적인 정리가 나타난다.

10 우혜란, 「순례와 '다크투어리즘'의 교차지점에 대해서: 천주교 해미순교성지를 사례로」, 『종교문화비평』 44, 2023, 17-69쪽.

11 Russell E. Brayley, *Not-So-Many Shades of Grey: Commonalities in Managing Sacred Site and Dark Tourism*, International Conference on Tourism Research, March 2018, p.10; 우혜란, 앞의 논문, 44쪽 각주 27에서 재인용.

12 문화유산에 대한 합의나 일관성의 결여 또는 불일치를 의미하며, 이는 문화유산을 둘러싼 복수의 이해관계자가 공존함으로써 주어진 문화유산에 대한 '해석'의 불일치는 필연적임을 시사한다. 문화유산이 사회적 문제가 되는 것은 -집단 정체성을 구축하기 위해 의미 부여가 이루어지는 문화유산의 본질적 특성을 인정한다면- (정부 차원에서) 관광산업을 위해 특정 문화유산을 선택하여 홍보할 때 해당 유산과 자신을 동일화하지 않는 집단의 문화적 정체성/상속권을 부인하는 결과를 가져오기 때문이다. 특히사회정치적으로 커다란 불협화음이 야기되는 경우는 잔혹한 역사 현장이 문화유산 -즉 'heritage of atrocity(잔혹 유산)'- 이 될 때 두드러진다.

교회의 중요 성지[13]들이 모두 순교와 연관되면서 교인들의 신앙 지도에서 선조의 죽음/고통과 관련된 장소가 매우 중요한 위치를 점한다는 데 주목한다. 이러한 양상에 대한 우혜란의 비판과 우려는 교회가 귀를 기울일 만하다.

> 성지의 증가는 한국 가톨릭교회가 모시는 복자福者와 성인聖人의 수가 계속 증가한 것과 무관하지 않다 … 이렇게 한국 가톨릭교회는 순교자의 수를 늘리고 이들에게 '복자'와 '성인'이란 품위를 붙여 신앙인의 모범이자 칭송과 공경의 대상으로서의 권위와 정당성을 부여하는 동시에, 이들이 희생된 순교지를 중심으로 성지구축사업을 추진하고 있다. 가톨릭교회의 성지 개발이 근래에 가속화된 데에는 중앙정부와 지자체가 종교문화관광 상품의 개발과 육성이란 이름으로 막대한 지원을 한 것도 큰 몫을 한다. 더 나아가 가톨릭교회는 -스페인의 산티아고 순례길을 모델로- 전국에 걸쳐서 개별 성지를 연결하는 순례길 조성사업을 추진 중이거나 이를 이미 완성하였다. 이러한 한국 가톨릭교회의 순교자와 순교지 중심의 성지 개발과 확장 그리고 이를 지원하는 정부와 지자체의 문화관광산업 육성 계획은 죽음과 고통의 장소를 자원으로 사업을 운영하는 다크투어리즘과 크게 달라 보이지 않는다. 한편 전국에 걸친 가톨릭 성지 개발과 이들 성지를 연결하려는 순례길 조성사업을 타종교(불교계)는 천주교의 '국토성지화'라고 비판하면서, 종교갈등의 중요 원인으로 부상하고 있다. 이는 무엇보다 가톨릭교회가 조성하는 지역에 종종 타종교의 시설이나 문화유산이 포함되기 때문이며, 이러한 현상은 가톨릭교회가 성지 개발

---

13 이때 우혜란이 말하는 성지는 한국 천주교 주교회의가 발간한 [한국 천주교 성지순례]에서 제시한 구분을 따른다. 즉, '성지(聖趾)', '순교 사적지', '순례지'로 분류하면서 이 모두를 성지로 부르는 결과물을 수용했다.

을 통해 해당 지역을 선점함으로써 "타종교의 흔적에 천주교 순교사를 '덮어쓰기'" 한다고 비판받을 여지를 제공한다.[14]

길게 인용한 단락에서 주의 깊게 경청할 부분이 있다. 그 하나는 그의 글에 불교계가 여러 방법을 동원해서 가톨릭교회를 비판하는 목소리가 담겨 있다는 점이다.[15] 불교 관련 연구논문을 꾸준히 발표해온 우혜란[16]이기에 놀랍지는 않지만, 이러한 편향성을 배제하고라도 들어야 할 내용이 있다. 그것은 가톨릭 성지가 죽음을 강조하고, 성인의 수를 늘리는 데 집중한다는 내용이다. 또한 우리가 경청해야 하는 부분은 가톨릭의 성지 개발이 관광지 개발에 준하는 절차를 거치는 동시에 종교 간 불화의 기점이 된다는 지적이다.

이러한 논의에 비탕하여 우혜란은 특히 해미를 표적으로 삼아 망

14 우혜란, 앞의 논문, 45-46쪽.

15 성지 개발을 둘러싼 갈등은 불교계가 해미를 저격하는 내용에서 확인할 수 있다. 그 하나의 예로, "'기생적인 성역화' 차단 못하면 종교갈등은 필연", 법보신문, 2023년 10월 27일을 들 수 있다.

16 우혜란의 주요 논문은 다음과 같다. 「천도재의 새로운 양태: 낙태아를 위한 천도재」, 『종교문화비평』 16, 한국종교문화연구소, 2009, 170-201쪽; 「성물(聖物), 전시물, 상품: 진신사리의 현대적 변용에 대하여」, 『한국교수불자연합학회지』 23.3, 사단법인한국교수불자연합회, 2017, 138-161쪽; 「종교문화콘텐츠에 대한 또 다른 '종교학적'접근-진각종의 문화사업을 사례로」, 『신종교연구』 38, 2018, 한국신종교학회, 1-35쪽; 「'사이버 법당'의 의례적 구성과 감각의 배치에 관하여」, 『종교문화비평』 25.25, 한국종교문화연구소, 2014, 164-194쪽; 「현 한국 사회에서 합동천도재의 복합적 기능에 대하여」, 『종교연구』 54, 한국종교학회, 2009, 297-329쪽; 「동시대 종교현상으로서 '유동적 종교'(Fluid Religion) 에 대한 논의」, 『종교와 문화』 30, 서울대학교 종교문제연구소, 2016, 33-65쪽; 「한국 불교계의 '마음치유'사업과 종교영역의 재편성」, 『종교와 문화』 38, 서울대학교 종교문제연구소, 2020, 103-136쪽; 「조계종단의 '한국불교 세계화' 기획에 대한 비판적 논의」, 『한국교수불자연합학회지 *Journal of Buddhist Professors in Korea*』 25.1, 국교수불자연합회, 2019, 43-75쪽; 「포스트모던 시대의 새로운 종교현상-한국의 예를 중심으로」, 『신종교연구』 19.19, 한국신종교학회, 2008, 25-55쪽.

루의 내부와 순교성지기념관의 전시품 및 야외 공간의 유물, 더 나아가 한티고개 순례길 등이 모두 고통과 죽음에 과도하게 몰두한다고 지적한다.

> 따라서 해미성지가 보여주는 고통과 죽음에 대한 과도한 몰두는 자칫 가학적인 인상을 남길 수 있으며, 무엇보다 방문객들에게 타인의 죽음/고통에 대한 -터부시되거나 금지된 것을 은근히 즐기는- 관음증적인 시선을 허락함으로써 오히려 이로부터 거리를 두게 만든다는 지적을 받을 수 있다. 이런 의미에서 해미성지는 동시대의 여러 다크투어리즘 장소와 비교하더라도 죽음과 고통을 매우 자극적으로 소비하고 있다고 할 수 있다.[17]

우혜란이 지적하는 내용은 비단 해미성지에만 국한되지 않을 것이다. 한국의 성지들이 순교를 기억하고 순교자들의 용기를 강조하는 것을 부인하기는 어렵다. 어떠한 계기가 그들의 발길을 하느님께로 돌려 세웠고, 어떠한 과정에서 하느님께 더욱 가까이 갔으며, 공동체 안에서 신앙의 기쁨이 어떻게 성장했는지에 주목하는 성지를 찾기 어렵다. 그럼에도 불구하고 우혜란의 논문에서 해미성지가 표적이 된 데는 불교계의 합의가 있다고 추정할 수 있다. 이에 대해 해미성지가 다른 성지에 비해 죽음을 너 많이 선시하는 것은 실제로 나른 성지에 비해 잔인하게 오랜 기간 동안 대규모로 일어난 박해의 희생자를 기억하기 때문이라고 변호할 수 있을 것이다.

여기서는 이러한 우혜란의 논문을 비판하거나 문제점을 지적하지는 않을 것이다. 이는 본 논문의 주제를 벗어나는 내용이기에 추후에

17 우혜란, 앞의 논문, 52쪽.

별도의 논문을 통해서 개진하고자 한다. 이번 글에서는 우혜란이 지적하는 내용이 불교계와의 연관성을 불문하더라도, 우리의 성지순례의 표면을 보여준다는 것을 짚어두려 한다.

우혜란과 같은 논조의 비판에 대해 가톨릭교회가 응답할 수 있는 분명한 답은 있다. 그것은 우리의 순례가 순교자의 죽음이나 순교자의 유해를 최종적인 종착지로 삼지 않는다는 점이다. 우리의 성지순례는 출발에서 성지에 도착하여 드리는 기도와 미사참례 및 묵상 그리고 무엇보다 돌아온 이후의 변화된 삶으로 구성된다. 이런 견지에서 우혜란의 논문에서 순례의 실상을 문제 삼는다고 말할 수는 없다.

이 논문에서 그가 주목하는 지점은 가톨릭교회의 순례지가 개발되는 과정이나 늘어나는 성인·복자가 성지의 과대한 확장과 성장으로 이어지는 연결고리이다. 이처럼 순례라는 신앙 행위보다 순교자 공경의 양상이 드러내는 결과를 지적한다면 그 대답은 우리의 정직하고 성실한 반성을 거쳐 제시되어야 할 것이다.

2. 순례의 의미와 지향점

앞서 언급한 바와 같이, 우혜란의 논문은 한국 가톨릭교회의 순례 양상을 비판한다고 볼 수 없다. 그러나 순례지의 개발과 순교자 공경이 순례라는 신앙적 실천과 근본적으로 맞닿아 있는 한에서, 우리의 순례 영성을 분명하게 짚어볼 필요가 있다.

우선, 순례를 관광으로 분류하고, 순례관광을 문화관광으로 분류하는 현하의 흐름은 가톨릭만이 아니라 순례를 주요한 종교 행위로 간주하는 모든 종교들이 함께 저지해야 하는 내용이다.[18]

물론, 순례와 연관된 산업이 관광산업의 출발점에 있었음은 분명하다. 중세시대에 많은 순례자들을 수용할 수 있는 숙박시설과 안전장치 및 이동수단과 도로 및 안내물과 기념품 등이 모두 필요했기에 그와 연관된 산업이 발달했고, 후에 관광산업의 모태가 되었기 때문이다. 그러나 이를 두고 순례가 원래 관광에서 출발했다고 비약할 수는 없다.

한편, 현재 전 세계적으로 많은 사람들이 방문하는 대성당은 특정 시대의 문화와 역사를 간직한 곳이기에 일차적으로 문화유적지라고 말할 수 있다. 이 장소를 문화 답사를 목적으로 가는 사람도 있고, 기도와 영적 성장을 지향하며 방문하는 이들도 있다. 외적으로는 '방문하고 떠나는' 동일한 양상으로 나타나지만 이를 모두 관광이라고 말할 수 없다.

마치 불교의 백팔배를 운동적인 목적으로 하는 사람들이 있다 해서 백팔배를 운동으로 규정하거나, 뇌파 안정을 위해 명상을 하는 사람을 두고 불교의 참선이 뇌 기능 강화의 방도라고 규정하는 것과 다를 바 없기 때문이다. 행위에 대한 명명은 그 행위에 담긴 의미에 준해서, 행위자가 어떤 목적으로 했는가에 따라 다르게 규정되어야 한다. 순례는 순례를 하겠다는 의도를 가진 이들에게 결코 여행이 될 수 없나. 불가에서 부처님 상 앞에 사신을 낮추고 바치는 설이 운동으로 불릴 수 없는 것과 같은 이치이다.

여기서 순례와 성지에 대한 교회의 가르침을 다시 한번 확인할 필요가 있다. 교회의 가르침은 순례가 특정한 장소로의 이동이라고 말하지 않는다. 순례의 궁극적인 지향점, 곧 목표는 하느님이신 그리스

18 『대희년의 순례』 32항.

도이다.[19] 순례는 세상 안에서 사는 삶 저 너머에 우리 존재의 근원이며, 우리 삶의 모든 순간을 지탱하는 힘이자 우리와 함께 걷는 하느님이 있음을 확인하는 과정이다.

이러한 순례에서 순교성지는 역사 안에서 활동하시는 하느님의 현존과 구원을 구체적으로 드러내는 장소로서의 의미를 지닌다.[20] 순례지가 기억하는 순교자들의 죽음은 그리스도와의 관계 안에서 이해된 신비이다. 교회는 성지가 기억하는 인물의 삶과 죽음이 예수 그리스도와의 관계를 통해 그 의미를 갖게 된다고 가르친다. 이는 역으로, 강생의 신비가 순교자들의 삶과 죽음이 기억되는 거룩한 장소를 상대화하고, 다른 한편으로는 새로운 말로 그 중요성을 강조함으로써 성지에서 갖는 체험에 새로운 형태를 부여한다는 것을 의미한다.[21] 처형된 장소는 그들의 삶의 흔적이 있는 장소와 같이 주님의 구원이 현존함을 보여주는 표지이다.[22]

교회는 순례지가 우리가 어디서 왔으며, 하느님이 어디 계시는지, 우리가 죽음 이후 어디로 가는지를 알려준다고 가르친다. 즉, 순례지는 인간 존재의 기원에 대한 기념이자, 하느님 현존의 장소이며, 아직 완성되지 않았지만 우리가 끝내 다다를 그곳을 상기시켜주는 장소이다.[23] 순례지에서 기억하는 순교자와 성인은 육화하신 그리스도를 가

---

19 『대희년의 순례』, 36항.

20 『대중신심과 전례에 관한 지도서 *Directory on Popular Piety and the Liturgy: Principles and Guidelines*』, 211항.

21 『순례지: 살아계시는 하느님에 대한 기억, 하느님의 현존, 그리고 하느님의 예언 *The Shrine: Memory, Presence and Prophecy of the Living God*』(1999.5.8.) 17항; 『대중신심과 전례에 관한 지도서』, 262항.

22 『대중신심과 전례에 관한 지도서』, 286항.

23 『구원역사와 관련된 장소의 순례에 관하여』(1999.6.29.), 3항.

리키는 신앙의 모범이다. 우리를 그들을 통해 하느님을 보기 때문이다. 미사 기도문은 이를 잘 보여준다. "오늘 저희는 하늘나라를 위하여 자신을 봉헌한 성인들을 기리며 그들을 놀라운 섭리로 이끄신 주님을 찬양하나이다. 주님께서는 성인들을 통하여 인류를 본래의 거룩한 모습으로 부르시고 새 세상에서 누릴 행복을 미리 맛보게 하셨나이다."[24]

이들을 기념하는 순례지는 순교자를 통해 당신의 사랑과 구원을 보여주신 하느님의 현존과 활동을 상기하고, 그 성령 안에 자신을 맡기는 만남의 장소이다. 순례지는 성인이나 성인의 죽음, 또는 성인과 관련된 현상에 집중하고, 머물지 않고 그 안에서 활동하시며 삶을 이끄신 하느님을 바라보는 곳이다.[25] 이때, 순교자의 죽음을 기억함은 그들의 삶에서 당신을 전달하신 하느님을 되새기며, 죽음의 고통과 두려움을 함께 견디시며 마침내 천국으로 이끄신 하느님을 만나는 장이다.

순례지에서 순교자의 죽음을 기억하는 일은 이 때문에 순교자의 삶을 디뎌야만 한다. 만약 순례지에서 순례자의 시선이 순교자의 고통과 죽음에서 멈춘다면, 하느님은 죽음을 통해 순교자의 신앙 증거를 받아낸 분으로 그칠 것이다. 삶이 없이 죽음만 강조될 때 순례지는 다크투어리즘이라는 이중의 비판을, 즉 다크와 투어리즘이라는 비판

24 미사통상문, 전례기도, 동정녀와 수도자 감사송, 하느님께 봉헌한 삶, 593쪽.

25 요한 바오로 2세, 삼종기도, 1992.7.12. 참조. "순례지는 인류 공동체의 복음화와 신앙생활에 결정적인 역할을 한 사건들과 관련된 '기쁜 소식의 상설안테나와 같다." 『순례지』 1항 "오늘날 모든 순례지는 과거의 교회 창립 사건을 상징한다. 그러므로 순례지는 특별한 메시지를 지니고 있으며 순례자들의 마음속에 늘 감동으로 다가온다. 하느님의 구원활동의 증거인 모든 순례지는 오늘날 당신 교회에 내려주신 고귀한 은총의 선물이다."

을 피할 수 없게 된다.

교회가 순례지의 기능을 하느님 자녀들의 여정을 인도하는 여정표로 제시하는 것은 이런 배경에서 이해될 수 있다. 순례지는 기도의 장소이며, 화해의 장소이다. 순례지가 공동체의 모임과 만남 안에 하느님의 말씀을 정성되이 전하고 성찬례와 참회의 성사를 통해 하느님께 더 가까이 다가갈 수 있도록 도와줘야 한다는 교회의 가르침은 영혼의 구원이 순례지의 궁극적인 역할임을 다시 한번 확인시켜준다.

순례지에서 순례자들은 우리 존재의 근원이신 하느님 앞에 자신의 아픔과 고통을 내려놓으며 화해와 치유의 은사를 받는다. 성지는 이런 의미에서 희망의 장소이다. 성지는 하느님의 보호를 받음을 확신하며 세상을 헤쳐갈 힘을 받고, 새로운 발걸음을 내딛는 도약대이기도 하다. 용서와 화해, 치유와 구원은 성지를 나타내는 핵심 개념이며, 이 모든 것의 정점에 성체성사가 자리 잡고 있다.

성지는 이처럼 순례의 목표지인 동시에 기도의 장소이고, 성지의 모든 활동을 통해서 구원자이신 하느님이 선포되는 장이다. 이렇게 이해될 때 성지는 그리스도의 십자가 죽음과 부활을 통해 우리에게 이미 약속되었지만 아직 완성되지 않은 약속을 희망으로 되새기며 그 하느님과 손을 잡고 다시 세상으로 돌아가는 전환점이 된다.

3. 성지순례의 구체적인 단계 제안

가톨릭교회의 가르침에서 교회는 순례자로 규정된다. 이 세상의 나그네인 교회는 하느님을 향해 항해하는 배이다. 교회는 이미 구원받은 완전한 사회가 아니라, 세상을 향해 세상과 함께 하느님에게로 나아가는 순례자로 그려진다. 이러한 순례의 본질은 교회뿐 아니라 신앙인의 삶을 정의한다. 신앙인으로서 살아가는 이 세상의 삶은 죽음 너머에 있는 하느님에게로 나아가는 여정의 일부이다. 우리의 삶이 순례이며 신앙의 여정이 순례이다.

이러한 삶에서 구체적이고 실제로 실천하는 순례는 하느님의 초대이다. 성지순례는 번잡한 일상을 조금 벗어나 고요한 가운데, 또는 신앙공동체와 함께 걸어가는 가운데, 내 삶을 이끄시는 하느님을 좀 더 가까이 만나는 시간으로의 초대이다. 이 초대에 응하며 순례길을 떠난다.

한편, 한국 교회의 성지는 구체적이고 생생한 역사를 담고 있다. 핏빛이 채 가시지 않은 곳을 즈려밟는 동안 교우촌의 기도가 귀에 들리는 듯한 역사를 걷는다. 이 길을 걸으며 순교자들이 살았던 역사, 그들이 신앙 안에서 가졌던 꿈, 그들이 만난 하느님, 하느님의 손을 함께 잡으며 신앙의 길을 걸었던 공동체의 삶, 죽음의 위협 앞에서도 신앙을 포기할 수 없을 정도로 그들을 사로잡았던 하느님을 만난다.

이는 우리의 순례가 생생한 기억을 갖는 역사만큼 깊은 순례 영성을 심어줌을 나타낸다. 순례는 순교자들의 죽음과 고통을 떠올리고 비인간적인 용맹한 죽음을 되새기는 데 머물지 않는다. 이 죽음의 기억은 그 죽음에 다다르고, 그 죽음을 끌어안기까지 그들을 사로잡으며 마지막까지 그들의 손을 잡고 함께 걸었던 하느님에 대한 기억을 의미한다. 우리는 순교자의 삶과 죽음을 통해 그 안에서 활동하신 하느님을 보게 된다. 이런 견지에서, 순교성지는 죽음을 전시하는 공간이 아니라 그들의 희망과 하느님 안에 홍겨웠던 삶을 기억하는 자리 위에 있어야 한다. 성지는 그 하느님을 만나고 기도하며, 그들에게 홍을 부었던 하느님이 늘 나와도 함께 있었음을 새롭게 발견하고 돌아서는 회심의 자리이다.

순례는 몸으로 드리는 기도이다. 우리의 순례성지는 외국 교회처럼 높고 한적하며 엄숙한 자리에 위치하지는 않는다. 교회의 가르침이 전제하는 성지는 대부분 오랜 역사를 지닌 거대한 성당이나 수도원이다. 많은 경우 서양의 성지는 그리스도교가 쌓아 올린 업적을 보여주는 역사의 단면과 일치한다.

이에 비해, 우리의 성지는 화려한 문화유산이나 한 시대를 주름잡았던 힘을 담아내지 않는다. 비록 지금은 거대한 성당 건물이 자리 잡고 있지만, 그 안에 담긴 역사는 화려하고 힘 있는 장면이 아니다. 작고 가난하고 산속에 간신히 숨어 지내며 지낸 이들이 머물며 거대한 꿈과 희망을 나누었던 초라한 곳이 원래의 성지가 있던 자리이다. 이 자리에서 엄청난 파장을 일으킨 신앙의 노래를 불렀고, 담대하게 죽음을 맞이했다.

이러한 비교는 순례의 의미를 대별시키는 대목일 수도 있다. 우리가 익히 알고 있는 인기 있는 서양 순례지는 가물가물한 역사를 기념하는 찬란한 유산을 지닌다. 로마의 주요 성지 성당이 그러하고, 독일과 이탈리아, 프랑스의 성당이 그렇다. 우리 교회사에 비해 오래된 역사를 지내며 생생한 기억보다는 덧입혀진 문화적 색체가 우리를 맞이한다.

물론, 전 세계의 성지가 또는 서양의 성지가 모두 화려한 문화유물을 갖는 것은 아니다. 캐나다 미드랜드Midland, Ontario 성지나 영국 타이번Tyburn 성지를 예로 들 수 있다. 미드랜드의 경우, 인디언들과 함께 살며 선교활동을 하다가 다른 인디언 부족의 손에 희생된 예수회원들의 선교 방식과 삶, 죽음을 기억하는 장소이다. 후자는 종교개혁 시기에 희생된 수많은 가톨릭 사제, 수도자를 기억한다.

교회 문헌에서 성지순례를 언급할 때 전제되는 성지는 이 두 가지 경우를 모두 포함한다. 좋은 경관을 지니며 화려한 유산을 보여주는 성지와 순교자들의 죽음과 전구를 향하는 성지가 순례에 대한 교회의 가르침에 해당되기 때문이다. 좋은 경관을 보며 하느님이 창조하신 세계의 아름다움을 묵상하고, 문화유물에 담긴 신앙심을 살피며, 신앙의 역사를 기억하는 것이 그 예이다. 이에 비해, 순교자에게 전구를 구함에 있어서, 순교자를 보기보다 그 삶과 죽음을 이끄신 예수에게 시선을 모으라는 가르침은 후자에 속하는 성지를 상정한다.

한국의 성지는 가난한 생활을 살았지만, 신앙의 형제자매를 섬기며 서로 나누는 삶을 살았던 곳, 박해로 고통받고 죽어간 곳, 아무도 다가갈 수 없는 곳에 묻힌 곳을 가리킨다. 물론, 이처럼 깊은 산속에 있는 성지를 향해 걸으며 우리 몸으로 우주의 조화와 하느님이 창조하신 세계의 아름다움을 묵상할 수 있다. 순례가 궁극적으로 하느님께 보다 가까이 가는 여정이라면, 창조하신 세계를 찬미하며 인간과 자연의 신비를 느끼는 경험도 순례에서 빠질 수 없는 귀한 시간이라고 말할 수 있다.

그러나 우리가 기억하는 순교자의 역사적 장소는 크고 화려한 대궐에서 살던 이들의 거처나 거대한 규모를 갖춘 무덤이 아니다. 바로 이 지점에서 한국 가톨릭교회의 성지를 냉정한 눈으로 되돌아봐야 한다. 우리의 성지가 신앙 선조의 삶과 죽음을 기억한다면 거대하고 화려하며 장엄한 규모의 무덤과 활동 터, 순교지를 조성하는 현재의 성지를 되돌아봐야 한다.

성지가 신앙 선조들의 삶과 죽음을 마주 잡고 함께 하느님을 바라보며 기도를 드리는 곳이라면, 성지는 우리 선조들의 삶을 떠올릴 수 있는 역사직 사실을 되살리는 곳이어야 한다. 초라한 묘비를 가진 아담한 묘를 대리석으로 꾸민 거대한 묘지로 바꾸는 것이 순교자를 공경하는 올바른 자세인지, 가난한 가운데 하느님에 대한 신앙을 기쁘게 일군 그들의 삶을 양반집의 생활로 바꿔버릴 때 우리가 잃는 것은 무엇인지 진지하게 되돌아봐야 한다.

한국 교회사의 자랑은 하느님이 자신을 직접 전달하시고, 선조들이 그 손을 부여잡으며 성실하고 용기 있게 응답한 역사이다. 성지가 이 역사를 떠올릴 수 있도록 조성될 때, 순례는 선조들이 걸었던 길을 따라 걷는 여정이 될 것이다. 우리의 순례가 산티아고 순례만큼 육체적 한계에 우리를 내몰지 않지만, 박해를 피해 깊은 산골짜기에 숨어 살던 고충을 느낄 때 힘든 가운데 그들을 사로잡았던 하느님의 손길을 느낄 수 있기 때문이다.

이 지점에 서서 순례 프로그램의 단계를 제안하고 각각의 단계에서 이뤄질 내용을 검토해볼 수 있다. 이를 위해 교회가 제시하는 순례의 단계, 곧 출발지 - 걷기지 - 순례지 방문지 - 되돌아옴이라는 단계를 비판적으로 검토할 필요가 있다.[26]

성지순례를 이와 같은 4단계로 구성할 때, 초대로서 순례와 기억으로서 순례의 의미가 약하게 반영되기 때문이다. 이런 점에서, 앙드레 브루예트 Andre Brouillette가 제안한 순례의 패러다임을 살펴볼 수 있다. 그는 의도intention와 초월transcendence, 기억memory, 출발departure, 목적지destination, 체화embodiment, 연약성vulnerability, 노력effort, 타자alterity, 변화change라는 틀로 순례를 바라볼 수 있다고 제안한다.[27] 다시 말해

---

26 『대희년의 순례』, 32항.

27 André Brouillette, *The Pilgrim Paradigm: Faith and Motion*, Paulist Press, 2022, pp.34-69.

이러한 내용이 어떻게 채워지는지를 통해 일련의 현상을 순례라는 틀에 넣어 설명할 수 있다고 보는 것이다.

브루에트의 제안은 순례를 떠나기 전, 순례 여정 중에, 그리고 순례를 마치며 다음과 같은 질문을 통해 순례를 정리하는 데 큰 도움을 줄 것으로 보인다. 그러나 산티아고 순례길처럼 매우 긴 여정을 걷는 순례를 상정한 브루에트의 이 제안은 한국의 순례에 적합하게 변용시킨다면 유용한 도구가 될 수 있다. 여기서 브루에트의 구도가 시간의 순서에 따른 단계가 아님을 반영하여, 우리의 실정에 맞게 순례의 진행에 맞추어 재구성할 수 있을 것이다. 그가 제시한 10가지 개념을 의도–목적지 - 출발 - 노력 - 기억 - 초월 - 변화로 단순화한다면 순례 프로그램을 구성하는 데 유용하리라 기대한다.

이하의 내용에서는 순례에 대한 교회의 가르침과 순례와 관련하여 우리 교회사가 지닌 특수성을 고려하는 가운데, 브루에트의 모형에 따라 순례 과정에서 이뤄질 성찰을 제안하고자 한다. 개별 교회가 주도하는 단체 순례나 개인이 홀로 떠나는 순례 모두에서 이 질문과 성찰이 순례의 깊은 의미로 이끌어갈 수 있는 창이 되기를 희망한다.

① **의도_** 순례를 떠나게 된 동기는 무엇이었는가? 무엇을 기대하며 순례를 떠났는가? 어떠한 계기에 어떠한 마음의 변화와 상황이 순례의 길로 나를 이끌었는가? 어떤 지점에서 순례에 초대하는 하느님의 손길을 느끼는가?

② **목적지_** 순례지는 어떤 곳인가? 얼마나 떨어져 있으며 최종 목적지에 다다르는 데 예상되는 어려움은 무엇인가? 나는 이 어려움을 어떻게 극복하려 하는가? 이 목적지에 대한 나의 기대는 무엇인가?

목적지와 그와 연관된 역사 및 인물을 숙지하고 떠나는 순례인가? 나에게 이 목적지는 어떤 의미로 다가오는가?

③ **출발_** 나에게 순례를 떠남은 무엇으로부터의 떠남을 의미하는가? 무엇이 순례 여정에 대한 기대와 두려움의 뒤편에 놓여 있는가? 다시 돌아올 길을 떠나며 어떠한 모습으로 돌아오기를 기대하는가?

④ **노력_** 순례하는 동안 바치는 기도와 걷기 또는 다른 수단을 통한 이동이 힘들게 느껴지는가? 힘겨움을 견디게 하는 원동력은 무엇인가? 이 힘겨움은 어느 순간에 극복되며 순례의 일부가 되었는가?

⑤ **기억_** 순례지에서 만나는 장면들은 어떠한 기억을 떠올리는가? 신앙 선조들의 꿈과 희망, 기쁨을 만나고 그들의 눈을 따라 그들의 손을 잡았던 하느님을 향해 내 마음의 눈이 움직이는가? 죽음이 다가오는 순간까지 하느님을 버릴 수 없도록 그들을 붙들었던 그분이 내 삶에서 나를 붙들고 있었던 순간을 발견했는가? 그들에게 하느님은 어떤 분으로 고백되었으며, 내 인생에서 하느님은 어떻게 고백되어왔는가?

⑥ **초월_** 순례를 시작하며 마음 안에서 올라오는 기도는 어떤 지향을 드러내는가? 이 기도는 순례를 지속하는 가운데 어떻게 변화되는가? 어느 시점에 이전과 다른 지평에서 나의 삶과 주변을, 그리고 내일을 다르게 바라보며 기도하는 나를 발견하는가? 그 변화 전후의 미묘한 느낌이 어떠한 성찰과 맞물리며 나의 생각과 가치 기준 및 감성에 파동을 던지는가? 이 안에서 나와 하느님의 관계는 어떠

한 변화를 걸어가는가? 성지에서 참례하는 미사에서 하느님은 내게 어떤 분으로 당신을 건네시는가? 성체로 우리에게 다가오시는 하느님 안에 신앙 선조들과 우리를 하나로 묶으시는 손길을 느낄 수 있었는가? 하느님은 나에게 어떤 길을 걸어가기를 원하시는가?

⑦ **변화_** 성지를 떠나며 무엇을 놓고 간다고 느끼는가? 미움과 상처, 분노와 두려움을 내려놓고 모든 것의 근원이신 하느님만을 붙잡고 집으로 돌아가는가? 무엇이 나를 자유롭지 못하게 붙들고 있었으며, 성지순례를 통해 자유로워진 부분은 무엇인가? 내 주변의 사람들이 내게 다른 의미와 가치로 다가오는가? 신자로서 살아온 시간에 담긴 무한한 은총을 받아들이며 하느님께 의탁하는 발걸음으로 되돌아가는가? 나와 주변 인물, 사건과 환경에 대한 새로운 감각과 가치를 발견하는가?

제안에 담긴 질문들은 순례자의 나이나 성별, 처지에 따라 다르게 구성될 수 있다. 순례 동반자나 순례지 사목 담당자는 인위적으로 자신이 설정한 방향으로 변화를 유도하려는 마음을 내려놓고, 순례를 이끄시는 하느님의 손길 안에 그 자신도 순례자임을 받아들일 수 있다. 동반자는 마치 거울처럼 순례자들이 순례를 동반하시는 하느님을 알아차리고 그 손을 잡을 수 있도록 도와줄 뿐이다. 기도를 진행하거나, 성지와 관련된 역사나 인물을 소개하거나, 나눔을 인도할 때에도 언제나 모든 과정을 인도하시는 분이 하느님임을 잊어서는 안 될 것이다.

한편, 최근 한국에서도 걷기운동이 크게 유행한다. 특히 자연경관을 보며, 역사를 체험하기 위해 도보순례를 하는 청소년들이 급증했다. 과열된 경쟁과 사회관계망이 주는 압박감, 바쁜 일상을 벗어나 자유로움을 만끽하려는 이들의 도보순례가 교회의 순례길에서 이루어진다면 이는 좋은 선교의 기회가 될 수 있다. 이때, 청소년들의 발달단계를 고려하여, 신앙이 전해주는 가치를 따라 자신의 삶을 투신했던 순교자들의 삶과 선택 그리고 그들이 이뤄낸 변화를 소개하는 것이 큰 공명을 불러일으키리라 기대할 수 있다. 이때, 순례하는 공동체 회원 간의 새로운 관계를 맺어주고, 이들이 자신의 고민과 방황을 꺼내어 나눌 수 있는 기회를 제공하는 시간을 마련한다면, 이를 통해 변화하는 가운데 하느님의 손길을 느낄 수 있을 것이다. 또한, 자신의 장점과 스스로를 격려할 수 있는 부분을 찾는 시간, 타인과 부드러운 관계를 맺는 데 장애가 되는 마음돌을 발견하는 시간, 자신에게 가장 중요한 가치와 자신이 걸어가는 길의 방향을 되돌아보는 시간, 자신의 존재가 무언가 초월적인 힘에 연결되어 있음을 되돌아보는 시간, 무엇을 향해 나갈 때 공동체의 선익을 증진할 수 있을지를 생각해보는 시간을 마련한다면 지성적, 감성적, 윤리적, 사회적, 종교적 회심의 일 단계에 들어서는 계기를 제공하는 계기가 될 수 있다.

이러한 내용은 급증하는 노인인구를 고려하여 준비될 수도 있다. 급격한 사회경제적 변화의 시간을 살아온 이들이 후속 세대뿐 아니라 동 세대와 거리를 느끼는지, 분노가 있다면 그 분노를 신앙 안에서 돌아보고, 나이 듦과 이에 수반하는 변화를 신앙 안에서 긍정적으로 수용하는 시간을 마련한다면, 성지순례는 삶의 전환점으로 새겨질 수 있을 것이다. 순교자들의 삶과 고통, 기쁨과 슬픔은 자신의 삶 안에서 거울처럼 만날 때, 자신에게 주어진 현실을 신앙 안에서 이해하고 순교자를 따라 이 모든 변화를 하느님께 의탁하며 사랑과 배려, 나눔과 희생을 기꺼이 살아가는 기쁨을 누릴 수 있을 것이다.

4. 순례와 순교를 잇는 순례 영성의 생활화를 기대하며

한국 천주교회의 순교자 공경은 성지 개발 양상으로 표출된다. 지금까지 교회가 이룩한 놀라운 성지 개발과 발전은 분명히 신실한 신앙의 발로라는 데 이의를 제기할 수 없다. 사회에서 들려오는 마찰음을 특정 집단의 이익 계산에 따른 활동이 빚어내는 소음으로 간주할 수도 있다. 그러나 바로 이 순간에 잠시 멈추어 서서, 우리의 성지 개발 정책을 돌아볼 필요가 있다. 무엇보다 우리의 성지순례의 근저에 놓인 순례 이해와 순례 과정, 순례지의 사목활동, 믿음살이에서 순례가 갖는 비중 등을 꼼꼼히 되짚어보아야 할 때를 맞이했기 때문이다.

다크투어리즘이라는 비아냥에는 건강하지 못한 영성과 관광이라는 상업성이 모두 포함된다고 볼 수 있다. 관광의 시각으로 순례를 바라보는 교회 내의 움직임도 되돌아보아야 하지만, 그보다 더 근본적으로 우리의 순례가 순교자를 넘어 예수 그리스도를 향하는지를 차분하고 진지하게 되짚어보아야 한다. 우리의 시선이 예수 그리스도를 향할 때, 그리스도의 손길 안에서 기쁘게 하루하루를 살았던 순교자의 삶이 눈에 들어오고, 이 장면이 성지와 순례 안에 스며들기 때문이다. 다크투어리즘이라는 지적은 우리의 순교성지에 기쁨과 삶의 이야기보다 고통과 공포, 죽음의 그림자만 강하게 드리워졌음을 시사한다.

전통적인 의미의 순교는 그리스도교 신앙이나 신앙과 관련된 다른 덕행의 실천을 위하여 자발적으로 죽음을 받아들이는 것을 의미한다.[28] 현대에 이르러 교회의 순교 이해가 죽음보다는 사랑의 실천을

28 베네딕토 14세, 「하느님 종의 시복과 시성에 관하여, De Servorum Dei Beatificatione et Beatorum Canonicatione」, Prati 1839-1841, Lib. Ⅲ. cap, 11. n. 1.

강조하는 쪽으로 방향을 바꾸었다는 것을 우리는 알고 있다. 요한 바오로 2세가 주도한 시성식의 초점은 신앙에 대한 증오로부터 벗을 위하여 자신을 자발적으로 바친 이들로 옮겨갔다.[29]

순례와 연관시켜볼 때 이러한 이동이 던지는 의미는 사랑을 실천하는 원천을 그리스도에게서 본다는 데 있다. 라너K.Rahner가 이를 분명하게 밝힌 바와 같이, 교회는 목숨을 바쳐 신앙을 증거한 이들이나, 사랑을 실천하여 그리스도의 현존과 구원을 선포한 이들이 그리스도 안에서 머물렀다고 말한다.[30] 이에 따르면, 한국 교회사에서 목숨을 잃은 순교자만이 아니라 신앙을 받아들이며 삶을 살았던 모든 이들이 현대 순교 이해의 틀에 따라 순교자로 불릴 수 있다. 이는 초기부터 한국 교회 공동체가 그리스도교의 가르침에 반하는 가치관과 생활방식, 문화 등을 역전시키고 하느님 나라를 지금 여기서 실현함으로써 복음을 증거했기 때문이다. 이 내용이 현대의 복음선교가 제시한 현대의 선교로서의 복음화이다. 바로 이런 고리에서 순교는 선교이며 복음화의 노력이 맺은 결실이라고 말할 수 있다.

이처럼 순교가 '그리스도의 가르침에 역행하는 가치에 저항하며 어떠한 희생이나 억압에 굴하지 않고 그리스도의 가르침대로 살아가는 것'으로 이해될 때, 신앙의 삶인 순례는 순교의 길을 걷는 것을 의미한다고 정리할 수 있다. 순례가 궁극적으로 우리 안에서 우리를 이끄시는 하느님에게 전적으로 의탁하며 그 손길을 따라 걷는 데 목표를 둔다면, 이러한 삶은 신앙 선조들의 삶처럼 현대의 가치관과 마찰을 일

---

29 이에 관하여, B. Gherardini, Il martirio nella moderna prospettiva teologica, in Divinità 26, 1982, pp.30-31.

30 K. Rahner, *Dimensione del martirio. Società umana e Chiesa di domani in Nuovi Saggi X*, Roma, Paoline, 1986, pp.388-389.

으키며 불빛을 낼 것이다.

그리스도교에 반하는 가치가 우리에게 요구하는 선택과 그 압력을 견디며 그리스도의 가르침을 포기하지 않는 것은 순교이며 순례이다. 순례 영성은 도보로 걷는 가운데 깊어지는 무엇으로 한정될 수 없다. 순례 영성은 오늘 이 자리에서 내게 주어진 상황을 복음의 빛으로 비추고 세상에 역행하더라고 그리스도의 가르침을 따라 걷는 삶 가운데 하느님과 맺는 관계를 의미하기 때문이다.

순례 영성은 매 순간의 순례길을 비추는 하느님의 빛을 따라 걸으며 살아가는 삶을 의미한다. 여기서 순교성지를 향해 떠나는 순례는 고요한 곳에서 하느님을 더 깊이 만나며, 그 음성과 손길에 더 예민해지는 시간으로 다가온다. 역사에 개입하시며 인간을 통해 세상을 변화시키는 하느님과 그 손길을 뿌리치지 않고 험난할 길을 걸어간 순교자와의 만남은 우리를 위해 자신을 내어주시고 죽음을 이기신 그리스도의 성체성사에서 정점에 달한다.

이렇게 이해할 때, 순례는 말씀 선포와 성사를 통해 당신을 건내시는 하느님을 만나 그분이 우리 안에 새기시는 변화를 받아들이며 다시 일상으로 돌아와 순교자의 삶을 살아가는 여정이다. 순례자가 살아가는 자리는 순교의 자리이며, 성지가 된다. 성지는 죽음을 기억하는 곳이 아니라 그리스도의 현존과 구원활동을 증거하는 자리이며, 그리스도의 가르침을 따라 나의 욕심과 세상의 유혹을 알뜰히 버리고 하느님께 순종하는 삶이 순교인 한에서 순례자가 살아가는 자리가 성지라고 말할 수 있다.

미주

도입

1 유대교(יהדות)는 유대인들의 민족종교로, 원래는 이스라엘 민족만이 유대교 신자가 될 수 있었지만 입교를 통해 유대교 신자가 될 수 있고, 이외에도 유대교 가정에 입양되거나 또는 유대인 엄마를 둔 경우에 –최근에는 양친 중 어느 한쪽이 유대인으로서 신실한 신앙을 입증하는 경우 가능하다– 유대교 신자가 될 수 있다. 유대교 신앙의 기본은 하느님을 숭배하고 토라에 담긴 율법을 지키는 데 있고, 이와 관련된 종말론은 예수를 예언자 중 하나로 간주한다. 유대교의 경전은 타낙흐(Tanakh, תנ"ך)로 불리는데 이는 토라(תורה, 모세 5경)와 네비임(נביאים, 예언서)과 크투빔(כתובים, 기록서)의 첫 글자를 모아 만든 것이다. 이 중 토라가 가장 강력한 권위를 인정받는다.

2 이 글에서는 유대교라는 표현을 감안하여 이에 대응하는 이슬람교라는 표현을 사용하기로 한다. 이슬람سلام은 그 자체로 '신에게 복종하다'는 뜻을 갖는다. 한국어로는 이슬람교라고 표현하지만, 영어로는 이슬람이라는 표현으로 이슬람교를 의미한다. 이 때문에 한국에서도 이슬람교 대신 이슬람으로 표현해야 한다는 주장도 제기된다. 한편, 이슬람교를 따르는 신자를 무슬림مسلم이라고 부르고, 한국에서는 오랫동안 '회교도'라는 표현도 사용되었다. 무슬림의 수는 2022년 말 현재 전 세계 인구의 13퍼센트를 차지하며, 2018년 현재 한국에서는 내외국인 합쳐서 14만 명(이주화 이맘의 2018년 10월 월간조선 인터뷰에 따르면 이 중 외국인이 11~12만 명이다) 또는 26만 명(한국이슬람교중앙회의 자료에 따르면 이 중 6만 명가량이 한국인이다)으로 볼 수 있다. 한국 이슬람교를 이끌고 있는 이주화 이맘에 따르면, 한국인 무슬림은 중동 근로자로 나갔다가 현지에서 입교한 후 귀국한 이들이 대부분이며 귀국 후 이슬람과 거리를 두는 경우가 많다. 이슬람교는 사하다–신앙고백: 그 내용은 '하느님 외에는 어떤 것도 신이 아니고 무함마드는 하느님의 사도임을 증언합니다'이다–를 하면 입교한다. 무슬림은 다섯 가지 의무를 부여받는데, 그 첫째가 신앙고백이고 둘째는 매일 개인적으로 다섯 번 메카를 향해 예배를 드리고, 금요일 정오에 집단으로 예배를 드리는 것이다. 나머지 의무에는 수입의 2.5%를 세금으로 헌납하는 것과 라마단 기간 동안의 금욕 생활 그리고 일생에 한 번은 해야 하는 메카 순례가 있다. 무

슬림은 크게 수니파와 시아파, 수피파 등이 있다. 수니파와 시아파는 대략 85%와 15%의 비율로 무슬림의 대다수를 구성한다. 이들 간의 분파는 지도자 계승 문제에서 시작되었지만 1979년 이후 정치적인 갈등으로 변질되며 테러와 순교가 긴밀하게 연결된다. 이러한 갈등의 시작은 1979년에 소수파였던 시아파에 속한 호메이니(روح الله خمینی)가 정치를 장악하고, 모든 무슬림을 지배하면서 서양 식민 유산을 척결하는 움직임을 전개하면서 비롯되었다. 이에 사우디아라비아 등에서 대다수를 차지하는 수니파 무슬림들이 시아파를 향한 테러를 독려하는 가운데 알 카에다(Al Qaeda), 탈레반(Taliban), ISIS(The Islamic State of Iraq and Syria)와 같이 익히 알려진 테러 집단이 탄생하게 되었다. 이후 이란-이라크 전쟁을 치르면서 수세에 몰린 시아파는 이라크전쟁을 통해 수니파 후세인 정권이 몰락하면서 이라크 정권을 장악하면서 수니파와 시아파의 대립은 지속적인 갈등 양상을 빚고 있다. 한편, 우리나라가 이슬람교와 접촉한 시점은 서기 850년으로 보이고, 이후의 만남은 종교적인 성격보다는 무역 거래와 역법서 전래 등으로 이루어졌다. 이슬람교의 종교적 영향은 일본에 의한 만주 강제 이주로 일어났다. 한편, 만주에 강제 이주당한 이들이 광복을 맞아 귀국한 이후 터키군이 한국전에 참여하였을 때 군인으로 참전한 이슬람 종교 지도자를 중심으로 한국 내 무슬림 공동체가 형성되면서 지금까지 그 명맥을 유지하고 있다.

3 레위기 18:21, 19:12, 22:2, 22:32.

4 유대교의 이해를 따를 때, 성경에 기술된 최초의 순교 예형(例型)은 이삭이다. 아들 이삭을 죽이라는 하느님의 말씀을 따라 아브라함이 아들을 바칠 때, 이삭이 이에 응하고 복종했기 때문이다. 또한 아말렉에 대항하는 전쟁도 하느님이 명령하셨기에, 그 명령에 따라 참전하고 전사한 이들은 순교자로 간주된다. 이외에도 나답과 아비후(레위기)나 판관기에 나오는 삼손, 사무엘서의 사울, 역대기의 즈카르야, 벤, 야아지엘, 다니엘서의 하나냐, 미사엘, 아샤라 등도 하느님의 말씀을 따라 죽음을 택한 이들로서 순교자, 의로운 자에 속한다.

5 유대인의 역사에 기록된 대규모의 박해 또는 희생은 구약시대와 제2성전을 지키려던 전쟁뿐 아니라 중세에 이슬람 정부와 그리스도교인들로부터 당한 대학살이 있다. 그때마다 순교신학이 발전하거나 큰 역할을 수행했다고 보이지는 않는다. 그렇지만 Ross의 연구에서 유대교 사회 안에 토라나 예레미야 애가서(Lamentations)의 특정 구절이 순교를 이해하는 틀로 작용했다는 점은 확인할 수 있다. 유대인의 순교로 간주되는 사건으로 다음 사건들을 꼽을 수 있다. 1096년에서 1349년에 이르는 십자군전쟁 동안 독일에서 수만 명이 희생당한 경우나, 프랑스의 학살, 스페인에서 이슬람교도와 그리스도인들이 행한 학살, 1349년에 Strassbourg, Basel, Erfurt에서 일어난 학살, 1370년 브루셀 학살, 1946년 쉬라즈 Shiraz 학살 및 세계대전 중의 홀로코스트가 있다. 그런데 유대인의 죽음을 연구한 Resnick은 당대 유대인들이 가졌

던 순교 이해가 십자가를 모독하는 행위를 조장하여 죽음을 야기했다고 주장한다. 그의 연구에 따르면, 십자군전쟁 기간 동안 십자군은 토라를 불태웠고, 유대인들은 십자가를 부수거나 태우는 등 서로 간에 마찰과 긴장이 발생했다. 이때 유대인들이 그에 대한 응징을 각오하고 하느님의 이름을 더럽히는 행동을 자체적으로 대응하고 죽어간 것은 순교하리라는 결심이 있었다고 볼 수 있다고 레스닉은 주장한다. Irven. Resnick, "Jews and Abuse of the Cross in the Middle Ages: A Cross Desecration Libel?", *Jewish Quarterly Review* 111.4, 2021, pp.582~604. 그 외에, 초기 십자군전쟁 중에 개종보다 죽음을 선택한 유대교인의 기록과 그 해석에 관해서는 Lena Roos, "A Jewish ideology of martyrdom in a comparative perspective", *Zeitschrift für Religionswissenschaft* 17.1, 2009, pp.43~60. 그 외에도 유대인을 향한 학살과 순교를 다룬 연구는 Sharon Vance, *The Martyrdom of a Moroccan Jewish Saint*, Brill. 2011; Robert C, Stacey, "Crusades, Martyrdoms, and the Jews of Norman England, 1096~1190", *Vorträge und Forschungen* 47, 1999, pp.233~251; Edward Fram, Kasper-Marienberg, Verena, "Jewish Martyrdom without Persecution: The Murder of Gumpert May, Frankfurt am Main, 1781", *AJS Review*, 39 no 2 Nov 2015, pp.267~301.

6 Carole Ellen Straw, "A Very Special Death: Christian Martyrdom in Its Classical Context.", Margaret, Cormack, ed. *Sacrificing the self": Perspectives in Martyrdom and Religion*, Oxford University Press, 2002, p.45.

7 이에 관해서, James E. Young, "The Biography of a Memorial Icon: Nathan Rapoport's Warsaw Ghetto monument", *Representations* 26, 1989, pp.69~106; "When a Day Remembers: A Performative History of Yom ha-Shoah", *History and Memory* 2.2, 1990, pp.54~75; Adrian Wójcik, Michał Bilewicz, Maria Lewicka, "Living on the Ashes: Collective Representations of Polish-Jewish History among People Living in the former Warsaw Ghetto Area", *Cities* 27.4, 2010, pp.195~203; Jonathan Huener *Auschwitz, Poland, and the Politics of Commemoration, 1945~1979*, Ohio University Press, 2003.

8 Rabbi Bernard Maza, *With Fury Poured Out: The Power of the Powerless During the Holocaust,* New York: Shapolsky Publishers, 1989.

9 Stephanie Brenzel, "Jewish martyrdom and the creation of meaning in the Holocaust", *Journal of Theta Alpha Kappa*, 36 no 2 Fall 2012, pp.7~28.

10 Elizabeth Anne Castelli, *Martyrdom and Memory: Early Christian Culture Making* , Columbia University Press, 2004.

11 이슬람교의 순교 이해에 대해서는 유대교의 순교 이해와 마찬가지로 국내에 발표된 연구 논문이 거의 없다. 이런 상황에서 이수정의 논문 「이슬람 세계의 순교 해석과 변용 분석」, 『한국이슬람학회논총』 29, 한국이슬람학회 , 2019, 35~52쪽은 매우 귀하고 의미 있는 논문이라고 평가할 수 있다.

12 가톨릭교회와 이슬람교의 갈등은 2007년 10월 13일 이슬람 학자들 138명이 베네딕트 16세 교황에게 보내온 서신 'a common word between us and you'에서 확인할 수 있다. 이 서신은 2006년 9월 12일에 베네딕토 16세 교황이 University of Regensburg에서 행한 강연에 대한 답신이다. 이 강의에서 교황은 비잔틴 시대에 언급된 무슬림 비판을 인용하면서 무함마드는 "악하고 무자비하며... 칼로써 그의 믿음을 퍼뜨리는 것에 대한 신념"이라고 비판하는 발언으로 이슬람교의 가르침에 대한 부정적인 태도를 분명하게 보여주었다. 이에 이슬람교의 수니파와 시아파 학자와 지도자 138명이 서신을 통해 질문과 대답을 제시하며 그 내용을 반박하고, 두 종교의 공통점에 하느님의 사랑과 이웃에 대한 사랑이 자리 잡고 있음을 강조했다. 한편, "공통의 말씀"의 첫 응답은 수백 인의 그리스도교 지도자들이 "하나님을 사랑하고 이웃을 사랑하기(loving god and neighbour together)"를 주창한 예일 선언(2008년 7월 27일)이다. 이 문서는 그리스도교 교회가 역사 안에서 이슬람에 행한 잘못을 인정하는 구문으로 시작한다. 교황청도 베네딕토 16세 교황의 발언이 가지고 있는 문제점을 솔직히 인정한 바 있다. 그러나 보수적인 그리스도교 지도자들과 유대교 지도자들은 예일 선언과 공통 서신을 비판하고, 다름에 대한 파악이 대화에 전제되어야 한다고 주장했다.

13 이처럼 이슬람교가 종교이자 동시에 삶의 방식으로 자리 잡은 데는, 더 나아가 이슬람교의 가르침에 전쟁이 자주 언급되는 데에는 이슬람교의 역사가 그 배경에 놓여 있다. 이슬람교는 그리스도교가 확산되고 안정된 상황에서 여기저기 흩어진 아랍인들을 하나의 신앙으로 불러 모으고 정착 사회를 만드는 과정에서 탄생했다. 그 시작부터 다양한 삶의 배경을 가진 사람들이 일련의 사회규범을 통해 화합할 수 있는 방안을 마련하고, 끊임없는 외부 공격에 맞서 싸우며 영토를 확장하는 과정이 이슬람교의 역사에 점철되어 있다. 그렇지만 이슬람교의 초기 시대에 행해진 정복 전쟁이 무차별한 살인과 개종으로 가득 채워졌다고 보기는 어렵다. 무슬림은 정복한 지역에서 정치적 권력을 가졌고, 세금을 징수하였으며 그 세금 중 80퍼센트는 병사들에게 지급하고, 나머지는 국고로 환수되어 가난한 이들에게 분배되었다.

14 Meir Hatina, *Martyrdom and Sacrifice in Islam: Theological, Political and Social Contexts*, Bloomsbury Publishing, 2016. p.15,

15 Summayya bint Khayyat의 죽음에 관한 기록은 Muhammad ibn Ishaq. Sirat Rasul Allah. Translated by Guillaume, A, *The Life of Muhammad*. Oxford University Press, 1955.

16 본 글에서 인용한 코란은 김용선 역주, 『코란(꾸란)』, 명문당, 2002년을 사용했다.

17 Meir Hatina, ibid., p.74

18 David.Cook, *Martyrdom in Islam* Vol. 4, Cambridge University Press, 2007, pp.63~69.

19 Meir Hatina, ibid., p.34.

20 David.Cook, ibid., p.28.

21 Rubén Rosario. Rodríguez, *hristian Martyrdom and Political Violence: a Comparative Theology with Judaism and Islam*, Cambridge University Press, 2017, p.97

22 Meir Hatina, ibid., p.23

23 Meir Hatina, ibid., p.82

24 Sophia, Moskalenko & Clark McCauley, *The Marvel of Martyrdom: the Power of Self-sacrifice in a Selfish World*, Oxford University Press, 2018, p.49.

25 Daniel Lav, *Radical Islam and the Revival of Medieval Theology*, Cambridge: Cambridge University Press, 2012; A. Gerges Fawaz, *The Far Enemy: Why Jihad Went Global*, Cambridge University Press, 2005; Gilles Kepel, *The Prophet and the Pharaoh*, Dar al-Saqi, 1985: *Jihad: The Trail of Political Islam*, Harvard University Press, 2002; Emmanuel Sivan, *Radical Islam*, Yale University Press, 1990.

26 David Cook and Olivia Allison, *Understanding and Addressing Suicide Attacks: The Faith and Politics of Martyrdom Operations*, Praeger Security International, 2007; Martin Kramer, "Sacrifice and Fratricide in Shiite Lebanon," *Terrorism and Political Violence* 3/3, Autumn 1991, pp.30~47; Mohammed M. Hafez, *Suicide Bombers in Iraq: The Strategy and Ideology of Martyrdom*, Institute of Peace Press, 2007; Farhad Khosrokhavar, *Suicide Bombers: Allah's New Martyrs*, Pluto Press, 2005.

27 Diego Gambetta, "Can we make sense of suicide missions?", *Making Sense of Suicide Missions*, 2005, pp.279~283.

28 Ariel Merari, *Driven to death: Psychological and social aspects of suicide terrorism*, Oxford University Press, 2010. (특히, pp.261~277). 이에 대한 반박은 Clark McCauley 7 Sophia Moskalenko, "Do Suicide Terrorists Have Personality Problems?", *Terrorism and Political Violence,* volume 23, 2010, pp.108~130.

29 Arthur J. Droge, James D. Tabor, *A Noble Death: Suicide and Martyrdom among Christians and Jews in Antiquity*, Harper SanFrancisco, 1992; Robert C. Stacey, "Crusades, Martyrdoms, and the Jews of Norman England, pp.1096~1190", *Vorträge und Forschungen* 47, 1999, pp.233~251; E. Leigh. Gibson, "The Jews and Christians in the Martyrdom of Polycarp: Entangled or Parted Ways?", *The ways that never parted*, 2003, pp.145~158; Irven Resnick, "Jews and Abuse of the Cross in the Middle Ages: A Cross Desecration Libel?", *Jewish Quarterly Review* 111.4, 2021, pp.582~604; Avraham. Grossman, "The Cultural and Social Background of Jewish Martyrdom in Germany in 1096", *Vorträge und Forschungen* 47, 1999, pp.73~86.

30 Eugene Weiner, *Anita Weiner The Martyr's Conviction*, Scholars Press, 1990, pp.13~24.

31 David Émile Durkheim, Le Suicide: Étude de sociologie tr. by John A. Spaulding and George Simpson, *Suicide A study in Sociology*, Routledge & Kegan Paul, 1979, pp.185~186.

32 Candida Moss, *Ancient Christian Martyrdom: Diverse Practices, Ideologies, and Traditions*. Yale University Press, 2012.

33 Rodney William Stark, *The Rise of Christianity: A Sociologist Reconsiders History*, Princeton University Press, 1996. 스타크는 사망하기 수년 전에 행한 인터뷰에서 그리스도교에 점차 마음을 열게 되었지만, 무신론자로 남겠다고 결정했음을 밝힌 바 있다. 스타크의 이러한 인터뷰 내용이 그의 논의가 보여주는 진화심리학의 색채를 모두 부정할 수 있다고 보지는 않는다. 스타크의 연구는 초기 교회가 순교라는 카드를 효과적으로 사용하여 신자들을 결속하고 정체성을 확립하며, 위기를 극복한 방법과 과정을 정리하고 있기 때문이다.

34 그리스도교 초기 순교 연구의 동향에 관해서, Candida Moss, "Current Trends in the Study of Early Christian Martyrdom", *Bulletin for the Study of Religion* 41.3, 2012, pp.22~29. 이는 권영파, 「초기 그리스도교 순교 연구의 최근 동향 Current Trends in the Study of Early Christian Martyrdom」, 『교회사학』, 2022.09.30, 273~294쪽에 번역되었다.

35 William Hugh Clifford Frend, *Martyrdom and Persecution in the Early Church: A Study of Conflict from the Maccabees to Donatus*, Wipf and Stock Publishers, 2014.

36 Jan Willem Van Henten, *The Maccabean martyrs as saviours of the Jewish people: A study of 2 and 4 Maccabees*. Vol.57, 1997.

37 Glen Warren Bowersock, *Martyrdom and Rome*, Cambridge University Press, 2002. 이 책은 '로마시대 그리스도인의 순교는 자살이다'라는 문장으로 요약할 수 있다. 바워삭은 이 책에서 순교를 적극적으로 저지할 만큼 초기 교회에 불었던 순교 열풍을 그리스철학자들의 영웅적인 죽음을 기억하는 로마인들의 정서에서 찾는다.

38 Daniel Boyarin, *Dying for God: Martyrdom and the Making of Christianity and Judaism*, Stanford University Press, 1999. 보야린은 그리스도교가 막 탄생할 당시 유대교와 그리스도교 간의 구분이 매우 분명하게 형성되지 않았음에 주목하며, 순교가 유대교와 그리스도교 모두에 있어서 정체성 형성에 각기 다른 방식으로 기여했다고 본다. 그의 이러한 주장은 Frend와 Bowersock의 연구를 비판적으로 세밀하게 검토하며 제시된다.

39 David. Seeley, *The Noble Death: Graeco-Roman Martyrology and Paul's Concept of Salvation*. Vol.28, A&C Black, 1990.

40 Arthur J. Droge, James D. Tabor, *A Noble Death: Suicide and Martyrdom among Christians and Jews in Antiquity*, HarperSanFrancisco, 1992.

41 Maureen A. Tilley, *Donatist martyr stories: the Church in conflict in Roman North Africa*. Vol. 24. Liverpool University Press, 1996.

42 David L. Eastman, *Paul the Martyr: The Cult of the Apostle in the Latin West*, No. 4. Society of Biblical Lit, 2011.

43 Candida R. Moss, *Ancient Christian martyrdom: Diverse practices, theologies, and traditions*, Yale University Press, 2012. 이 책의 내용에 대한 간단한 정리는 권영파, 서평, "Candida Moss, Ancient Christian martyrdom: Diverse practices, theologies, and traditions, Yale University Press, 2012" 『신학전망』 215, 2021, 245~252쪽에서 볼 수 있다.

44 Judith Lieu, *Christian identity in the Jewish and Graeco-Roman world*. OUP Oxford, 2004.

45 Daniel Boyarin, *Dying for God: Martyrdom and the Making of Christianity and Judaism*, Stanford University Press, 1999.

46 Elizabeth Anne Castelli, *Martyrdom and Memory: Early Christian Culture Making*, Columbia University Press, 2004.

47 Anthony Dupont, and Johan Leemans. "Martyrdom and Persecution in Late Antique Christianity", *Festschrift Boudewijn Dehandschutter*. Uitgeverij Peeters, 2010.

48 Geoffrey de Ste Croix, *Christian Persecution, Martyrdom, and Orthodoxy*,

OUP Oxford, 2006.

49 W Tabbernee, "Early Montanism and voluntary martyrdom", *Colloquium: The Australian and New Zealand Theological Review*. Vol. 17. No.2, 1985, pp.33~44.

50 Paul Middleton, *Radical Martyrdom and Cosmic Conflict in Early Christianity*, Vol.307, A&C Black, 2006.

51 Theodore Mommsen, "The Roman Catacombs", *The Contemporary Review*, 1866~1900 17, 1871, pp.161~175.

52 James B. Rives, "The Decree of Decius and the Religion of Empire", *The Journal of Roman Studies* 89, 1999, pp.135~154.

53 AllenBrent, *Ignatius of Antioch: A Martyr Bishop and the Origin of Episcopacy*, A&C Black, 2007.

54 Elizabeth DePalma Digeser, *A Threat to Public Piety: Christians, Platonists, and the Great Persecution*, Cornell University Press, 2012.

55 이에 관하여, Candida R Moss, "On the Dating of Polycarp: Rethinking the Place of the Martyrdom of Polycarp in the History of Christianity", *Early Christianity* 1.4, 2010, pp.539~574; 클로드 타생, 「고대 유대교에서의 순교신학」, 『순교의 신학적 고찰』, 형제애, 2013, 21~59쪽; G. Bowersock, *Martyrdom and Rome*, pp.77~82; Daniel. Boyarin, *Dying for God: Martyrdom and the Making of Christianity and Judaism*, Stanford University Press, 1999, pp.57~65.

56 그리스도교 순교 이해를 둘러싼 논쟁을 주제별로 집약적으로 정리한 책은 Middleton, Paul, ed., *The Wiley Blackwell Companion to Christian Martyrdom*, John Wiley & Sons, 2020을 들 수 있다. 이 책에 실린, James Corke-Webster, "The Roman Persecutions", pp.31~50과 Paul Middleton, "Martyrdom and Persecution in the New Testament", pp.51~70; Jan Willem van Henten, "Early Jewish and Christian Martyrdom", pp.72~87; L. Stephanie Cobb, "Martyrdom in Roman Context", pp.81~100은 각 논점을 둘러싼 학자들의 연구와 주장을 매우 잘 정리한 글이다.

57 지성용, 「순교의 현대적 이해와 가치」, 『신학과사상』 70, 신학과사상연구회, 2012, 201~232쪽; 이성배, 「순교(殉敎)의 신학적 의의」, 『신학전망』 11, 1970, 91~103쪽; 이광진, 「요한계시록과 이그나티우스의 순교신학에 관한 비교 연구」, 『신약논단』 18.4, 한국신약학회, 2011, 1213~1257쪽; 조남진, 「初期 그리스도敎의 迫害問題-마르쿠스 아우렐리우스皇帝를 中心으로」, 『역사와 담론』 6, 호서사학회, 1978, 55~73쪽; 서원모, 「종교와 권력(6)-고대교회의 신앙과 삶」, 『본질과 현상』 50, 본질과현상사, 2017,

52~73쪽; 문세화, 「殉敎는 예수 그리스도의 弟子가 걷는길」, 『신학전망』 57, 광주가톨릭대학교 신학연구소, 1982, 2~17쪽.

58 이번 글의 주제와 가장 가까운 내용은 에른스트 다스만, 하성수 역, 『교회사 I』, 분도출판사, 2007, 149~166쪽에 정리된 바 있다. 원저가 1991년에 출판된 점과 저자가 가톨릭교회를 대표하는 뛰어난 교회사가인 점을 반영할 때, 그의 박해 서술에 최근의 연구 결과가 반영되었다고 기대하기는 어렵다.

59 클로드 타생, 「고대 유대교에서의 순교 신학」, 21~65쪽; 이브 마리 블렁샤르, 「신약성경 안에 나타난 순교」, 92~113쪽; 세르지오 탄자렐라, 「교회사적 관점에 따른 순교의 해석」, 125~182쪽; 발터 카스퍼, 「순교자-진리와 자유의 증인: 순교의 신학에 관한 고찰」, 2291~251쪽; 심상태, 「순교의 교의신학적 고찰-한국 교회 박해와 순교의 새로운 이해」, 261~299쪽.

60 성지순례에 관한 연구물로 Victor Witter Turner, Edith LB Turner, *Image and Pilgrimage in Christian Culture*, Columbia University Press, 2011; John Eade, Jonathan Sumption, *Age of Pilgrimage: The Medieval Journey to God*, Paulist Press, 2003; J. Sallnow, *Contesting the Sacred: the Anthropology of Pilgrimage*, University of Illinois Press, 2000; A. Morinis ed, *Sacred Journeys: The Anthropology of Pilgrimage*, Westport, 1992; E.A.Morinis, "Pilgrimage: The human quest", *Numen*, 1981, pp.281~285를 꼽을 수 있다. 중세까지의 성지순례에 대해서는 Robert Bartlett, *Why Can the Dead Do Such Great Things?*, Princeton University Press, 2013. 이 책은 성지순례와 유해 공경, 성상 공경 등을 포함한 성인 공경의 다양한 양상을 집대성한 연구서이다. 비록 중세까지만 다루었다는 점에서 그리고 순교자 양상의 사회정치적 맥락이나 신학적 기반을 파고들기보다 현상적으로 드러난 양상을 정리하는 데 더 많은 관심을 보인다. 한편, 고대의 성지순례에 대해서는 Edward D. Hunt, *Holy Land Pilgrimage in the Later Roman Empire: AD 312~460*, Clarendon Press, 1982: "Travel, Tourism and Piety in the Roman Empire: A Context for the Beginnings of Christian Pilgrimage", *Echos du monde classique: Classical views* 28.3, 1984, pp.391~417. 중세의 순례는 특별히 쳉스토호바의 검은 성모 순례를 집중적으로 정리한 Robert Maniura, *Pilgrimage to Images in the Fifteenth Century– The Origins of the Cult of Our Lady of Czestochowa*, Boydell Press, 2004와 Ashley Kathleen, Marilyn Deegan, *Being a Pilgrim: Art and Ritual on the Medieval Routes to Santiago*, Lund Humphreys, 2009; Barnes, Ruth, and Crispin Branfoot, *Pilgrimage: The Sacred Journey*, Ashmolean Museum, 2006; Herbert Kessler, Johanna Zacharaias, *Rome 1300: On the Path of the Pilgrim*, Yale University Press, 2000; Robert L. Wilken, "Christian Pilgrimage to the Holy Land", *The City of the*

Great King, ed, Nitza Rosovsky, Harvard University Press, 1996, pp.117~135 등을 들 수 있다.

61 국내에서 발표된 연구 업적 중 뛰어난 연구물로 최화선의 박사논문, 『고대 후기 그리스도교 순례에 관한 연구-4~6세기를 중심으로』, 서울대학교, 2005를 들 수 있다. 최화선은 고대 후기에 한정하여 무덤순례와 이스라엘 순례, 수도원운동 등을 정리하며 이 분야의 연구사와 사회역사적 맥락을 정리하지만 이 시기가 이후의 순례에 미치는 영향을 감안할 때 최화선의 연구는 좋은 연구 기반을 제공한다. 이외에 성지순례에 관한 국내 연구는 구본식, 「가톨릭교회의 성지순례」, 『가톨릭사상』 27 , 가톨릭사상연구소, 2002, 35~80쪽; 최화선, 「고대 후기 그리스도교 성지순례의 양상」, 『서양사연구』 32, 서울대학교 서양사연구회, 2005, 35~62쪽; 채승희, 「고대 교회의 성지순례-성지순례에 대한 바른 이해와 신앙 성숙을 위한 소고」, 『신학과 목회』 50, 영남신학대학교, 2018, 55~78; 김정락·이한순, 「중세의 성지순례와 성당건축(Peregrinatio ad ecclesiae, 성당 내부로의 순례)」, 『미술사학』 26, 한국미술사교육학회, 2012, 295~328쪽; 김정하, 「르네상스와 '유럽-중동의 순례 길'」, 『사총』 87, 고려대학교 역사연구소, 2016, 199~243쪽; 전경미, 「4~5세기 그리스도인들의 예루살렘-수도적 영성과 제국주의적 양상을 중심으로」, 『신학과 철학』 36, 서강대학교 비교사상연구원, 2002, 129~163쪽; 이희학, 「구약성경적 관점에서 살펴본 예루살렘의 성지순례적 가치」, 『신학과 현장』, 목원대학교 신학연구소, 2020, 53~90쪽; 최화선, 「특집: 여성, 순례, 새로운 기억과 서사-미래교회(FutureChurch)의 로마 순례」, 『종교와 문화』 20, 서울대학교 종교문제연구소, 2011; 박용진, 「순례와 여행」, 『동국사학』 53, 東國史學會, 2012, 167~195쪽 등이 있다.

62 James. B. Pruess, *Veneration And Merit-seeking At Sacred Places: Buddhist Pilgrimage In Contemporary Thailand, Ph.D Dissertation*, Univ. of Washington, 1974, p.11.

63 붓다의 탄생지 룸비니(Lumbini), 성도지 보드가야(Bodh Gaya), 최초의 설법지인 사르나트(Sarnath), 열반지 쿠시나가르(Kusinagara)가 4대 성지이며, Sravasti, Sankassa, Rajgir, Vaishli를 더하여 8대 성지가 된다. 이러한 8성지 개념이 성립된 후 불전의 대표적인 여덟 가지 사건을 담은 팔전팔상이 회화나 조각으로 제작되어 성지순례를 대신하는 기념물로 사용되었다. 이에 관하여, 이영종, 「조선 시대 팔상도 화상의 기원과 전개」, 『미술사학연구』 215집, 韓國美術史學會, 1997, p.29.

64 불교의 성지순례에 관하여, 안양규, 「불교의 성지순례와 그 종교적 의의」, 『종교문화연구』, 한신인문학연구소, 2000, 109~125쪽; 김용표, 「세계의 중심상징과 성지순례-종교현상학적 접근」, 『한국불교학』 57권, 韓國佛敎學會, 2010, 27~62쪽; 정영식, 「근대 한국불교에 있어서의 성지순례의 제상」, 『불교연구』 35, 한국불교연구원, 2011, 79~108쪽; 이효원, 「한국 불교의 순례공간에 대한 연구-성지의 형성 과정을

중심으로」, 『종교문화비평』 6호, 한국종교문화연구소, 2004; 김상범, 「佛教 聖地의 誕生과 巡禮- 唐代를 중심으로」, 『동양사학회 학술대회 발표논문집』 2012, 31~46쪽; 허남진, 「한국 불교 성지의 형성」, 『종교문화연구 』 11, 한신대학교 종교와문화연구소, 2008, 53~77쪽.

65 허남진, 앞의 논문, 68쪽.

66 허남진, 앞의 논문, 69쪽.

67 안양규, 앞의 논문, 124쪽.

68 허남진, 앞의 논문, 55쪽.

69 서울의 불광사, 영주 부석사 순례 법회나 조계사 등이 정기적인 순례 법회를 제공한다. 이효원, 앞의 논문, 163~164쪽.

70 적멸보궁에는 붓다의 진신사리가 봉안되어 있어서 불상이나 후불탱화가 없다. 한국에 있는 5대 적멸보궁은 영축산 통도사, 오대산 상원사, 사자산 법흥사, 태백산 정암사, 설악산 봉정암이다. 이에 관하여, 이효원, 「한국 불교의 순례공간에 대한 연구-성지의 형성 과정을 중심으로」, 『종교문화비평』 6권, 한국종교문화연구소, 2004, 147~170쪽.

71 불법승 사찰은 불보사찰인 통도사, 법보사찰인 해인사, 승보사찰인 송광사를 일컫는다.

72 한국 관음성지 33곳은 '4대 관음사찰'로 불려온 강화도 보문사·양양 낙산사·여수 향일암·남해 보리암을 비롯해 조계사·용주사·수덕사·마곡사·법주사·금산사·내소사·선운사·백양사·대흥사·송광사·화엄사·쌍계사·동화사·은해사·해인사·직지사·고운사·기림사·불국사·통도사·범어사·신흥사·월정사·법흥사·구룡사·신륵사·봉은사·도선사이다.

73 원영상의 연구에 따르면, 일본에서 고대에는 나라(奈良)를 중심으로 한 남도불교(南都佛敎)의 중심 사찰과 천태종·진언종과 관련된 곳이 불교 성지로 확립되어간다. 중세 이후에는 진언종의 조사 공해(空海, pp.774~835)와 관련된 영장(靈場)인 시코쿠 88개소로(四國八十八箇所遍路)가 정착되고, 전국(戰國)시대에는 관음 33소(觀音三十三箇所) 순례, 그리고 에도(江戶, 1603~1867)시대부터는 각지의 영장신앙과 순례 문화가 정착되고 활발히 전개되어간다. 에도시대의 순례 문화 정착은 에도막부에 의한 전 민중에 대한 불교의 단가제(檀家制) 확립과 사회경제적인 안정이 바탕이 되어 있음을 알 수 있다. 이에 관하여, 원영상, 「일본불교의 영장과 성지순례 문화연구-근대의 종교상황에 이르기까지」, 『종교연구』 52집, 95~126쪽.

74 베다 전통에서 산스크리트어의 yātrā는 순례보다는 여행을 의미했다. 이후 Puranic 문학 전통에서 이 단어에 순례의 의미가 입혀졌다. 이 단어는 일치와 결합의 상징으로 받아들여지면서 순례와 연결되었다. 힌두교의 순례는 이처럼 장소와 연결되지만

특징 시기와도 연결되며 순례는 연례, 절기, 월, 주, 일에 따라 구분된다. 이에 관해, Rana PB. Singh, "Pilgrimage in Hinduism: Historical context and modern perspectives", *Tourism, Religion and Spiritual Journeys, Routledge*, 2006, pp.236~252; Rana PB.Singh, Sacred Space and Pilgrimage in Hindu Society: The Case of Varanasi; in, Stoddard, Robert H. and Morinis, Alan (eds.), *Sacred Places, Sacred Spaces. The Geography of Pilgrimages* (Geoscience & Man), vol.34, Louisiana State Univ, pp.191~207.

75 힌두교에서는 성지를 따르타(Tartha)라고 한다. 대표적인 따르타에는 시바와 비쉬누 등 힌두 신들의 거처인 히말라야 산, 갠지스 강, 하와드와르와 야무나 강의 합류처인 쁘라야그(Prayag), 바라나시, 신들의 거처라는 마드리나트(비수누), 라메스와람(라마), 자가나트뿌리(크리슈나), 뜨와나까(쿠리슈나) 등의 도시가 있다. 이에 관하여, 김용표, 앞의 논문, 34쪽.

76 Knut A. Jacobsen, *Pilgrimage in the Hindu Tradition*, Routledge, 2012, p.65. 제이콥슨에 따르면 베다 전통 초기까지는 순례를 근거 지울 수 있는 이해, 곧 특정한 장소에 영원한 신적 현존이 머문다는 이해는 나타나지 않았다. 힌두교에서 이러한 사상이 나타난 것은 대략 6세기로 추정한다. 힌두교의 순례 전통은 물과 연결되어 있으며 덕을 쌓으라는 가르침을 강조한다.

77 독일어로 살펴볼 때 순례에는 두 가지 의미가 있다. 그 하나는 Wallfahrt로서 한 사람 또는 여러 사람이 고향으로 돌아갈 마음을 먹고 성지로 떠나는 여행을 의미한다. 이에 비해 Pilgerschaft는 금욕적인 이유에서 유랑과 결부될 수 있으며 일생 동안 지속될 수 있는 여행을 의미한다. 이에 관하여, Ernst Dassmann, *Kirchengeschichte* II/2, Verlag W. Kohlhammer, 1999: 하성수 역, 『교회사 II/2』(이하, 다스만으로 표기), 402쪽. 한편, 영어에서 pilgrimage로 사용된 것은 14세기 초반으로 보이며, 13세기까지는 pelrimage로, 12세기에는 pilegrim으로 사용되었던 흔적이 발견된다. 영어에서는 종교적인 이유로 여행하는 사람을 나타내던 pilegrim에 행동이나 과정, 기능 등을 의미하는 접미사 age가 붙어서 pilgrimage로 발전되었다고 본다. 미국에서는 이미 미국에 살고 있던 주민과 대비되는 개념으로 주로 모르몬교도들의 이주를 지칭할 때 pilgrim이 사용되었다. Oxford Ethymology Dictionary에 따르면, 라틴어 peregrinus로부터 불어 pèlerinage를 거쳐 영어 pilgrimage로 변화되는 흐름이 보인다.

78 동시대 작품인 『에게리아 여행기 *Itinerarium Egeriae*』에는 자신의 여행은 iter로 표기하고, 이방인이나 외국인들이 방랑하거나 여행할 때의 모습을 묘사하기 위해 peregrinatio를 사용했다. 이에 비해, 4세기에 파울리누스(Paulius of Nola)는 성녀 펠릭스의 무덤을 찾아온 사람들을 peregrino라 칭한다.(Carmina 26, 387~388 CSEL 30, p.260) 한편 대략 570년경에 저술되었다고 알려지는 『안토니누스의 여행

Antonini Placentini Itineratium』은 peregrinari라는 단어를 종교적 여행을 표현할 때 사용했다. 이에 관하여, 최화선, 2005, 36쪽.

79 이에 관하여 자세한 내용은 본문의 III.3. 각주 43에서 다룬다.

80 378년경 예루살렘 올리브 산에 와서 수도원을 세우고 정착해 살았던 로마 귀족 출신 멜라니아(342~410)의 삶을 묘사하는 파울리누스(놀라의), 『편지』는 "멜라니아는 세상적 삶과 그 자신의 고국을 버리고 그[멜라니아]는 자신의 영적인 재능을 예루살렘에 바치고 또한 그곳에 낯선 이방인으로서 머물기를[in qua a corpore peregrinaretur] 선택했습니다"라고 언급한다. Epistola 29, CSEL 29, trans. p. G. Walsh, ACW 36; 전경미, 「4~5 세기 그리스도인들의 예루살렘-수도적 영성과 제국주의적 양상을 중심으로」, 『신학과 철학』 36, 서강대학교 신학연구소, 2020, 133쪽에서 재인용.

81 최화선, 2005, 151~152쪽.

82 교황 요한 바오로 2세 교서, 「구원 역사와 관련된 장소의 순례에 관하여」, 1999, 4항·7항·10항·11항 교황청 이주사목평의회, 「순례지 Il Santuario」 1항, 「대희년의 순례」, 교황성 경신성사성, 「대중신심과 전례에 관한 지도서-원칙과 지침」, 2001, 32항, 283항 등을 그 예로 꼽을 수 있다. 이 예시에서 나타나는 terra sancta는 성지로, santuarium은 순례지로 번역되었다.

83 「대중신심과 전례에 관한 지도서: 원칙과 지침」 45항은 그 예외적 예로 볼 수 있다.

84 차기진, 「한국 순교자 현양위원회」, 『한국가톨릭대사전』 12, 9465쪽.

85 「새남터에 임시 순교탑」, 『경향잡지』 1061호, 1956.8.

86 1930년대 발간된 경향잡지에서 성지는 '聖址'로 표기되었다.

87 최석우, 「성지의 개념」, 『신학전망』 57, 1982, 31쪽. "성지와 성역의 구분이 없다면 한국의 성지는 성지의 개념에 참여 할 수 있는 근거를 잃고 말 것이다"라고 주장했다.

88 변기영, 「성지와 사적지」(일요한담), 『가톨릭신문』, 1988년 6월 12일자.

89 유대교 경전에서 예루살렘은 669번, 시온은 154번 나타난다. 이에 비해 그리스도교에서는 각각 154번, 8번 나타난다. Pipes, Daniel. "The Muslim Claim to Jerusalem", *Middle East Quarterly*, 2001. pp.49~66(특히, pp.49~51)

90 Noga Collins-Kreiner, "Current Jewish pilgrimage tourism: Modes and models of development", *Tourism: An International Interdisciplinary Journal* 58.3, 2010, pp.259~270.

91 Pipes, 앞의 글, p.54.

92 성지순례는 이슬람교의 오대 의무(증언, 기도, 희사, 단식, 순례) 중 하나이다. 한편 이슬림의 순례에는 소순례와 대순례가 있으며, 후자는 특정한 시기에 행한다. 의무

로 규정되는 순례는 이 대순례이다. 코란 3:97에는 "능력이 있는 자는 순례를 행하여야 하느니라 …"라고 나타난다. 이에 따라 성지순례는 신체적, 경제적 여유가 있을 때 평생에 한 번은 꼭 행해야 하는 무슬림의 의무 사항으로 규정된다. 무슬림의 성지순례에 관하여, 황의, 「이슬람의 성지순례에 대한 연구」, 『한국이슬람학회 논총』 18.1, 2008, 3352쪽. 이외에 이슬람의 성지순례는 F.E. Peters, *The Hajj: The Muslim Pilgrimage to Mecca and the Holy Places,* Princeton University Press, 2021.

93 Brannon Wheeler, "Sacrifice and Pilgrimage", Rahimi, Babak, and Peyman Eshaghi,eds. *Muslim Pilgrimage in the Modern Worl*d. UNC Press Books, 2019, p.50.

94 카으바는 아랍어로 육면체를 의미한다. 무슬림은 13미터 높이의 육면체를 두고 인류의 시조인 아담이 세운 성전으로 받아들인다.

95 이슬람 순례는 정결 예식 이후 순례자의 옷으로 갈아입고, 카으바 주위를 시계 반대 방향으로 일곱 번 돈다. 이후 사파(Safa)와 마르와(Mar-sqh) 언덕을 7번 왕복한다. 이후 미나평원으로 가서 하룻밤을 보내고, 아라파트 산으로 이동하여 일몰 때까지 머무른다. 여기서 약 한 시간 동안 명상과 기도를 행하며 죄를 반성하고, 해가 지면 마라파트를 떠나 무즈달리파(Muzdalifah)평원으로 이동한다. 여기에서 최소 49개의 작은 돌을 수집하고 이 돌 중 일곱 개를 다음 날 동트기 전 미나로 이동하는 중에 사탄을 상징하는 돌기둥 3개 중 가장 큰 것을 향해 던진다. 순례 여정은 희생제를 지내고, (순례에 참가하지 못한 사람들은 곳곳에서 희생제를 지내며 이웃과 음식을 나눈다) 머리카락을 자르는 예식으로 마친다.

96 E. F. Peters, ibid., XXII

97 Rahimi, Babak, Peyman Eshaghi, "Introduction", in Rahimi, Babak, and Peyman Eshaghi,eds, *Muslim Pilgrimage in the Modern World*. UNC Press Books, 2019, pp.22~24.

98 메디나에는 무함마드의 무덤이 있다. 전승에 따르면, 무함마드는 이 무덤을 방문하는 것이 그의 생전에 무함마드를 방문하고 그의 추종자가 되는 것에 준하는 효력을 가진다고 말했다. 이 무덤 위에 있는 모스크에서 기도하는 것은 다른 곳에서 천 번 기도하는 것에 준하는 것으로 간주된다고 한다. 이에 관하여, Wheller, 앞의 글, p.57.

99 이슬람교가 예루살렘을 성지순례의 중요 지점으로 규정하는 과정은 Pipes의 글에 집약적으로 정리되어 있다.

100 11세기 이슬람의 예루살렘 성지순례는 이스라엘의 예언자와 연결된다. 이후 16세기에 이르면 예루살렘 순례는 솔로몬과 이사야와 관련된 장소 및 다윗의 무덤을 향했

다. 한편, Kufa는 아담이 묻힌 장소로 전해지며 앞의 메카, 메디나, 예루살렘과 더불어 4대 성지순례지로 꼽히기도 한다. 이에 관하여, Wheller, 앞의 글, pp.57~58. 이외에 Daniel Pipes, "The Muslim Claim to Jerusalem", *Middle East Quarterly* 2001, pp.49~66.

101 '지야라'는 의무 사항으로 규정되지는 않고, 순례자들이 선물과 희생을 봉헌하며 진행되었다. 지야라는 순례 기간 중 사회정치적 논점에 관한 논쟁을 포함하며, 메카라는 한정된 장소를 넘어 이슬람교 신앙과 관련된 여러 장소를 통해 성지를 확장하는 의미를 지닌다. 이 순례는 하지에 비해 대중신심이 자유롭게 표현될 수 있는 여지를 지니며, 기념품 수집이나 치유, 구복 기도 등을 자연스럽게 포함한다. 지야라에 관하여, Babak, 앞의 글, pp.7~12. 이 순례에 나타나는 순례자들의 순례 양상의 일면은 다음 글에 나타난다. Mona Moufahim, "Religious gift giving: An ethnographic account of a Muslim pilgrimage", *Marketing Theory* 13.4, 2013, pp.421~441. 무덤이나 사건과 관련된 장소를 찾아가는 이러한 전통은 이슬람교 발생 이전 아랍 지역에서도 발견된다. 이에 관하여, Brannon Wheeler, "Sacrifice and Pilgrimage - Body Politics and the Origins of Muslim Pilgramge", Rahimi etc ed., *Muslim Pilgrimate in the Modern World*, Univ.of North Carolina Press, 2019, pp.49~67(52~53). 한편, 초기 이슬람 시대의 성지는 하람 이외에도 솔로몬의 의자와 은총의 문 등 여러 곳이 있다. 이에 관하여, Amikam Elad, *Medieval Jerusalem and Islamic worship: Holy Places, Ceremonies, Pilgrimage* Vol.8. Brill, 1995, pp.78~144.

102 유대교의 성지순례는 그 역사와 연결하여 이해될 수 있다. 이스라엘 역사와 성지순례의 관계를 잘 요약한 글은 Luz, Nimrod, and Noga Collins-Kreiner, "Exploring Jewish Pilgrimage in Israel", *International Perspectives on Pilgrimage Studies.* Routledge, 2015, pp.146~163을 들 수 있다. 한편 예루살렘의 역사는 그리스도교의 성지순례 전통에도 영향을 미친다.

103 Kriemer, 261

104 이에 관하여, Yehôšuà Prâwer, *The History of Jerusalem: The Early Muslim Period*, NYU Press, 1996, pp.638~1099가 좋은 정리를 제시한다.

105 다스만, *Kirchengeschichte II/2*, Verlag W. Kohlhammer, 1999: 하성수 역, 『교회사』 II/2, 404쪽.

106 "너희 가운데 남자는 누구든지 일 년에 세 번, 과일절과 주수절과 초막절에 너희 주 하느님께서 고르신 곳에 와서 그분의 얼굴을 뵈어야 한다. 그러나 아무도 빈손으로 주님의 얼굴을 뵈러 오면 안 된다. 모두들 너희 주 하느님께 복 받은 만큼 예물을 들고 와야 한다."(신명 16,16-17)

107 고대 유대교의 순례에 관해서 Allen Kerkeslager, "Jewish pilgrimage and Jewish identity in Hellenistic and early Roman Egypt", *Pilgrimage and holy space in late antique Egypt*, E J Brill, 1998, pp.99~225.

108 Pipes, p.54.

109 Collins-Kreiner, Noga, "Graves as attractions: Pilgrimage-tourism to Jewish holy graves in Israel", *Journal of Cultural Geography* 24.1, 2007, pp.67~89.

110 Kreimer, pp.262~263.

111 Gregory of Nyssa, Steph. 2(46.725 B-misprinted C-Migne) and Epiphanius, Pan. 1.2, Haer, 25(41.321 A Migne), Pan. 3.1, Haer. 70.6(42.348C Migne); Bowersock, p.77에서 재인용.

112 Acta의 도입 부분과 Isidore of Pelusiun, ep. 1.160 [78.289] Evagrius, HE 3.8 [86.2612B Migne]; Bowersock, p.77에서 재인용.

113 Cyzicus의 Gelasius가 쓴 HE 2.19.26(85.1280D Migne); Bowersock, p.77에서 재인용.

114 (사도행전 6~7장) 그러나 많은 학자들은 스테파노가 실제로 이렇게 처형되었는지를 두고 쉽게 역사성을 인정하지 않는다. 이들은 이러한 서술이 유대인을 향한 그리스도교 교회의 적대감을 형성하는 과정에서 편집되었다고 본다. 이에 관하여, Matthews, Shelly, *Perfect Martyr: The Stoning of Stephen and the Construction of Christian Identity*, Oxford University Press, 2012; Bovon, François, "The Dossier on Stephen, the First Mrtyr", *The Harvard Theological Review* 96.3, 2003, pp.279~315; Steinhoff, R. Lewis, "Stephen: Deacon, Martyr, and Agent of Change", *Followership and Faith at Work: Biblical Perspectives*, Cham: Springer International Publishing, 2022, pp.109~126.

115 이에 관해, 사도행전 9, 1절, 코린토1서 9장 1절, 15장 8절, 갈리티아서 1장 16절 참조.

116 사도행전 12장 1~17절.

117 바오로에 대한 산헤드린의 심판과 이송 및 그의 시민권과 관련한 조치에 대하여, 사도행전 21~28장을 참고할 것.

118 계시록 2장 9절과 10절 및 3장 9절을 반영할 때, 소아시아의 스미르나와 필라델피아 교회는 유대교와 심한 갈등을 겪었다고 추정할 수 있다. 또한, 유스티노(100-15)의 저작을 볼 때 유대인들이 회당에서 그리스도교인들을 박해할 뿐만 아니라 예루살렘에서 전 세계로 유대인 사절단을 피견하여 그리스도교인들올 당국에 고발하는

조직적인 노력이 있었음을 미루어 짐작할 수 있다. 유스티노의 대화록은 "우리는 유대인들이 기회가 있을 때마다 그리스도교인들을 살해하거나 이교도들에게 처형을 의뢰하기도 했다고 들었다"는 증언을 담고 있다. 이에 관하여, Justin, Dialogue 16.4; 47.5; 93.4; 95.4; 96.2; 108.3; 123.6; 133.6; 137.2. 108.2를 참조할 것.

119 에우세비우스, 교회사, 2.23.4-18. 다소 논란이 있지만, 다음 책은 예수를 가까이 따르던 제자들의 순교를 정리한 점에서 참고할 만하다. McDowell, Sean. *The Fate of the Apostles: Examining the Martyrdom Accounts of the Closest Followers of Jesus*, Ashgate Publishing, Ltd., 2015. 특히 야고보의 죽음에 대해서는 이 책의 pp.115~134를 볼 것.

120 사도행전 16장 11~40절, 테살로니카1서 2장 2 참조.

121 사도행전 19장 21~40절.

122 마르코 8장 34~38절.

123 Paul Middleton, "What is Martyrdom?", *Mortality* 19.2, 2014, pp.117~133.

124 이에 관하여, Paul Middleton, "Martyrdom and Persecution in the New Testament", *The Wiley Blackwell Companion to Christian Martyrdom*, 2020, pp.51~71: Paul Middleton, "What is martyrdom?", *Mortality* 19.2, 2014, pp.117~133.

125 사도행전 5장 38~39절, 이에 관하여, James A. Kelhoffer, *Persecution, Persuasion and Power: Readiness to Withstand Hardship as a Corroboration of Legitimacy in the New Testament,* Vol. 270, Mohr Siebeck, 2010, pp.265~285.

126 사도행전 5장 19~20절.

127 루카의 해석에 관하여, Scott Cunningham, *Through Many Tribulations: The Theology of Persecution in Luke-Acts*, Vol. 142. Bloomsbury Publishing, 1997.

128 Middleton, 2020, p.53.

129 Peter Tomson, *If This Be from Heaven: Jesus and the New Testament Authors in Their Relationship to Judaism*, Vol. 76. A&C Black, 2001, pp.214~254.

130 베드로2서, 4장 8~12절. 이외에도 코린토2서 11,23, 필리피서 1장 7절, 코린토2서 11장 23-25에서도 박해에 관한 언급이 담겨 있다.

131 테살로니카1서 1,6, 코린토1서 11장 1, 갈라티아서 1장 22.

132 블랑사르의 논문, p.78.

133 블랑사르의 논문, pp.81~83.

134 Tertullian, *Apology*, 40.2.

135 Haendler, G. Von Tertullian bis zu Ambrosius, 조병하 역, 『테르툴리아누스부터 암브로시우스까지』, 호서대학교 출판부, 2013, 52~53쪽.

136 네로의 그리스도교인 박해와 로마 화재와의 연관성 및 사료의 신뢰성에 대해서는 정기문, 「네로의 기독교 박해」, 『역사문화연구』 73, 2020, 143~168쪽을 볼 것. 이외에도 Clayton, F. W., "Tacitus and Nero's Persecution of the Christians", *The Classical Quarterly* 41.3-4, 1947, pp.81~85; McLaren, James S., "Early Christian Polemic against Jews and the Persecution of Christians in Rome by Nero", *Religious Conflict from Early Christianity to the Rise of Islam*, De Gruyter, 2013, pp.39~50; Shaw, Brent D., "The Myth of the Neronian Persecution", *The Journal of Roman Studies* 105, 2015, pp.73~100; Ekeke, Emeka C, "Persecution and Martyrdom of Christians in the Roman Empire from AD 54 to 100: A Lesson for the 21st Century Church", *European Scientific Journal* 8.16, 2012, pp.175~190.

137 Paul Keresztes, "The Imperial Roman Government and the Christian Church: Ⅰ. From Nero to the Severi", *Aufstieg und Nierdergang der Römischen Welt*, Vol. 2-23-1, 1980, pp.250~252. 비록 이러한 의견에 동의를 표하지 않더라도, 로마의 화제와 네로의 박해 간의 연결성은 그리 확실하고 믿을 만한 고리를 보여주지 않는다. 정기문의 연구에서 정리된 바와 같이, 무엇보다, 교부들의 문헌에서 네로의 박해와 로마의 화재가 연결되지 않는다. 또한 로마시대의 사료로 꼽히는 타키투스의 자료에 비해 보다 신뢰할 만한 플리니우스와 수에토니우스의 글에서 이 두 사건이 연결되지 않는다. 이에 관하여, 정기문, 앞의 글, 147~150쪽.

138 정기문, 146쪽.

139 베드로의 순교는 요한복음 21장 18-19에 나타난다. 그러나 성경 학자들 중에는 이 구절이 후대에 첨가되었다고 보는 이들도 있다. 베드로의 순교를 주장하는 대표적인 저서는 Oscar Cullman의 *Peter: Disciple, Apostle, Martyr*, Baylor University Press, 2011를 꼽을 수 있다. 그러나 Peter F. Lapham, *The Myth, the Man, and the Writings*, T & T Clark, 2003과 Arthur Drews, Frank R. Zindler, *The Legend of Saint Peter: A Contribution to the Mythology of Christianity*, American Atheist, 1997과 Peter Lapham, Michael D. Goulder, "Did Peter Ever Go to Rome?" *Scottish Journal of Theology* 57, 2004, pp.377~396은 그와 반대로 베드로의 순교를 뒷받침할 신뢰성 있는 자료가 없다고 주장한다.

140 바오로의 순교에 대한 성경적 근거는 없다. 바오로의 순교에 대한 언급은 100년경에 작성된 클레멘스의 편지에 나올 뿐이다. 이 편지에는 단지 바오로가 순교했다는

내용만 담겨 있다. 이에 비해 외경으로 구분되는 바오로행전(Acts of Paul)에는 처형과 순교 장면이 묘사되지만 역사학자들은 그 역사적 사실성을 의심한다. 전설적으로 전해지는 바오로의 순교는 참수형이다. 이는 베드로가 십자가형에 처해졌던 점과 구별되는데, 십자가형이 로마인들에게는 가해지지 않았다는 설명이 두 사도의 죽음 방식을 설명해준다.

141 이러한 언급은 로마인이었던 바오로의 순교를 부정하는 태도를 드러낸다.

142 이에 관하여 Eusebius, *Church History* 3.18.4. 도미티아누스 황제 치하의 박해에 관하여 다음 자료를 볼 것. Harmes Marcus. "Domitian and the Early Fathers of the Church", *Journal of the Australian Early Medieval Association* 5, 2009, pp.35~54; Jones, Brian, *The Emperor Domitian*, Routledge, 2002, p.112.

143 트라야누스와 플리니우스가 주고받은 편지는 이 책에 포함되어 있다.

144 Peper, Bradley M., and Mark Del Cogliano. "The Pliny and Trajan Correspondence." *The Historical Jesus in Context*, Princeton University Press, 2006, 366-71 중 pp.369~370

145 이냐시오의 편지에 관해서, Paul Foster, "The Epistles of Ignatius of Antioch (Part 1)", *The Expository Times* 117.12, 2006, pp.487~495: Paul Foster, "The Epistles of Ignatius of Antioch (Part 2)", *The Expository Times* 118.1, 2006, pp.2~11; Walter Schmithals, "Zu Ignatius von Antiochien", vol. 13, no. 2, 2009, pp.181~203; Christine Trevett, "Ignatius' To the Romans' and I Clement LIV-LVI", *Vigiliae Christianae* 43.1, 1989, pp.35~52; Timothy D. Barnes, "The date of Ignatius", *The Expository Times* 120.3, 2008, pp.119~130; Einar Molland, "The Heretics Combatted by Ignatius of Antioch1", *The Journal of Ecclesiastical History* 5.1, 1954, pp.1~6.

146 이러한 언급은 이냐시오의 무덤이 없는 점을 설명하려는 이후의 편집 노력을 보여준다고 말할 수 있다.

147 이냐시오 편지의 진정성에 관한 연구는 Barnes, Timothy D, "The Date of Ignatius", *The Expository Times* 120.3, 2008, pp.119~130.

148 Zu. 4번째 페이지.

149 하드리아누스 황제는 또한 탄원서를 제출하여 황제에게 최종적으로 호소할 수 있는 길을 터주었다. 이러한 조치는 당대 그리스도인을 향한 민중의 반감과 이질감이 컸음을 반증한다고 말할 수 있다.

150 Candida R. Moss, "On the Dating of Polycarp: Rethinking the Place of the Martyrdom of Polycarp in the History of Christianity", *Early Christianity* 1.4, 2010, pp.539~574; Leonard L. Thompson, "The Martyrdom of Polycarp:

Death in the Roman Games", *The Journal of Religion* 82.1, 2002, pp.27~52; Sara Parvis, "The Martyrdom of Polycarp", *The Expository Times* 118.3, 2006, pp.105~112; Paul Hartog, "The Christology of the Martyrdom of Polycarp: Martyrdom as both Imitation of Christ and Election by Christ", *Perichoresis* 12.2, 2014, pp.137~152; Boudewijn Dehandshutter, "The Martyrdom of Polycarp and the Outbreak of Montanism", *Ephemerides Theologicae Lovanienses* 75.4, 1999, pp.430~437; Jesse Hoover, "False Lives, False Martyrs: 'Pseudo-Pionius' and the Redating of the Martyrdom of Polycarp", *Vigiliae Christianae* 67.5, 2013, pp.471~498; Charlle M. Nielsen, "Polycarp and Marcion: A Note", *Theological Studies* 47.2, 1986, pp.297~299; Harry O. Maier, Emiliano R. Urciuoli, "Death in Smyrna: the Martyrdom of Polycarp as Urban Event", *Mortality* 27.2, 2022, pp.171~187.

151 Leonard L. Thompson, "The Martyrdom of Polycarp: Death in the Roman Games", *The Journal of Religion* 82.1, 2002, pp.27~52.

152 Hazlett, I. (ed), *Early Christianity: Origins and Evolution to AD 600* (SPCK Holy Trinity Church, 1991, p.208.

153 Shelly Jeanne Croteau, *Marcus Aurelius and the Accidental Martyrs of Lyons (AD 177)*, University of Missouri-Columbia, 1992; James Westfall Thompson, "The Alleged Persecution of the Christians at Lyons in 177", *The American Journal of Theology* 16.3, 1912, pp.359~384.

154 톰 홀랜드, 이종인 역, 『도미니언』, 책과함께, 2020, 154~155쪽.

155 Gary Garner, "Persecution at Lyons and Vienne-The Epistle of the Gallican Churches", 2003, http;://eprints.qut.edu.au

156 Croteau, p.62

157 이 박해로 희생된 사람으로는 Pothinus 주교와 그의 몸종이었던 Blandina 및 Maturus, Sanctus, Attalus 등이 있다.

158 이후에 진행된 아우렐리우스 시대의 박해는 학자들마다 의견이 다르다. 어떤 학자들은 이 박해부터 진정한 의미의 박해로 간주하는 반면, 일부 학자들은 이레네우스 교부의 문헌, 『이교인들에 대하여 *Adversus Haereses*』에 박해가 언급되지 않는 점을 들어 이 시기 박해가 에우세우비우스에 의해 추가 기술된 내용이라고 보기도 한다.

159 Bogdan Burliga, "The Emperors' Old Clothes: Marcus Aurelius' Attiude towards the Christianns Again", *Studia Elbląskie* 12, 2011, pp.149~168.

160 Carl Francis Baechle, *A Reappraisal of the Christology of St. Justin Martyr*, Fordham University. Ph. D Thesis, 2009; Noël Wayne Pretila, *Re-Appropri-*

ating 'Marvellous Fables': Justin Martyr's Strategic Retrieval of Myth in'1 Apology', Saint Louis University, Ph.D Thesis, 2014; Paul Parvis, "Justin Martyr", *The Expository Times* 120.2, 2008, pp.53~61; Gary A. Bisbee, "The Acts of Justin Martyr: A Form-Critical Study", *Journal of Early Christian Studies* 3.3, 1983, pp.129~158; Nicola Denzey, "Facing the Beast: Justin, Christian Martyrdom, and Freedom of the Will", *Stoicism in Early Christianity*, 2010, pp.176~98.

161 에우세비우스의 많은 기술이 그러하듯, 유스티누스의 순교에 관한 언급도 사실성을 충분히 증명하지 않는다. 그에 비해, 유스티누스와 동료 순교자들 행전Acta sanctorum Iustini et sociorum에서는 유스티누스가 심문받는 장면이 나오는데, 이때 언급된 모라의 총독은 아르쿠스 아우렐리우스 재위 시기에 총독을 맡았던 퇸투스 유니우스 루스티쿠스이다.

162 이에 관하여, Denzey, pp.190~197 참조.

163 Parvis, p.59.

164 Wendy Elgersma Helleman, "Justin Martyr and the Logos: An Apologetical Strategy", *Philosophia Reformata* 67.2, 2002, pp.128~147.

165 유스티누스의 로고스 그리스도론의 내용과 특징에 관하여, Beachle, p.65.

166 "Acta SS", April, II, 104-19

167 190/191년경 티스드루스(오늘날 튀니지 엘젬)에서 가이우스 신시우스(신기우스) 세베루스는 그리스도교인들이 석방될 수 있도록 증언해주었다. 이 때문에 법정에 소환된 그는 평화 위반 혐의를 언도받고 석방되었다.

168 아폴로니우스는 180~185년경 고발당했지만, 두 다리를 부러뜨리는 처형을 받고 감옥에 갇혔다. 그에게는 자신을 변호할 기회가 주어졌고, 배교를 강요하는 고문이 행해지지 않았다.

169 187/189년경 로마에서 은행가 카르포포루스의 노예 칼릭스투스에 대한 재판이 열렸다. 칼릭스투스의 주인이 은행 고객의 자금을 횡령한 혐의로 기소되었기 때문에 아마도 노예였던 그에게도 일정 정도의 책임이 있었다고 보인다. 이 상황에서 칼릭스투스는 유대교 회당 예배에 들어가 자신이 그리스도교인이라고 외치며 소란을 피웠는데, 이는 자신의 죽음을 유발하기 위한 것으로 알려졌다. 유대인들은 그를 도시 총독 푸블리우스 세이우스 푸시아누스 앞으로 끌고 가서 공공의 폐를 끼치고 그리스도교인이라는 이유로 그를 비난했다. 이에, 카르포포루스는 노예를 대신하여 개입하여 판사 앞에서 그리스도인이라는 혐의를 부정했고, 이에 그는 채찍질과 광산으로의 추방이라는 형을 언도받았다. 칼릭스투스는 후에 로마의 주교(217~222)가 되었다.

170 셉티미우스 세베루스 황제는 상반된 평가를 받는 인물이다. 이와 관련하여, 다음 논문은 비록 깊이 있는 논의를 다루지는 않지만, 비유럽의 시각으로 바라본 점에서 의미 있는 논문이다. Molefi Kete Asante,Shaza Ismail, "Rediscovering the 'Lost' Roman Caesar: Septimius Severus the African and Eurocentric Historiography", *Journal of Black studies* 40.4, 2010, pp.606~618. 이 밖에, Anthony Birley, *Septimius Severus: the african emperor*, Routledge, 2002와 Jussi Rantala, *The Ludi Saeculares of Septimius Severus: The Ideologies of a New Roman Empire*, Taylor & Francis, 2017도 셉티미우스 세베루스 황제를 이해하는 데 도움이 된다.

171 셉티미우스 세베루스 치하의 박해는 Historia Augusta와 Eusebius, Church History , 『성 페르페투아의 순교록』 등에 서술되어 있다. 그러나 학자들은 이들 자료에 나타나는 박해시기가 일치하지 않고, 테르툴리아누스의 기록에도 셉티미우스 세베루스 황제가 그리스도인들에 대해 우호적이었다는 언급이 있다는 점 등을 들어 자료의 진위성에 문제를 제기한다. 이에 관한 자세한 내용은 James Corke-Webster, "The Roman Persecutions", *The Wiley Blackwell Companion to Christian Martyrdom*, 2020, pp.40~42를 볼 것.

172 세베루스 왕조 치하의 박해에 관해서, 다음 자료를 참조하시오. Paul Keresztes, "The Emperor Septimius Severus: a Precursor of Decius," *Historia: Zeitschrift für Alte Geschichte* H. 5, 1970, pp.565~578; James Westfall Thompson, "The Alleged Persecution of the Christians at Lyons in 177", *The American Journal of Theology* 16.3, 1912, pp.359~384; Paul Keresztes, "The Emperor Septimius Severus: a Precursor of Decius", *Historia: Zeitschrift für Alte Geschichte* H. 5 (1970), pp.565~578; William Tabbernee, "Chapter Five. Montanists And Persecution", *Fake Prophecy and Polluted Sacraments*, Brill, 2007, pp.165~200.

173 Historia Augusta, *Severus* 17.1.

174 James Corke-Webster, 앞의 글, p.41.

175 Tertullian, *To Scapula* 4.

176 Tertullian, *To Scapula* 3.4; Eusebius, *Church History* 6.8.7.

177 Eusebius, *Church History* 6.1-5.

178 후스토 곤잘레스, 『초대 교회사』, 은성출판사, 2012, 140~141쪽.

179 Eusebius, *Church History* 6.7.

180 Tertullian, *Apology* 50.12.

181 Eusebius, *Church History* 5.18.5-10.

182 이에 관하여, Wypustek Andrzej, "Magic, Montanism, Perpetua, and the Severan Persecution", *Vigiliae Christianae*, 1997, pp.276~297 참조.

183 카라칼라 황제 치하의 박해에 관해서 Paul Keresztes, "The Constitutio Antoniniana and the persecutions under Caracalla", *The American Journal of Philology* 91.4, 1970, pp.446~459.

184 엘라가발루스의 조카로 열세 살의 나이에 왕위에 오른 세베루스 알렉산더 황제(222~235)의 통치는 어머니 줄리아 아비타 마마에아(Julia Mamaea)의 영향을 많이 받았다. 어머니 쪽 황제 가문은 시리아의 에메사(오늘날 홈스) 출신이며, 그녀와 황제가 취한 종교적 변화에 대한 개방성은 그리스도교인들과의 관계에서도 나타났다. 수학자이자 그리스도교 연대기 저술가인 율리우스 아프리카누스는 황제의 요청으로 로마 판테온에 도서관을 설립했고, 황제의 어머니가 오리게네스를 만나 231~232년 겨울 안티오키아에서 줄리아 마마에아의 궁정에 머물며 강연해줄 것을 부탁한 것으로 보인다. Eusebius, *Church History* 6.21.3-4. Cesti Iulius Africanus,: *The Extant Fragments*, ed. Martin Wallraff et al., trans; William Adler, *Die Griechischen Christlichen Schriftsteller*, Neue Folge 18, De Gruyter, 2012, p.30

185 Eusebius, *Church History* 6.28.

186 Cyprian, *Letter* 75.10.

187 오리게네스 신학의 특징과 순교신학의 배경에 관한 연구는 Nancy R. Heisey, *A Literary and Historical Consideration of the Egyptian Background in Origen's Writings on Martyrdom*, Temple University, 2000을 볼 것.

188 John Anthony McGuckin, "Martyr Devotion in the Alexandrian School: Origen to Athanasius", *Studies in Church History* 30, 1993, pp.35~45.

189 오리게네스, 류한영 역, 『순교의 권면』, 양업교회사연구소, 2001, 38항.

190 『순교의 권면』 6항.

191 『순교의 권면』 276항, 18항, 34항 참조.

192 Eusebius, *Church History* 6.34.

193 Hans A. Pohlsander, "Philip the Arab and Christianity", *Historia: Zeitschrift Für Alte Geschichte* H. 4, 1980, pp.463~473(465).

194 Eusebius, *Church History* 6.41.1-9.

195 데키우스 치하의 박해에 관하여, James B. Rives, "The Decree of Decius and the Religion of Empire", *The Journal of Roman Studies* 89, 1999, pp.135~154.

신자들이 희생 제물을 바치는 것과 관련하여 황제와 총독의 박해가 어떻게 연결되는지, 신자들의 이러한 행동이 교회 안에서 어떠한 논란을 일으켰는지에 관하여, Graeme W. Clarke, "Double-Trials in the Persecution of Decius", *Historia: Zeitschrift für alte Geschichte* H. 4, 1973, p.650~663.

196 Rives의 논문 참조.

197 Allen Brent, "Cyprian's Reconstruction of the Martyr Tradition", *The Journal of Ecclesiastical History* 53.2, 2002, pp.241~268; Edelhard Leonhard Hummel, *The Concept of Martyrdom according to St. Cyprian of Carthage*, No.9. Catholic University of America Press, 1946.

198 치프리아누스의 삶과 신학에 관하여, Henk Bakker, *Cyprian of Carthage: Studies in his Life, Language and Thought*. Vol. 3. Peeters, 2010. 치프리아누스의 활동과 피신 및 그의 작품에 관하여, Gert Haendler, *Von Tertullian bis zu Ambrosius. Die Kirche im Abendland vom Ende des 2. bis zum Ende des 4*, Jahrhunderts Berlin 1985. 이 책은 조병하 역, 『테르툴리아누스부터 암브로시우스까지』, 호서대학교 출판부, 2013으로 번역 출판되었다. 본문에서 참고한 부분은 한글 번역본 기준, p.107~110이다. 본문의 인용문은 저자의 번역이다.

199 Graeme Wilber Clarke, ed, *The Letters of St. Cyprian of Carthage*. No.33~44. Paulist Press, 1984, letter 6.

200 교회 재건 당시의 치프리아누스의 활동과 기여에 관하여, Mattias Gassman, "Cyprian's Early Career in the Church of Carthage", *The Journal of Ecclesiastical History* 70.1, 2019, pp.1~17; Theodor Damian, "The Theology of St. Cyprian of Carthage: The Unity of the Church and the Role of the Bishop", *Sophia* vol.3, 2010, pp.91~102; Paul J. Fitzgerald, "A Model for Dialogue: Cyprian of Carthage on ecclesial discernment," *Theological studies* 59.2, 1998, pp.236~253; Charles Arnold Bobertz, *Cyprian of Carthage as patron: a social historical study of the role of bishop in the ancient Christian community of North Africa*, Yale University, 1988.

201 Michael M. Sage, "The Persecution of Valerian and the Peace of Gallienus", *Wiener Studien* 96, 1983, pp.137~159; Paul Keresztes, "Two Edicts of the Emperor Valerian", *Vigiliae Christianae*, 1975, pp.81~95; Christopher J. Haas, "Imperial Religious Policy and Valerian's Persecution of the Church, AD 257 260", *Church History* 52.2, 1983, pp.133~144.

202 장 콩비, 『세계 교회사여행, 1』 고대 중세편, 가톨릭출판사, 2018, 150쪽.

203 Acts of Cyprian 1.1, 7. *Keresztes*, 앞의 글, p.92.

204 Cyprian, *Letters* 80.1.

205 Haas, 앞의 글, 139.

206 치프리아누스 주교가 활동하던 시기에 심각한 전염병으로 수많은 사람들이 죽고, 신자들은 이를 치프리아누스의 탓으로 돌리기도 했다. 이러한 경험 안에서 치프리아누스가 육신의 죽음과 영혼의 죽음, 영원과 순간의 의미 등을 언급한 내용은 다음 논문에 잘 정리되어 있다. Edwina Murphy, "Death, Decay and Delight in Cyprian of Carthage", *Scrinium* 15.1, 2019, pp.79~88.

207 장 콩비, 앞의 책, 152.

208 사두체제의 취지와 의미에 대하여, Simon Corcoran, *The Empire of the Tetrarchs: Imperial Pronouncements and Government, AD 284~324*. Oxford University Press, 2000; Kenneth W. Harl, "Marks of Value on Tetrarchic Nummi and Diocletian's Monetary policy", *Phoenix* 39.3, 1985, pp.263~270; Williams, Stephen, *Diocletian and the Roman recovery*, Routledge, 1996.

209 후스토 곤잘레스, 앞의 책, pp.180~181.

210 이 박해의 원인을 두고 학자들 간의 뜨거운 논쟁이 있다. Frend는 4세기 초 네오플라토니즘과 그리스도교의 지성적 갈등을 꼽는다. 이에 대하여, Frend, William HC, "Prelude to the Great Persecution: the propaganda war", *The Journal of Ecclesiastical History* 38.1, 1987, p.1~18. 곤잘레스는 디오클레티아누스 치하의 박해가 갈레리우스에 대한 긴장감에서 비롯되었다고 본다. 그에 따르면, 그때까지 교회의 의견이 일치되지 않은 상황에서 많은 그리스도인이 군인을 자원했지만, 일부 그리스도인은 입대를 거부하거나 병역을 이탈했다. 이러한 태도에 위협을 느끼고 있던 갈레리우스는 군대에서 그리스도인을 축출하고자 했다. 이러한 명령에 대해 몇몇 지역 장교들이 그리스도인들을 부추겨 이 명령에 불복하게 하면서, 갈등은 고조되어 갔다. 곤잘레스는 디오클레티아누스 황제의 그리스도교 박해를 부인이나 특정 종교와 연관시키지 않는다. (cf,곤잘레스 앞의 책, p.181) 이에 비해 장 콩비는 군인들을 다스리기 위해 시작된 조치가 마니교 박해를 거쳐 그리스도교 박해로 이어졌다고 설명한다. (장 콩비, 앞의 책, pp.153~154) 이외에도 데이비스와 우드는 좀 더 넓은 관점에서 박해의 원인을 분석한다. (Peter S. Davies, "The Origin and Purpose of the Persecution of AD 303", *The Journal of Theological Studies* 40.1, 1989, pp.66~94; David. Woods, "Two Notes on the great persecutio", *The Journal of Theological Studies* 43.1, 1992, p.128~134)

211 William HC Frend, "Prelude to the Great Persecution: the propaganda war", *The Journal of Ecclesiastical History* 38.1, 1987, pp.1~18(12).

212 GEM De Ste. Croix, "Aspects of the "Great" Persecution", *Harvard Theologi-*

cal Review 47.2, 1954, pp.75~113.

213 Eusebius, Church History 8.2.4; Eusebius, *On the Martyrs of Palestine*, prol. 1; Lactantius, *On the Deaths of the Persecutors* 13.1.

214 Kinzig는 이 화재가 갈레리우스가 노예를 시켜 방화한 것으로 본다. 이에 관하여, Wolfram Kinzig,, Markus Bockmuehl(tr), *Christian Persecution in Antiquity*, Baylor University Press, 2021, p.97.

215 네 번째 칙령은 황제의 건강을 위해 제사를 드려야 한다는 내용이 담겨 있었는데, 이때 유대인은 희생 제물 봉헌에서 제외되었다. Jerusalem Talmud, Avodah Zarah 5.4. Kinzig, 100 재인용.

216 대박해가 그리스도인들의 신앙생활에 미친 영향은 다음 논문에 잘 정리되어 있다. Annemarie Luijendijk, "Papyri from the Great Persecution: Roman and Christian Perspectives", *Journal of Early Christian Studies* 16.3, 2008, pp.341~369.

217 곤잘레스, 185.

218 Eve A. E. Reymond, John W. B. Barns ed., *Passion of Coluthus, in Four Martyrdoms from the Pierpoint Morgan Coptic Codice*s, Clarendon, 1973, p.147.

219 이 시기에 갈레리우스와 막시미누스 영역에서 일어난 박해의 자세한 내용은, Kinzig, p.108~117을 볼 것.

220 Paul Keresztes, "From the Great Persecution to the Peace of Galerius", *Vigiliae Christianae* 37.4, 1983, pp.379~399.

221 갈레리우스가 칙령을 반포한 동기에 대한 다양한 의견은 R .Knipfing, "The Edict of Galerius (311 AD) re-considered", *Revue Belge de Philologie et d'Histoire* 1.4, 1922, pp.693~705에 잘 정리되어 있다. Simon Corcoran, "Galerius' Jigsaw Puzzle: the Caesariani Dossier", *Antiquité tardive* 15, 2008, pp.221~250은 최근 연구를 반영하여 보다 새로운 의견을 제시하고 있다.

222 Eusebius, *Church History*, 8.17, p.6~10. 곤잘레스 pp.185~186에서 재인용.

223 이 지역에서 311년 칙령 반포 직후에는 잠시 박해가 멈추었다고 알려진다. 그러나 반년이 지난 후에 박해가 개진되어 그리스도교 집회는 금지되었고, 신앙을 고수하는 그리스도인들은 도시에서 추방당했다. 가혹한 신체적 가해 등의 박해도 여전히 일어나고 있었다.

224 두 황제의 모임에서 논의된 내용에 관한 연구로 다음 논문을 들 수 있다. Timothy D. Barnes, "The Political Context of the Imperial Marriage in Milan of What did Constantine and Licinius Discuss in Milan", *Church Studies* 10, 2013, pp.23~36.

225 Lactantius, *On the Deaths of the Persecutors* 48. 장 콩비, 앞의 책, pp.157~158에서 재인용.

226 Eusebius, *Life of Constantine* 2.20.2-2.21; 2.24-41, Kinzig, p.121에서 재인용.

227 Jacob Neusner, “Babylonian Jewry and Shapur II's Persecution of Christianity from 339 to 379 AD”, *Hebrew Union College Annual* 43, 1972, pp.77~102; Scott McDonough, “A Second Constantine?: The Sasanian king Yazdgard in Christian History and Historiography”, *Journal of Late Antiquity* 1.1, 2008, pp.127~140; Simcha Gross, “Being Roman in the Sasanian Empire: Revisiting the Great Persecution of Christians under Shapur II”, *Studies in Late Antiquity* 5.3, 2021, pp.361~402; Sebastian P. Brock, “Christians in the Sasanian Empire: A Case of Divided :oyalties”, *Studies in Church History* 18, 1982, pp.1~19.

228 박해시대 초기 교회사와 순교자 이해의 연관성에 대한 이하의 글은 『교회사 Ⅰ』 전반에 나타나는 다스만의 관점을 수용하며 정리한 내용임을 밝혀둔다. 1세기에서 3세기에 이르는 교회사를 정리한 이 책은 '교회사는 하느님의 구원이 역사 안에서 실현되는 것을 파악하는 신학논문이다'라고 이해하는 입장에서 초기 그리스도교 공동체가 그리스도교를 어떻게 전파하고 생활했으며 가르침을 전했는지를 정리하였다. 다스만의 이러한 입장이 이 글이 다루는 주제와 관련하여 종교학자나 사회적 관점에서 초기 교회 역사를 조망하는 다른 학자들과 충돌하는 부분은 거의 없다고 조심스럽게 말할 수 있다.

229 다스만, 앞의 책, p.335.

230 이 주제에 관하여, John H.Taylor, “St. Cyprian and the reconciliation of apostates”, *Theological Studies* 3, 1942, pp.27~46; Joseph M. Bryant, “Decius & Valerian, Novatian & Cyprian: Persecution and Schism in the Making of a Catholic Christianity-Part II”, *Athens Journal of History*-Volume 9, 2023, pp.159~184; J.Patout.Burns, Cyprian the bishop. Routledge, 2002: J.Patout. Burns, “Confessing the Church: Cyprian on Penance”, *Studia Patristica*, ed., Edward Yarnold, SJ. and Maurice Wiles, Leuven, Peeters, 36, 2001, pp.338~48; J.R. Knipfmg, “The Libelli of the Decian Persecution”, *Harvard Theological Review*, 16, 1923, pp.45~90; Maurice Bévenot, “Cyprian and his Recognition of Cornelius”, *Journal of Theological Studies*, 28, 1977, pp.346~359; W. Kinzig, *Christian Persecution in Antiquity*, Baylor University Press, 2021; Ruth Sutcliffe, “Learning not to sin:Repentance in Tertullian and Cyprian,”, *Colloquium: The Australian & New Zealand Theological Review*, Vol.53, 2021, pp.73~97; James Dallen, *The Reconciling Community: The Rite*

of Penance. Vol.3, Liturgical Press, 1991; Yoshiaki Sato, "Martyrdom and apostasy", *Eusebius, Christianity and Judaism*, Brill, 1992, pp.619~634. 국내 연구 중 이 주제와 관련된 것으로, 최철, 「키프리아누스의 성령 중심의 교회론」, 『한국기독교신학논총』, 한국기독교학회, 2013, 63~86쪽; 김길성, 「교회의 일치와 순결」, 『개혁논총』 31, 개혁신학회, 2014, 2~31쪽; 김차규 외, 「키프리아누스의 교회의 일치와 독립성 이론」, 『서양중세사연구』 44, 韓國西洋中世史學會, 2019, 205~237쪽; 박요한, 「초대 교회의 배교자 수용에 관한 역사신학적 고찰」, 총신대 신학석사논문, 2023 등을 들 수 있다.

231 이하에서 사용하는 치프리아누스의 자료는 다음과 같이 약기한다. Ep-Epistulae-St. Cyprian, *Letters* (1-81) (The Fathers of the Church, Volume 51), tr. by Bernard Rose, The Fathers of the Church: A New Translation, 1964; lap- St. Cyprian, *The Lapsed*, The Unity of the Catholic Church, tr. by Maurice Bevenot, The Newman Press, 1957.

232 곤잘레스의 연구에 따르면, 초대 교회 2~3세기의 교회에서 그리스도인이 되려는 사람은 자신의 확고부동한 결심을 증명하고, 그에 대한 만족할 만한 증거를 주교가 입증할 때 원입교인audientes에 포함될 수 있었다. 이 상태에서 말씀이 선포되는 의식에 참례할 수 있지만, 성체성사에는 참여할 수 없었다. 이러한 원입교인이 의롭고 인내하는 모습을 삶에서 보여주는 경우, 학습교인으로 승격되었다. 그러나 세례 후보자competentes 교리 교육에 입문하기 위해서는 공식적인 예식을 거쳐야 했다. 이들의 교리 교육은 도덕적이고 의례적인 것을 동시에 알려주는 교육으로 이뤄졌다. 그러나 그 출발은 도덕적 행실과 주님에 대한 신실함을 강조하는 데서 시작되었다. 특히 강조된 점은 언제 가해질지 모를 사회적 압박과 박해의 위협 속에서도 그리스도인의 삶을 실천하고 신실한 삶을 살아야 한다는 내용이었다. 교리 교육 기간은 일반적으로 2년이었지만, 종종 3년이 소요되기도 했다. 이와 같은 교육 기간이 지나면 강도 높은 세례 준비 기간을 마쳐야 했다. 사순절의 기원이 되는 이 기간 동안 엄격한 신앙 훈련의 실천과 교리 교육 및 의례에 대한 교육이 이루어졌다. 교회 공동체는 금식과 기도를 공표하고 침묵과 절제, 금욕 생활을 권유했다. 이 시기를 거친 세례 후보자 교인은 일곱 단계의 검증 과정을 거쳐 세례를 받았다. 세례를 통해 입교한 이 초심자neophyte는 약 한 주간의 입회 및 교육 과정을 더 받은 후에 그리스도인으로 탄생하게 된다. 이에 관하여, H. Gonzales, *The History of Theological Education*, Abingdon Press, 2015, pp.57~62.

233 이에 관하여, 권영파, 「초기교회의 박해와 순교 이해의 흐름」, 『부산교회사회보』, 부산교회사연구소, 2023.

234 이에 관하여, James B. Rives, "The decree of Decius and the religion of empire", *The Journal of Roman Studies* 89, 1999, pp.135~154. 데키우스 황제의 칙

령은 관료에게 지시하는 명령이 아니라 로마 시민에게 직접 전달되는 지시였다. 그 특징은 모든 시민이 신에게 제물을 바치고 희생 제물의 고기를 맛보고, 항상 희생했다는 것을 맹세하라는 내용이다. 또한 이 칙령은 이러한 희생을 입증하는 문서를 발급받고, 희생을 거부하면 추방과 재산 손실부터 고문과 죽음에 이르는 죽음으로 이어졌다. 그러나 그 칙령이 그리스도인을 특정하여 이뤄진 것으로 보이지는 않는다. 이런 시각으로 볼 때 데키우스 박해는 로마제국 안에서 개인과 제국 사이에 종교적 의무를 창출하여, 종교의 중심에 로마 정부를 위치시키는 가운데, 로마인의 종교라는 공통분모를 창출하여 로마를 단결시키는 결과를 가져다주었다.

235 H. Gonzales, *The Story of Christianity, Vol. 1: The Early Church to the Dawn of the Reformation*, 2010, p.102.

236 이에 관하여, Kinzig, ibid., p.81.

237 J.Patout.Burns, ibid., p.9.

238 Kinzig. p.83.

239 증거자confessores는 고문이나 투옥은 없지만, 그들의 삶을 통해 신앙을 실천하고, 희생 제물을 바치라는 요구를 거부한 사람으로 정의할 수 있다. 이 정의는 Sato, 앞의 논문, p.628에 나타난 내용이다.

240 카르타고 교회의 특징은, J.Patout.Burns 앞의 책, 1장과 2장에 잘 정리되어 있다.

241 Allen Brent, *Cyprian and Roman Carthage*, Cambridge University Press, 2010, pp.7~10.

242 lap. 8.

243 Ep. 7.2ep. 21.2.2, 4.1.

244 장로로 번역되기도 한다. 그러나 가톨릭교회의 전통에서 전개된 지위와 역할 구분에 따르면 당시의 presbyter는 사제로 볼 수 있다.

245 J.Patout.Burns, ibid., p.9.

246 Allen Brent, p.27.

247 Ep 15.1.

248 당시 로마 교회는 순교한 주교의 후임을 선출하기보다 장로들의 공동운영을 통해 교회를 이끌기로 합의했다.

249 Ep 31.3 치프리아누스는 순교자들의 기도로 죄가 사해질 수 있다는 믿음에 찬성하지 않았다. 이러한 그의 입장은 *de pudicitia* 22에서 볼 수 있다.

250 Ep 15.2.1.

251 Ep. 23.

252 Ep 55.13.2-14.2.

253 Ep. 15.2.2-4.1.

254 Lap. 15-16, 34.

255 Ep. 8.1.1-2.1.

256 Epp. 16.3.2, 43.2.1-3.2, 59.12.1-2.

257 Kinzig. pp.84~85.

258 노바시우스는 코르넬리우스의 주교 선출에 이의를 제기하고, 증거자들을 포함한 새로운 조직을 구성하여, 스스로의 감독 안수를 준비했다.

259 251년 3월, 성직자와 국민 대다수가 참석한 인근 도시 주교들의 동의를 받아 코르넬리우스를 주교로 선출했다. 이에 관하여, Cyprian, Ep. 52.2.5, 에우세비우스, *Ecclesiastical History* 6.43.5-20.

260 노바시우스는 죽음의 순간에서조차도 참회자들에게 평화를 허락해서는 안 된다는 입장을 견지했다.

261 Ep. 33, 43.59.

262 Ep. 55, 59, 66.

263 Allen Brent, p.101.

264 lap. 2, 3. lap. 28; Ep. 55.13.2-14.1.

265 Ep. 11과 15~17 참조.

266 테르툴리아누스와 치프리아누스가 요구했던 공개적인 죄 고백은 서로 연결하여 이해할 수 있을 뿐 아니라 세례성사의 연장선에서 바라볼 수 있다. 세례성사 예식에서 이전까지의 죄를 용서받고 "이 세상과 세상의 모든 화려한 것을 거부하고 이제부터 마귀와 전혀 관계 없는 삶을 살아가겠다"는 약속을 바친다. 단 한 번만 받는 세례성사에서 맺은 이 약속이 지켜지지 않았을 때, 곧 다른 신을 모시는 등의 죄를 졌을 때, 지를 용서받을 방안으로 공개 참회comomologesis가 나타났다. 테르툴리아누스의 저술에 나타난 내용을 볼 때, 자신의 죄를 고백하고, 베옷을 입고, 재에 누워 기도하고, 금식하고, 신음하고, 울며 부제들의 발 앞에 절하는 의식이 요구되었음을 알 수 있다. De pudicitia 11.2와 12.11에서 테르툴리아누스는 간음이나 우상숭배-살인, 신성모독 등의 죄는 오직 그리스도만이 용서할 수 있으며, 교회는 회개를 권하고 영성체에서 영구적으로 배제시킨다고 주장한다. 이러한 노선을 이어받은 치프리아누스는 테르툴리아누스에 비해 죄를 용서받을 수 있는 문을 넓혔다고 볼 수 있다. 이는 데시우스의 박해로 인해 생겨난 죄인의 수가 급증했던 상황을 반영하기도 한다. 이러한 회개의 궁극적인 목적은 주님의 은총을 얻고 아버지의 관용을 구하고 정화하며 하느님께 만족을 드리는 데 있었다. 무엇보다 회개에서 강조된 것은 다시는 죄를 짓

지 않겠다는 다짐이었다. 이는 공개적으로 자신의 죄를 인식함으로써 언제든지 다시 닥쳐올 수 있는 박해를 대비하게 하려는 사목적 노력이 포함되는 장면으로 볼 수 있다. 이에 관하여, Ruth Sutcliffe의 논문과 James Dallen의 책 pp.37~42를 참조.

267 Ep. 55.6.2. 이러한 내용은 에우세비우스의 *Ecclesiastical History* 6.43.2에서도 확인된다.

268 치프리아누스가 코르넬리우스의 편에 손을 들어주자, 노바시우스가 성품을 준 로마 교회의 장로 Maximus가 카르타고의 주교로 임명되어 치프리아누스에게 도전장을 내밀었다. 이외에도 Fortunatus도 카르타고의 주교로 임명되어 카르타고 교회의 분열이 가속되었다.

269 Ep. 68.

270 세 가지 입장의 구분은 다음 글의 내용을 따른다. Mary Douglas, "Cultural Bias", *The Active Voice*, Boston, Routledge & Kegan Paul, 1982, p.183-254.

271 J.Patout.Burns, ibid., p.24.

272 Ep. 11.1.1, 5.1, 5.3, 6.2 참조.

273 Ep. 13.2.1, 14.2.2.

274 Ep. 14.

275 그리스도인들은 그들 말로는 로마 세계를 사랑했지만 행동으로는 그리스도의 길만을 따르겠다는 세례 때의 약속을 지키지 못했습니다. 대신, 그들은 재산을 선호하고 지위를 보호함으로써 그리스도교와 타협하여 제국 사회의 노예가 되었습니다. 그들은 로마의 복식과 장식을 그대로 유지했고, 일부는 딸을 비그리스도인과 결혼시켰습니다. 심지어 성직자들조차 부와 이익을 추구하기 위해 그리스도인의 헌신을 소홀히 했습니다. 공동체 전체가 잘못을 저질렀고, 제국의 박해라는 형태로 하느님의 진노를 스스로 자초했습니다. 그래서 하느님은 교회를 바로잡고, 백성들을 깨우치고, 그들이 빠진 속박에서 해방시키기 위해 행동하셨습니다. Lap. 1, 5, 7, 21.

276 Ep. 15~17 참조.

277 Ep. 13.4-5, 14.3.2.

278 1858년에 작성된 베르뇌 주교의 「사목서한」은 배교자의 재입교 절차를 속죄와 보속으로 나누어 제시한다. 이에 따르면 배교자들은 자신의 죄를 인정하고 통회한 후 고해성사를 받고 보속을 수행한 후에 성사에 참여할 수 있다. 보속은 죄가 가벼운 경우 5~10년간 매일 묵주기도 15단을 바치고 자주 대재를 지키는 것으로 주어졌고, 죄가 무거운 경우 4~5년간 성체성사에 참여할 수 없다고 규정한다. 이러한 보속 규정은 중국에서 출판된 「사천시노드교령」에 비해 매우 엄격한 규정이라고 말할 수 있다. 이는 「사천시노드교령」이 단 한 번에 한해 신자들 앞에서 배교를 철회한다는 선언과

고해성사를 통해 교회로 다시 들어올 수 있다고 규정했기 때문이다. 이에 비해 1887년에 발표된 「조선교구관례집」은 마을의 신앙공동체 앞에서 자신의 배교를 철회하고 보속을 실행한 이후에 성사를 서용한다고 규정한다. 이때 보속은 1858년의 규정에 비해 상당히 완화되어 있는데, 그 내용은 5~10번의 금식과 신망애 삼덕송과 묵주기도를 두 달간 바치는 것이다. 이러한 규정에 나타나는 엄격함의 정도는 배교자의 재입교를 위한 문턱의 높이가 박해를 견디어내는 데 도움이 된다는 기대를 담고 있다고 볼 수 있다.

제2장_ 순교자 공경의 역사

279 성지순례에 관한 연구물로 Victor Witter Turner, Edith LB Turner, *Image and Pilgrimage in Christian Culture*, Columbia University Press, 2011; John Eade, Jonathan Sumption, *The age of pilgrimage: the medieval journey to God*, Paulist Press, 2003; J. Sallnow, eds, *Contesting the Sacred: the Anthropology of Pilgrimage*, University of Illinois Press, 2000; A. Morinis ed, *Sacred Journeys: The anthropology of pilgrimage*, Westport, 1992; E.A.Morinis, "Pilgrimage: The human quest", *Numen*, 1981, pp.281~285를 꼽을 수 있다. 중세까지의 성지순례에 대해서는 Robert Bartlett, *Why Can the Dead Do Such Great Things?*, Princeton University Press, 2013. 이 책은 성지순례와 유해 공경, 성상 공경 등을 포함한 성인 공경의 다양한 양상을 집대성한 연구서이다. 비록 중세까지만 다루었다는 점에서 그리고 순교자 양상의 사회정치적 맥락이나 신학적 기반을 파고들기보다 현상적으로 드러난 양상을 정리하는 데 더 많은 관심을 보인다. 한편, 고대의 성지순례에 대해서는 Edward D. Hunt, *Holy Land pilgrimage in the later Roman Empire: AD 312~460*, Clarendon Press, 1982; "Travel, Tourism and Piety in the Roman Empire: A context for the beginnings of Christian pilgrimage", *Echos du monde classique: Classical views* 28.3, 1984, pp.391~417. 중세의 순례는 특별히 쳉스토호바의 검은 성모 순례를 집중적으로 정리한 Robert Maniura, *Pilgrimage to images in the fifteenth century: The origins of the cult of Our Lady of Częstochowa*. Boydell Press, 2004와 Ashley Kathleen, Marilyn Deegan, *Being a Pilgrim: Art and Ritual on the Medieval Routes to Santiago*, Burlington, Vt.: Lund Humphreys, 2009; Barnes, Ruth, and Crispin Branfoot, eds, *Pilgrimage: The Sacred Journey*. Ashmolean Museum, 2006; Herbert Kessler, and Johanna Zacharaias, *Rome 1300: On the Path of the Pilgrim*, New Haven: Yale University Press, 2000; Robert L. Wilken, "Christian Pilgrimage to the Holy Land", *The City of the Great King, ed, Nitza*

Rosovsky, Harvard University Press, 1996, pp.117~135 등을 들 수 있다.

280 국내에서 발표된 연구 업적 중 뛰어난 연구물로 최화선의 박사논문, 『고대 후기 그리스도교 순례에 관한 연구-4~6세기를 중심으로』, 서울대학교, 2005를 들 수 있다. 최화선은 고대 후기에 한정하여 무덤순례와 이스라엘 순례, 수도원운동 등을 정리하며 이 분야의 연구사와 사회역사적 맥락을 정리하지만, 이 시기가 이후의 순례에 미치는 영향을 감안할 때 최화선의 연구는 좋은 연구기반을 제공한다. 그 이외에 성지순례에 관한 국내 연구는 구본식, 「가톨릭교회의 성지순례」, 『가톨릭사상』 27, 대구가톨릭대학교 부설 가톨릭사상연구소, 2002, 35~80쪽; 최화선, 「고대 후기 그리스도교 성지순례의 양상」, 『서양사연구』 32, 서울대학교 서양사연구회, 2005, 35~62쪽; 채승희, 「고대 교회의 성지순례-성지순례에 대한 바른 이해와 신앙 성숙을 위한 소고」, 『신학과 목회』 50, 영남신학대학교, 2018, 55~78쪽; 김정락·이한순, 「중세의 성지순례와 성당건축(Peregrinatio ad ecclesiae)-성당 내부로의 순례」, 『미술사학』 26, 한국미술사교육학회, 2012, 295~328쪽; 김정하, 「르네상스와 유럽-중동의 순례 길」, 『사총』 87, 高麗大學校 歷史硏究所, 2016, 199~243쪽; 전경미, 「4~5세기 그리스도인들의 예루살렘-수도적 영성과 제국주의적 양상을 중심으로」, 『신학과 철학』 36, 서강대학교 비교사상연구원, 2002, 129~163쪽; 이희학, 「구약성경적 관점에서 살펴본 예루살렘의 성지순례적 가치」, 『신학과 현장』, 목원대학교 신학연구소, 2020, 53~90쪽; 최화선, 「여성, 순례, 새로운 기억과 서사-미래교회(FutureChurch)의 로마 순례」, 『종교와 문화』 20, 서울대학교 종교문제연구소, 2011; 박용진, 「순례와 여행」, 『동국사학』 53, 東國史學會, 2012, 167~195쪽 등이 있다.

281 예루살렘의 역사와 성지순례의 역사에 관하여 다음의 저서를 참고할 것. Thomas A. Idinopulos, *Jerusalem*, 1994(이동진 역, 『예루살렘-유대교, 그리스도교, 이슬람교의 투쟁을 통해서 본 가장 거룩한 도시의 역사』, 그린비출판사, 2002) 이하 Idinopolis로 표기, 인용 페이지는 이동진 번역서를 따름). 십자군전쟁 이전의 예루살렘 성지순례는 John Wilkinson, Joyce Hill, *Jerusalem Pilgrimage Before the Crusades*, Aris & Phillips, Ltd, 2002. 십자군전쟁 시기의 예루살렘 성지순례는 John Wilkinson, Joyce Hill, *Jerusalem Pilgrimage 1099~1185*, Routledge, 2017; Denys Pringle, *Pilgrimage to Jerusalem and the Holy Land, 1187-1291*, Routledge, 2016; Simon Sebag Monefiore, *Jerusalem: The Biography*, 2011. 한글 번역서는 유달승 역, 『예루살렘 전기-축복과 저주가 동시에 존재하는 그 땅의 역사』, 시공사, 2012(이하,Monefiore 표기, 인용 페이지는 유달승의 번역서를 따름). Hershel Shanks, *Jerusalem-An Archaeological Biography*, Random House, 1995. 이외에 최화선의 박사논문과 「고대 후기 그리스도교 성지순례의 양상」, 『서양사연구』 32, 한국서양사연구회, 2005, 35~62쪽은 이 시기의 성지순례를 자세히 다룬 훌륭한 자료이다. 최화선은 예루살렘 순례뿐 아니리 수도원운동과 순교자 무덤

방문을 통한 순교자 공경도 정리한다. 그리스도교의 성지 확장에 대한 다양한 학설을 이 논문을 통해 볼 수 있다. 이 밖에 이 시기 성지순례를 이해하는 데 도움이 되는 다음 자료도 있다. 채승희, 「고대 교회의 성지순례-성지순례에 대한 바른 이해와 신앙 성숙을 위한 소고」, 『신학과 목회』 50, 영남신학대학교, 2018, 55~78쪽; 채승희, 「4~5세기 팔레스타인 지역의 그리스도교 성지 개」, 『장신논단』 51.5, 장로회신학대학교 출판부, 2019, 197~224쪽; 나인선, 「에게리아 순례기(Egeria's Pilgrimage)에 기술된 예루살렘 세례 성례전」, 『장신논단』 50.2, 장로회신학대학교 출판부, 2018, 259~284쪽; 최화선, 「장소에 관한 새로운 종교학적 접근의 모색」, 『종교연구』 34, 한국종교학회, 2004, 337~363쪽.

282 A. J. Wharton, *Refiguring the Post Classical City: Dura Europos, Jerash, Jerusalem and Ravenna*, Cambridge University Press, 1995, p.183. 한편, 예루살렘 출입이 어려웠다는 사실은 4세기에 작성된 시리아 문헌Doctrina Addai 에서도 확인된다. 여기에 헬레나의 십자가 발견 일화와 매우 유사한 내용(십자가 발견과 기적 사화)이 발견된다. 이 이야기의 주인공은 클라우디우스 황제(41~54 재위)의 부인으로 서술되는 프로토니케이다. 이 일화에서 프로토니케가 로마에서 베드로의 기적을 목격하고 그리스도교로 개종한 후 예루살렘 여행을 떠나 그곳에서 야고보를 만났다. 그녀가 야고보 사도에게 골고타 언덕과 십자가를 보여달라고 청하니, 그가 유대인들이 그리스도인들의 출입을 금하고 있어서 그들이 요청한 방문이 불가능하다고 답한다. 이에 프로토니케는 유대인 지도자의 도움을 받아 그리스도인들의 출입 허가를 받아내고, 야고보와 함께 무덤에 들어가 세 개의 십자가를 발견한다.

283 예수 이전부터 최근까지의 예루살렘 시기 구분은 다음과 같이 정리될 수 있다. 하스모니안 시기(141~37B,C.E.)-=헤로디안 시기(37=B,C.E.~=70=C.E)-=초기 로마 시기(70~135)-=후기 로마 시기(=135~324)-=비잔틴 시기(321~=638)-=아랍 시기(638~1516)-=오토만 시기(1517~1917)-=현대 시기(1918~) 예루살렘의 시대 구분은 Shanks, ibid., p.xi.

284 그분은 이 세상과 그 안에 있는 모든 것을 만드신 하느님이십니다. 그분은 하늘과 땅의 주인이시므로 사람이 만든 신전에서는 살지 않으십니다.

285 하느님의 성전에 우상이 어떻게 어울리겠습니까? 우리는 살아 계신 하느님의 성전입니다. 하느님께서도 이렇게 말씀하셨습니다. "나는 그들 가운데서 살며 그들 사이를 거닐 것이다. 나는 그들의 하느님이 되고 그들은 내 백성이 되리라."

286 이 이름은 황제의 가문 '아일리아'와, 황제와 가장 많이 연관되는 신인 '카피톨리누스'를 합한 이름이다.

287 Shanks, ibid., p.205.

288 Idinopolis, p.139

289 에우세비우스가 작성한 『복음의 논증』 6,18에 따르면 아직 박해가 끝나기 전에 모든 지방의 순례자들(대부분 주교와 사제들)이 예루살렘을 순례하였다.

290 에우세비우스, 『콘스탄티누스의 생애』 III, pp.30~32.

291 예루살렘의 성지 개발을 전후한 교회와 로마의 상황 및 개발 과정에 관하여, 채승희, 「4~5세기 팔레스타인 지역의 그리스도교 성지 개발」, 『장신논단,』 51, 장로회신학대학교 출판부, 2019, 197~224쪽.

292 4세기의 Itenerarium Burdigalense와 Itenerarium Egeriae.

293 예수가 탄생한 자리는 이미 2세기부터 성지순례지였음이 여러 기록에 나타난다. 헬레나는 333년경에 이곳에 교회를 완공한다.

294 다스만, 앞의 책, p.432.

295 Shanks, p.275.

296 이 시기에 작성된 순례기로는 『보르도 순례자의 여행기』와 『에게리아의 순례기』와 『성 파울라의 여행기』 등이 있다. 333년 무명의 보르도의 순례자(Bordeaux Pilgrim가 보르도에서 팔레스타인까지 신약성경의 장소 21곳, 구약성경의 장소 32곳을 순례하며 그 장소들에 대한 상세한 설명과 지도, 그리고 목록을 남겼다. 이와 더불어 순례기의 대표작으로 꼽을 수 있는 『에게리아의 순례기』와 『성 파울라의 여행기』는 성경의 이야기와 예루살렘의 곳곳을 연결시켜 설명하면서 성경 속으로의 영적 여행을 열어주었다. 파울리누스는 지도를 그리듯 지명을 짚어가며 성경과 연결시켰고, 성지순례 일정표도 담았다. 독자들은 이러한 순례기를 읽으며 예루살렘으로의 성지순례를 꿈꾸었다.

297 B. Leyerle, “Landscape as Cartography”, pp.125~126. Cf. Jacob, “The Remains of the Jews”, pp.109~117.

298 D. French, “Mapping sacred centers: Pilgrimage and the creation of Christian topographies in Roman Palestine”, Akten des XII. *Internationalen Kongresses für christliche Archäologie* (Bonn, 22 28 September 1991).

299 예루살렘 성지가 거룩한 장소에서 순교자를 공경하는 전통의 시발점인지에 대해서는 이견이 있다. 일부 연구자들은 이러한 의견에 반대하며 예루살렘 개발 이전에 순교자 무덤을 순례하며 순교자를 공경하며 장소와 기억을 연결하는 고리가 마련되었다고 주장한다. 본 글에서는 순교자의 순교일에 순교자 무덤을 방문하여 순교자를 공경하는 전통이 교회 의례 안으로 흡수되어 의례와 기억이 통합된 후, 성지에서 회상과 의례, 순교자 공경 등이 통합되었다는 입장에 서서 논의를 전개한다.

300 Bartlett, p.245.

301 닛사의 그레고리오와 히에로니무스는 예루살렘 도시를 악과 부도덕 그리고 우상숭

배가 가득한 도시로 소개한다. Martin D. Stringer, *A Sociological History of Christian Worship*, Cambridge University Press, 2005, p.75.

302 다스만, p.433.

303 샤츠, p.211.

304 예루살렘으로 향하는 길은 해로와 육로가 있었다. 이 중 육로가 해로보다 비용이 적게 들고 안전했다. 예루살렘으로 가는 순례가 이 시기에 다시 열린 데는 비잔틴 황제 Nicephorus Phocas가 안티오키아를 정복하여 그리스도인들에게 넘겨준 영향이 컸다. 여기에 더하여 헝가리 공작 Geysa가 985년 그리스도교로 개종하면서 서구 유럽에서 북시리아로 가는 육로를 개방했고, 그의 아들 스테파누스왕도 이 노선을 유지했다. 이에 관하여, Jonathan Sumption, ibid., p.162.

305 예루살렘 성지순례 때의 안전행동 수칙을 담은 편지들이 7세기와 8세기에 남아 있다. capitularia regum Fransorum, 1. nos, 33(Capitulare missorum generale, cl, 27, p.91 (Pippini Italiae regis capitulare, cl, 10); Bartlett, p.420에서 재인용.

306 419년에 개최된 제5차 카르타고 공의회는 성경 목록을 공적으로 규정한 공의회이기도 하다.

307 그 예로 프랑스의 St. Martin과 St. Denys, 영국의 경우 켄터베리의 St. Thomas, 이탈리아의 St. Francis와 St. Nicholas 등을 들 수 있다. 이들 성인의 유해는 동방교회 지역이나 비그리스도교인의 손에 넘어간 지역에 위치한 무덤으로부터 이장되는 경우가 많았다. 여러 지역의 유명한 순례성지에 대해서 다스만, 앞의 책, pp.414~416을 볼 것.

308 로마로의 성지순례 양상에 대해서는 Sumption, ibid., pp.313~329를 볼 것.

309 몬티피오리, 『예루살렘전기』 p.345.

310 Robert the Monk. *Historia Iherosolimitana*, 2, 14, 746; Bartlett, p.414 이처럼 고대에 여행과 종교적 목적의 여정 및 수도생활을 나타낼 때 사용되었던 peregrinatio의 의미는 십자군운동 시기부터, 특정한 종교적 목적을 가진 여행의 의미로 집중되었다. peregrinus 개념의 발달은 십자군의 역사에서 발견된다. 십자군이 처음 구성되었을 때 십자군은 '성모의 기사 순례단'으로 불렸다. 3차 십자가운동(1189~1192)의 원래 이름은 성지순례(the journey of pilgrimage)였다.

311 1323년 예루살렘과 이집트를 여행하고 돌아온 시몬 시메오니스는 자신의 여행기에서 "순례 여행을 가고자 하는 사람에게는 세 가지 가방이 필요합니다. 그것은 인내심의 가방, 돈 가방, 그리고 신앙의 가방입니다"라고 말하면서 순례의 어려움을 간접적으로 표현했다. 1480년 순례 여행을 했던 산토 브라스카도 비슷한 충고 즉 두 개의 가방을 준비하라는 조언을 했다. 첫 번째는 인내가 들어 있는 가방이고, 두 번째는 2

백 두카토가 들어 있는 가방이다.

312 380년 이전부터 카파도키아의 체사레아는 12월 26일 성 스테파노의 축일을, 12월 27일에는 성 베드로와 성 야고보 그리고 성 요한의 축일을 지냈다고 알려진다. 또한 411년에 작성된 「시리아의 순교록」에서도 이 축일이 언급되며, 6세기 초부터 카르타고 달력에는 세례자 요한의 축일이 6월 24일로, 베드로와 바오로의 축일이 6월 29일로 기록되는 등 현대의 로마 전례력에서 기억하는 축일과 유사한 날짜가 축일에 포함되어 있다. 이에 관하여, Jorg Splelt, "History of Saints", *Sacramentum Mundi*, vol 5, p.395; 이정운, 『전례적 마리아 공경와 성인 공경 연구 I』, 수원가톨릭대학교 출판부, 2013, 430쪽 참조.

313 베드로와 바오로의 기일에 관하여, Michael Lapidge, *The Roman Martyrs: Introduction*, Translations, and Commentary Oxford University Press 2018, pp.91~92, 특히 각주 8을 볼 것; 다스만, 『교회사 I』, 343쪽.

314 한 예로, 말티아데스 교황이 박해가 끝나자 가장 먼저 카타콤바의 순교 성인들의 무덤을 찾아가 감사 기도를 드리고 무덤을 성지로 선포하며 순례를 당부했던 기록을 들 수 있다. 조인형, 『로마의 카타쿰』, 하늘양식, 2013, 22쪽.

315 순교자 공경의 기록은 에우세비우스의 『교회사』와 폴리카르푸스의 『순교록』에서 발견된다. 이 내용은 156년(또는 167년)에 화형된 동방교회 스미르나 공동체의 주교 폴리카르푸스 주교의 죽음 이후 순교자 공경이 어떻게 이루어졌는지를 보여준다. "그 뒤 우리는 보석보다 더 귀하신, 금보다 더 값진 그의 유골들을 모아 적당한 곳에 묻었습니다. 우리는 환희와 기쁨으로 가득 차 가능한 한 그곳에 모였습니다. 주님께서는 우리에게 이전에 투쟁한 사람들을 기억하고 앞으로 순교할 사람들이 단련하고 준비하도록, 그가 순교한 날에 기념하는 것을 허락하셨습니다." 에우세비우스, 『교회사』 4,16; 폴리카르푸스 저, 하성수 역주, 『편지와 순교록』, 분도출판사, 2002, 179쪽.

316 일반적으로 카타콤바는 그리스도인들의 신앙 산실로 받아들여졌다. 특별히, 익명의 작가가 쓴 *The Martyr of the Catacomb: A Tale of Ancient Rome*은 카타콤바에 숨어 살면서 신앙을 지켜낸 초기 순교자들의 삶을 그려냈다. 1878년에 발견된 이 책의 작가와 작성 시기에 대해서는 이견이 분분하며 역사적 진정성은 크게 의심을 받는다. 한편, 카타콤바의 기능과 조성 시기에게 대해서도 학자들의 의견이 다르다. 다스만은 카타콤바가 비밀 장소가 아니였으며, 카타콤바의 확산은 평화시기 이후에 일어났다고 본다. 그는 로마의 토질이 지하 카타콤바의 조성을 용이하게 했으며, 가장 오래된 카타콤바는 3세기 초에 생겨났다고 주장한다. 이에 관하여, 다스만, 『교회사 I』, p.150; 이와 대조적으로 다스만의 주장을 반박할 만한 구절이 에우세비우스의 『교회사』 VII, 4에 있다. 이 부분에서 그리스도인들이 카타콤바에서의 모임을 가졌음을 시사해주는 구절이 포함되어 있다.

317 Bartlett, 8, pp.615~617.

318 성 마르티누스의 비명 내용은 당시 사람들의 인식을 잘 보여준다. "신성하게 기념해야 할 주교인 마르티누스가 여기에 누워 있다. 그의 영혼은 하느님 곁에 있지만, 그는 여전히 여기에 임하시어 모든 종류의 기적을 행하신다. Peter Brown, *The Cult of the Saints: Its Rise and Function in Latin Christianity*, University of Chicago, 1981. 한글 번역서는 피터 브라운, 『성인 숭배』 새물결, 2002, 42쪽. (이 글에서는 한글 번역서의 페이지를 기입한다.) 각주 12 재인용.

319 초기 교회 신자들에게 순교자는 그리스도를 가장 모범적으로 따른 이들로 인식되었다. 그 연장선에서 신자들은 순교자들이 예수님과 가장 가까운 곳에 자리 잡고 자신들의 청원을 예수님께 전하여 구해주리라는 믿음을 가졌다. 이러한 믿음에 기초하여 순교자 무덤 주변에 묻히려는 경쟁retro santo도 바실리카 건축 이후에 계속되었다. 그 예로, 성 베드로 대성전 아래에 있는 베드로 무덤 주위에 건축 직후 많은 무덤이 순식간에 들어찼다는 기록이 전해진다. 이에 관하여, 다스만, 1999, pp.380~381. 여기서 '전구' 신앙이 교회의 교리가 정립되기 이전부터 나타났다는 점에 주목할 필요가 있다.

320 이 문헌의 명칭을 둘러싼 논쟁은 문헌의 발표자와 등급에 관한 것이다. 에우세비우스의 교회사(10권 5절)에 나타난 문헌 전문에 동방의 황제 리키니우스가 언급되는 것으로 보아, 이 문헌은 공동 작성 내지 합의된 문헌으로 보인다. 이 점은 이 문헌이 라틴어(락탄티우스의 『박해자의 죽음 *De Mortibus Persecutorum*』에 실려 있다.)와 그리스어(에우세비우스, 『교회사 *Ἐκκλησιαστικὴ ἱστορία*』)로 작성되었고 그 문헌이 남아 있다는 점에서 뒷받침될 수 있다. 한편, 이 문헌은 2월 3일 밀라노에서 두 황제에 의해 합의된 후, 6월 13일 니코메디아에서 팔레스타인 총독에게 보내는 서한 형식이 알려진다. 갈레리우스 황제의 311년 문헌이 로마법상 칙령으로 구분될 수 있는 데 비해, 동서제국 전체에 시행될 내용을 담고 있는 이 문헌을 콘스탄티누스가 단독으로 공표한 칙령으로 보기에 어려움이 있다. 프란츤 역시, 칙령이 아님을 분명하게 지적한다. 이에 대하여, 아우구스트 프란츤, 최석우 역, 『세계교회사』, 분도출판사, p.78.

321 Ernst Dassmann, *Kirchengeschichte II/2*, Verlag W. Kohlhammer, 1999, 하성수 역, 『교회사 II/2』(이하, 다스만, 1999로 표기), 분도출판사, 2016, 380쪽. 이 관행은 밀라노의 암브로시우스 주교(339~397)에 의해 금해진 이후 서서히 사라졌다. 이 금령에 관한 기록은 히포의 아우구스티누스가 저술한 『고백록』에서도 나타난다.(아우구스티누스, 『고백록』 6.2.2.)

322 신자와 교회에게 중요한 의미를 갖던 순교자의 유해를 재력 있는 사람들이 획득하고 원하는 곳에 안치했다는 기록도 있다. 그 예로 3세기 말경, 폼페이아나라는 귀족 여

인이 순교자 막시밀리아누스의 시신을 관리자로부터 얻어 순교자 치프리아누스의 시신 옆에 안장했다는 기록이 있다. 또한, 살로나 지역에 만들어진 최초(304년)의 그리스도교 묘지가 부유한 귀부인인 아스클레피아가 만들었다는 점도 이와 연관된다. 이 묘지는 그녀 자신과 가족들의 무덤을 포함하는 건축물 안에, 그리고 순교자 아나스타시우스의 무덤 위에 마련되었다. E. Dygge, *History of Salonitan Christianity*, Aschenhoug, 1951, p.78. 위의 내용은 피터브라운의 서적 한글 번역본 p.100에서 재인용 Peter Brown, *The Cult of the Saints: Its Rise and Function in Latin Christianity*, University of Chicago, 1981. 한글 번역서는 피터 브라운, 『성인 숭배』, 새물결, 2002.

323 이처럼 무덤 위에 건축된 바실리카의 대표적인 예로 콘스탄티누스 황제가 바티칸 언덕의 바오로 무덤 위에 건축한 바오로 대성전(Basilica di San Paolo fuori le mura)과 성 세바스티아노 성전(Basilica di San Sebastiano fuori le mura)과 베드로 성전(Basilica Papale di San Pietro in Vaticano)들이 있다. 또한 무덤 위의 바실리카는 아니지만 중요한 의미를 가지는 건축도 있다. 4세기와 5세기에 세워진 라테란 성전(Arcibasilica Papale di San Giovanni in Laterano)과 성모 대성당(Basilica di Santa Maria Maggiore) 등 많은 바실리카 성당이 이에 해당된다.

324 콘스탄티누스 황제는 로마제국의 수도를 콘스탄티노플로 이전(330년)한 후, 수도 콘스탄티노플에 대성전을 건축한다. '사도들의 성전Άγιοι Απόστολοι'이라고 이름 붙인 이 성당은 콘스탄티누스 황제 시대에 도시 내부에 세워진 첫 교회였다. 황제는 예수님의 열두 사도의 유해를 모두 안치하기를 소망하며 이 성전 건축을 시작했지만 그의 바람과는 달리, 이 성당은 그의 생전에 사도들의 유해를 안치하지 못했을 뿐 아니라 완공되지도 않았다. 황제의 시신은 빈자리로 있었던 12사도의 무덤 옆에 안치되었다. 이 장면은 예수의 사도들과 동격이라는 의미의 isapostolos로 스스로를 자칭했던 그의 마음이 드러나는 대목이다. '사도들의 성전'이 성인의 유해를 안치한 성당으로 변화되는 일은 그의 아들 콘스탄티우스 황제 시대(337~361)에 일어난다(349년 추정). 그는 성 티모테오와 성 안드레아 그리고 루카의 유해를 이곳으로 이장하고 안치하였는데, 이는 도시 안에 성인의 유해를 옮겼다는 점에서 그 시대에서는 대단히 큰 의미를 지닌 사건이었다.

325 그리스도교 신자에 대한 로마의 박해가 완전히 종식된 시점은 324년으로 보아야 한다. 313년의 밀라노 관용령 반포 이후에 동로마를 지배하던 리키니우스가 박해를 했기 때문이다. 리키니우스 황제의 박해는 동로마의 그리스도인들이 서로마의 콘스탄티누스 황제를 따른다고 보았기 때문이었는데, 이때 그는 교회를 폐쇄하고 교회 지도자들을 감옥에 가두거나 처형하기도 했다. 이러한 그의 박해는 324년에 이르러 콘스탄티누스가 동로마제국을 흡수하면서 마침내 종료되었다.

326 다스만에 따르면, 평화시기 도래 전후의 순교자 공경의 양상에는 차이가 있다. 박해시대의 순교자 공경에 있어서, 순교자의 역살(轢殺)이 (참회한 뒤) 교회에 복귀한 사람들이 죄를 용서받는 데 도움을 주는 것이었다. 이에 비해 평화시기의 순교자는 신자들이 청원하는 가능한 모든 종교적·세속적 관심사에 응답하는 역할을 맡았다. 순교자는 이 시기에 각 공동체와 도시, 지역의 수호성인이 되었으며, 신자들은 그들에게 보호와 도움을 바랐다. 다스만, 1999, v378

327 전설에 따르면, 은수자 성 펠라지오가 814년경 한밤중의 이상한 빛을 보고 야고보의 무덤을 찾았으며, 이 소식을 들은 아스투라아스의 알폰소 2세가 유해를 봉안하기 위한 성당 건축에 착수하여 829년에 성당 건물이 세워졌다.

328 Gottschalk가 산티아고를 방문한 해는 학자에 따라 950년 또는 951년으로 지목된다. 여기서는 Bibliothèque Nationale de France, Bibliothèque de l'Arsenal, MS-371에 따라 951년으로 제시한다. 한편, 930년에 이름은 남겨지지 않은 독일의 사제가 이곳을 방문했다는 기록도 있다. 이에 대하여, Herbers, Klaus. "El primer peregrino ultrapirenaico a Compostela a comienzos del siglo X y las relaciones de la monarquía asturiana con Alemania del Sur", *Compostellanum: revista de la Archidiócesis de Santiago de Compostela* 36.3, 1991, pp.255~264.

329 산티아고가 성지로 개발된 데는 예루살렘 성지 접근성이 어려워진 점도 작용했지만 무어인으로부터 스페인을 재탈환하려는 교회의 동기도 작용했다고 말할 수 있다. 카롤루스 대제가 이슬람 세력으로부터 스페인 지역을 탈환할 때 군사들의 종교적 동기를 부여한 곳이 산티아고였다.

330 중세시대 성지순례가 활성화된 데는 신자들의 열의뿐 아니라 제반 여건이 제공된 데 있다. 교통편, 순례허가증, 해당 지역의 안전 보장, 숙박시설, 통역, 안내서 등의 문제가 교회와 순례지가 자리 잡은 국가의 도움을 통해 해결되었다는 점이 순례를 활성화시킨 요인으로 볼 수 있다.

331 Bartlett, p.424

332 12세기, 라떼란 공의회 14조에는 로마를 여행한 사람을 romipetas, 사도들과 다른 성인의 오라토리오를 방문하는 peregrini로 구분하고 있다.

333 Bartlett, p.414.

334 『산티아고 순례 안내서』는 칼릭스투스 서책으로 알려진 책의 5권에 실려있다. 이 책은 칼릭스투스 교황이 11세기에 별책으로 작성하였다가, 1130년대 후반에 에므리 피코드(Aymeric Picaud)가 한 권으로 만들었다고 추정된다. W. Melczer, *The Pilgrim's Guide to Santiago de Compostela*, New York, 1993, 137, n.15,140~141, n.31.

335 13세기부터 산티아고 순례를 떠나면 죄의 1/3을 면제받으며, 가는 도중에 죽으면 완전히 사면된다고 되어 있다. 또한 산티아고에서 열리는 종교 행렬에 참석하면 40일을 면제받으며, 만약 주교가 이 행렬을 이끈다면 200일 이상을 면제받고 행렬이 야고보 축일인 7월 24일에 있다면 600일을 면제받는다. 주교나 수도원장 등 고위 성직자가 집전하는 미사에 참석하면 200일을 면제받고, 산티아고 시내 외곽에 있는 마지막 숙박지인 몬테 델 고소(Monte del Gozo)에서 미사를 드리면 100일을 면제받는다. D. M. Gitlitzand L.K. Davidson, *The Pilgrimage Road to Santiago*, St Martin's Griffin, 2000, p.346. 이러한 면죄부는 주요한 성지순례에도 주어졌다. 예루살렘의 경우 지역에 따라 완전 면죄부와 7년 280일 면죄부가 주어졌다. 이처럼 면죄부가 길어진 데는 예루살렘 순례가 쉽게 갈 수 없는 순례가 된 상황에 놓여 있기 때문이다.

336 Bartlett, p.425

337 이 시기 신자들의 문맹률을 감안하면 교리 교육은 성지 성당에 그려진 성화를 통해 이루었으리라 짐작할 수 있다. 이 때문에 성지순례의 활성화는 스텐드글라스 미술과 성화 및 성물의 발달에 큰 영향을 미쳤다. 무엇보다 집중할 부분은 성당에 성모상과 함께 12사도의 동상이 세워지고, 그 밖의 성인과 천사들이 새겨져 있는 점이다. 이러한 성당을 순례함으로써 서로 다른 지역과 문화로부터 순례길에 오른 신자들 간에 공통적인 신앙의 기반이 확립되었다고 볼 수 있다.

338 Umberto Eco, Umberto Eco(기획), *Il Medioevo, Castelli, Mercanti, Poeti , Milano, EncycloMedia*, 2011, p.86; 김정하, 「르네상스와 유럽-중동의 순례길」, 『사총』 87권, 高麗大學校 歷史硏究所, 2016, 216쪽에서 재인용

339 Umberto Eco, p.96; 김정하, 앞의 논문, p.217에서 재인용

340 그 예로, 유해나 성상에 물리적 학대를 가하거나, 큰 소리로 지속적으로 탄원하는 행위 또는 성상이나 유해를 강물에 던지며 탄원하는 등과 같은 폭력적 행위, 미사 중 또는 미사 전에 유해를 성당 바닥에 내려놓고 성인에게 탄원을 하는 유해 비하 예식 humiliation of relics 등을 꼽을 수 있다. 유해 비하 예식의 사세한 내용에 관하여, Patrick Geary, "Humiliation of saints", *Saints and their Cults*, edit. Stepen Wilson, Cambridge University Press, 1995, pp.123~140을 참조할 것.

341 제4차 라테라노 공의회(1215)는 오래된 성인들의 유해들은 이제부터 어떠한 경우라도 유해함 외에는 어느 곳에서도 전시되거나 팔려고 내놓아서는 안 된다고 규정하고 "새롭게 발굴된 유해도 교황의 권위로 인정되기 전까지는 어느 누구도 공적으로 감히 공경해서는 안 된다(DS 818)"고 선언하였다.

342 2차 리옹 공의회(1274)는 교회 내 수도원 등에서 전례를 임의로 변형시키거나 중지해가면서 진행하는 성인 유해를 비하하는 행위(humiliation of relics)를 단죄하였

다. *Conciliorum oecumenicorum decreta*, cl.17.

343 일곱 개의 순례 성당은 다음과 같다. St. Peter's Basilica, Basilica of Saint Paul Outside the Walls ,Basilica of St. John Lateran, Basilica of St. Mary Major, Basilica of Saint Lawrence outside the Walls, Basilica of the Holy Cross in Jerusalem, Sanctuary of Our Lady of Divine Love(원래는 St. Sebastian Outside-the-Walls 이었다가 2000년대에 이르러 대체됨)

344 『로마 미사 전례서』, 성인 감사송 I

345 예수와 순교자들의 전구에 관하여, 다스만, pp.373~374 참조.

346 교황청 경신성사성, 「대중신심과 전례에 관한 지도서: 원칙과 지침」, 212항.

347 「교회헌장」 51항.

348 『교회헌장』 49항 참조. 한편 「전례헌장」에서는 "순교 성인을 포함한 모든 성인들이 하느님의 온갖 은총을 통하여 완덕에 이르렀고, 이미 영원한 구원을 얻어 천상에서 하느님께 완전한 찬미를 드리며, 우리를 위하여 전구하고 있다. … 교회는 그리스도와 함께 고통을 받고 함께 영광을 받은 성인들 안에서 파스카 신비를 선포하며, 모든 사람을 그리스도를 통하여 하느님 아버지께 인도하는 그들의 모범을 신자들에게 보여 주고, 그들의 공로로 하느님의 은혜를 간청하여 받는다(104항)"고 언급된다.

349 「사도신경」(Symbolum Apostolicum), DS 19. 273), 『가톨릭교회 교리서』 1472항. 한편, 통공에 관한 신경의 언급은 니케아-콘스탄티노플 신경(381년)에는 나타나지 않는다.

350 '통공(sanctorum communionem)'은 그리스도교 교회 안에서도 서로 다르게 해석되는 신학 개념이다. 개신교계 진영에서 이 개념은 거룩한 교회 안에서 세례받은 신자들이 지니는 신자들(성도들)의 교제로 해석된다. '통공' 신앙과 관련하여 교회들이 보여주는 차이는 사도신경(Symbolum Apostolicum)에서 분명하게 드러난다. 한글로 번역된 신경을 비교할 때 로마 가톨릭의 '성인의 통공'에 비해, 성공회와 개신교는 '성도의 교제'로 나타난다. 한편, 니케아-콘스탄티노플 신경을 고수하는 동방정교회의 신경에는 '통공'이 포함되지 않는다.

351 Clement of Alexandria, *Stromata VI*, xii, 10, 같은 저서, Ⅷ,xii, 78.

352 Origen, De Oratorione, 31, 이두희 역, 『오리게네스 기도론』, 새물결플러스, 2018, 54쪽.

353 Joseph Francis Sollier, "The Communion of Saints" *Catholic Encyclopedia*, 1913, Volume 4.

354 "모든 신자들이 하나의 몸을 이루기 때문에 각자의 선은 모두에게 전달된다. … 그러므로 교회 안에는 선의 공유가 존재한다고 믿어야 한다. 그러나 가장 중요한 지체는

머리이신 그리스도이시다. 따라서 그리스도의 모든 선이 지체들에게 전달되며 이러한 전달은 교회의 성사들을 통해 이루어진다."

355 "하느님의 정의에 근거를 두고 있는 공로나 하느님의 자비에 근거하고 있는 기도와 같은 행위는 유효하다. … 만일 어떤 이가 하느님의 은총 안에 머물고 있다면 그의 행위는 한 가지 방법으로서 다른 이를 위해서 기도로서만이 아니라 애덕의 효과를 통한 공로로서도 가치를 지닐 수 있다. 이것이 성인들의 통공 안에서 이루어지는 것이다."

356 "중재 기도는 연옥에 있는 영혼들을 위해 가치가 있다. 왜냐하면 그들은 구원이 요구되는 상태에 있으며 중재 기도를 필요로 하기 때문이다. 그렇게 해서 우리는 성인들과의 통공에 일치하고 있다."

357 레오 13세의 회칙 「성체성사(Mirai caritatis)」(1902년 5월 28일), '교회와 성인들의 통공과 더불어 성체성사의 연계' DS 3363; '통공'에 관하여 제2차 바티칸 공의회 교의헌장 「인류의 빛」: 교회, 제7장 49항(DS 4169)이 자세히 다루었다.

358 유대교의 순교 이해와 마카베오서에 나타난 순교 장면에 대한 이해는 논란이 많은 부분이다. 유대교의 순교가 그리스도교의 순교와 다른 이해를 가지며(H.F.Campenhausen), 마카베오 2권이 4권과 가지는 관계성이 이를 인용한 구문의 역사적 진정성을 다소 희석시키기 때문이다. 초기 그리스도교의 순교를 연구하는 학자들 가운데 유대교의 순교 이해가 그리스도교의 영향을 받아 최종 편집되었다고 보는 견해도 있다(G. W. Bowersock과 D. Boyarin).

359 다스만, 『교회사 II』, 375쪽.

360 『요한행전』 72; 다스만, 『교회사 I』, 342쪽 참조.

361 테르툴리아누스, 『월계관』 3; 『정결 권유』 11, 『일부일처제』 10.4, 다스만, 앞의 책, 같은 곳 재인용.

362 Klauser, Christlicher Martyrerkult, 221-9; 다스만, 374쪽 재인용. 그러나 이교도의 영향은 유대교의 영향에 비해 매우 적다고 보는 것이 학계의 일반적인 견해인 듯하다. 그리스도교의 성인 공경과 이교도의 신 숭배의 연관성에 관한 자세한 내용은 다음을 참조할 수 있다. Robert Bartlett, *Why Can the Dead Do Such Great Things? Saints and Worshippers from the Martyrs to the Reformation*(이하, Bartlett), Princeton University Press, 2013, pp.609~618.

363 에우세비우스, 『교회사』 4.16; 폴리카르푸스의 『편지와 순교록』 18, 하성수 역주, 부도출판사, 2002, 179쪽. 인용문의 출처는 폴리카르푸스의 『편지와 순교록』.

364 에우세비우스,『교회사』 5,1; 8,6.

365 Thomas Head, "The Cult of the Saints and Their Relics", 장준철, 「중세의 성인

숭배와 성유물 비하의식」, 『이화사학연구』 51, 이화사학연구소, 2015, 271~303쪽.

366 사이먼 시백 몬티피오리, 유달승 역, 『예루살렘전기』, 시공사, 263; 헬레나가 십자가를 발견할 당시 예수가 박혔던 두 개의 못을 발견하고, 아들에게 전하도록 지시했다는 기록이 전해진다. 이 기록에 따르면 두 개의 못을 하나는 왕관에 또 하나는 말고삐에 쓰도록 부탁했다. 이는 히브리 예언자 즈가리아가 "그날이 오면 말방울까지도 야훼의 것으로 구별되고"(즈가 14,20)라고 말했던 내용이 실현되었다는 것을 보여준 장면이었다.

367 헬레나의 십자가 발견에 대해서 다음의 연구가 있다. Thomas Head, "Constantine the Great, the Empress Helena, and the Relics of the Holy Cross", *Medieval Hagiography*, Routledge, 2018, pp.83~95; Barbara Baert, "Helena and The Jews. The Legend of the Finding of the Cross", *A Heritage of Holy Wood: The Legend of the True Cross in Text and Image*. Brill, 2004, pp.15~53; Jan Willem Drijvers, "The Construcrion of the Helena Legend", *Helena Augusta*, Brill, 1992, pp.131~145: "The protonike legend, the Doctrina Addai and bishop Rabbula of Edessa", *Vigiliae christianae* , 1997, pp.298~315; R. M. Price, "Helena Augusta: The Mother of Constantine the Great and the Legend of Her Finding of the True Cross", *The Journal of Theological Studies* 44.1, 1993, pp.358~360; Marek Babic, "Inventio Sanctae Crucis: Kyriakova legenda o objavení svätého kríža", *Cultural History/Kultúrne Dejiny/Kulturgeschichte* 5.1, 2014. (이 논문에는 키리아코스 전설 전문이 실려 있다.) 헬레나의 전설(Helena Legend)에는 그녀가 예수가 못 박힌 십자가를 발견하였으며 (예루살렘의 주교인 마카리우스의 명령에 따라-소크라테스 버전) 그 십자가를 침대에 누운 여인 옆에 두었더니 그 여인이 치유되었다는 일화이다. 그러나 헬레나의 이 일화는 여러 근거로 역사적 진정성이 인정되지 않는다. 헬레나 전설로 불리는 이 이야기에 관한 언급이 처음 나타나는 것은 암브로시우스 주교가 395년에 집전한 테오도시우스 대제 장례식으로 알려진다. 그러나 현재 남아 있지 않은 교회사(Church History)에 이 이야기가 담겼고, 그 시기는 이보다 앞선 390년이었다고 전해진다. 이 역사서에 헬레나의 십자가 발견 이야기를 넣은 사람은 카에사리아의 겔라시우스(Gelasius)로 알려진다. 이 역사서를 루피누스(Rufinus)가 번역했고, 이 번역본을 참조하여 Socrates Scholasticus(380년 출생)가 작성한 Ecclesiastical History에 헬레나 전설이 담겨 있다. 이후에 간행된 Sozomen(450 출생)과 Theodoret(457년 사망)의 교회사는 소크라테스의 내용과 같은 이야기를 담고 있는데, 후자에서 가장 잘 정리된 일화가 나타나고 후세에 전해진다. 헬레나 전설의 역사성에 의심을 던지는 가장 첫 근거는 콘스탄티누스 황제가 예루살렘에 건립한 성교 교회를 자세히 기술한 에우세비우스의 교회사에 십자가와 헬레나 언급이 없다는 점이다. 한편, 4세기에 작성된 시리아 문헌

(Doctrina Addai)에만 남아 있는 기록에는 헬레나의 십자가 발견 일화와 매우 유사한 내용(십자가 발견과 기적 사화)이 발견된다. 이 이야기의 주인공은 클라우디우스 황제(41~54 재위)의 부인으로 등장하는 프로토니케(Protonice)이다. 프로토니케라는 이름은 클라우디우스 황제의 여러 부인 이름에 나타나지 않는다. 학자들은 프로토니케가 픽션 인물이었다고 해석한다. 이 일화에 따르면, 프로토니케가 로마에서 베드로의 기적을 목격하고 그리스도교로 개종한 후 예루살렘 여행을 떠나 그곳에서 야고보를 만났다. 그녀가 야고보 사도에게 골고타 언덕과 십자가를 보여달라고 청하니, 그가 유대인들이 그리스도인들의 출입을 금하여 방문이 불가능하다고 답한다. 이에, 프로토니케는 유대인 지도자에게 명하여 그리스도인들의 출입 허가를 받아내고, 야고보와 함께 무덤에 들어가 세 개의 십자가를 발견한다. 이후, 그녀의 딸이 낙상으로 심한 부상을 입고, 그녀의 아들의 제안으로 세 개의 십자가를 차례로 딸 옆에 놓으니 세 번째 십자가를 놓은 직후 딸이 일어났다. 프로토니케는 이 십자가를 야고보에게 전하고 그곳에 교회를 짓도록 명령을 내렸다. 이 이야기는 야보고가 작성하여 아다이 사도에게 보내졌다. 아다이 사도는 동방교회 전통에 따르면, 예수의 12제자 중 하나인 Thaddeus, Addeus와 같은 인물이다. 이디노폴리스의 연구에 따르면, 프로토니케의 일화와 헬레나의 일화에서 공통적으로 나타나는 인물, 곧 십자가 발견에 도움을 준 인물인 유태인 유다는 나중에 그리스도교로 개종해 시리아쿠스라는 세례명을 받고 후에 주교가 되었으나, 이러한 유다라는 인물은 기록상 헬레나가 살기 200년 전인 하드리아누스 황제 때 박해받아 죽었다고 한다.(다스만, 앞의 책, 386~387; Idinopolis, 202) 플롯이 상당히 유사한 두 가지 전설 중 어느 것이 사실인가를 묻는 것은 의미가 없어 보인다. 둘 모두 역사성을 입증할 자료가 부족하기 때문이다. 그렇지만 성스러운 십자가 발견을 다룬 전설에 대한 연구를 이 지점에서 살펴보는 것은 역사성을 넘어서는 의미를 우리에게 줄 수 있다. 십자가 발견 전설을 연구한 학자들에 따르면, 이 이야기는 크게 세 개의 버전으로 전해진다. 그 하나는 방금 살펴본 프로토니케 전설이고, 나머지 둘은 고대 후기 헬레나 전설과 유다 키리아코스(Judas Kyriakos) 전설이다. 안 윌렘 드라이버스(Jan Willem Drijvers)를 포함한 이 주제 연구가들 상당수는 헬레나 전설이 나머지 두 전설의 기원이라고 본다. 프로토니케 전설은 사건의 시간을 1세기로 설정하고, 시리아어로만 남아 있다는 점에서 다른 두 전설과 대조를 보인다. 나머지 두 전설은 그리스어와 라틴어, 아랍어로 전해 내려온다. 학자들은 프로토니케 전설이 에뎃사 교회의 기원을 담은 설화집, Doctrina Addai의 일부로 본다. 그리고 이 설화집이 북 메소포타미아의 도시인 에뎃사 지역의 교회에 정통성을 부여하면서 마니교 확산을 방지하기 위해 그 기원을 그리스도 시대까지 연결시키기 위해 만들어졌다고 본다. 십자가 발견 내용을 담은 프로토니케 전설이 Doctrina Addai에 삽입된 시기는 5세기로 추측할 수 있다. 이러한 시기 추정은 이 이야기 중의 기도에 나오는 단성론을 통해서도 가능하다. 이에 관하여, Jan Willem Drijvers의 1997년 논문을 볼 것.

368 *Encomium on Saint Theodore*, PG 46, 740B.

369 피터 브라운, 『성인 숭배』, 새물결, 2002, 45~47쪽.

370 황제의 시신은 빈자리로 있었던 12사도의 무덤 옆에 안치되었다. 이 장면은 예수의 사도들과 동격이라는 의미의 'isapostolos'라 스스로를 자칭했던 그의 마음이 드러나는 대목이다.

371 『서간집』 77.22, 13; 다스만. 앞의 책, pp.383~384 참조.

372 다스만, 앞의 책, 384. 제대와 유해를 긴밀하게 연결하는 일에 대한 이러한 평가는 다스만의 의견이다. 같은 일에 대하여 피터 브라운은 주교가 '보이지 않는 보호자 밑에 있는 보이는 보호자'로서의 역할을 강화하는 전략으로 평가한다. 피터 브라운, 앞의 책, pp.105~111 참조.

373 유해 비하 예식의 자세한 내용은 다음을 참조할 수 있다. Patrick Geary, *Humiliation of Saints*, Saints and Their Cults, ed. Stepen Wilson, Cambridge University Press, 1995, pp.123~140; Susan Boynton, *Shaping a Monastic Identity: Liturgy and History at the Imperial Abbey of Farfa, 1000~1125*. Cornell University Press, 2006; Lester K. Little, *Benedictine maledictions: liturgical cursing in Romanesque France*, Cornell University Press, 1996; Kate M. Craig, *Mobile Saints: Relic Circulation, Devotion, and Conflict in the Central Middle Ages*, Taylor & Francis, 2021. 국내 연구로는 장준철, 「중세의 성인 숭배와 성유물 비하(humiliation of relics) 의식」, 『이화사학연구』 51, 梨花女子大學校 附設 梨花史學硏究所, 2015, 271~302쪽; 정준철, 「중세 수도원의 클라모르(clamor)」, 『세계역사와 문화연구』 27.1, 한국서양문화연구회, 2012, 87~119쪽이 있다.

374 Paul Sébillot, *Le Folk-Lore de France*, 1252; Biblio Bazaar, *Paris: Maisonneuve et Larose*, 2013, IV, pp.167~168; 정준철, 80쪽에서 재인용.

375 Vita S. Stephani Grandimontensis, *Patrologia Latina, Parisiis, 1844~1855*, vol. 204, p.1030. 정준철, 281쪽에서 재인용.

376 Little 의 연구에 따르면, 클뤼(Cluny)와 투(Tours)의 성인 비하 예식서가 남아 있다. 이 두 예식서에 나타난 비하 예식의 절차는 약간 다르기는 하지만, 미사 중에 유해를 통로에 놓고 신자들과 함께 탄원한다는 점에서 동일하다. 구체적인 예식 과정은 Little의 저서, 28~30에 나타난다.

377 *Conciliorum oecumenicorum decreta*, cl.17.

378 카타콤바가 신자들의 비밀 장소였다는 주장에 대한 이견은 다음 내용에 나타난다. 권영파, 「그리스도교 순례 전통 역사의 의미 고찰」, 『부산교회사보』 108호, 부산교회사연구소, 116쪽 각주 90.

379 Bartlett, p.8; pp.615~617.

380 성 마르티누스의 비명 내용은 당시 사람들의 인식을 잘 보여준다. "신성하게 기념해야 할 주교인 마르티누스가 여기에 누워 있다. 그의 영혼은 하느님 곁에 있지만, 그는 여전히 여기에 임하시어 모든 종류의 기적을 행하신다." E. Le Blat, Les inscription ch, 292, Peter Brown, 42; *Encomium on Saint Theodore* 재인용(각주 12 참조).

381 Acta Maximiliani, 3.4, ed. & tr. H. Musurillo, *The Acts of the Christian Martyrs*, Clarendon Press, 1972, p.248; 피터 브라운, 앞의 책, p.99 재인용.

382 E. Dygge, *History of Salonitan Christianity*, Aschenhoug, 1951, p.78; 피터 브라운, 앞의 책, p.100 재인용.

383 일반적으로 '밀라노 칙령'으로 알려진 이 문헌은 콘스탄티누스가 단독으로 발표한 칙령이 아니라, 밀라노에서 리키니우스 황제와 콘스탄티누스 황제가 합의하여 작성한 후, 팔레스타인 총독에게 보낸 편지 형식의 문헌이었다. 본 글에서는 프란츠의 이러한 지적에 따라, 밀라노 칙령이 아닌 밀라노 관용령으로 표기한다. 아우구스트 프란츤, 최석우 역, 『세계교회사』, 분도출판사, 78쪽.

384 조인형, 『로마의 카타콤』, 하늘양식, 2013, 22쪽.

385 Ernst Dassmann, *Kirchengeschichte II/2*, Verlag W. Kohlhammer, 1999, 하성수 역, 『교회사 II/2』(이하, 다스만 1999로 표기), 분도출판사, 2016, 380쪽.

386 다스만, 1999, 380~381쪽.

387 당시 전례의 모습은 『호교론』 1권 67장 3~5절에서 찾을 수 있다. 그 순서는 신약성경과 구약성경 낭독, 설교, 전구 기도를 포함하는 말씀의 전례, 빵과 물을 섞은 포도주에 대한 성찬 축복기도 순으로 이루어졌다.

388 다스만, 『교회사 I』, 331~337쪽 참조. 피터 브라운은 교회가 가난한 이들에게 제공하는 이러한 무상의 도움을 로마제국의 빈민 구제 작업을 의식하고 다양한 계층을 교회 안으로 흡수하려는 교회의 전략으로 해석한다.

389 『대중신심과 전례에 관한 지도서: 원칙과 지침』 227항.

390 380년 이전부터 카파도키아의 체사레아는 12월 26일 성 스테파노의 축일을, 12월 27일에는 성 베드로와 성 야고보 그리고 성 요한의 축일을 지냈다고 알려진다. 또한 411년에 작성된 「시리아의 순교록」에서도 이 축일이 언급된다. 6세기 초부터 카르타고 달력에는 세례자 요한의 축일이 6월 24일로, 베드로와 바오로의 축일이 6월 29일로 기록되는 등 현대의 로마 전례력에서 기억하는 축일과 유사한 날짜가 축일에 포함되어 있다. 이정운, 『전례적 마리아 공경과 성인 공경 연구 I』, 수원가톨릭대학교 출판부, 2013, 430쪽 참조.

391 그리스도교 신자에 대한 로마의 박해가 완전히 종식된 시점은 324년으로 보아야 한

다. 313년 밀라노 관용령 반포 이후에 동로마를 지배하던 리키니우스가 박해를 했기 때문이다. 리키니우스 황제의 박해는 동로마의 그리스도인들이 서로마의 콘스탄티누스 황제를 따른다고 보았기 때문이었는데, 이때 그는 교회를 폐쇄하고 교회 지도자들을 감옥에 가두거나 처형하기도 했다. 이러한 그의 박해는 324년에 이르러 콘스탄티누스가 동로마제국을 흡수하면서 마침내 종료되었다.

392 다스만, 1999, 378쪽.

393 역사적 연속성의 담지와 관련하여 순교자 공경을 이해하는 관점은 R.A. Markus의 저서, *The End of Ancient Christianity*, Cambridge University Press, 1990에 나타난다. 특히, pp.90~106을 참조.

394 역사적 연속성의 담지와 관련하여 순교자 공경을 이해하는 관점은 다음 저서에 잘 나타나 있다. R. A. Markus, *The End of Ancient Christianity*, Cambridge University Press, 1990, pp.90~106.

395 이러한 견해는 Peter Brown 1982를 관통하는 관점이다.

396 순교자의 어원은 법적인 용어에 해당하는 μάρτυς로서 이는 '증인', '증거' '증언' 등의 의미를 지닌다. 이에 비해, 성인(聖人)은 영어의 saint로 그 라틴어 어원은 sanctus이며 그리스어 어원은 "ἅγιος (hagios)"이다. 이 단어는 '구분하다', '성스럽게 하다' 등의 의미를 지닌 ἁγιάζω (hagiazo)의 파생어이다. 70인역 구약성경에 ἅγιος는 229번 등장한다. 베드로 전서 12장 15~16와 에페소서, 골로 1:2에서와 같이 신약성경에서 'ἅγιος, 곧 '거룩한 자'는 순교 등과 관련된 성스러운 덕이나 뛰어난 능력을 가진 사람을 의미하기보다 하느님께 바쳐진 사람, 신자 등을 가리킨다. 이러한 해석에 따라 성경에 나타난 통공이 개신교에서는 성도들의 통공, 곧 교회 안에서 그리스도교 신자들끼리의 통교로 고백된다. 한편, 초대 교회부터 성인의 단계에 구분이 있었다는 기록이 있다. 여러 등급의 성인 중에서 하느님께 생명을 바친 사람, 곧 순교자가 성인의 가장 높은 자리에 놓였다. 또한, 다스만에 따르면, 4세기까지 일종의 성인 명부에 있는 사람들은 어떻게 생을 마감했는지 모르는 경우에도 순교자 신분이 부여되었다. 로마의 클레멘스나 리옹의 이레네우스가 이 예이며, 사도들도 요한을 제외하고는 모두 순교자가 되었다. 다스만, 1999, 378쪽. 여기서 이 시기에는 순교자가 성인 개념을 포함하는 보다 넓은 범위에 놓임을 알 수 있다.

397 교회 역사에서 시성되었던 성인의 수를 파악하는 것은 불가능하다. 이는 성인이 시기와 장소에 따라 성인 목록에서 빠지는 과정을 모두 담은 정확한 통계 자료가 없다는 점에 기인한다. 교회에 남아 있는 가장 완전한 성인 목록은 1961~1969에 간행된 *Bibliotheca sanctorum*로 받아들여진다. 이 자료는 거의 모든 시기의 성인을 총망라하는 자료인데 그 안에 포함된 로마가톨릭교회 성인의 수는 약 2만 명에 달한다. 이 안에는 실제로 존재했는지 확인할 수조차 없는 (전설적인) 성인도 포함되어 있다.

이들 중 기록이 조금이라도 남아 있는 성인을 아일랜드와 이베리아반도를 제외한 지역을 중심으로 헤아리면 2,680명일 것으로 추산된다. 그러나 이 숫자도 교회 전례력에 기록되지 않았던 성인의 수를 살펴보면 이야기는 달라진다. 종교개혁 이전 시기까지의 성인의 수를 연구한 헐리히(Herlihy)에 따르면 시기별 성인의 수는 다음과 같이 정리된다.

	1-313	313-475	476-750	751-850	851-999	1000-1150	1151-1347	1348-1500	총계
시기별	925	378	866	115	133	235	324	87	3063
1년당	3	2.3	3.2	1.2	0.9	1.6	1.7	0.6	1.815

표: David Herlihy의 연구자료에 따른 시기별, 연평균 성인의 수(Bartlett, p.140에서 재인용)

398 전구와 통공의 신학적 근거와 교회의 가르침은 다음 글에 정리되어 있다. 권영파, 「그리스도교 순례 전통 역사의 의미 고찰」, 『부산교회사보』 108호, 122~126쪽.

399 『로마 전례력』은 1584년 교황 그레고리 13세가 발표한 『로마 순교록』 표준판을 기초로 하여 바오로 6세가 1969년 2월 14일 「자의 교서(Motu Proprio Mysterii Paschalis)」 문헌으로 개정된 전례력을 인준한 후, 1969년 3월 32일 교황청 경신성성의 교령으로 공포되었다. 새로 발표된 『로마 전례력』에는 사료 비판적인 고찰을 반영하여 순교 성인의 축일이 기입되었다. 이때 대부분의 초기 로마 순교자들은 로마 교회가 공경하는 성인들 중 핵심적인 가경자로 간주되었다. 또한, 많은 경우 이들에 대한 역사적 자료가 없는 점을 반영하여, 신자들에게 잘 알려진 성인들만 채택되었다. 이런 과정과 원칙을 통해, 많이 알려지지 않은 성인은 축일표에서 삭제되었다. 그러나 각 민족과 지역 교회 간 균형을 감안하여, 복음이 늦게 전파된 지역 출신 순교자들은 축일표에 포함되었다.

400 이 조치에 따라 전례력에 포함되지 않은 성인에 대한 언급은 해당 국가와 지역, 교구나 수도 가족의 개별 달력들에 유보되었다. 한국 천주교회도 한국 교회 고유 성인 대축일을 기념하며, 아울러 9월을 '순교자 성월'로 기념한다. 1984년의 103위 시성에 따라 '복자성월'이 '순교자 성월'로 개명되었으며, 성 김대건 안드레아와 성 정하상 바오로와 동료 순교자 대축일(9월 20일)을 그 중심으로 한다. '복자성월'은 1925년 7월 5일 바티칸에서 한국 순교자들 중 기해(1839)·병오(1845) 박해 순교자 79위 시복식이 거행된 이듬해부터 79위 가운데 가장 많은 복자가 순교한 9월 26일을 '한국 치명복자 79위 첨례'로 정해 순교복자들을 현양하도록 한 데서 시작되었다.

401 「전례헌장」, 111항.

402 교황성 경신성사성, 『대중신심과 전례에 관한 지도서: 원칙과 지침』 Prot. N. 497.514, 제228항.

403 이 숫자는 2022년 7월 현재 인터넷 가톨릭굿뉴스, '가톨릭 성인 목록'에 기입된 성인의 숫자이다. https://maria.catholic.or.kr/sa_ho/list/list.asp?menugubun=-

404 183쪽의 도표는 성인의 삶을 기록한 자료를 기반으로 헐리히가 정리한 내용을 바틀렛이 다시 시기별로 정리한 내용을 표로 만든 것이다. 한편, 『로마 전례력』의 순교자 기념축일의 일수가 기념되는 순교자의 수와 일치하지는 않는다. 이는 한의 103위 순교자 축일에서와 같이 해당 축일에 연관된 박해 순교자들이 함께 기념되기 때문이다.

405 이를 잘 보여주는 글이 Miracula Thecla, 4에 있다. 인간이 다가서기 어려운 하느님께서 인간에게 순교자들을 보내시어 그들이 인간 곁에서 도움을 줄 수 있게 하였다는 순교자 이해가 나타난다. Tr. Alice-Mary Talbot & Scott Fitzgerald Johnson, *Miracle Tales from Byzantium*, Harvard University Press, 2012, 1p.9.

406 수도원을 정주 수도원으로 한정하지 않는다면, 4세기 이후 수도자의 공동체는 두 가지로 나누어볼 수 있다. 그 하나는 여러 곳을 떠돌아다니며 대화로 신앙생활을 지도하거나 설교를 통해 신앙을 전파하는 수도자들이다. 이들은 또한 병자를 고쳐주거나 구마 행위를 펼치기도 했다. 그러나 광신적인 일부 수도자들은 이교신전을 파괴하거나 약탈을 일삼기도 했다. 이러한 수도자 이외에 사막에서 은수생활을 하는 독거 수도자[獨修者]나 공주 수도자[會修者]가 있다. 일반적으로 초대 교회의 수도원 운동은 후자를 가리킨다.

407 독일어로 살펴볼 때 순례의 두 가지 의미가 있다. 그 하나는 Wallfahrt로서 한 사람 또는 여러 사람이 고향으로 돌아갈 마음을 먹고 성지로 떠나는 여행을 의미한다. 이에 비해 Pilgerschaft는 금욕적인 이유에서 유랑과 결부될 수 있으며 일생 동안 지속될 수 있는 여행을 의미한다. 이에 관하여, 다스만, p.402.

408 최화선, 『고대 후기 그리스도교 순례에 관한 연구-4~6세기를 중심으로』, 서울대학교대학원 박사논문, 2005, 151~152쪽.

409 다스만, 『교회사 II/2』, p.293; 프란츤, 『세계교회사』, p.116~117.

410 엘비라 공의회(303) 33조(DS 119)는 가장 오래된 독신법으로 알려진다(DS 39). 이외에도 제2차 카르타고 교회 회의(390)의 「법규」 2조와 암브로시오 교부가 쓴 『성직자의 의무』 I, 50, 249에서 제식적 동기로 사제에게 정결을 요구하는 내용을 볼 수 있다. 다스만, 273~274 참조.

411 치프리아누스, 『동정녀의 품행』; 『서간집』 4.13. 이후의 자료로는 히에로니무스(348~420), 『서간집』 117; 니케아 공의회 「법규」 3조 (성직자들은 자기 가족이 아닌 여인과 동거하지 말거나 이와 관련된 모든 혐의를 피해야 한다), 톨레도 교회 회의(531) 「법규」 3조; 다스만, 『교회사 II/2』, p.288(각주 99 참조).

412 다스만, 『교회사 I』, p.272.

413 아타나시우스, 『성 안토니우스의 생애』, p.2.

414 파코미우스를 공주수도원운동의 창시자라고 말할 수는 없지만, 그가 이 운동의 확산에 기여한 것은 부정할 수 없다. 이 수도원은 재산을 포기하고 순명하는 것을 서약하고 수도생활을 해나갔는데, 점차 급격히 성장하며 여성 수도원도 생겨났다. 이 수도원에는 여성 수도자의 수가 남성 수도자의 수를 훨씬 능가했다. 수도원의 생활은 노동과 기도를 중시했지만, 앞선 경우에 비해 극단적인 빈곤을 강조하지는 않았다. 이 수도원에 입회하려는 이들 중 상당수는 이집트 사회의 가장 낮은 계층에 속하는 비그리스도인이었다고 보인다. 지원자의 대부분이 교리 교육을 받고 세례를 받았다는 점에서 이를 추정할 수 있다. 이집트의 수도원은 모든 수도자가 평생 머물러야 하는 장소가 아니었다. 일부는 잠시 머물러 여기에서 배운 이상과 생활을 갖고 고국으로 돌아가 그리스도교의 이상과 수도원의 삶을 전파시켰다. 무엇보다 이 수도원의 이상은 교회 지도자들에게 전해져, 성직자들이 추구해야 할 이상으로 남게 되었다. 또한 수도원이 실천한 영성 지도와 설교, 기도와 노동 등은 교회 전반의 영성 형성에 큰 영향을 미쳤다.

415 바실리우스, 『서간집』 14.2; 다스만 『교회사 II/2』, pp.312~313 참조.

416 사막의 성인으로 불리는 안토니오와 공주 수도원의 효시로 꼽히는 피코이우스 등은 이집트 교회가 전개한 수도원운동을 대표한다. 이집트 교회 이외에도 동방교회의 수도원운동과 베네딕토 수도원으로 대표되는 이탈리아 교회의 수도원운동 및 시리아의 수도원, 이디오피아의 수도원운동이 있다. 그러나 그 양상은 이집트 교회와 많은 차이점을 보여주었다.

417 본 주제와 관련하여 가장 근접한 국내 연구물로 김태형과 남영의 논문을 들 수 있다. 김태형은 「성화상 공경의 기원과 발전」, 『가톨릭사상』 38, 대구가톨릭대학교출판부, 2008에서 성화상 공경을 둘러싼 교부들의 신학적 입장과 제2차 니케아 공의회까지의 성화상 논쟁 전개 과정을 제시했다. 이에 비해 남영은 「성인과 성화상 및 유해에 대한 경배」, 『가톨릭사상』, 대구가톨릭대학교출판부, 2020, 133~154쪽에서 교회법에 기반하여 흠숭지례(欽崇之禮, latria), 상경지례(上敬之禮, Hyperdulia), 공경지례(恭敬之禮, dulia)를 구분하고 성화상과 유해 공경의 자료를 정리했다. 본 연구는 초기 박해시기부터 종교개혁 시기까지에 걸친 성화상 논쟁의 신학적 쟁점을 살펴보고 순교자들의 모범을 따르며 예수님의 가르침을 실천하는 신앙생활에 성화 공경이 갖는 의미를 정리하는 데서 차이를 둔다.

418 고종희·송혜영, 「그리스도교 이콘의 기원과 변천-콘스탄티노플 이콘 중심으로」, 『미술사학』 15, 2001, pp.127~171. 고종희와 송혜영의 이 논문은 이콘의 기원과 기능 등을 명확하게 설명해주는 점에서 본 논문과 연결된다. 조수정, 「비잔티움 성화상(聖畫像) 논쟁과 교회 미술-십자가와 성 에우스타키우스(St. Eustachius)의 환시, 『교회사연구』 51, 한국교회사연구소, 2017, 167~197쪽; 윤인복, 「이콘의 전승과 해석-그리스도의 번모 도상을 중심으로」, 『미술이론과 현장』 26, 한국미술이론학회, 2018,

31~51쪽.

419 이콘 신학에 대한 연구로 김형부의 연구, 「단 하나뿐인 얼굴-동방정교회 이콘의 역사적 배경과 신학적 의미」, 『종교문화학보』 8, 한국종교간대화학회, 2011, 47~74쪽을 꼽을 수 있다. 김형부는 이콘이 동방교회 신앙의 집중물임을 보여주는 논문에서 이콘의 신학적 배경을 부정신학(Theologia apophatica), 헤시카즘(Hesychasm, 정적주의(靜寂主義)), 신화(神化)로 제시했다. 이 연구는 이콘을 둘러싼 서방과 동방교회의 신학적 갈등을 이해하는 좋은 자료를 제공할 뿐 아니라 이콘 작가이기도 한 저자의 전공에 기반하여 이콘에 대한 미학적 설명을 충실하게 전해준다. 미학 전공자인 김산춘의 다음 논문은 문헌 분석을 통해 성화상 파괴 과정의 논쟁을 정리했다. 「이콘의 신학-제1차 비잔틴 이코노클라즘을 중심으로」, 『미술사학보』 20, 美術史學研究會, 2003: 「제2차 비잔틴 이코노클라즘과 동방 신학」, 『미학예술학연구』 19, 미학·예술학연구회, 2004, 93~117쪽. 이외에도 이정혜는 개신교의 입장에서 이콘을 이해하는 시도를 펼쳤다. 이정혜, 「[이콘 새로 보기 1] 비잔틴제국, 성상(Icon) 그리고 교회의 이야기」, 『기독교사상』, 대한기독교서회, 2011, 168~176쪽: 「[이콘 새로 보기 3] 이콘신학(Iconology): 성상파 주장」, 『기독교사상』, 2011, 대한기독교서회, 184~191쪽: 「[이콘 새로 보기 4] 이콘신학 (Iconology): 성상파 주장 II」, 『기독교사상』, 대한기독교서회, 2011, 150~157쪽; 선한용, 「동방정교회의 [아이콘](Icon) 에 대한 역사적·신학적인 이해」, 『신학과 세계』 24 , 감리교신학대학교, 1992, 128~147쪽; 이연호, 「시각 이미지와 초월성-동방정교회의 '이콘 공경'을 중심으로」, 『종교문화비평』 37, 한국종교문화연구소, 2020, 327~357쪽.

420 성화상 논쟁에 대한 시대적 배경을 연구한 이경구의 논문은 기존의 연구에 대한 비판적 접근을 통해 새로운 인식을 심어준다. 이경구, 「레오 3세의 성상 파괴 동기」, 『역사학연구』 41, 2011, 195~223쪽: 「레오 3세의 성상 파괴: 파괴의 정도와 범위」, 『서양중세사연구』 28, 韓國西洋中世史學會, 2011, 79~100쪽: 「교황 그레고리우스 2세-충성스런 신하인가, 치밀한 혁명가인가」, 『서양중세사연구』 25, 韓國西洋中世史學會, 2010, 1~32쪽; 이정구, 「8세기 성화상(聖畵像)논쟁의 시대적 요인」, 『한국 교회사학회지』 27, 한국교회사학회, 2010, 67~91쪽; 박정흠, 「이미지 이데올로기 측면에서 8세기 성화상 논쟁의 발단원인 고찰」, 『한국교회사학회지』 47, 한국교회사학회, 2017, 321~353쪽; 권영훈, 「동방정교회와 이콘」, 『아세아연구』 58.3, 고려대학교 아세아문제연구소, 2015, 278~306쪽; 김차규, 「비잔티움 세계와 서유럽-시각의 차」, 『인문과학연구논총』 29, 명지대학교 인문과학연구소, 2008, 21~37쪽.

421 홍진경, 「성화상」, 한국가톨릭대사전편찬위원회, 『한국가톨릭대사전』 6권, 한국교회사연구소, 4,860쪽.

422 Robert Bartlett, *Why Can the Dead Do Such Great Things?*, Princeton University Press, 2013, p.472. 그런데 이 벽화의 용도가 이콘의 용도와 같은지에 대해

서는 의견이 분분하다. 벽면을 채운 그림들이 성경의 내용을 담고 있다는 점에서 교육적인 목적으로 사용되었다고 추정할 수 있다는 의견도 있다. 이는 엄밀한 의미에서 발견된 성화 중에 가장 이른 성화로 볼 수 있지만, 성화 공경의 가장 이른 예로 보는 데 무리가 있다.

423 첫 번째 이콘에 대한 다양한 학설이 있다. 비잔틴 교회의 전승에 따르면, 루카 성인이 성모님의 그림을 그린 작품이 첫째 이콘이다. 또한 '만딜리온(동방교회에서는 Nerukotvorennyj Obraz, '인간의 손으로 그려지지 않은 형상'으로 불리고, 서방교회에서는 '거룩한 얼굴'로 불린다)'이라는 이콘을 첫 이콘으로 꼽는 학설도 있다. 에우세비우스의 교회사 1권 13장에 따르면, 오늘날 터키 남부 에데싸의 왕 아브가르가 중병을 앓게 되었을 때, 예수님에게 자기 종을 보내 도움을 청했다. 예수님은 (훗날의) 타데오 사도를 통해 당신 얼굴을 무명천에 찍어 보내주셨고, 이에 왕의 병이 치유되었다. 또 다른 학설은 루카 사도가 성모님을 그린 이콘이 최초의 이콘이라고 말한다. 만딜리온에 대하여, Fortounatto and Cunningham, "Theology of the Icon", *The Cambridge Companion to Orthodox Christian Theology*, Cambridge Companions to Religion, Ed by Mary B. Cunningham and Elizabeth Theokritoff, Cambridge University Press, 2008, p.141; Cannon, Mae Elise, and Kevin Vollrath, "Spiritual Synchronicity: Icon Veneration in Evangelical and Orthodox Religious Practices in the 21st Century", *Religions* 12.7, 2021, p.466에서 재인용.

424 AA. VV, *Encyclopedia medievale*, Roma, 1996, vol4, p.263; 고종희·송혜영, 「그리스도교 이콘의 기원과 변천」, 130쪽에서 재인용. 한편, 현존하는 가장 오래된 이콘은 시나이 산의 성 카타리나 수도원에 소장되어 있는 [성베드로], [전지전능자 그리스도], [성모자와 천사, 성인 테오도로와 지오르지오]로서 모두 6세기경에 콘스탄티노플에서 제작된 것으로 추정되는 작품들이다. 이에 관하여, 같은 글, p.145.

425 L. Coppone, *Le icone di Cristo e la Sidone*, Milano, 2000. p.127; V. Lazarev, *Storia della pittura bizantina*, Torino, 1967, p.12; 고종희·송혜영, 「그리스도교 이콘의 기원과 변천-콘스탄티노플 이콘 중심으로」, 한국미술사교육연구회, 2001, 130쪽에서 재인용. 한편, 이콘 공경에서 보이는 대중의 결집과 흡입력은 교황과 황제 모두에게 성화 공경을 자신의 권력을 강화하는 좋은 도구로 간주할 여지를 보여주었다.

426 우리는 베드로와 바오로, 그리고 그리스도의 모습을 그린 그림이 보존되어 있는 것도 보았다. 이것은 고대 이방인들이 자신의 구세주, 또는 구원자들에게 존경을 나타내는 표현이었을 것이다. 에우세비우스, 『교회사』 7권, 18장.

427 Augustinus, *De Consensu Evangelistarum* 1,10.

428 "너는 위로 하늘에 있는 것이든, 아래로 땅 위에 있는 것이든, 땅 아래로 물속에 있는

것이든 그 모습을 본뜬 어떤 신상도 만들어서는 안 된다." 탈출 20,4 그런데 엄밀하게 말하면, 구약에서 언급된 우상(pesel), temunah이 존재하지 않는 대상을 가시화하는 작업에 한정된다고 이해될 수 있다. 그럼에도 불구하고, 그리스도교 역사에서 이 구절은 대상(실존 인물 예수와 성모 마리아 및 순교자, 성인)을 상징적으로 그려내는 모든 작업을 공격하는 데 사용되었다.

429 3세기 초 알렉산드리아의 클레멘스는 그리스도인들의 인장 반지에 성화 묘사를 허용하였다. 이때 그는 인장의 성화 조각이 우상숭배적인 요소를 내포하지 않도록 명확하게 주제를 제시해야 한다고 한정시켰다. 비둘기와 배, 닻과 같이 그리스도교적 상징을 가진 그림은 허용되었다. 이러한 허용은 성화상 논쟁의 쟁점인 인물 묘사 등과 다소 거리가 있다.

430 "오직 하느님만이 아드님이신 예수를 알 수 있습니다. 성육신을 취한 그리스도는 하느님의 영광으로 변화되었기에 생명이 없는 어떤 것으로도, 곧 어떤 화려한 색이나 그림자로도 묘사될 수 없습니다." George Florovsky, "Origen, Eusebius, and the Iconoclastic Controversy, American Society of Church History", *Church History* 19, 1950, pp.84~86에서 재인용.

431 벽면에 그려진 것을 경배하거나 숭배하지 않도록 교회에는 형상이 없어야 한다. (「법규」 36조) 법규의 내용은 다스만, 하성수역, 『교회사 1권』, 분도출판사, 2007, 278쪽에서 재인용.

432 Cyril of Alexandria, *Contra Julianum 6*, col. 812: Bartlet의 저서, p.611에서 재인용.

433 "그(화가)는 이야기하는 책처럼 모든 것을 갖가지 색으로 정교하게 묘사하면서, 우리에게 순교자의 투쟁을 생생하게 선포하고 성전을 장려하게 장식했습니다." 닛사의 그레고리오, 거룩하고 위대한 순교자 테오도루스 찬양 연설(Oratorio laudatoria sancti ac martyris Theodori PG 46,737), 다스만, p.217, 각주 199 재인용.

434 성화상 공경은 비잔틴 교회에서 유물 공경을 대신할 만큼의 비중을 차지하였다고 보인다. 다스만은 이에 관하여 "순례자들의 기억으로 신앙심을 일으키는 모든 종류의 성물들은, 비잔틴 공간에서 유물들을 점차 밀어젖힌, 성화상의 효능에 대한 믿음을 강화했다"고 정리한다. 다스만, p.220.

435 E. Kitzinger, *Il culto delle immagini*, Firenze, 1992, p.27~40. 고종희·송혜영, 앞의 논문, 137에서 재인용.

436 그런데 이러한 양상은-특히 비잔틴 지역에서 나타나는 양상은- 그리스·로마 문화의 잔영으로 볼 수 있다. 고대 그리스·로마 문명에서 다양한 신과 여신이 수호신과 악령 축출, 치유 등을 수행했던 역할이 성상과 이를 중재하는 수사들을 통해 계승되었다고 말할 수 있다.

437 이에 관하여, 다스만, p.218.

438 Tschiflianov는 성화상 논쟁의 배경적 요인으로 우상과 미신의 특성을 보였던 신심 양태, 교회와 국가를 재정비하려는 레오 3세 황제의 의도, 우상숭배를 부인하는 유대교와 마니교의 비판, 당대에 직면했던 자연 재앙, 이콘 제작을 통해 부를 축적하며 영향력을 키워간 수도원과 정부의 갈등, 이콘 신학을 둘러싼 신학적 대립 등을 꼽는다. 이에 관하여, Blagoy Tschiflianov, "Iconoclastic Controversy A Theological Perspective", *Greek-Orthodox Theological Review* 38, 1993, pp.231~264(231).

439 Bartlett, p.529.

440 공경할 만한 성화상들 가운데, 목자가 그의 손가락으로 어린양을 가리키고 있는 그림이 있다. 여기서 어린양은 은총의 전형으로, 율법을 통해 참된 어린양이며 하느님이신 그리스도를 의미하는 것이다. 우리는 이러한 전형들과 그림자들, 그리고 교회에 주어져 있는 모상들을 진리의 상징으로 온전히 받아들이지만, 율법의 성취로서의 은총과 진리를 더욱 선호한다. 그러므로 우리는 이제부터 완전한 것이 그림을 통해 모든 사람들의 눈에 보일 수 있도록 표현해야 하며, 우리 하느님이신 그리스도께서 이제부터는 옛 어린양이 아니라 사람의 형태로 성화상을 통해 드러나야 한다고 선언하는 바이다. 이는 모든 사람이 이를 통해 하느님 말씀의 겸손의 깊이를 이해하도록 하기 위함이다. 또한 이는 우리가 육체 안에 하느님께서 계신 것과, 그분께서 세상에서 하신 대화, 수난, 구원을 위한 죽음, 그리고 온 세상을 위해 행하신 구원 사업을 상기하도록 인도되기 위함이다. *Synodum Trullum*, Canon 82.

441 성화상 공경을 둘러싼 신학적 논쟁에 관해서, 프란츤 『세계교회사』 180~181쪽; 샤츠, 『보편공의회사』, 112쪽; 예딘, 최석우 역, 『세계공의회사』, 분도출판사, 2004, 42쪽을 참조.

442 이 시기 비잔틴제국은 20년 동안 황제가 7명 교체되는 혼란을 겪었고, 외부적으로 동쪽에서는 아랍 세력이, 서쪽에서는 아바르족과 슬라브족과 대결하고 있었다. 레오 3세는 또한 아랍 세력에 대한 방어선을 구축하기 위해 동부에 자리 잡고 있던 단성론자들을 결집해야 하는 상황에 직면했다. 학자들은 이러한 상황에서 테라섬에서 화산이 폭발하고 아랍전에서 잇달아 패하면서 흐트러진 민심을 안정시키기 위해 이 문제의 원인을 우상숭배로 집중시켰다고 본다. 이에 비해, 교황을 중심으로 하는 서로마제국의 후예는 게르만족의 위협을 받고 있었다. 또한 교회는 로마제국의 계승을 주장하는 동방 제국의 통제를 받고 있었다. 이러한 8세기의 상황에서 교황은 동로마 제국으로부터의 자유를 갈망했고, 황제는 이슬람의 확장을 막기 위해 수도원의 재산을 몰수하고 수도원이 미치는 영향력을 억제할 필요가 있었다. 교황과 황제는 성화상 공경을 빌미로 전투를 벌이는 가운데, 내부적으로는 자신의 실제적인 영향력

을 강화하고 권력을 집중할 수 있었다. 이러한 과정에서 이슬람은 우상 파괴에 힘을 실어준 반면, 프랑크왕국은 서로마 교회의 손을 들어줌으로써 동로마제국으로부터 서로마 교회가 독립하는 데 결정적인 영향을 미쳤다.

443 730년에 반포된 금령은 722년과 726년의 사건의 연장선에 있다. 레오 황제는 726년 성화상 숭배를 반대하는 첫째 경고문을 공포했다. 레오 황제의 이러한 명령은 교회에 대한 지배권을 강화하기 위해 722년에 반포한 과세 법령을 교황 그레고리우스 2세가 따르지 않은 데에 대한 후속 조치로 볼 수 있다. 726년 성화상 반대 경고문을 반포한 레오 3세 황제는 개인적으로 모범을 보이기 위해, 소피아성당의 서쪽 면에서 황궁으로 향하는 청동 대문(Chalke) 위에 걸렸던 유명한 그리스도 성화상을 없애라고 명했다. 황제의 이러한 처사에 대해 즉각적이고 대대적인 반발이 일어났고, 730년의 반포는 하나의 십자가와 하나의 황제를 중심으로 왕권을 강화하기 위해 십자가 이외의 성상을 모두 제거하려는 그의 의도를 보여준다고 말할 수 있다. 한편, 피터 브라운은 황제가 자신의 정치적, 종교적 권위와 중앙집권화 통치 체제의 기능을 강화하기 위하여 성상들과의 투쟁을 시작했다고 본다. 라드너(G. B. Ladner)는 성상 파괴를 종교적 영역에서 황제의 영향력을 강화시키기 위하여 시도한 일종의 "황제-교황주의(Caesaro-Papism)"로 정의한다. 이들과 달리, 바나드(W. Barnard)는 레오 3세가 로마제국의 옛 전통에서 내려오는 황제 숭배 제의를 부활시키려는 의도로 해석한다. 이들의 주장은 황제의 권한과 영향력을 증진 또는 복원하기 위해 성화상 파괴가 계획되었다는 점을 시사한다. Peter Brown, "Dark-Age Crisis: Aspect of the Iconoclastic Controversy", *The English Historical Review*, 346, 1973, pp.26~28; Gerhart B.Ladner, "Origin and significance of the Byzantine iconoclastic controversy", *Mediaeval Studies* 2, 1940, pp.127~149; Leslie W. Barnard, "The Emperor Cult and the Origins of the Iconoclastic Controversy", *Byzantion* 43, 1973, pp.13~29; 다스만, p.221.

444 "황제 레오 3세에게 보낸 서한" DS 581, 그런데 그레고리우스 교황의 이러한 입장은 교황 착좌 이전과 대조를 보여주는 장면이다. 이에 대해 앙골드는 '교황황제주의'를 지향했던 그레고리우스 교황이 성화상 공경이 지닌 대중 결속력을 확인하며 성화상 공경을 두둔하며 황제에 반기를 드는 입장으로 선회하였다고 해석한다. Michael Angold, *Byzantium: The Bridge from Antiquity to the Middle Ages*, New York: St. Martin's Press, 2001, pp.99~100. 이러한 해석은 레오 3세의 성상 파괴 동기가 황제교황주의를 실현하기 위해 이미지를 향해 집중되는 열정을 황제에게로 집중시키고, 교회와 교황을 통제하여 왕권을 강화하는 데 있었다는 이경구의 주장과도 일맥상통한다. 이경구의 주장에 관하여, 이경구, 「레오 3세의 성상 파괴 동기」, 『역사학연구』, 호남사학회, 2011, 41, 195~223쪽.

445 이 당시 박해의 규모에 대해서는 학자마다 이견이 있다. 이경구의 연구에 따르면, 레

오 3세가 726년에 공식적으로 성상 파괴 칙령을 발포했다는 증거가 없고, 대문(Chalke)에 걸린 성화상 제거 사건도 가공적인 사건으로 볼 수 있다. 이경구는 레오 3세가 730년에 성상 파괴 명령을 내렸다는 점은 받아들일 수 있다고 보면서, 성상 파괴가 일시적으로 선별적으로 이루어졌으며 대대적이고 가혹한 박해가 있었다고는 보기 어렵다고 주장한다. 이에 대하여, 이경구, 「레오 3세의 성상 파괴-파괴의 정도와 범위」, 『중세사연구』 28, 2011, 79~100쪽.

446 이 시기 '상(image)'에 대한 신학적 주장들은 Gerhart B. Ladner, "The concept of the image in the Greek fathers and the Byzantine iconoclastic controversy", *Dumbarton Oaks Papers* 7, 1953, pp.1~34에 정리되어 있다. 이 논문은 그리스 교부들의 사상적 뿌리가 다마스쿠스의 요한에게 어떻게 영향을 미쳤는지를 잘 보여준다.

447 다마스쿠스의 요한은 727년 '성화상에 대한 강론De Imaginibus Oratio'을 통해 예수 그리스도께서 인간의 모습을 취하신 강생 사건을 통해 십계명의 제1계명은 폐지되었다고 주장했다. "보이지 않으시는 분께서 살을 취하시어 보이는 존재가 되셨기 때문에 우리가 눈에 보이는 형상을 만들 수 있는 것이다. … 우리 자신을 닮은 감각적 그림들과 함께 우리가 스스로 신적이면서 비물질적인 것을 관조할 수 있게 고양되고, 인간에 대한 사랑에서 나온 신의 섭리가 우리를 인도하기 위해 모양과 형태가 이루어지지 않은 사물들에게 모양과 형태를 빌려주기에, 우리는 인간에 대한 사랑으로부터 자신의 모양과 형태의 테두리를 낮추어서 우리에게 맞춘 그분을 묘사할 수 있다. 다마스쿠스의 요한, 「성화상 강론(De Imaginibus Oratio)」, Ⅰ, 27.

448 앞의 글, Ⅰ, 14.

449 콘스탄티누스 5세 치하의 성상 파괴의 정치적인 상황과 교회 회의 소집 지연 이유에 대하여 김차규, 「콘스탄티누스 5세와 성상 파괴논쟁」, 『서양중세사연구』 5, 1999, 1~17쪽을 볼 것.

450 이 회의를 이끈 신학적 논리는 다음과 같다. 성화상을 통해 드러나는 이미지는 예수님의 인성이다. 성화상이 신학적으로 합당하려면, 성화상이 완전한 신성과 인성을 지닌 그리스도 자체여야 한다. 이런 의미를 충족하는 대상은 성체성사일 뿐 다른 어떤 것도 성화상이라 할 수 없다. 그런데 이 논리는 사실 정통신학의 논리로 볼 수 없다. 신학적으로 볼 때 성체는 성화상이 아니다. 빵과 포도주는 그 자체 안에 원형과 보이는 것 간의 일치를 담고 있다는 점에서 원형과 이미지의 본질적 간극을 함축하는 성화상과 근본적으로 다르다. 이에 관하여, 김산춘, 「이콘의 신학-제1차 비잔틴 이코노클라즘을 중심으로」, 14쪽 참조.

451 K.Bihlmeyer/H.Tuchle, 대건신학대학 교회사연구회 옮김, 『교회의 역사』, 1984, 341쪽.

452 교회가 동방교회와 서방교회로 나뉜 신학적 기점은 1054년 filioque를 둘러싼 논쟁이다. 그러나 이후에도 상호 협력과 지원이 이루어졌다고 말할 수 있다. 이런 점에서 두 교회로의 확실한 분열은 십자군전쟁 기간 동안 서로마 진영이 동로마 교회와 지역을 약탈한 이후에 확정되었다고 볼 수 있다. 그럼에도 불구하고 성화상 공경을 둘러싼 갈등이 교회 분열의 단초를 제공했다고 말할 수 있는 것은 8세기 로마 교회와 제국이 각각 처한 상황 문제들이 성화상 공경에 집중되며, 마치 얼음이 바늘 자국에서 갈라지듯, 교회와 제국이 갈라졌기 때문이다. 성화상 공경을 둘러싼 갈등은 성화상 공경을 반대하는 비잔틴제국 교회와 공경을 찬성하는 로마 교회와 동방교회의 갈등과 교회 및 유럽 세력의 재편을 가져왔다. 성화상 공경 논쟁을 거친 이후에 교황은 자연스럽게 동로마제국 황제의 간섭으로부터 벗어나 서방교회의 지배권을 차지하게 되었다. 그러나 황제 지배 아래 있었던 로마 관구 지역들이 콘스탄티노폴리스 총대주교 관구로 복속되고, 교황직이 프랑크인들에게 편향되었다. 이처럼 로마가 콘스탄티노플로부터 이탈하면서 교황사에서 비잔틴 시대의 종말을 맞이하고 교회의 분열이 현실화되었다.

453 클라우스 샤츠 저, 이종한 역, 『보편 공의회사』, 분도출판사, 2005, 115~116쪽.

454 "우리는 공경할 가치가 있는 성화상들을 받아들인다. 우리는 이를 준수하지 않는 자들을 파문한다. 성화상의 도움에 힘입은 복음서들의 해석을 용인하지 않는 자는 파문될 것이다. 주님과 그분의 성인들의 이름을 지니고 있는 이 성화상들에 경의를 표하지 않는 자는 파문될 것이다. 기록된 전승이든 기록되지 않는 전승이든 교회의 모든 전승을 배척하는 자는 파문될 것이다." 제2차 니케아 공의회, 법규 9항.

455 테오도루스, 성화상 파괴론자에 대한 세 논박 (Antirrheticus) III, 3; PG 99,425.

456 김산춘, 「그리스도교 미학사상-제2차 비잔틴 이코노클라즘과 동방 신학」, 10~11쪽.

457 동방교회는 현재에도 이날을 사순절 첫 일요일에 '정교회의 축제The Triumph of Orthodoxy'로 기념하며, 성화상 파괴의 역사를 회상하고 성화상이 지니는 의미를 확인하고 있다.

458 "모든 사람의 해방자이시며 구원자이신 우리 주 예수 그리스도의 거룩한 성상은 거룩한 복음서의 책들에게 드리는 것과 같은 공경으로 공경받아야 한다고 규정한다." 제4차 콘스탄티노폴리스 공의회, 법규3 DS 1253.

459 이콘은 서방교회와 달리 전례에서도 사용되며, 그 제작 과정에서부터 수도생활에 준하는 종교적 의미를 지닌다. 또한 동방교회 이콘은 일정한 형식을 충족하며 그려지는데, 그 형식 안에 정교회의 신학이 담겨 있다. 더 나아가 동방교회에서 이콘은 기도와 전례에서 깊은 기도로 이끌어주는 역할을 하며, 교회 건물 구조와 장식이 하나의 소우주를 그려내는 것도 이콘 신학을 반영한 결과이다. 이콘이 동방교회 신앙과 영성에서 차지하는 의미와 역할은 다음 논문을 참조하시오. Vasile Miron, "The

Importance of Church Iconography", *RAIS Journal for Social Sciences* 5.2, 2021, pp.70~76; Fortounato and Cunningham, "Theology of the Icon", Corneliu-Dragoş Bălan,. "Doctrinal Considerations Concerning the Christian Icon", *Revista Română de Studii Eurasiatice* 13.1-2, 2017, pp.39~48; Andrew Louth, "Beauty will Save the World" The Formation of Byzantine Spirituality", *Theology Today* 61.1, 2004, pp.67~77.

460 이콘의 신학과 미술적 특징 및 영성에 관하여, 김형부, 「단 하나의 얼굴-동방정교회 이콘의 역사적 배경과 신학적 의미」, 『종교문화학보』 8집, 한국종교간대화학회, 2010, 47~74쪽; 조성암, 『비잔틴 성화상 영성 예술 1』, 정교회출판사, 2018, 25~26쪽.

461 G. Williams, *The Orthodox Church of the East in the Eighteenth Century*, Kessinger Publishing, 2008, p.17.

462 *Opus Caroli regis contra synodum* 3. 24, pp.448~452 (cf. p.334), Bartlett, 481에서 재인용.

463 이에 대하여, 바틀렛, pp.482~484.

464 동방 이콘의 서방 유입에 관하여, 다음 글을 볼 것. MargaritaVoulgaropoulou, "From Domestic Devotion to the Church Altar: Venerating Icons in the Late Medieval and Early Modern Adriatic", *Religions* 10.6, 2019, pp.389~431. 본문의 내용은 이 글의 pp.390~392 참조.

465 1263~1264년 작성된 아퀴나스의 『대이교도대전』을 단지 이슬람교도들의 공격에 대한 아퀴나스의 신학적 답변이라고 보는 데는 무리가 있다. 비록 적대자들의 논거들을 해결하는 일이 이 책의 주요한 관심사라고 말할 수 있지만, 박승찬의 연구가 주장하는 바와 같이, 이 책은 이슬람교도를 향해 선교활동을 펼치는 도미니코 수도회 선교사를 위해 저술된 책으로 보기는 어렵다. 이러한 이해는 우리의 논의 가운데 살펴보는 3권 119~121항의 자리를 볼 때 더 잘 이해될 수 있다. 표면적으로는 우상숭배 금지를 강조하는 이슬람교에 대항하는 것처럼 보이지만, 3권의 흐름 안에서 보면 좀 더 넓은 시각을 가질 수 있다. 『대이교도대전』에서 119~121항은 하느님이 인간의 지성에 작용하여 인간으로 하여금 하느님을 알아볼 수 있도록 이끈다는 논의(113~129) 안에 있다. 이 때문에, 『대이교도대전』의 119~121항은 이슬람교를 향해 성화상 공경 문제만을 논한 대목이라고 보기보다 그리스도교 신앙의 전반적인 구도와 내용 안에서 인간이 하느님께 다가가는 과정을 설명했다고 볼 수 있다. 박승찬의 주장은, 박승찬, 「토마스 아퀴나스의 주요 저작들에 나타난 서술방식 비교 -『대이교도대전』 제III권의 인간 이해를 중심으로-」, 『중세철학』 21, 2015, 71~120쪽. 『대이교도대전』의 구조는 Mark D. Jordan, "The Protreptic Structure of the "Summa Contra Gentiles", *The Thomist* Vol. 50, 1986, pp.120~121을 볼 것.

466 『신학대전』에서 아퀴나스는 성화상 공경을 문제삼는 이들의 요지를 네 가지로 압축한다. 그 하나는 출애굽기 20장 4절, 곧 십계명의 우상숭배 금지 조항이고, 두 번째 내용은 그리스도를 나타내는 像은 '흠숭(latria)'의 예로 경배되어서는 안 된다는 내용이다. 이어지는 내용은 그리스도에 대한 흠숭은 그의 신성에 대한 것이지 인성에 대한 흠숭이 아니므로 인성을 표현한 성화상에 대한 흠숭의 문제점을 지적하는 내용이다. 마지막 내용은 像에 대한 경배는 하느님께서 제정하신 바가 아니고 성경도 상에 대한 경배에 대해 그 어떤 것도 말하지 않았으므로 그리스도의 像에 흠숭의 경배를 바쳐서는 안 된다는 내용이다.

467 참고, Sed quia in novo testamento Deus factus est homo, potest in sua imagine corporali adorari.

468 아퀴나스, 『대이교도대전』 *Summa contra Gentiles*, 3권, 119항.

469 아퀴나스, 『대이교도대전』 *Summa contra Gentiles*, 3권, 120항.

470 Debet ergo homo aliquid Deo speciale reddere in recognitionem beneficii specialis. Et hoc est latriae cultus. Latria servitium dicitur. Servitium autem domino debetur. 아퀴나스, 『대이교도대전』 *Summa contra Gentiles*, 3권, 120항.

471 바틀렛, 481.

472 Catherine Brown Tkacz, "Iconoclasm, East and West", *New Blackfriars* 85.999, 2004, pp.542~550.

473 성상 파괴를 주도한 이들은 12세기에는 Cistercians, 13세기에는 Templars, 14세기는 Lollards and Hussites, 17세기 이후에는 영국과 프랑스의 반왕실주의자anti-royalist들이었다. 그 예로, 1524년 Zurich에서 일어난 성상 파괴 사건, 1535년에 스위스 등에서 일어난 사건을 들 수 있다. 또한 헨리 3세에 의해 영국 천주교회 스테인드글라스의 90퍼센트가량이 파괴되었고, 수많은 미술작품들이 압수당했다. 이에 대하여, Tkacz, 앞의 글, pp.547~549.

474 Carlos M. N. Eire, *War Against the Idols: The Reformation of Worship from Erasmus to Calvin*, University of Virginia, 1986, pp.33~42.

475 첫째, 교회 등 하느님을 예배하는 공간에 이미지를 설치하는 것은 잘못된 행위이며 십계명의 제1계명을 범하는 행위가 된다. 둘째, 조각상이나 회화로 만든 우상을 제단 위에 두는 것은 악마적이고 위험한 일이다. 셋째, 이러한 이유 때문에 우상들을 파괴하고 성경에 근거하여 합당한 권리와 심판을 행사하는 것은 당연한 일이다. (Karlstadt, Von Abtuhung der Bilder, 1522), Carlos M. N. Eire, *War Against the Idols: The Reformation of Worship from Erasmus to Calvin*, 58에서 재인용.

476 이에 대하여, Eire ibid., p.59.

477 "우리가 이제까지 맹목적으로 교황 제도 아래에서 지켜오고 행해온 것을 생각해보시기 바랍니다. … 모든 사람들이 자신의 성자를 택하여 그를 예배하고 어려울 때에 그에게 도움을 청하는 이러한 증오물이 무수히 많았습니다. … 이 모든 사람들은 참되신 하나님보다 다른 곳에 마음을 두고 신뢰하며, 하나님을 위하여 아무 좋은 것도 구하지 않고 또 그에게서 바라지도 않기 때문입니다. … 마음으로 그를 붙잡고 그에게 매달릴 때만이 우리는 하나님을 깨닫게 됩니다." 지원용 편, 『루터選集』 제9권, 『세계를 위한 목회자』, 컨콜디아사, 1983, 424~425쪽.

478 루터가 일반적인 회화와 성화에 대해 보여준 태도는 R.Bergmann, "A'tröstlich pictura': Luther's Attitude in the Question of Images", *Renaissance and Reformation/Renaissance et Réforme*, 1981, pp.15~25를 볼 것.

479 서성록 외 6인 공저, 『종교개혁과 미술』, 20~21쪽.

480 Martin Luther, *Luther's Work*, ed by,H.T.Lehmann&J.J.Pelikan, vol55, Phil. Fortress, 1995, pp.79~80.

481 John Calvin, *Institutes of the Christian Religion*, Ⅰ, 4.1.

482 John Calvin, 존칼빈성경주석번역위원회 역, 『출애굽기, 레위기, 민수기, 신명기』, 성경교재간행사, 1982, pp.84~85.

483 John Calvin, *Institutes of the Christian Religion*, Ⅰ, 11.1.

484 칼뱅의 종교 사상이 긍정적으로 수용되었던 네덜란드에서 칼뱅파가 주도한 성상 파괴는 1566년에 일어났다.

485 John Dillenberger, *A Theology of Artistic Sensibilities: The Visual Arts and the Church*, Eugene: Wipf & Stock Publishers, 2004, p.67.

486 츠빙글리, 『츠빙글리 저작 선집』 3, 410쪽.

487 최근 복음주의 계열 신학자들의 성상 공경에 대한 입장은, David Vandrunen, "Iconoclasm, Incarnation and Eschatology: Toward a Catholic Understanding of the Reformed Doctrine of the 'Second'Commandment", *International Journal of Systematic Theology* 6.2, 2004, pp.130~147; Mae Elise Cannon, and Kevin Vollrath, "Spiritual Synchronicity: Icon Veneration in Evangelical and Orthodox Religious Practices in the 21st Century", *Religions* 12.7, 2021, p.463~475.

488 이 글은 신학적인 관점에서 비가톨릭 신학자들의 비판을 신학적으로 분석하고 이에 대한 답을 모색하는 데 목적을 두지 않는다. 이에 대한 자료를 소개하는 선에서 그치기로 하겠다. 우선, 개신교 계열 신학자들이 성화상 공경에 대해 제기하는 신학적 논점의 주요 요지는 David Vandrunen, "Iconoclasm, Incarnation and Eschatolo-

gy: Toward a Catholic Understanding of the Reformed Doctrine of the 'Second' Commandment." *International Journal of Systematic Theology* 6.2, 2004, pp.130-147에서 볼 수 있다. 저자의 연구 관심이 십계명의 제2조항에 집중되었지만, 성화상 공경이 역사적으로 이 조항을 둘러싼 논쟁으로 진행된 점을 감안할 때 이 논문은 개신교 진영의 공격 지점을 이해하는 데 도움이 된다. 또한 성인, 성화, 유해 공경을 중심으로 그리스도교 교파 간의 갈등을 신학적으로 접근한 연구물로 Carole Lynette Taylor, Communion of Incorruption: A Theology of Icons and Relics. Ph.D Diss. Duke University, 2020이 있다. 테일러는 이 논문에서 이 논쟁의 핵심에 놓인 신학적 논점을 '하느님과 일치를 이루려는 다양한 경로에 대한 신학적 이해'로 제시한다. 이 연구는 성화상 공경을 주로 동방정교회 관점에서 접근하며, 이를 개신교 측과 연결하려고 시도했다는 점에서 가톨릭 신학 관점의 분석이라고 말할 수 없다. 그럼에도 불구하고, 에큐메니칼 운동의 관점에서 성화상, 성인 공경을 다룬 점에서 큰 도움이 되는 연구라고 말할 수 있다. 이외에도 Nicholas Denysenko, *Icons and the Liturgy, East and West: History, Theology, and Culture*. University of Notre Dame Pess, 2017. 여러 개의 글을 묶은 이 책은 동방과 서방교회의 차이뿐 아니라 가톨릭 신학의 입장을 정리한 내용과 사목적 관점에서 성화상 공경을 어떻게 접근해야 하는지에 대한 연구물도 포함하고 있다. 이외에도 Hilda Kleiman, *The Ecumenical Work of the Icon: Bringing the Iconographic Tradition to Catholic Seminaries*. Wipf and Stock Publishers, 2018이 이 주제 연구에 도움을 줄 수 있다.

489 제2차 니케아 공의회, 「성화상에 관한 정의(Definitio de sacris Imaginibus)」, 787.10.23., DS 600.

490 트리엔트 공의회, 「성인 공경 등에 관한 교령」, 1953.12.3., DS 1822 "그들을 통해 하느님께서는 인간들에게 많은 은혜를 베풀어주셨기 때문이다. 그러므로 성인들의 유해를 공경하고 경의를 표해야 할 의무가 없으며, 신자들이 유해들과 유품들을 헛되이 공경한다고 말하고 성인들의 도움을 받기 위하여 그들을 기념하는 성지를 자주 방문하는 것은 헛된 일이라고 말하는 이들은 교회가 이미 단죄하였던 것과 같이 단죄하는 바이다.

491 트리엔트 공의회, 성인들의 유해와 성화상에 관한 교령; DS 1824.

492 『전례 헌장』 111항, 「대중신심과 전례에 관한 지도서: 원칙과 지침」, 238항.

493 트리엔트 공의회, 「성인 공경 등에 관한 교령」, 1953.12.3., DS 1822 참조; 「전례 헌장」, 111항; The saints have been traditionally honored in the Church and their authentic relics and images held in veneration.

494 이에 대하여, 교회법 제1186조는 다음과 같이 명시한다. "교회는 하느님 백성의 성

화를 증진하기 위하여, 그리스도께서 온 인류의 어머니로 세우신 천주의 성모 복되신 평생 동정 마리아께 그리스도교 신자들의 특별하고 효성 지극한 공경을 권장하고, 또한 그리스도교 신자들이 성인들의 모범으로 성장되고 그들의 전구로 도움을 받는 그 밖의 성인들에 대한 참되고 올바른 경배도 장려한다."

제3장_ 교회 문헌에 나타나는 순교자 공경

495 국립국어원 표준국어대사전에 따르면, '성지순례'의 의미는 순례자가 종교적 의무를 지키거나 신의 가호와 은총을 구하기 위하여, 성지 또는 본산(本山) 소재지를 차례로 찾아가 참배하는 일이다.

496 영적 관광은 종교적으로 신성하거나 좋은 기운을 지닌다고 회자되는 장소로 직접 찾아가는 여행을 말한다. 이러한 여행은 뉴에이지 운동의 흐름으로 볼 수 있는데, 방문 장소로 꼽히는 곳은 티베트고원과 미국 아리조나 주에 있는 Vortexes of Sedona, 아일랜드의 Skellig Michael, 프랑스의 Saint-Michel d'Aiguilhe Chapel, 산티아고 순례길 등이 포함된다.

497 순례를 관광의 시각으로 조명한 연구들이 종교학계와 관광학계뿐 아니라 가톨릭 사제들이 발표한 논문에서도 발견된다. 이 중 송현동, 「성지순례의 관광사적 의미 고찰」, 『종교문화연구』 32, 한신인문학연구소, 2019, 47~68쪽은 순례와 관광의 공통점에 기반하여 순례를 관광으로 바라볼 수 있는 근거를 정리한다. 여기에서 순례는 다수의 사전에 담긴 순례의 정의를 사용하고, 관광과 순례의 공통점은 이동과 제반 지원, 일탈 등을 꼽고 있다. 허남진, 「한국 종교 성지의 현대적 의미」, 『종교문화연구』 14, 2010, 199~226쪽의 논문은 종교 성지가 상품화되고 소비의 대상이 되는 현실을 불교, 개신교, 천주교로 구분하여 살펴보고, 이러한 종교계의 성지 상품화가 성지를 문화관광자원으로 흡수하려는 정부의 정책과 맞물려 전개되는 상황을 정리했다. 허남진은 종교를 포함한 문화를 경제적 논리로 접근하여 전개되는 성지 개발 사업이 종교가 가진 고유성 내지 진정성을 훼손시킬 수 있다고 지적한다. 또한 동시에 종교가 관광을 선교 수단으로 사용하는 가운데 종교 성지가 사회적, 경제적 파급력을 강화하는 점도 짚어둔다. 그러나 전체적인 논지는 종교 성지 상품화 개발에 긍정적인 입장을 견지한다. 종교 성지 개발은 신종교에서도 관심을 드러내는 주제이다. 이하에서는 이 주제와 관련하여 주의깊게 살펴볼 논문들을 소개하는 선에서 그치기로 한다. 이는 본 연구가 순례-관광의 연구사나 연구 흐름에 대한 비판적 고찰에 그 목적을 두지 않기 때문이다. 송현동, 「한국 신종교의 문화 관광콘텐츠 잠재성 연구」,

『신종교연구』, 한국신종교학회, 2017, 37쪽; 김진영, 「증산 순례길 제언」, 『대순사상논총』 31(0), 대진대학교 대순사상학술원, 2018, 131~163쪽; 박종천, 「웰빙시대 단군 문화콘텐츠의 현황과 전망」, 『신종교연구』 39, 한국신종교학회, 2018; 이병원, 「성지순례관광에 관한 연구」, 『로고스경영연구』 7/2, 한국로고스경영학회, 2009; 권봉헌, 「기독교세계관에 근거한 관광학의 개념 및 성지순례 관광에 관한 연구」, 『호텔관광연구』 69, 한국호텔관광학회, 2016; 권종현, 「기독교 성지순례 관광에 관한 연구」, 박사학위논문, 동아대학교 관광경영학과, 2006; 이재수, 「전통사찰 순례관광의 성과와 새로운 모색」, 『정토학연구(淨土學硏究)』 35, 한국정토학회, 2021, 267-303쪽; 이양림·김영미, 「구성주의적 근거이론을 통한 성지순례자의 관광동기-기독교 성지순례자를 대상으로」, 『관광학연구』 42.2, 한국관광학회, 2018, 157~185; 오정근, 「종교 관광의 참가동기 및 매력속성과 참가자만족 간 영향관계-기독교 성지순례를 중심으로」, 『관광경영연구』 17.1, 한국관광경영학회, 2013, 221~237쪽; 권종현·정익준, 「기독교 성지순례 참가동기, 성지매력속성, 성지순례 만족 및 행동의도의 관계연구」, 『관광레저연구』 19.4, 한국관광레저학회, 2007, 363-381쪽; 정종기, 「한국 기독교 성지의 연계관광개발 연구」, 『예술인문사회융합멀티미디어논문지』 7, 보안공학연구지원센터, 2017, 151~160쪽; 백규리·이계희, 「종교 관광 경험이 여행자의 만족과 주관적 삶의 질에 미치는 영향-기독교 성지순례를 중심으로」, 『관광연구저널』 35.6, 한국관광연구학회, 2021, 23~38쪽; 한진·김성태, 「한국천주교 성지순례자의 영성적 웰빙이 삶의 질에 미치는 영향-회복경험의 매개효과 검증」, 『관광연구논총』 33.3, 한양대학교 관광연구소, 2021, 3~23쪽; 이상각·양승탁, 「영성문화자원으로서 남양성모성지의 가치를 통한 지역관광활성화 연구, 『문화와 융합』 41, 한국문화융합학회, 2019, 415~446쪽; 강준수·송영민, 「가톨릭 성지순례 공간에서의 기억과 관광상품 개발 고찰-강화도 지역을 중심으로」, 『관광연구논총』 33.3, 한양대학교 관광연구소, 2021, 89~109쪽; 김송이·정철, 「순례관광의 진정성이 영성적 웰빙과 삶의 질에 미치는 영향」, 『관광연구논총』 33.3, 한양대학교 관광연구소, 2021, 111~133쪽; 고진현·구원일, 「스페인 산티아고 순례길 도보여행자의 관광동기와 여행행태 연구」, 『관광경영연구』 23.5, 한국관광경영학회, 2019, 677~696쪽; 오정근, 「종교 관광의 참가동기 및 매력속성과 참가자만족 간 영향관계-기독교 성지순례를 중심으로」, 『관광경영연구』 17.1, 한국관광경영학회, 2013, 221~237쪽; 구세주·김진옥, 「IPA 를 이용한 한국천주교 성지순례지의 선택속성에 관한 연구-솔뫼성지를 중심으로」, 『관광연구논총』 33.3, 한양대학교 관광연구소, 2021, 135~155쪽.

498 순례가 관광산업과 맺는 연관성은 쉽게 추정할 수 있다. 오랜 교회 역사에서 성지순례는 성지를 개발하고, 그 장소로 이동이 가능하기 위한 도로 확충, 화폐 교환, 순례자 보호와 숙소를 위한 제도적 시설적 지원이 따르기 때문이다. 이런 점에서 순례와 관광의 관계를 살펴보기 위해서는 교회 역사에서 순례가 언제 어떤 요인으로 그 성

격이 변했는지를 세계 사회정치사의 맥락에서 이해하는 단계가 요구된다. 서양 학자들은 비교적 순례가 갖는 종교적 의미를 정확히 파악하고 비교종교학이나 종교사회학의 방법을 접목하여 근현대의 순례가 인간이 지닌 여행에 대한 욕구를 보다 적극적으로 드러내고 이를 보다 확장된 범위에서 실현한다고 보면서 순례와 관광을 연결한다. 이들의 연구에서 교회의 순례 이해는 간략하지만 그 핵심을 파악하고 있다고 말할 수 있다. 그 예로, Joerg Rieger가 저술한 *Traveling -Compass: Christian Explorations of Daily Living*을 들 수 있다. 리거의 주장에는 순례와 여행에 대한 신학적 성찰과 이해 그리고 대화의 노력이 깊이 담겨 있다. 한편, 순례와 관광의 관계를 둘러싼 활발한 논쟁은 1970년대 이후에 전 세계적으로 급격히 증가한 관광 인구를 반영한다. 대표적인 인물로 꼽히는 Cohen은 1974년에 발표한 글에서 관광을 근대의 시민화된 순례로 보고, 여행의 모티브가 단순한 휴식이나 여흥보다 근본적인 데 있다. 그는 관광객이 열망과 요구의 상징인 곳을 존경하는 마음으로 방문하는 점에서 순례와 관광을 연결하면서 이러한 관광객의 여행 동기가 순례자가 순례지를 방문할 때 종교적 영적 감성의 만족을 위해 가는 것과 다르지 않다고 주장한다. 그러나 1981년 코헨은 순례와 관광이 상호 연결되어 있지만, 서로 다른 현상이라고 재정식화했다. 그에 따르면 순례와 관광의 공통점은 늘 머물던 곳에서 잠시 변화를 갖고자 미리 정해놓은 곳으로 떠나는 데 있지만, 여행이나 목적지에서 머무는 가운데 행하는 활동에서 다르다고 구분한다. 1981년 마닐라에서 개최된 국제관광회의는 현대관광은 순례가 아니다라고 규정하면서, 순례는 성스러운 땅에 부드럽게 발을 딛고 들어가는 데 비해, 관광객은 이를 가로질러 사진찍는다. 순례는 겸손함과 인내를 가지고 여행하지만, 관광객은 거만함과 서두름(arrogance and urgency)을 가지고 횡단한다고 비판한 바 있다. 순례와 관광의 관계를 다루는 많은 연구에서 순례가 얼마나 깊이 있게 다루어지는지를 정리하는 것은 본 연구 범위를 넘어선다. 이 주제는 별도의 논문을 통해 정리하기로 한다. 다만 이 주제와 관련하여 도움이 될 몇 개의 글을 소개하려 한다. 단행본으로는 André Brouillette, *Pilgrim Paradigm, The, Faith in Motion*, Paulist Press, 2022, 권영파 역,『순례패러다임』, 기쁜소식, 2023이 있다. 이 책은 순례의 어원과 정의에서 출발하여 교회 역사에서 순례의 전개 과정과 신학적 정리 및 현대의 순례 양상을 매우 잘 정리한 수작이다. 또한, *Religious Tourism and Pilgrimage Festivals Management: An International Perspective*, Wallingford: CABI,에 실려 있는 Vitor Ambrósio “Sacred pilgrimage and tourism as secular pilgrimage”, 2015, pp.130~145는 교회의 가르침에 입각하여 순례와 관광의 조화를 모색하는 연구를 보여준다. 이외에도 Robb, J. G, “Tourism and Legends: Archaeology of Heritage”, *Annals of tourism research*, Vol.25 No.3, 1998, pp.579~596; Frank Fahey, “Pilgrims or Tourists?” *The Furrow*, vol 53, 2002, pp.213~218; Noga Collins-Kreiner, “Pigrimage tourism-past, present, and future rejuvenation: a perspective article”, *Tourism Review* 75.1, 2019, pp.145~148; Marine-Roig, Estela, "Religious tourism versus secular pilgrimage: The basilica of La Sagrada Família", *The international journal of religious tourism and pilgrimage* 3.1, 2015, p.25~37. 짧은 내용 안에 순례와 관광의 논쟁 흐름과 전망을 정리한 논문으로 Wiśniewski, Łukasz, "Religious tourism in Christian sanctuaries: the implications of mixed interests for the communication of the faith", *Church, Communication and Culture* 3.3, 2018, pp.199~220 등을 들 수 있다.

499 전영준, 「가톨릭교회의 가르침에 따른 유동인에 대한 환대」, 『인간과 평화』 1, 2020, 81~100쪽; 조발그니, 「전환 학습 관점에서 본성인 신앙교육으로서 성지순례」

500 구본식, 「가톨릭교회의 성지순례」, 『가톨릭사상』 27, 2002, 35~80쪽.

501 이기락, 「신앙생활과 성지순례-순례사목을 중심으로」, 『신학과사상』 57, 2006, 129~151쪽.

502 「순교자에 대한 성찰과 지침」, 한국천주교중앙협의회, 『가톨릭교회의 가르침』 5호, 175~188쪽.

503 이 문헌의 한국어 번역은 『가톨릭교회의 가르침』 7호, 129~170쪽에도 실려 있다.

504 이 문헌의 한국어 번역은 『가톨릭교회의 가르침』 12호, 5~20쪽에도 실려 있다.

505 이 문헌의 한국어 번역은 『가톨릭교회의 가르침』 12호, 59~96쪽에도 실려 있다.

506 이 문헌의 한국어 번역은 『가톨릭교회의 가르침』 29호, 27~262쪽에도 실려 있다.

507 이 문헌의 한국어 번역은 『가톨릭교회의 가르침』 59호, 56~169쪽에도 실려 있다.

508 베네딕토 14세, 『하느님 종의 시복과 시성에 관하여 *De Servorum Dei Beatificatione et Beatorum Canonizatione*』 Prati 1839~1841, Lib. Ⅲ. cap, 11. n. 1.

509 그리스도나 그리스도교의 덕목에 대한 배척에서 박해자가 가하는 죽음이라는 질료적 요인은 박해받는 사람의 그리스도께 대한 충성심, 그리고 지고의 희생도 감수하며 그 결과를 받아들이려는 의지와 결부되어 있다. 2000년 대희년 중앙위원회 새순교자위원회, 「순교자에 대한 성찰과 지침」 (순교자 시복과 시성에 대한 신학적 법률적 측면).

510 (순교자 시복과 시성에 대한 신학적 법률적 측면) 가톨릭 교리의 측면: 객관적인 요소는 죽음을 초래할 수 있는 위협과 행동으로 인한 죽음을 내포한다. 그 죽음은 죽이려는 의도를 가진 사람들이 가하는 것이다. 주관적인 요소는 두 가지 측면을 포함한다. 그 하나는 박해받는 사람이 신앙을 위하여 자유롭고 분명한 의지로 죽음에 이르는 고문을 기꺼이 받아들이고 감수하며, 자신이 겪게 될 피흘림의 결과를 저항하지 않고 충분한 인식과 자유의사로 선택하는 것이다. 다른 하나는 박해자가 반그리스도교적 동기, 곧 그리스도와 그 신앙에 대한 배척 또는 그리스도교 덕행에 대한 배

척으로 박해하는 것이다.

511 박해자가 순교자를 죽음에 이르게 한 구체적 동기 … 믿을 교리뿐 아니라 신앙이 요구하는 덕행의 실천, 곧 그리스도교 신앙과 일치하는 생활 방식을 그 대상으로 한다. 법률적인 관점에서 볼 때 이러한 박해 의도는 확실한 순교의 인정에 필요한 두 번째 기본 요소이다.

512 2000년 대희년 중앙위원회 새순교자위원회, 「순교자에 대한 성찰과 지침」(순교자 시복과 시성에 대한 신학적 법률적 측면).

513 2000년 대희년 중앙위원회 새순교자위원회, 「순교자에 대한 성찰과 지침」.

514 어느 정도 시간이 흐른 후 신앙을 지키다가 받은 고통의 결과로 일어나게 되었을 때에도 순교로 인정될 수 있다. 예를 들어 반그리스도교적 동기에서 투옥되거나 강제수용소로 이송되어 수감 생활을 하는 동안에 죽었다던지 또는 다시 자유를 얻은 지 얼마 뒤에 견뎌낸 고통의 결과로 죽은 사람의 경우에 순교로 인정될 수 있다. 이런 경우에는 감옥, 강제수용소, 고통, 발병 등으로 결국 죽게 되었다는 인과 관계가 분명히 입증되어야 한다. 유물론적 체제가 존재하고 그리스도교 원칙을 근본적으로 반대하는 국가들에서는 그 체제의 전반적인 반그리스도적 특성에 대한 설명이 제시되어야 할 것이다. 그럴 때에는 박해가 일어나고 있는 구체적인 장소와 그 박해의 특징에 대한 정확한 묘사를 해주는 것으로 충분할 것이다. 2000년 대희년 중앙위원회 새순교자위원회, 「순교자에 대한 성찰과 지침」(순교자 시복과 시성에 대한 신학적 법률적 측면).

515 순교의 증거를 제시할 때 목격자는 필수이다. 순교자로 추정되는 이의 죽는 순간까지의 의사를 목격자나 다른 직접적인 증거 수단을 통해 입증하기는 어렵다. 그러나 순교자가 신앙을 위해 자기 목숨까지 바칠 각오가 되어 있었으며, 또한 그러한 생각으로 끝까지 견디어냈다는 강한 확신에 이르는 데 도움이 될 증거를 모으는 일은 필요하다. 많은 경우에 신자들이 견디어낸 정신적 고통의 결과를 신중하게 조사해야 할 것이다. 박해의 목적은 흔히 순교자보다는 배교자를 만들어내는 데 있기 때문이다. 2000년 대희년 중앙위원회 새순교자위원회, 「순교자에 대한 성찰과 지침」(순교자 시복과 시성에 대한 신학적 법률적 측면).

516 2000년 대희년 중앙위원회 새순교자위원회, 「순교자에 대한 성찰과 지침」(1996.9.18.).

517 순교자 시복과 시성에 대한 신학적 법률적 측면.

518 성 치프리아노, 『불멸에 대하여 *De Immortalitate*』.

519 오리게네스, 『첼수스 논박 *Contra Celsum*』 2.27.

520 정신적인 면에서 순교는 신앙의 진리에 대한 가장 웅변적인 증거입니다. 신앙은 가장 폭력적인 죽음 앞에서도 인간다운 면모를 잃지 않으며 가장 잔학한 박해 속에서

도 인간의 아름다움을 보여 줄 수 있기 때문입니다. … 순교자들은 어린양이 흘리신 피에 자기들의 두루마기를 빨아 희게 만든(묵시 7,14) 사람들의 무리입니다. 그러므로 세계 구석구석의 모든 교회는 순교자들의 증거에 주목하며 앞다투어 그들에 대한 기억을 보존해야 할 것입니다. … 신자들의 가슴 속에 용솟음치는 순교에 대한 찬양이, 상황이 이를 요구한다면 하느님의 은총으로 순교자들을 뒤따라가겠다는 열망으로 이어지기를 빕니다(순교자 시복과 시성에 대한 신학적 법률적 측면).

521 『대중신심과 전례에 관한 지도서 *Directory on Popular Piety and the Liturgy: Principles and Guidelines*』 208항.

522 이러한 주장은 초기 교회사를 연구하는 학자들에게서 확인할 수 있다. 그 흐름은 Candida Moss, "Current Trends in the Study of Early Christian Martyrdom", *Bulletin for the Study of Religion* 41.3, 2012, pp.22~29에서도 볼 수 있다.

523 전례 주년을 다루면서, 성인과 복자 공경의 교회적 실재와 의미를 효과적으로 설명한다. 그 밖에 순교자들과 다른 성인들의 기념도 교회는 연례 주기에 넣는다. 그들은 하느님의 온갖 은총을 통하여 완덕에 이르렀고, 이미 영원한 구원을 얻어 천상에서 하느님께 완전한 찬미를 드리며, 우리를 위하여 전구하고 있다. 선인들의 탄일에 교회는 그리스도와 함께 고통을 받고 함께 영광을 받은 성인들 안에서 파스카 신비를 선포하며, 모든 사람을 그리스도를 통하여 하느님 아버지께 인도하는 그들의 모범을 신자들에게 보여주고, 그들의 공로로 하느님의 은혜를 간청하여 받는다. 「전례헌장」. 104항.

524 『대중신심과 전례에 관한 지도서 *Directory on Popular Piety and the Liturgy: Principles and Guidelines*』 211항.

525 『대중신심과 전례에 관한 지도서 *Directory on Popular Piety and the Liturgy: Principles and Guidelines*』 211항.

526 「대중신심과 전례에 관한 지도서 *Directory on Popular Piety and the Liturgy: Principles and Guidelines*』 211항 참조.

527 『대중신심과 전례에 관한 지도서 *Directory on Popular Piety and the Liturgy: Principles and Guidelines*』 212항.

528 「교회헌장」 51항 참조.

529 『대중신심과 전례에 관한 지도서 *Directory on Popular Piety and the Liturgy: Principles and Guidelines*』 227항.

530 현재의 『로마 전례력』은 바오로 6세가 1969년 2월 14일, 자의 교서 Mysterii Paschalis와 함께 발표하였다. AAS 61(1969) 222~226.

531 바오로 6세, 「교황 교서: 파스카 신비」 I, AAS 61 (1069).

532 『대중신심과 전례에 관한 지도서 *Directory on Popular Piety and the Liturgy: Principles and Guidelines*』 229항.

533 『대중신심과 전례에 관한 지도서 *Directory on Popular Piety and the Liturgy: Principles and Guidelines*』 231항.

534 『대중신심과 전례에 관한 지도서 *Directory on Popular Piety and the Liturgy: Principles and Guidelines*』 231항.

535 교회는 이러한 본당 또는 마을 수호 성인 축제가 그 기원을 이루는 그리스도 공경이 결여될 때 민속 행사나 사교 행사가 될 수 있다고 경고하며 축일이 특정 개인이나 집단의 행위로 흘러가는 경우 축제가 지닌 본래적 의미, 곧 피조물을 통치하시는 하느님의 활동과 적극적인 휴식에 동참한 의미를 상실할 수 있다고 경고한다. 이에 관하여 『대중신심과 전례에 관한 지도서 *Directory on Popular Piety and the Liturgy: Principles and Guidelines*』 233항 참조. 인간학적 관점... 수호 성인축일이 그 지체 가운데 한명을 통해 그리스도께 바치는 공경이 결여되면 단순한 민속 행사나 사교 행사가 되어, 특정 공동체 구성원을 위한 사교 행사에 그치게 된다. 233항.

536 교황 요한 23세, Gaudet Mater Ecclesia, 1962sus 10월 11일, AAS 54(1964) 792

537 Jared Wicks SJ. *Investigating Vatican II: Its Theologians, Ecumenical Turn, and Biblical Commitment*. Washington, DC: The Catholic University of America Press, 2018, pp.12~30.

538 대중신심을 수용하려는 교회의 노력은 교황청 경신성사성, 「대중신심과 전례 지침서-원칙과 지침들」 22~46항 참조.

539 라이너 카친스키 저, 신정훈 역, 『제2차 바티칸 공의회 문헌 신학 주석 5』, 가톨릭대학교 출판부, 2019, pp.76~89.

540 「선교교령」 2항. 순례하는 교회는 그 본성상 선교하는 교회다. 교회는 성부의 계획에 따라 성자의 파견과 성령의 파견에 그 기원을 두고 있기 때문이다.

541 「교회헌장」은 순례하는 교회를 제목으로 명시한 제7장 이외에도 14항과 68항에서 순례하는 교회의 이해를 표명한다(14항). 그러므로 거룩한 공의회는 먼저 가톨릭 신자들을 생각한다. 공의회는 성경과 성전에 의지하여 이 순례하는 교회가 구원에 필요하다고 가르친다. 왜냐하면, 그리스도 한 분만이 중재자요 구원의 길이시며, 당신 몸인 교회 안에서 우리와 함께 계시기 때문이다. 그리스도께서는 또한 신앙과 세례의 필요성을 분명한 말씀으로 강조하시면서(마르 16,16; 요한 3,5 참조), 동시에 교회의 필요성도 확인하셨다. 사람들은 마치 문과 같은 세례를 통하여 교회로 들어오는 것이다. 그러므로 하느님께서 예수 그리스도를 통하여 가톨릭교회를 필요한 것으로 세우신 사실을 모르지 않으면서도 교회로 들어오기를 싫어하거나 그 안에 머물러 있기를 거부하는 저 사람들은 구원받을 수 없을 것이다(68항). 그리고 예수님의 어

머니께서는 어느 모로든 하늘에서 영혼과 육신으로 이미 영광을 받으시어 내세에 완성될 교회의 표상이 되시고 그 시작이 되시는 것처럼, 이 지상에서 주님의 날이 올 때까지(2베드 3,10 참조) 순례하는 하느님 백성에게 확실한 희망과 위로의 표지로서 빛나고 계신다.

542 「계시헌장」 7항. 복음 선포자인 사도들과 그 후계자들 사도들은 교회 안에 복음이 영구히 온전하게 또 생생하게 보존되도록 주교들을 후계자로 세워 "자기 교도직의 자리를 넘겨주었다." 그러므로 이 성전과 신구약 성경은 거울과 같아서 하느님을 참모습 그대로 얼굴을 맞대고 뵈올 수 있을 때까지(1요한 3,2 참조) 지상에서 순례하는 교회는 그 안에서 하느님을 관상하며 그분에게서 모든 것을 받고 있다.

543 「사목헌장」 45항. 알파와 오메가이신 그리스도: 교회가 스스로 세상을 도와주고 세상에서 많은 도움을 받으며 지향하는 단 하나의 목적은 곧 하느님의 나라가 다가오고 온 인류의 구원이 이루어지는 것이다. 하느님의 백성이 자신의 지상 순례 시간에 인류 가족에게 줄 수 있는 모든 선익은 교회가 인간에 대한 하느님의 사랑의 신비를 드러내면서 동시에 실천하는 "구원의 보편 성사"라는 바로 이 사실에서 흘러나온다.(중략) 하느님의 말씀을 통하여 모든 것이 생겨났고 그 말씀이 사람이 되신 것은 완전한 인간으로서 모든 사람을 구원하시고 우주를 새롭게 재창조하시려는 것이었다. 주님께서는 인류 역사의 목적이시고 역사와 문명이 열망하는 초점이시며 인류의 중심이시고, 모든 마음의 기쁨이시며 그 갈망의 충족이시다. 성부께서는 그분을 죽은 이들 가운데에서 부활시키시고 들어 높이시어 당신 오른편에 앉히시고 산 이와 죽은 이의 심판관으로 세우셨다. 그분의 성령 안에서 생명을 얻고 하나로 모인 우리는 인류 역사의 완성을 향하여 순례하고 있다. 이는 그분의 사랑과 계획과 완전히 일치하는 것이다. 하늘과 땅에 있는 만물이 그리스도 안에서 새로워질 것이다(에페 1,10 참조).

544 「일치교령」 3항. 하느님의 백성은 지상 순례를 계속하는 동안 비록 그 지체들 안에서 죄로 상처를 입고 있다 하더라도, 그리스도 안에서 자라나며, 하느님의 신비로운 계약에 따라 천상 예루살렘에서 영원한 영광을 충만히 받아 누릴 때까지 하느님의 온유한 인도를 받는다.

545 「평신도교령」 4항. 이러한 삶의 순례에서 그리스도와 함께 하느님께 의탁하며 재물의 종살이에서 벗어나 영원한 보화를 추구하는 사람은, 하느님 나라를 넓히며 그리스도 정신으로 현세 질서를 바로 세우고 완성하기 위하여 아낌없이 자신을 온전히 바친다. 또한 현세 생활의 곤경 속에서도 "장차 우리에게 계시될 영광에 견주면, 지금 이 시대에 우리가 겪는 고난은 아무것도 아니라고"(로마 8,18) 여기며 희망 안에서 용기를 찾는다.

546 이 글에서 사용되는 대중신심의 정의는 거룩한 전례보다는 주로 특정 국가나 민족, 그들의 문화에서 비롯된 표현들에서 영감을 받은 개인이나 공동체적 성격을 지닌 예

배 표현들을 가리킨다.

547 구본식, 「가톨릭교회의 성지순례」, 『가톨릭사상』 27, 2002, 35~80쪽; 권영파, 「그리스도교 순례 전통 역사의 의미고찰」, 『부산교회사회보』, 2022-1, 96~128쪽.

548 제2차 바티칸 공의회를 통해 순교자 공경의 대중신심이 전례로 통합되는 흐름은 권영파, 「교회 문헌에 나타나는 순교자 공경」, 『부산교회사회보』, 2022년 10월호 1절, '순교자 공경 논의의 바탕을 이루는 전례와 순례의 연결고리'에 정리되어 있다.

549 이 공의회 문헌 중 교회 자신이 스스로를 순례하는 교회로 표현한 장면은 『선교교령』 2항 이외에도 「교회헌장」과 「게시헌장」, 「사목헌장」뿐 아니라 「일치교령」과 「평신도교령」에서도 나타난다.

550 André Brouillette, *The Pilgrim Paradigm: Faith and Motion*, Paulist Press, 2021, p.177.

551 M. A. Claussen, "'Peregrinatio' and 'Peregrini' in Augustine's 'City of God'" *Traditio* 46, 1991, p.43.

552 M. A. Claussen, 앞의 글, p.68.

553 이에 관하여, Jared Wicks, Investigating Vatican II: Its Theologians, Ecumenical Turn, and Biblical Commitment, CUA Press, 2018.

554 제2차 바티칸 공의회 신학의 구도와 문헌 간의 연결에 관하여, Robert Schreiter, "The Paradox of Vatican II: Theology in a New Millennium", *Address Given at The Bernardin Center at Catholic Theological Union* 14, 2002를 볼 것.

555 공의회 문헌에서 순례하는 교회를 명시적으로 표현한 구문으로 다음의 예를 들 수 있다. 「교회헌장」 16항 · 68항, 「계시헌장」 7항, 「사목헌장」 45항, 「일치교령」 3항, 「평신도교령」 4항.

556 교회에 관한 교의헌장 49항은 순례를 다루며 "우리는 모두 하느님과 이웃에 대한 같은 사랑 안에서 참으로 여러 단계와 방법으로 친교를 이루고 있으며 우리 하느님께 영광의 같은 찬미가를 노래하고 있다"고 말할 때 '우리'는 지상에 있는 이들과 이미 죽은 이들, 그리고 천상에 이들 모두를 포괄한다. 여기서 복된 이들이 그리스도와 함께 그리스도 안에서 나그넷길을 가는 자신의 형제들과 자매들을 위해 활동하며 하느님 나라를 향한 순례길을 걷는다는 이해가 나타난다. 페터 휘너만, 신정훈 옮김, 『교회에 관한 교의 헌장-인류의 빛』, 가톨릭대학교 출판부, 2019, 420~421쪽.

557 경신성사부, 『마리아의 해 거행을 위한 지침과 제안』(1987.4.3.), *Notitiae* 23, 1987, 342~396쪽.

558 프란체스코 교황의 자의교서, 「교회의 순례지 *Sanctuarium in Ecclesia*」, (2017.2.11.)

559 「대희년의 순례」 33항.

560 순례지로 가는 여정인 순례는 하느님 나라로 나아가는 우리 여정의 한 단계이며 비유이다. 순례는 그리스도인이 나그네로서의 인간의 종말론적 운명을 더욱 깊이 생각해보는 기회이다. 순례자들은 눈앞의 목적지인 특정한 순례지를 넘어, 그리고 광야의 삶을 넘어 하늘나라에 우리의 진정한 약속의 땅이 있다는 것을 잘 알고 있기 때문이다. 『대중신심과 전례에 관한 지도서 *Directory on Popular Piety and the Liturgy: Principles and Guidelines*』(2001.12.17.) 286항.

561 순례지로 여행을 하면서 순례자는 자신의 죄와 덧없고 불필요한 것들에 대한 애착을 깨닫고 마음의 자유를 얻으며 삶의 더 깊은 의미를 이해하게 된다. … 참된 순례를 마치고 돌아온 순례자는 '자기의 삶을 바로잡아' 하느님을 더욱 가까이 따르며 더욱 초월적인 삶을 살고자 할 것이다. 『대중신심과 전례에 관한 지도서』 286항.

562 순례는 서로 만나는 친교의 시간들과 때로는 억눌려 있을 수도 있는 자연스러운 행동을 통해 그리스도인의 형제애를 드러내는 기회이다. 『대중신심과 전례에 관한 지도서』 286항.

563 순례자들은 하느님을 만나 뵙고 하느님의 현존 안에 머물며 하느님께 흠숭과 예배를 드리고 하느님께 자기 마음을 열어 보이고자 순례지를 찾는다. … 순례지에서 공경받은 성화상들은, 영광을 받으시고 항상 살아 계셔서 우리를 위하여 중재자의 일을 하시며 당신의 이름으로 모인 공동체 안에 항상 함께하시는 예수님을 둘러싸고 계신 하느님의 어머니와 성인들의 현존을 드러내는 표지이다. 『대중신심과 전례에 관한 지도서』 286항.

564 순례는 신앙을 선포하는 것이며 순례자들은 어디서든 그리스도의 선포자가 된다. 『대중신심과 전례에 관한 지도서』 286항.

565 순례자는 자신과 동행하는 사람들뿐 아니라 순례자와 동행하는 주님과도 신앙과 사랑의 친교를 나눈다. 공동체와 더불어 공동체를 통해 여행하며, 천상과 지상의 교회와 함께 여행한다. 『대중신심과 전례에 관한 지도서』 286항.

566 「대희년의 순례」 32항.

567 『대중신심과 전례에 관한 지도서』 279항.

568 「대희년의 순례」 32항.

569 「대희년의 순례」 35항.

570 「대희년의 순례」 33항.

571 「대희년의 순례」 33항.

572 최초의 순례지는 마리아의 태였다. 다시 말해, 그곳은 하느님과 인간이 만나는 장막으로서 성령께서 그 위에 오셨고, 지극히 높으신 분의 힘이 감싸 주셨다. 「대희년의

순례」 42항.

573 「대희년의 순례」 42항.

574 순례의 역사를 네 단계로 나누어 살펴보는 내용은 「대희년의 순례」 전체 내용을 통해 전개된다.

575 교황청 이주사목평의회, 「대희년의 순례 *Pilgrimage in the great jubilee*」 (1998.4.25.)

576 「대희년의 순례」 43항.

577 「대희년의 순례」 30항.

578 「대희년의 순례」 26항.

579 「대희년의 순례」 30항.

580 「대희년의 순례」 31항.

581 「대희년의 순례」 30항. "사실 인간은 현세의 역사에서 여행하는 인간으로 등장한다. 다시 말해 인간은 절대와 무한을 향해 열려 있는 존재로서, 새로운 지평에 목말라하며, 정의와 평화에 굶주리고, 진리를 추구하며, 사랑을 갈망하는 나그네이다. 인간이 직면한 난제와 고통스러운 상황은 인간에게 끊임없이 의문을 제기함으로써, 종교와 문화가 제시하는 길을 추구하도록 촉구한다. 끊임없는 변화의 소용돌이 속에서 지친 인간은 쉴 수 있는 장소, 자기 자신이나 다른 사람 그리고 하느님과 대화를 나눌 수 있는 자유의 공간을 목말라한다. 그리스도인의 순례는 이러한 인류의 추구와 함께 이루어지며, 안전한 목적지, 다시 말해, 당신의 백성을 찾아와 해방시키신 하느님의 현존을 제시한다."

582 요한 바오로 2세, 「칠레 라세레나에서 한 말씀 전례 강론」, 2항, Insegnamenti di Giovanni Paolo II, X/1(1987), Città del Vaticano: Libreria Editrice Vaticana, 1955, p.1078.

583 「현대의 복음선교」, 48항.

584 성화나 성상을 바라보면서 하느님께서 우리와 가까이 계심을 더욱 깊이 체험하고 하는 희망을 확인한다. 하느님께서는 우리의 심오한 열망에 당신께서 귀 기울이시고 응답하신다는 확신을 가지도록 우리 마음을 열어주시는 분이다. 「교회의 순례지」 Sanctuarium in Ecclesia, 1항.

585 이 내용은 「전례헌장」 111항 이외에도 트리엔트 공의회, 「성인 공경 등에 관한 교령」 (1953.12.3.) DS 1822에도 명시된 바 있다.

586 "성인의 유해는 영웅적인 성덕으로 지금은 천상에 살지만 한때 지상에 살았던 그리스도의 신비체의 탁월한 지체들이며, 성령이 머무시는 성전인 성인들의 몸 또는 몸의 중요한 부분을 뜻한다. 『교회의 유해: 진정성과 보존 *Le Reliquie nella Chiesa:*

Autenticità e Conservazione』, 2017.12.8., 서론.

587 『대중신심과 전례에 관한 지도서 *Directory on Popular Piety and the Liturgy: Principles and Guidelines*』 236항.

588 성인과 복자의 몸, 주목할 만한(notable) 그 몸의 일부, 또는 화장하고 난 유골 전체가 중요한 유해로 인정된다. … 복자나 성인 시신의 작은 일부, 또는 복자나 성인이 직접 소지하고 있던 물건들은 덜 중요한 유해로 간주된다. 『교회의 유해: 진정성과 보존』 서론.

589 『교회의 유해: 진정성과 보존 *Le Reliquie nella Chiesa: Autenticità e Conservazione*』 서론.

590 『교회의 유해: 진정성과 보존 *Le Reliquie nella Chiesa: Autenticità e Conservazione*』 서론.

591 Si eviterà in ogni caso di esporre le reliquie dei Santi sulla mensa dell'altare.

592 Ambrose, Epistula 22, 13: PL 16, 1023, 『로마주교예식서 *Pontifical Romanum, Ordo dedicationis ecclesiae et altaris*』 cap. Ⅳ, 일러두기 10항 참조.

593 『교회의 유해: 진정성과 보존 *Le Reliquie nella Chiesa: Autenticità e Conservazione*』 서론.

594 「미사 경본의 총지침」 266항.

595 『로마주교예식서 *Pontifical Romanum, Ordo dedicationis ecclesiae et altaris*』, 일러두기 5항 참조.

596 『대중신심과 전례에 관한 지도서」 *Directory on Popular Piety and the Liturgy: Principles and Guidelines*』 237항 참조.

597 유해에 입 맞추기, 등불과 꽃으로 유해를 장식하기, 유해를 들고 행렬하기, 성인의 유해를 병자나 임종자들에게 가지고 가서 그들을 위로하거나 성인들에게 치유를 간구하는 데에 사용하기 등 다양한 형태로 이루어지는 성인의 유해에 대한 대중의 공경은 신앙으로 고무되어 존중심을 가지고 이루어져야 한다. 『대중신심과 전례에 관한 지도서 *Directory on Popular Piety and the Liturgy: Principles and Guidelines*』 237항.

598 신자들에게 공경의 대상으로 전시하는 유해의 확실성을 보장해야 한다. 유해를 지나치게 작게 조각내는 것을 방지한다. 인체의 일부라는 것이 분명하게 드러날 수 있도록 충분한 크기여야 한다. 신자들에게 유해를 수집하려는 유혹에 넘어가지 않도록 권고한다. 사기나 불법 거래, 미신의 가능성을 방지한다.

599 훈령 『교회의 유해: 진정성과 보존 *Le Reliquie nella Chiesa: Autenticità e Conservazion*』(2017.12.8.)

600 「성화상에 관한 정의」, 787.10.23. DS 600.

601 『대중신심과 전례에 관한 지도서 *Directory on Popular Piety and the Liturgy: Principles and Guidelines*』 240항.

602 『대중신심과 전례에 관한 지도서 *Directory on Popular Piety and the Liturgy: Principles and Guidelines*』 242항. 앞서 말한 것에 비추어, 신자들은 성상을 화신의 수준까지 격상시키는 오류에 빠지지 않도록 주의하여야 한다. 일부 성상이 국가나 도시, 특정 단체의 종교 문화를 구현할 만큼 지나친 신심의 대상이 된다는 사실은 그러한 성상에 바치는 공경에 바탕이 되는 은총의 관점에서, 또 성상을 둘러싼 역사의 역사적 사회적 환경의 관점에서 설명되어야 한다. 어떤 민족이 자신들의 신앙을 강화하고, 문화적 정체성을 지키며, 하느님을 찬미하고, 언제나 그들의 기도를 들을 준비가 되어 있다고 말씀하시는 주님을 신뢰하며 끊임없이 기도하려면 그러한 사건들을 상기하는 것이 좋다. 그럼으로써 사랑과 희망이 풍부해지고 그리스도교 신자의 영성생활이 성장하게 된다. (242항)

603 『대중신심과 전례에 관한 지도서 *Directory on Popular Piety and the Liturgy: Principles and Guidelines*』 240항 참조.

604 제2차 니케아 공의회, 「성화상에 관한 정의」, DS 601.

605 『대중신심과 전례에 관한 지도서 *Directory on Popular Piety and the Liturgy: Principles and Guidelines*』 240항.

606 『축복 예식서』, 「성인들의 성상 축복」 1018~1031항.

607 「구원역사와 관련된 장소의 순례에 관하여」(1999.6.29.) 3항.

608 『순례지: 살아계시는 하느님에 대한 기억, 하느님의 현존, 그리고 하느님의 예언 *The Shrine: Memory, Presence and Prophecy of the Living God*』(1999.5.8.) 17항; 『대중신심과 전례에 관한 지도서』 262항.

609 이와 유사한 내용을 같은 문헌의 도입부에서도 확인할 수 있다. 순례지는 하늘과 땅의 주인이신 하느님께 속해 있는 우리 존재의 기원에 대한 기념이며, 주님의 첫 번째 오심과 마지막 오심 사이에 살고 있는 구원받은 공동체의 현재와 관련하여 볼 때 순례지는 하느님 현존의 상징이며 계약의 장소이다. 계약의 공동체는 이곳에서 자신을 표현하고 거듭나기를 되풀이한다. 미래에 완성될 하느님의 약속, 아직 완성되지 않았기에 더 큰 희망의 대상인 하느님의 약속에 비추어볼 때 순례지는 오늘의 세계에서 하느님의 내일을 예언하는 장소이다.

610 요한 바오로 2세, 「아르헨티나, 코리엔테스 시에서 행한 강론」, 1987.4.9.

611 『교회법』 1234조 1항.

612 이와 관련하여, 요한 바오로 2세, 「삼종기도」, 1992.7.12.를 근거로 들 수 있다. "순례

지는 인류 공동체의 복음화와 신앙생활에 결정적인 역할을 한 사건들과 관련된 '기쁜 소식의 상설 안테나와 같다." 또한 교회는 「순례지」 1항에서 "오늘날 모든 순례지는 과거의 교회 창립 사건을 상징한다. 그러므로 순례지는 특별한 메시지를 지니고 있으며 순례자들의 마음속에 늘 감동으로 다가온다. 하느님의 구원 활동의 증거인 모든 순례지는 오늘날 당신 교회에 내려주신 고귀한 은총의 선물이다"라고 가르친다.

613 「순례지」, 2항.

614 『복음의 기쁨 *Evangelii Gaudium*』(2013.11.26.) 124항, 125항 참조.

615 『대중신심과 전례에 관한 지도서』 263항.

616 『대중신심과 전례에 관한 지도서』 263항.

617 「대희년의 순례」 34항과 35항 참조.

618 『대중신심과 전례에 관한 지도서』 279항. 순례는 순례지를 필요로 하고, 순례지는 순례를 필요로 한다.

619 『대중신심과 전례에 관한 지도서』 264항에 따르면, 순례지의 교회법적 승인은 어떤 거룩한 장소에 대한 공식적인 인정이며, 하느님께 경배드리고 신앙을 고백하며 하느님과 교회 및 이웃과 화해를 이루고, 하느님의 어머니나 성인들의 전구를 간청하고자 그곳을 찾는 하느님 백성의 순례를 받아들이는 구체적인 목적을 위한 것이다. 이때 교회는 승인을 받지 않고 순례지와 같은 기능을 하는 성당이나 장소에 제재를 가함 없이, 이를 하느님 백성과 특수 공동체의 신앙과 대중신심을 보여주는 지도의 일부로 간주하는 자세를 견지한다.

620 「대희년의 순례」 33항. 순례지의 유효성은 현대의 혼란한 생활 리듬 속에서 사람들이 느끼는 갈증, 곧 하느님과 그들 자신과의 고요하고 주의 깊은 만남에 대한 요구가 증대됨에 따라 이에 부응할 수 있는 능력 여부에 의해 판단될 것이다. 순례의 여정과 목적은 신앙심을 일깨우고 기도 안에서 하느님과 더욱 긴밀한 친교를 맺게 함으로써 말라기 예언자의 예언(말라1,11)을 이루는 것이다.

621 『대중신심과 전례에 관한 지도서』 266항 참조. "순례지 사목은 구원의 메시지를 전달하고, 숭고하며 간결한 예식을 표현하며, 전례 규범을 성실하게 준수함으로써 영적인 위로와 감화를 순례자들이 받고 돌아갈 수 있도록 해야 한다."

622 『대중신심과 전례에 관한 지도서』 267항. 이외에도 「대희년의 순례」 46항의 다음을 참조할 수 있다. "순례지는 화해와 만남이 이뤄지는 장막이기도 하다. 이 장막 안에서 실제로 순례자의 마음은 감화를 받는다. 이 장막 안에서 순례자는 자기 죄를 고백하고, 용서받고 용서하며, 화해의 성사를 통해 새로운 피조물이 되며, 하느님의 자비와 은총을 체험한다. 그곳에서 순례자는 죄를 지은 탕자의 체험을 되풀이한다. 그

는 시련과 고행의 길을 체험하는 동시에, 여행의 어려움, 단식, 희생을 기꺼이 받아들이고 죽음에서 생명으로 이끌어주신 자비에 넘치는 아버지께 용서받는 기쁨을 누린다. … 그러므로 순례지는 잘 준비된 전례, 늘 대기하고 있는 사제와 넉넉한 시간, 기도와 성가로써 화해 성사를 깊이 있게 거행하고 나누는 장소가 되어야 한다. 그리하여 각 개인이 하느님의 용서를 확인하고 교회 생활을 통해 회심의 삶을 살아가도록 해야 한다."

623 『대중신심과 전례에 관한 지도서』 268항. 성찬례 거행은 순례지들의 모든 사목활동의 절정과 중심이다.

624 『대중신심과 전례에 관한 지도서』 269항.

625 『대중신심과 전례에 관한 지도서』 281항.

626 『대중신심과 전례에 관한 지도서』 274항.

627 『대중신심과 전례에 관한 지도서』 274항.

628 『대중신심과 전례에 관한 지도서』 294항.

629 『대중신심과 전례에 관한 지도서』 295항. 순례지는 한편으로는 하느님의 사랑과 형제적 사랑을, 다른 한편으로는 인간의 요구를 전달해주는 중심지이다. 이를 위해 순례지에서 가난한 어린이들을 위한 교육기관이나 병원, 양로원과 같은 상설 사회복지센터를 설립하고 확장할 수 있다.

630 순례자는 길을 가는 동안 가난한 사람들을 돕고 음식과 시간과 희망을 함께 나눔으로써 사랑을 실천하며 그러한 행위를 통해 새로운 길동무를 만들어간다는 것을 깨달아야 한다. … 사목활동에서는 순례자들의 감정을 존중하는 교리 교육의 도움과 헌금의 목적을 명시해주는 활동을 통해 그러한 사랑의 행위를 권장해야 한다. 이러한 의미에서 일부 순례지에서 전개하는 개발도상국 공동체들에 대한 원조 계획이나 자선단체들을 위한 사업은 강조되어야 한다. 「대희년의 순례」 38항.

631 순례길에 나선 병자들에 특별한 사랑을 기울여야 한다. 병자를 돕는 것은 가장 뜻깊은 사랑의 표현으로서, 이러한 사랑은 불편한 몸으로 순례지를 향해 여행하는 그리스도인의 마음을 풍요롭게 해줄 것이다. 병자들은 최대의 환대로써 맞아주어야 한다. 따라서 숙박시설과 편의시설, 통신수단과 교통수단을 갖추어 놓고 그들을 예의와 관심과 사랑으로 맞이해야 한다. … 병자들은 자신들 안에서 그리스도의 사랑이 빛나게 함으로써 자신의 질병을 은총의 여정, 자기 봉헌의 여정으로 삼아야 한다. 성지를 향한 그들의 순례는 그들처럼 질병으로 고통받는 이들에게 복음을 전하는 사람이 되도록 도와줄 것이다. 그리하여 그들은 연민의 대상에서 참여와 행동의 주체가 되고 세상의 모든 길을 따라 걷는 참된 주님의 순례자가 된다. 「대희년의 순례」 38항.

632 "순례지의 환대 사목은 열린 형제애의 마음으로 환영하는 사랑의 사목이다. 이 환대 사목은 각 단체와 개개인의 구체적인 특성과 기대와 진정한 영적 요구들을 식별하여, 순례자들을 움직인 다양한 동기를 고려하고 이에 응답하여야 한다." 「대희년의 순례」 12항.

633 「대희년의 순례」 40항.

634 교황 베네딕토 16세, 「제2차 세계 순례와 순례지 사목대회에 즈음한 선언」(2010.9.8.)

635 이와 비슷한 내용은 교황청 이주사목평의회-에스파냐 산티아고 데 콤포스텔라 대교구, 「제2차 세계 순례와 순례지 사목대회 최종 문서」에서도 확인된다. "순례지는 많은 경우 그 지역의 예술적, 문화적 유산 가운데 중요한 일부이므로, 분명하고 창의적인 방식으로 사람들을 복음화하는 목적의 새로운 문화 행사들을 계속 촉진하여야 한다. 이러한 문화 행사들은 물론 비신자들과 만남의 장이 될 수 있다. 순례지는 하느님을 알게 되는 길인 아름다움의 길(via Pulchritudinis)을 재발견하고 이러한 목적에서 예술, 문화유산과 복음화의 관계를 증진하는 곳이어야 한다."

636 「제2차 아시아 성지순례 사목대회」(2005.11.21~23.)

637 사람들은 순례를 하면서 하느님과 우주적으로 만나는 장막으로 들어가는 기회를 갖는다. 순례자들은 흔히 경관이 빼어난 장소에 있으며 우아한 예술적 형태를 띤다. 그리고 고대의 역사적 기념물들이 그 중심에 있으며, 대중적이고 세련된 문화를 표현하고 있다. 그러므로 순례는 이러한 정신적 차원을 간과하지 말아야 한다. 무엇보다도 자연을 소중히 여기려는 마음은 현대인의 고귀한 정신적 차원을 드러내는 것으로 이해해야 한다. 이러한 명상을 성찰과 기도의 주제로 삼음으로써 순례자가 하느님의 영광을 선포하고 하늘을 지으신 주님을 찬미하게 하며, 세상을 거룩하고 정의롭게 다스리도록 부름받았음을 느낄 수 있게 해야 한다. …어떤 면에서 모든 순례는 개인의 수양을 위해서뿐만 아니라 영적 충만을 위한 종교적인 여정의 측면을 드러내고 있음에 유의해야 한다. 아름다움에 대한 관조는 영성의 원천이다. 그러므로 순례지나 그 부근 장소에 민중 예술과 신심의 사은 봉헌 자료들이 전시되고 안전하게 보관되어야 한다. 순례자들에게 안내서나 다른 자료들을 통해 이러한 보화들을 보여줌으로써 예술적 아름다움과 자연발생적인 오랜 신앙의 증거들을 통하여 그들이 예술로써 그들의 기쁨과 희망을 하느님께 노래하며, 기묘한 것들을 명상함으로써 마음의 평정을 되찾도록 해야 한다. 「대희년의 순례」 42항.

638 그러나 이들의 순교자 신심에 이원론적인 신앙이 전제되며, 내세의 영광을 위하여 순교를 각오했는지는 분명하지 않다. 이를 밝히기 위해 신자들이 초기에 기록한 자료를 연구하는 방법도 있겠지만, 여기에도 순교 기록이 시복시성을 지향하는 활동이라는 점에서 이미 죽음에 초점을 맞출 수밖에 없는 한계가 있는 점을 감안하여야 할 것이다. 그럼에도 불구하고, 오랜 시간의 지난한 각종 박해를 견디기에는 죽음 이후

의 영광이라는 보상이 그 지속력을 담지할 수 있었을까라는 의문은 남게 된다. 신앙 공동체에서 대를 이루며 신앙을 삶으로 증거하였던 그들의 나눔과 섬김의 영성의 뿌리는 초기 교회부터 심어진 하느님 나라 실현의 영성이라고 전제하고 이를 입증할 만한 자료를 찾는 작업이 요구된다고 말할 수 있다. 이에 기반하여, 이후 시성 과정에서 순교자를 따름에 있어서 초점이 어느 곳으로 이동했는지, 그 이동이 일본의 식민 지배에 대해서 프랑스 식민 지배의 입장에서 대처하던 선교사의 영향을 받은 결과인지, 그 이동이 한국 교회 영성의 변화에 변곡점으로 작용했는지의 여부를 연구하는 일이 시급하다고 말할 수 있다.

---

639 한국 천주교회의 순교 사적은 제2대 조선 교구장 앵베르 주교의 지시로 1839년부터 작성되기 시작하여 1841년에 이르러 '긔ᄒᆡ년 치명일긔'로 완성되었다. 이후 프랑스어와 라틴어로의 번역을 거치고, 다블뤼 주교와 뮈텔 주교의 손을 거쳐 심사 단계에 진입하고, 1925년 5월 4일 한국 순교자의 시복이 교황청에 의해 결정된다. 이때 모든 문제를 재검토하는 투토 회의가 개최되었으며 여기에서 한국 순교자들에 대한 기적 심사 면제령과 함께 82명 중 정 아가다, 김 바브바라, 한 안나 등 3명을 제외한 79명의 시복이 확정되기에 이른다. 그 결과 같은 해 7월 5일 뮈텔 주교와 한국 천주교회의 대표 성직자, 평신도가 참석한 가운데 로마 베드로 대성전에서 교황 비오 11세가 집전하는 시복식이 거행된다. 또한 교회는 한국 순교자의 시복과 관련하여 신자들의 신심을 증진시키기 위한 글들을 1921년부터 경향잡지에 게재한다. 그 예로 다음 글들을 들 수 있다. 『경향잡지』 제464호, 제15권, 1921, 73~76쪽; 「별보-삼일기구 반포」, 『경향잡지』 제514호, 제17권, 1923, 457; 「기구 반포-82위 치명자 복자품에 오르시길」, 『경향잡지』 제525호, 제18권, 1924, 49; 「별보-기쁜 소식」, 『경향잡지』 제565호, 제19권, 1925, 193~194쪽; 「별보-조선 성회의 영광의 시복식 거행」, 『경향잡지』 제569호, 제19권, 289쪽; 「경문 반포-새로 나선 복자를 향하여 하는 축문」, 『경향잡지』 제570호, 제19권, 1925, 313~315쪽; 「조선 치명자 시복식 반포와 고유서」, 『경향잡지』 제571호, 제19권, 1925, 362~369쪽. 시복식이 거행된 후, 조선 교회에서는 시복을 경축하기 위해, 종현 성당에서 복자 유해 거동 및 친구 행사를 가졌다. 이 행사에는 700명의 신자가 참례한 것으로 보도된다. 이어 9월 19일에서 21까지 3일 동안 시복식을 경축하고 하느님께 감사드리는 의미로 종현 성당에서 '조선 치명자 79위 미사'가 거행된다. 또한, 주교들은 경문과 고유서를 반포하여 순교 열정을 강화하는 노력을 진행한다. 여기에 나타난 몇 가지 점은 한국 교회의 이원론적이며 타종교에 대해 배타적인 태도를 지닌 영성을 강화하는 촉매가 되었다고 말할 수 있다. 이원론적인 시각은 다음 글에서 확인할 수 있다. "우리 교우는 다 마땅히 영생을 얻기도 이 세상에 나고 또 이 영생을 다만 극기함과 양순함과 인내함과 정결함과 겸손함과 가난을 사랑하는 그런 덕으로써 얻는 줄을 깊이 생각할지어다. … 우리는 성교 도리를 외교인에게 전하고 겸하여 자기 피로써 그 도리를 증거하던 치명자들의

후손이 아니뇨. 그런 즉 우리는 더 용맹한 치명자들의 표양을 따를지니 저들은 그리스도의 이름을 위하여 세상 만물과 자기 생명까지 버리셨도다. 너희는 천국을 위하여 나고 세상을 위하여 나지 않은 줄을 생각할지니, 눈을 들어 천국을 쳐다보라. 삼구를 싸워 이긴 자들을 위하여 찬란히 예비한 자리가 저기 있도다. 잠깐 되고 경한 환난이 변하여 영원하고 극중한 영광이 됨을 생각할지어다." 「복자 조사」, 『경향잡지』 제464호, 제15권, 76쪽; 『경향잡지』 1925년, 제570호에 실린 「새로 나신 복자를 향하는 하는 축문」 내용 중 "특별히 (복자들에게) 구하나니, 조선을 위하여 천주께 전구하여 주소서. … 전능하신 천주께 기구하여 이 지방에 성교회를 날로 번성하게 하시고, 탁덕의 수를 더하사 지극한 열정으로 힘을 써 교우로 하여금 더욱더욱 주의 계명을 착실히 지키고, 냉담자는 회두하고 열교인은 전교에 돌아오게 하시며, 외교인은 이단을 버리고 진주를 알아, 홀로 자기를 조성하시고 구속하신 주이심을 승복하게 하소서"를 그 예로 들 수 있다. 또한, 같은 해 『경향잡지』 571호에 실린 「선치명자 시복식 반포와 고유서」를 보면, 치명자의 영광이 현세의 영광이 아닌 내세의 영광이라는 점과 특히 순교 순간의 용맹함을 부각시키는 것을 확인할 수 있다. "그 용맹한 공로와 치명의 아름다움 영광이 한층 거대함은 삼위가 그 많은 공부와 고난과 항구한 덕과 찬한 표양으로써 79위 남녀를 가르쳐 예수의 진실한 제자와 군사가 되게 하여 한가지로 치명의 화관을 얻게 하시고 오늘날 저들의 전후좌우에 옹위한 중에 계심이로다." 이외에도 비교적 후기에 게재된 「복자첨례」, 『경향잡지』 제621호, 제21권, 1927, 385~387쪽의 내용을 들 수 있다. 한편, 병인박해 순교자들에 대한 시복 준비 과정은 1876년 자료 조사에서 시작되며 1880년 뮈텔 신부의 입국 이후 활발하게 진행된다. 이후 1895년 르 장드르 신부에 의해 조사 정리된 병인박해 순교자 877명의 전기가 『치명의긔』로 간행됨으로써 조사 소속이 시작된다. 이후 1921년부터 1925년에 이르는 기간 동안 94회에 걸친 시복 재판이 진행되었고, 1926년 3월 18일 시복 재판의 폐정이 선언되었다. 그러나 교황청에서는 1952년 3월에 이르러서야 서울 대목구에서 진행한 교황청 수속의 유효성을 인정하였고, 1968년 6월에 이르러 병인박해 순교자 24위의 시복식이 거행된다. 기해박해 순교자들의 시복 이후 병인박해 순교자 시복 준비하는 시기 동안 조선 천주교 순교자 현양회의 설립 준비가 진행된다. 조선 천주교회는 1937년 말부터 1925년 복자품에 오른 79위를 비롯한 순교자들을 기리는 순교자현양운동을 대대적으로 벌이면서 1939년 기해박해 100주년 기념을 향해 나아갔다. 교회는 순교비 건립을 추진하였고, 이 움직임은 순교자 현양 사업을 위한 기구 및 단체 설립의 촉매제가 되었다. 이에 따라 1939년 9월 8일 라리보 주교의 명의로 '조선 천주교 순교자 현양회' 발기인회가 조직되었으며, 9월 24일에 이르러 서울 계성 심상 소학교 강당에서 발회식을 갖기로 하고 중앙위원회 임원들이 내정된다. 그러나 일제의 불허로 현양회의 발회식은 무산되었고, 자발적인 현양 움직임들이 강연회와 성극 공연들을 통해 전개되는 양상에 접어든다. 순교현양회의 설립 취지에 대해서는 학자들 간 이견이 존재한다. 문규현 신부는 그의 책에서 순교자현양운동으로 드러난 순교 정신이 그 당시 일제에 철저히 충성하고 맹종하는 황국신민으로서의 치열한 자세와 동일시되었다고 주장하며 부끄러운 교회사의 일면이라고 주장한다. 실제로, 1939년 9월호 『경향잡지』에서 국민의 본분과 종교 보국의 구호가 제시된 것을 보면 전혀 사실성이 없다고 보기 어려운 점이 있다. "또한 훌륭한 보국운동이 됨을 우리는 확신하는 바이니 현금 제국에서는 흥아 대업을 목표로 하고 나아가는 비상시국에 처하여 빛나는 성공을 볼 때까지 모든 국민에게 괴로움과 가난을 참아 받아가며 각자 자기 직무에 충실하여 총후 국민의 본분을 철저히 지키기를 극력으로 권고하고 장려하는 이때 우리는 진리, 정의, 의무를 위하여는 양심을 다하고 생명을 다하는 순교 정신을 체득하고 실행함보다 더 효력 있는 종교 보국을 생각할 수 없다." 그러나 『경향잡지』에 실린 규정을 보면, "조선 천주교 순교자 현양과 존숭을 목적으로 하며 이로써 천주교 신앙의 강화와 홍보를 기함"을 목적으로 명시함을 확인할 수 있다. 무엇보다 순교현양회의 취지를 잘 드러내는 자료는 「조선 천주교 순교자 현양회 발기인회의 성명」이다. 여기에서 제시된 목적은 첫째가 신앙 강화이며, 둘째가 가톨릭 진리의 홍보 그리고 셋째가 장차 일본이 그리스도교와 신앙을 추방하려 드는 날을 내다보면서, 순교 정신으로써 교중 사상을 무장시킬 필요성이다. 이는 현양회 설립을 추진하던 한국인 신부와 교인들의 마음이 앞에서 나타난 주교의 글과는 다른 태도를 지님을 보여준다고 말할 수 있다. 이에 관하여, 노용필, 221~225쪽. 이 지점에서 '비상시에 처한 우리의 의무'를 살펴볼 필요가 있다. 비상시에 처한 우리의 의무는 1937년 7월 28일 서울교구장 라리보 주교 단독으로 게재된 글이다. 비상시에 처한 우리의 의무, 천주 십계 중 제4계는 다만 부모에게 대한 의무뿐만 아니라 제왕과 국가에 대한 의무도 포함되어 있음은 우리 교우들이 누구나 다 익히 알고 있는 바이다. … 그러므로 일반 남녀 교우들은 혹시 촌락에 돌 수 있는 헛된 풍설에 미혹하지 말고, 절대 안심하여 각각 자기 직무에 충실하는 동시에 당국의 지휘하는 바를 따르면, 모든 이 한가지로 마음과 뜻을 합하여 천주께 열심히 국가의 행복을 위하여 기구함으로써 국가에 충성을 표하고 우리의 의무를 다할지니 국가의 행복은 또한 우리의 행복이다. 『경향잡지』 858호.

640 제2차 니케아 공의회, 「성화상에 관한 정의 *Definition de sacris Imaginibus*」, 787.10.23., DS 600